AMÉRICA DEL SUR

TEMAS

Invitación
a la literatura
hispánica

TEMAS

Invitación a la literatura hispánica

María Estrella Iglesias
University School of Nashville

Christopher Maurer
Vanderbilt University

HOUGHTON MIFFLIN COMPANY   Boston   Toronto
Geneva, Illinois   Palo Alto   Princeton, New Jersey

Senior Sponsoring Editor: F. Isabel Campoy-Coronado
Senior Development Editor: Sandra Guadano
Associate Project Editor: Helen Bronk
Associate Production/Design Coordinator: Caroline Ryan
Senior Manufacturing Coordinator: Priscilla Bailey
Marketing Manager: George Kane

CREDITS

The publishers have made every effort to locate the owners of all selections of copyrighted works and to obtain permission to reprint them. Any errors or omissions are unintentional and corrections will be made in future printings if necessary.

- Jarcha (p. 2) from *Estudios sobre lírica antigua* by Margit Frenk Alatorre, p. 25. Madrid: Castalia, 1978. Reproduced by permission of Editorial Castalia.
- Antonio Machado, "Todo amor es fantasía . . . " From Antonio Machado, *Poesía y prosa*, Vol. IV, p. 1943. Madrid: Espasa-Calpe, 1988. © heirs of Antonio Machado Ruiz, 1988. Reproduced by permission of José Rollan Riesco.
- Pedro Salinas, "Para vivir no quiero . . . " From *Poesías completas*, 2nd ed., p. 337. Barcelona: Biblioteca Crítica/Barral Editores, 1975. © Soledad Salinas de Marichal and Jaime Salinas. Reproduced by permission of Mercedes Casanovas.
- Elena Poniatowska, "El Recado." From *Aproximaciones al Estudio de la Literatura Hispánica*, 2nd ed., pp. 73–75. New York: McGraw-Hill, 1989. Copyright © Era, SA de CV+, 1993. Reproduced by permission of Ediciones Era, SA de CV+.
- Antonio Machado, "De las cartas de amor a 'Guiomar' (fragmentos)." From *De Antonio Machado a su grande y secreto amor*, pp. 117, 147, 148, 184. Madrid: Lifesa, 1950. Copyright © heirs of Antonio Machado Ruiz, 1993. Reproduced by permission of José Rollan Riesco.

Credits are continued on p. 351.

COVER: Joan Miró. *Poème I*, 1968. Fundación Joan Miró. © 1993 ARS, New York/ADAGP, Paris. Design by Carol Rose.

Printed in the U.S.A.

ISBN: 0-395-53688-X

Library of Congress Catalogue Card Number: 93-78637

789-DOC-05 04 03 02

Contents

Preface xii

I

AMOR
1

II

CONVIVENCIA Y SOLEDAD

III

MUERTE

IV

COSAS y PAISAJE

251

V

EXPRESIÓN LITERARIA

Preface

Temas: Invitación a la literatura hispánica is a thematic approach to the literature of Spain and Spanish America. It is intended for students who have already studied elementary and intermediate Spanish but who have little experience in reading literature. *Temas* may be used most fruitfully during the third year of college Spanish, either in one-semester courses or over an entire year.

Introductory literature courses in Spanish pose special challenges to teachers and learners. The students in such courses often have diverse backgrounds, goals, and needs. Typically, they are expected to consolidate their newly acquired grammatical knowledge, to enrich their vocabulary, and to acquaint themselves with a small canon of literary masterpieces. But they are also asked to develop a broad knowledge of historical categories such as naturalism or the Generation of '97; to learn a third "language" (that of literary criticism); and to apply it coherently to the analysis of specific texts.

Temas addresses all of these needs, but its primary goal is even more basic. It tries *to awaken enthusiasm for literature* and to get students to read and *continue reading* Hispanic literature, whether they become Spanish majors or not.

Features

- **Organization by Theme**   This book asks students to think about five general themes. The first three—*amor, muerte,* and *convivencia y soledad*—are familiar ones in any literature course. The other two—*cosas y paisaje* and *expresión literaria*—possess special resonance in Hispanic letters, but are seldom treated in third-year textbooks. The study of texts about writing will help students define literature and think, perhaps for the first time, about the relation of language to reality.

- **Range of Selections**   *Temas* includes male and female writers from both Latin America and Spain, from the 15th century to our own day. With the exception of the novel, all major genres are included. Women writers are represented more abundantly than they are in other textbooks, and *Temas* strikes a good balance between Peninsular literature and Spanish American. Almost every selection is given in full, without editorial adaptation.

- **Flexibility**   The thematic arrangement allows instructors to use the book in any number of ways, depending on the needs and ability of their students. To begin with, more texts than necessary have been included, so that the instructor can choose among them. The same is true of the questions. For example, García Lorca's "Llanto por Ignacio Sánchez Mejías," one of the most difficult texts in the book, includes enough pedagogical material to engage a class for over a week. But many of the questions can be ignored if the text is to be covered in less time.

The book is organized so that materials can be recombined easily. The five thematic units can be presented in any order the instructor wishes. Those who wish to emphasize literary history may present the selections in chronological order, from the Renaissance to the present. Special emphasis could be given either to Latin American or to Spanish literature. Students could be asked to deal with only one genre at a time, one after another: the narrative, the essay, theater, poetry. *Temas* leaves ample room for the instructor's creativeness, flexibility, and good judgment.

- **Re-encounters**   Anyone who teaches an introductory literature course is aware how difficult it is for students to remember "who wrote what." In many survey courses, one literary period or author blurs into another: Renaissance into Modernism, Bécquer into Neruda ("Or was it Cernuda?"). All too often, students' encounters with an author are "for one night only." On their forced march across several centuries of writing, classes seldom pause to look back, although a midterm or final exam looms on the horizon. *Temas* is organized so that students will re-encounter numerous authors in different thematic contexts. Julio Cortázar, for example, is included in the section entitled *Convivencia y soledad:* his "Casa tomada" gives students a look at an unforgettable couple and at the symbolical meaning of their "house." Cortázar appears a second time, later in the book, with "Continuidad de los parques," a thrilling text about reading. The multiple occurrence of certain authors makes them harder to forget and helps turn the study and enjoyment of literature into a cumulative experience.

Organization of *Temas*

- A biographical note on the author precedes each selection. These notes often supply information about the major thematic concerns of the writers studied.

- Introductory notes entitled *Cuando leas* . . . prepare students for each reading and offer information about literary genres and forms. Glosses in the margin of the selection provide lexical information and footnotes clarify cultural allusions that appear in each selection.

- The *Preguntas* that follow each selection test students' comprehension and elicit information about plot and characters. They also bring to light each text's formal features (language, literary figures, syntactical structure, and so on). To sharpen students' analytical skills, the questions encourage students to *interpret* what they read: not "What happens next?" but "Why do you think it happens?"

- A second set of questions, *Temas*, asks students to discuss and write about themes in a more abstract manner and to relate the text, whenever possible, both to other texts and to their own experiences in life. Each thematic unit comes to a close with a final set of *Temas*. These questions help students synthesize and consolidate their knowledge by comparing one author to another within the book. Rereading and repetition are one of the basic mechanisms of learning and remembering. And the essence of literature is memory.

- A short Bibliography accompanies the two longest works presented, *La casa de Bernarda Alba* and "Los encuentros de Calisto y Melibea."

- A Glossary of Literary Terms helps students develop their critical vocabulary. A number of basic terms used in the analysis of drama, of poetry, and of short narrative forms are defined, with examples from the texts.

Acknowledgments

The publisher and authors thank Victor Krebs, Indiana University at Kokomo, Adrienne L. Martín, Stanford University, Wadda Ríos-Font, University of Rochester, and Raphael Venegas, Schreiner College, for their recommendations on the manuscript. The authors also thank their colleagues and friends at the University School of Nashville and at Vanderbilt University, in particular John Crispin, for his excellent suggestions. Other useful advice came from two of our first readers, Francisca González Arias and Paula R. Heusinkveld, Clemson University. Our appreciation, also, to Isabel Campoy, Sandy Guadano, and Helen Bronk, our cheerful, patient editors at Houghton Mifflin, and to our friend Efraín Kristal.

MARÍA ESTRELLA IGLESIAS
CHRISTOPHER MAURER
Nashville, May 1993

Love

Love is the first theme to appear in Hispanic literature. The earliest literary texts in Spanish, or in any other Romance language, are brief love songs in the Mozarabic dialect, the Spanish spoken by Christians and bilingual Arabs in Islamic Spain:

> ¿Qué faré, mamma?
> Mio *al-habib* est ad yana.
> (¿Qué haré, madre?
> Mi amigo está a la puerta.)

> Gar, ¿qué farayu?
> ¿cómo vivarayu?
> est *al-habib* espero
> por él murrayu.
> (Di, ¿qué haré?
> ¿cómo viviré?
> A mi amado espero,
> por él moriré.[1])

These songs, called *jarchas*, appear as the final stanzas of poems in Hebrew and in Arabic by Andalusian poets of the 11th century. They were probably written even before that: many scholars believe the *jarchas* were chosen from a repertory of traditional songs,[2] sung in the streets of medieval Andalusia.

Since the Middle Ages, literature in Spanish has explored all types of love, from passion and eroticism to religious yearning. The texts offered here are a brief sampling from that long tradition.

The question *¿Qué es el amor?* is answered in verse by four Spanish poets. Lope de Vega describes its antithetical qualities and Antonio Machado insists that love is fantasy. Gustavo Adolfo Bécquer tells how the sight of the beloved awakens his belief in God, and Pedro Salinas treats love as a search for the essential qualities that are hidden by names and other outward signs.

La carta de amor is present throughout Hispanic literature, which abounds in epistolary poems and novels. One of the best known Spanish epistolary novels is the anonymous 16th-century picaresque narrative *Lazarillo de Tormes*. "El recado" by Elena Poniatowska (Mexico) provides an example of the brief epistolary narrative: the short story that is itself a letter. Antonio Machado's love letters to his beloved "Guiomar" raise questions about the literary expression of love, for example, whether "el hombre . . . es tanto más hombre mientras más oculte su sentir."

In *Pasión y amor no correspondido* a character in *La Galatea*, a pastoral novel by Miguel de Cervantes (Spain), holds forth on the destruction wrought by jealousy and attempts to persuade his listeners that *los celos* are not really engen-

---

[1] Margit Frenk Alatorre, *Estudios sobre lírica antigua* (Madrid: Castalia, 1978), p. 25.
[2] On "traditional" orally transmitted poetry, see p. 346.

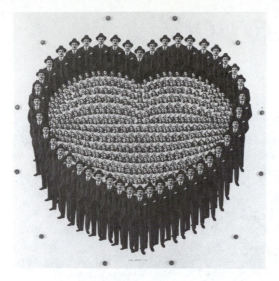

Juan Camilo Uribe [Colombia]. *Declaration of Love to Venezuela*, 1976.

dered by love. In "El amor iracundo" by the Spanish Nobel laureate Vicente Aleixandre, the speaker describes a passion so violent that it can only be compared with the elements of nature. Rosalía de Castro (Spain) asks why love is returned by hate. In the short story "La paciente y el médico" by Silvina Ocampo (Argentina), romantic love is answered with irony, cruelty, and indifference, and in Emilia Pardo Bazán's (Spain) "Casualidad," an inveterate dandy who dismisses all lovers as mad finds that his frivolity has consequences both deadly and funny.

Ruptura offers several visions of love affairs that have come to an end. Bécquer's *Rimas* capture the conflicting feelings of the scorned lover: pain, wounded pride, perplexity, and jealousy. The speaker in "Oda al amor" by María Mercedes Carranza (Colombia) describes not her own feelings, but the rearrangement of her house after her lover abandons her. "Ya no" by Idea Vilariño (Uruguay) treats *la ruptura* as a series of possibilities that will never be realized. And finally, Chilean Nobel laureate Pablo Neruda resigns himself to the loss of his beloved, but seems to discover consolation in his literary power.

La unión espiritual gathers three of the best known religious poems of the Spanish Golden Age, by Santa Teresa de Jesús, San Juan de la Cruz, and an anonymous 17th-century author. The language of Santa Teresa, bristling with antithesis and paradox, and the figurative language of San Juan de la Cruz suggest the inadequacy of human language in describing mystical religious experience. The anonymous sonnet "A Cristo crucificado" expresses an intense, disinterested love of the crucified Christ: "No me mueve, mi Dios, para quererte . . ."

Los encuentros de Calisto y Melibea, a selection from Fernando de Rojas's 15th-century Spanish masterpiece *La Celestina*, dwells on the destructive effects of "el amor loco." The conclusion, *La muerte de Melibea*, is presented later in this book.

1 ¿Qué es el amor?

Joan Miró [España]. *The Beautiful Bird Revealing the Unknown to a Pair of Lovers*, 1941.

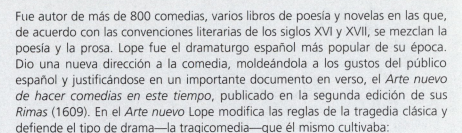

Félix Lope de Vega Carpio   1562–1635   **ESPAÑA**

Fue autor de más de 800 comedias, varios libros de poesía y novelas en las que, de acuerdo con las convenciones literarias de los siglos XVI y XVII, se mezclan la poesía y la prosa. Lope fue el dramaturgo español más popular de su época. Dio una nueva dirección a la comedia, moldeándola a los gustos del público español y justificándose en un importante documento en verso, el *Arte nuevo de hacer comedias en este tiempo*, publicado en la segunda edición de sus *Rimas* (1609). En el *Arte nuevo* Lope modifica las reglas de la tragedia clásica y defiende el tipo de drama—la tragicomedia—que él mismo cultivaba:

> Lo trágico y lo cómico mezclado . . .
> harán grave una parte, otra ridícula;
> que aquesta variedad deleita mucho.
> Buen ejemplo nos da Naturaleza,
> que por tal variedad tiene belleza.

Uno de los valores poéticos fundamentales de Lope era la claridad, y le gustaba citar la frase de un poeta español antiguo: "La poesía ha de costar gran trabajo al que la escriba, y poco al que la lea". No todos los poetas de la época barroca estaban de acuerdo con estas palabras, y con frecuencia Lope atacaba a los seguidores de Luis de Góngora. Parte de su importancia como poeta está en la manera en que incorpora en su obra la poesía tradicional (p. 346). Otra característica de su poesía—y de toda su obra—es la manera en que convierte su propia vida en literatura. Por ejemplo, en la novela dialogada titulada *La Dorotea*, una de sus obras maestras, el viejo Lope rememora sus años de estudiante. Sus críticos modernos han hablado, con razón, de la "literarización" de su vida. Es uno de los primeros españoles que revela, de una manera claramente autobiográfica, la larga historia de sus amores y las alegrías y penas íntimas de su vida diaria.

CUANDO LEAS . . .

Fíjate en la estructura de este soneto. Los primeros trece versos nos dan una complicada definición; en el último verso se revela por fin la cosa definida. Está construido, pues, como una adivinanza (*riddle*).

Félix Lope de Vega Carpio

Soneto

Desmayarse,° atreverse,° estar furioso,   to faint / to be bold
áspero,° tierno, liberal,° esquivo,°   harsh / generous /

alentado,° mortal, difunto, vivo,   evasive | valiant
leal, traidor, cobarde y animoso;°   courageous

5   no hallar fuera del bien° centro y reposo,   the beloved
mostrarse alegre, triste, humilde, altivo,°   proud
enojado, valiente, fugitivo,
satisfecho, ofendido, receloso;°   suspicious

    huir el rostro al claro desengaño,°   to flee from the face of
10 beber veneno° por licor süave,   disillusionment | poison
olvidar el provecho, amar el daño;

    creer que un cielo en un infierno cabe,
dar la vida y el alma a un engaño;°   deceit
esto es amor: quien lo probó lo sabe.

PREGUNTAS

1. Según Lope de Vega, ¿cómo afecta el amor la personalidad del individuo?
2. ¿Puedes encontrar ejemplos de la antítesis en este poema? La antítesis es la contraposición de dos ideas de significación contraria, por ejemplo "difunto, vivo" (verso 3). ¿Por qué es lógico que abunde la antítesis en la poesía amorosa?
3. ¿Por qué dice Lope de Vega que el amor es "beber veneno por licor süave" y "creer que un cielo en un infierno cabe"?

Antonio Machado   1875–1939   ESPAÑA

Junto con Juan Ramón Jiménez y Miguel de Unamuno, Machado es uno de los poetas más importantes de la llamada Generación del 98. En su primer libro de poemas, *Soledades* (1903), explora los misterios del mundo interior, entre ellos el amor, el sueño, la memoria y el tiempo. *Campos de Castilla* (1912) gira alrededor de los mismos temas, pero el poeta se vuelve hacia el mundo exterior, proyectando su mirada poética sobre el paisaje castellano y andaluz y sobre la historia y carácter del pueblo español. Una tercera colección, *Nuevas canciones* (1925), contiene poemas breves de tema filosófico: la identidad personal, la naturaleza, la creación literaria y la convivencia. Machado forma parte de una tradición liberal en la política española. Fervoroso partidario del gobierno de la República (1931–1939), muere en el exilio después de la victoria de las tropas fascistas del Generalísimo Francisco Franco, y se convierte en un símbolo del liberalismo español.

Verás que Machado y Bécquer tienen dos visiones distintas de la experiencia amorosa. Uno pone énfasis en la fantasía, el otro en la experiencia vivida.

Antonio Machado

Todo amor es fantasía . . .

Todo amor es fantasía:
él inventa el año, el día,
la hora y su melodía,
inventa el amante y, más,
5   la amada. No prueba nada
contra el amor que la amada
no haya existido jamás . . .

Gustavo Adolfo Bécquer   *Ver página 39*   **ESPAÑA**

Gustavo Adolfo Bécquer

Rima XVII

Hoy la tierra y los cielos me sonríen;
hoy llega al fondo de mi alma el sol;
hoy la he visto . . . , la he visto y me ha mirado . . .
   ¡Hoy creo en Dios!

PREGUNTAS   ("Todo amor es fantasía . . ." y "Rima XVII")

1. ¿Tiene razón Machado al afirmar que "todo amor es fantasía"? ¿En qué sentido lo es?
2. ¿A qué año, día y hora se refiere?
3. Uno de los recursos estilísticos favoritos de Bécquer es el paralelismo. Nota que los cuatro versos comienzan de la misma forma. ¿Qué efecto produce el paralelismo en el lector?

4. ¿Qué tipo de experiencia describe Bécquer en este poema? ¿Qué imágenes utiliza para describir esta experiencia?

Pedro Salinas   1891–1951   ESPAÑA

Poeta, dramaturgo y ensayista español, Salinas nació en Madrid y murió en Boston, Massachusetts, después de pasar quince años en el exilio. En diciembre de 1935 aceptó un puesto como profesor en Wellesley College; el comienzo de la guerra civil española (1936) y la victoria de Francisco Franco (1939), junto con las ideas políticas de Salinas, hicieron imposible su vuelta a España. Amigo inseparable de Jorge Guillén (p. 199), Salinas fue mentor de García Lorca y de otros poetas más jóvenes de la llamada Generación del 27.

En su poesía (por ejemplo, *La voz a ti debida*, 1933) busca Salinas una realidad que está más allá del mundo que percibimos con los sentidos. Medita sobre la función del lenguaje y de los nombres en nuestra percepción de la realidad. Contrasta la realidad que vemos con la que nos imaginamos. Sus ensayos, por ejemplo, *El Defensor* (1948), son una apasionada defensa de los valores humanos frente a los males de la sociedad moderna: masificación de la cultura, tecnología descontrolada (bomba atómica) y empobrecimiento espiritual del hombre.

Pedro Salinas en un fotomontaje.

CUANDO LEAS . . .

Mientras otros poetas amorosos ponen énfasis en la belleza de la amada, el sufrimiento del amante o en la felicidad que sienten los dos, Pedro Salinas ve la esencia del amor en la intimidad de los pronombres "tú" y "yo".

Pedro Salinas

Para vivir no quiero . . .

Para vivir no quiero
islas, palacios, torres.
¡Qué alegría más alta:
vivir en los pronombres!

5 Quítate ya los trajes,
las señas,° los retratos;°   signs / portraits
yo no te quiero así,
disfrazada° de otra,   disguised
hija siempre de algo.
10 Te quiero pura, libre,
irreductible: tú.
Sé que cuando te llame
entre todas las gentes
del mundo,
15 sólo tú serás tú.
Y cuando me preguntes
quién es el que te llama,
el que te quiere suya,
enterraré° los nombres,   I will bury
20 los rótulos,° la historia.   labels

Iré rompiendo todo
lo que encima me echaron
desde antes de nacer.
Y vuelto ya al anónimo
25 eterno del desnudo,°   nakedness
de la piedra, del mundo,
te diré:
"Yo te quiero, soy yo."

PREGUNTAS

1. ¿Qué es lo que no necesita el poeta para vivir?
2. ¿En qué consiste la "alegría más alta"?
3. ¿Por qué le dice a la amada: "Quítate ya los trajes, / las señas, los retratos"? ¿Qué representan estos objetos?
4. ¿Cómo llamará él a la amada?
5. ¿Cómo contestará él cuando ella lo llame?
6. ¿Qué significan los versos "Iré rompiendo todo / lo que encima me echaron / desde antes de nacer"?

TEMAS

1. En este poema, "tú" y "yo" forman la esencia del amor y de la vida. ¿Tienen importancia los nombres? ¿Por qué quiere volver el poeta "al *anónimo /* eterno del desnudo"?

2. "¡Qué alegría más alta: / vivir en los pronombres!" ¿Estás de acuerdo con el poeta?

2 *La carta de amor*

Antonio P. Tapiés [España]. *Sí*, 1974.

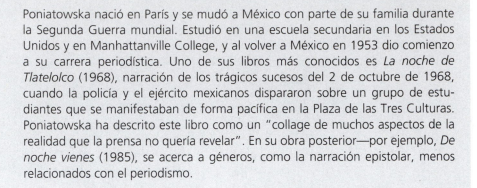

Elena Poniatowska   1933–

Poniatowska nació en París y se mudó a México con parte de su familia durante la Segunda Guerra mundial. Estudió en una escuela secundaria en los Estados Unidos y en Manhattanville College, y al volver a México en 1953 dio comienzo a su carrera periodística. Uno de sus libros más conocidos es *La noche de Tlatelolco* (1968), narración de los trágicos sucesos del 2 de octubre de 1968, cuando la policía y el ejército mexicanos dispararon sobre un grupo de estudiantes que se manifestaban de forma pacífica en la Plaza de las Tres Culturas. Poniatowska ha descrito este libro como un "collage de muchos aspectos de la realidad que la prensa no quería revelar". En su obra posterior—por ejemplo, *De noche vienes* (1985), se acerca a géneros, como la narración epistolar, menos relacionados con el periodismo.

CUANDO LEAS . . .

Una mujer se sienta a esperar a su novio y escribe un recado que se convierte en una carta. Fíjate cómo la descripción de la vida exterior—los movimientos de los vecinos, la luz de la tarde, los ladridos de un perro—se combinan con la descripción de los sentimientos.

Elena Poniatowska

El recado°   message

    Vine Martín, y no estás. Me he sentado en el peldaño° de tu casa, recargada°   step / leaning
en tu puerta y pienso que en algún lugar de la ciudad, por una onda° que cruza el   wave
aire, debes intuir que aquí estoy. Es este tu pedacito de jardín; tu mimosa se
inclina hacia afuera y los niños al pasar le arrancan° las ramas más accesibles . . .   pull off
En la tierra, sembradas° alrededor del muro, muy rectilíneas y serias veo unas   sown
flores que tienen hojas como espadas.° Son azul marino, parecen soldados. Son   swords
muy graves, muy honestas. Tú también eres un soldado. Marchas por la vida,
uno, dos, uno, dos . . . Todo tu jardín es sólido, es como tú, tiene una reciedum-
bre° que inspira confianza.   strength

    Aquí estoy contra el muro de tu casa, así como estoy a veces contra el muro
de tu espalda. El sol da también contra el vidrio° de tus ventanas y poco a poco se   glass
debilita° porque ya es tarde. El cielo enrojecido ha calentado tu madreselva° y su   it grows weaker /
olor se vuelve aún más penetrante. Es el atardecer. El día va a decaer. Tu vecina   honeysuckle
pasa. No sé si me habrá visto. Va a regar° su pedazo de jardín. Recuerdo que ella   water
te trae una sopa de pasta cuando estás enfermo y que su hija te pone inyecciones
. . . Pienso en ti muy despacito, como si te dibujara° dentro de mí y quedaras allí   sketched

grabado.° Quisiera tener la certeza de que te voy a ver mañana y pasado mañana y siempre en una cadena° ininterrumpida de días; que podré mirarte lentamente aunque ya me sé cada rinconcito de tu rostro;° que nada entre nosotros ha sido provisional o un accidente.

Estoy inclinada ante una hoja de papel y te escribo todo esto y pienso que ahora, en alguna cuadra donde camines apresurado,° decidido como sueles hacerlo, en alguna de esas calles por donde te imagino siempre: Donceles y Cinco de Febrero o Venustiano Carranza, en alguna de esas banquetas° grises y monocordes° rotas sólo por el remolino° de gente que va a tomar el camión,° has de saber dentro de ti que te espero. Vine nada más a decirte que te quiero y como no estás te lo escribo. Ya casi no puedo escribir porque ya se fue el sol y no sé bien a bien lo que te pongo. Afuera pasan más niños, corriendo. Y una señora con una olla° advierte irritada: "No me sacudas° la mano porque voy a tirar la leche . . ." Y dejo este lápiz, Martín, y dejo la hoja rayada° y dejo que mis brazos cuelguen° inútilmente a lo largo de mi cuerpo y te espero. Pienso que te hubiera querido abrazar. A veces quisiera ser más vieja porque la juventud lleva en sí, la imperiosa, la implacable° necesidad de relacionarlo todo al amor.

Ladra un perro; ladra agresivamente. Creo que es hora de irme. Dentro de poco vendrá la vecina a prender la luz de tu casa; ella tiene llave y encenderá el foco° de la recámara° que da hacia afuera porque en esta colonia° asaltan mucho, roban mucho. A los pobres les roban mucho; los pobres se roban entre sí . . . Sabes, desde mi infancia me he sentado así a esperar, siempre fui dócil, porque te esperaba. Te esperaba a ti. Sé que todas las mujeres aguardan.° Aguardan la vida futura, todas esas imágenes forjadas° en la soledad, todo ese bosque que camina hacia ellas; toda esa inmensa promesa que es el hombre; una granada° que de pronto se abre y muestra sus granos° rojos, lustrosos;° una granada como una boca pulposa° de mil gajos.° Más tarde esas horas vividas en la imaginación, hechas horas reales, tendrán que cobrar° peso y tamaño y crudeza. Todos estamos—oh mi amor—tan llenos de retratos° interiores, tan llenos de paisajes° no vividos.

Ha caído la noche y ya casi no veo lo que estoy borroneando° en la hoja rayada. Ya no percibo las letras. Allí donde no le entiendas en los espacios blancos, en los huecos,° pon: "Te quiero" . . . No sé si voy a echar esta hoja debajo de la puerta, no sé. Me has dado un tal respeto de ti mismo . . . Quizá ahora que me vaya, sólo pase a pedirle a la vecina que te dé el recado; que te diga que vine.

	etched, engraved
	chain
	face
	in a hurry
	benches
	monotonous / swirl / bus
	pot / shake
	lined / hang
	inescapable
	lamp / bedroom / neighborhood
	wait
	forged
	pomegranate
	seeds / shiny / fleshy
	segments
	take on
	portraits / landscapes
	scribbling
	blanks

PREGUNTAS

1. ¿Por qué ha venido la protagonista a casa de Martín? ¿Qué hace? ¿Qué observa?
2. ¿Con qué compara ella a Martín? ¿Cómo lo imagina?
3. ¿Por qué, a veces, la protagonista quisiera ser más vieja?
4. Según la protagonista, ¿qué es lo que todas las mujeres aguardan?
5. ¿Qué hace ella al final con la carta?

Elena Poniatowska. (© Layle Silbert)

TEMAS

1. Escribe María-Inés Lagos a propósito de *De noche vienes* (el libro donde se publicó este cuento): "It has been observed that humor and irony are

frequently used by women writers as subtle means to subvert traditional, patriarchal values . . . women writers often make use of this strategy in order to offer a critical perspective on the dominant order."[1] ¿Hay ironía en este cuento? Y si la hay, ¿tiene una intención "subversiva"?

2. En una sociedad como la nuestra, ¿se podría decir hoy que todas las mujeres esperan a un hombre? ¿Y se podría decir que todos los hombres esperan a una mujer? En tu respuesta, toma en cuenta "Jornada de la soltera" (p. 125), de Rosario Castellanos, una escritora admirada por Poniatowska.

3. Discute las ventajas y desventajas de la carta como forma de narrar las cosas.

Antonio Machado   *Ver página 6*   ESPAÑA

CUANDO LEAS . . .

En junio de 1928, cuando Antonio Machado conoce a Guiomar, ha publicado ya algunas de sus obras más importantes. En el momento de conocerla, tenía don Antonio 53 años: unos 20 más que ella. Se ganaba la vida como profesor de Instituto en Segovia y se reunía allí y en Madrid con su amada. La identidad de Guiomar, a quien Machado dedicó una sección de *Nuevas canciones*, era un secreto. Sólo en 1979, cuatro décadas después de la muerte de Machado, confesó públicamente la poetisa Pilar Valderrama que había sido ella la Guiomar de don Antonio. ¿Se trataba de un amor platónico? "Entre nosotros", insistió ella, "sólo hubo una gran amistad, un estrecho contacto, puramente espiritual". En una ocasión Machado le escribe: "los amores, aun los más realistas, se dan en sus tres cuartas partes en el retablo de nuestra imaginación" (sobre el amor y la fantasía, ver la p. 7).

Antonio Machado

De las cartas de amor a "Guiomar" (fragmentos)

1.

Ya estoy otra vez en Segovia a reanudar° mi vida profesional. Y a esperar— sobre todo—que Dios me conceda unas líneas de mi diosa, aunque sólo sea cuatro renglones,° menos aún, yo me conformaría con un "ya estoy mejor, pronto nos veremos, Antonio".

renew

lines

[1]William Luis, ed., *Modern Latin-American Fiction Writers. First Series* (Detroit: Bruccoli Clark Layman/Gale Research, 1992), p. 232.

En estas ocasiones en que un obstáculo ajeno a nuestra voluntad rompe la posibilidad de comunicar contigo, mido° yo, por la tristeza y la soledad de mi alma, toda la hondura° de mi cariño° hacia ti. ¡Qué raíces tan hondas ha echado! Se diría que había estado arraigando° en mi corazón toda la vida. Porque esto tiene el enamorarse de una mujer, que nos parece haberla querido siempre. ¿Cómo te explicas tú esto? Yo me lo explico pensando que el amor no sólo influye en nuestro presente y en nuestro porvenir,° sino que también revuelve y modifica nuestro pasado. ¿O será que, acaso,° tú y yo nos hayamos querido en otra vida? Entonces, cuando nos vimos no hicimos sino recordarnos. A mí me consuela° pensar esto, que es lo platónico.

measure
depth / affection
putting down roots

future
perhaps

consoles

2.

Hoy se insiste demasiado sobe el pudor° que debe acompañar al sentimiento, es decir que el hombre—se piensa—es tanto más hombre mientras más oculte° su sentir. Pero yo proclamo, con Miguel de Unamuno, la santidad del impudor, del cinismo sentimental. Lo que se siente debe decirse, gritarse, verterse.° Lo importante es que el sentimiento sea verdadero, y siéndolo ¿por qué avergonzarnos° de él? ¿Le negaremos° al amor el derecho a expresarse? ¿Qué sería de los amantes si no pudieran decirse que se quieren una y mil veces? Palabras, palabras, palabras . . . Pero ¿qué hay más noble que las palabras?

reserve

hides

pour out
feel ashamed / deny

3.

Sé tu preocupación por el encuentro de que te hablé. No, preciosa mía, ni por un momento pienses que hablé con esa mujer, que ya no es nada para mí. ¿Lo fue alguna vez? Mal me conoces si piensas otra cosa. En mi corazón no hay más que un amor, el que tengo a mi diosa. Tu poeta no te miente,° no podría hacerlo aunque quisiera. Tampoco tu poeta es capaz de acompañar un amor verdadero con caprichos de la sensualidad. Esto es posible cuando el amor verdadero no tiene la intensidad que el mío, su hondura, su carácter sagrado. Yo te agradezco tu poquito de rabia,° saladita° mía, porque es señal que me quieres; pero no la tengas.

lies

anger / witty, gracious

A ti y a nadie más que a ti, en todos los sentidos—¡todos!—del amor puedo yo querer. El secreto es sencillamente que yo no he tenido más amor que éste. Ya hace tiempo que lo he visto claro. Mis otros amores sólo han sido sueños, a través de los cuales vislumbraba° yo la mujer real, la diosa. Cuando ésta llegó, todo lo demás se ha borrado.° Solamente el recuerdo de mi mujer[1] queda en mí, porque la muerte y la piedad lo ha consagrado.

glimpsed
has been erased

4.

Lunes

Ya se fue la diosa. ¿La volveré a ver? Quisiera apartar de mi pensamiento toda tristeza, para que mis letras no lleguen a ti impregnadas de una melancolía que, por nada del mundo quisiera yo que fuera contagiada. Hay que buscar razones

---

[1]Machado's wife Leonor Izquierdo, the fifteen-year old he married in 1909 and who died in 1912.

para consolarse de lo inevitable. Así, pienso yo que los amores, aun los más *realistas*, se dan en sus tres cuartas partes en el retablo° de nuestra imaginación. Por eso la ausencia tiene también su encanto,° porque al fin es un dolor que se espiritualiza con el recuerdo de las presencias. Acaso todas las diferencias entre los hombres son de memoria y fantasía. Saber recordar, saber imaginar . . . Mientras podemos recordar—recordarnos—vivimos, y la vida tiene un valor: el de nuestras imágenes.

puppet stage
charm

Y ahora te veo yo, diciéndome ¡adiós! con la mano, el día de nuestra última entrevista,° y tras esa imagen se me va el corazón, tantas veces como la evoco. Y para consolarme traigo a la memoria la radiante sorpresa de tu llegada, el último día que nos vimos. Lo maravilloso del espíritu es el poder milagroso de elegir entre las imágenes y cambiar a voluntad° unas por otras. Claro que esto no siempre es posible. Sobre todo, en los sueños y en los estados de abatimiento,° muchas imágenes son más impuestas que elegidas. Porque no se sueña lo que se quiere, sino más bien lo que se teme, tengo yo cierto miedo a los sueños.

meeting

at will
depression

Preguntas

Fragmento

1.

1. Ya en Segovia, ¿qué espera Antonio Machado?
2. ¿Cómo mide el poeta el cariño que siente por Guiomar?
3. ¿Cómo explica Machado el estar enamorado?

2.

1. ¿Qué hace al hombre más hombre, según la gente?
2. ¿Qué afirma Machado sobre el sentimiento del hombre enamorado?

3.

1. ¿A qué encuentro se refiere el poeta? ¿Por qué está enfadada Guiomar?
2. ¿Qué han sido para el poeta los amores anteriores a Guiomar? ¿Hay alguna excepción?

4.

1. ¿Cómo ve Machado a su amada?
2. ¿Qué papel juega la imaginación en los enamorados?
3. ¿Cuál es el encanto de la ausencia de su amada para el poeta?
4. ¿Qué imágenes vienen al recuerdo del poeta?
5. ¿Por qué tiene Machado miedo a los sueños?

Tema

La ausencia en el amor. Comenta el posible éxito o fracaso de una relación a distancia. En tus argumentos ten en cuenta tres cosas que le dieron buen resultado a Machado: los encuentros ocasionales, la correspondencia y, sobre todo, la imaginación.

3 Pasión y amor no correspondido

Mario Carreño [Cuba]. *Amantes sin tiempo*, 1978.

Miguel de Cervantes Saavedra   1547–1616   ESPAÑA

Cervantes será recordado siempre como el creador de *Don Quijote de la Man-cha*, novela en dos partes (1605, 1615) cuyo tema es la relación entre la lite-ratura y la vida. El *Quijote* ha dejado a la sombra a otras obras suyas: una novela pastoril titulada *La Galatea* (1585); las doce *Novelas ejemplares* (1613), llamadas así porque, según Cervantes, "no hay ninguna de quien no se puede sacar algún ejemplo provechoso"; el *Viaje al Parnaso*, panorama en verso de la poesía de su época; *Los trabajos de Persiles y Segismundo* (1617), novela de aventuras; y una larga serie de obras dramáticas, entre ellas los *Entremeses*: piezas cortas y divertidas cuya temática se parece a la de las *Novelas ejemplares*. En el "Prólogo al lector" de las *Novelas ejemplares* Cervantes se describe a sí mismo en tercera persona y señala algunos de los incidentes principales de su vida: "Fue soldado muchos años, y cinco y medio cautivo, donde aprendió a tener paciencia en las adversidades. Perdió en la batalla naval de Lepanto la mano izquierda de un arcabuzazo; herida que, aunque parece fea, él la tiene por hermosa, por haberla cobrado en la más memorable y alta ocasión que vieron los pasados siglos, ni esperan ver los venideros". Se refiere a su cautiverio en Argel (norte de África), donde fue esclavo de un potentado árabe, y a su participación en la batalla naval de Lepanto (1571), donde las fuerzas cristianas de España, Venecia y el Vaticano derrotaron a los turcos. Durante algunos años trabajó Cervantes como recaudador de los impuestos que financiaban a la Armada española. Murió en la pobreza el 3 de abril de 1616: la misma fecha en que murió William Shakespeare.

CUANDO LEAS . . .

Uno de los géneros más cultivados en la Europa de los siglos XVI y XVII es la literatura pastoril. Durante el Renacimiento y el Barroco poetas, dramaturgos y autores narrativos imitan la literatura pastoril de poetas clásicos como Virgilio y Teócrito. En el "libro de pastores" los personajes están rodeados de un paisaje ideal. Dialogan sobre el amor y sus consecuencias; por ejemplo, los celos. Una de las mejores novelas pastoriles es *La Galatea*, obra temprana de Cervantes, a la cual pertenece este fragmento.

En *La Galatea* cuatro pastores recitan una "égloga que ellos mesmos de la ocasión de sus mesmos dolores havían compuesto". Como es frecuente en tales églogas, los pastores compiten entre sí y cada cual intenta demostrar que él ha sufrido mucho más que sus compañeros. En esta parte de *La Galatea* uno de los pastores lamenta la muerte de su amada; otro, su ausencia; otro, la "dureza" de su pastora; y el cuarto, los celos. Otro pastor, Damón, a quien han nombrado juez en esta contienda, decide que el peor sufrimiento es el que causan los celos. Ahora verás por qué los celos son más crueles que la muerte, la ausencia y el desdén.

De *La Galatea* (Sobre los celos)

¡O celos, turbadores de° la sosegada° paz amorosa, celos, cuchillo de las más firmes esperanzas! No sé yo qué pudo saber de linajes el que a vosotros os hizo hijos del amor, siendo tan al revés, que por el mismo caso dejara el amor de serlo, si tales hijos engendrara. ¡O celos, hipócritas y fementidos° ladrones,° pues, para que se haga cuenta de vosotros en el mundo, en viendo nacer alguna centella° de amor en algún pecho, luego procuráis mezclaros° con ella, volviéndoos de su color, y aun procuráis usurparle el mando y señorío que tiene! Y de aquí nace que, como os ven tan unidos con el amor, puesto que° por vuestros efectos dais a conocer que no sois el mismo amor, todavía procuráis que entienda el ignorante que sois sus hijos, siendo, como lo sois, nacidos de una baja sospecha,° engendrados de un vil y desastrado temor,° criados a los pechos de° falsas imaginaciones, crecidos entre vilísimas envidias, sustentados de chismes° y mentiras. Y porque se vea la destruición° que hace en los enamorados pechos esta maldita° dolencia° de los rabiosos celos, en siendo el amante celoso, conviene,° con paz sea dicho de los celosos enamorados, conviene, digo, que sea, como lo es, traidor, astuto,° revoltoso,° chismero,° antojadizo° y aun mal criado;° y a tanto se extiende la celosa furia que le señorea,° que a la persona que más quiere es a quien más mal desea. Querría el amante celoso que sólo para él fuese su dama hermosa, y fea para todo el mundo; desea que no tenga ojos para ver más de lo que él quisiera, no oídos para oír, ni lengua para hablar; que sea retirada, desabrida,° soberbia° y mal acondicionada;° y aun a veces desea, apretado° desta pasión diabólica, que su dama se muera y que todo se acabe.

Todas estas pasiones engendran los celos en los ánimos de los amantes celosos; al revés de las virtudes que el puro y sencillo amor multiplica en los verdaderos y comedidos° amadores, porque en el pecho de un buen enamorado se encierra discreción, valentía, liberalidad,° comedimiento y todo aquello que le puede hacer loable° a los ojos de las gentes. Tiene más, asimismo,° la fuerza deste crudo veneno:° que no hay antídoto que le preserve, consejo que le valga,° amigo que le ayude, ni disculpa que le cuadre;° todo esto cabe en el enamorado celoso, y más: que cualquiera sombra le espanta,° cualquiera niñería le turba,° y cualquier sospecha, falsa o verdadera, le deshace;° y a toda esta desventura° se la añade otra: que con las disculpas° que le dan, piensa que le engañan.° Y no habiendo para la enfermedad de los celos otra medicina que las disculpas, y no queriendo el enfermo celoso admitirlas, síguese que° esta enfermedad es sin remedio, y que a todas las demás debe anteponerse.° Y así [. . .] no son los celos señales° de mucho amor, sino de mucha curiosidad impertinente; y si son señales de amor, es como la calentura° en el hombre enfermo, que el tenerla es señal de tener vida, pero vida enferma y mal dispuesta, y así el enamorado celoso tiene amor, mas es amor enfermo y mal acondicionado. Y también el ser celoso es señal de poca confianza del valor° de sí mismo; y que sea esto verdad nos lo muestra el discreto y firme enamorado, el cual, sin llegar a la oscuridad de los celos, toca en las sombras del temor, pero no se entra tanto en ellas que le oscurezcan el sol de su

Glosses (right margin):
- who disturb / restful
- treacherous / robbers
- spark
- you manage to mingle
- even though
- suspicion
- unfortunate fear /
- suckled by | gossip
- *destrucción* / accursed
- disease / it follows
- crafty / rebellious /
- gossipy / capricious /
- rude | rules him
- sullen
- proud / nasty / pressed
- courteous
- generosity
- praiseworthy / in addition
- cruel poison / useful
- advice / befits
- frightens / disturbs
- tears him apart /
- misfortune | excuses /
- deceive
- it follows that
- It is worse than any other
- disease / signs
- fever
- worth

contento, ni dellas se aparta tanto que le descuiden de andar° solícito y temeroso; °nor does he stray far enough from them not to feel
que si este discreto temor faltase en el amante, yo le tendría por soberbio y
demasiadamente confiado, porque, como dice un común proverbio nuestro,
quien bien ama, teme; teme, y aun es razón que tema el amante que, como la
cosa que ama es en extremo buena, o a él le pareció serlo, no parezca lo mismo a
los ojos de quien la mirara, y por la misma causa se engendre el amor en otro,
que pueda y venga a turbar el suyo. Teme y tema el buen enamorado las mudan-
zas° de los tiempos, de las nuevas ocasiones que en su daño podrían ofrecerse, de °changes
que con brevedad no se acabe el dichoso° estado que goza,° y este temor ha de ser °happy / °enjoys
tan secreto que no le salga a la lengua para decirle, ni aun a los ojos para signifi-
carle; y hace tan contrarios efectos este temor del que los celos hacen en los
pechos enamorados, que cría en ellos nuevos deseos de acrecentar° más el amor, °increase
si pudiesen; de procurar° con toda solicitud que los ojos de su amada no vean en °try
ellos cosa que no sea digna de alabanza, mostrándose liberales, comedidos,
galanes, limpios y bien criados; y tanto cuanto este virtuoso temor es justo se
alabe, tanto y más es digno que los celos se vituperen.

PREGUNTAS

1. ¿Por qué, según el protagonista, los celos no son hijos del amor?
2. ¿Cómo son engendrados, nacidos, criados y alimentados?
3. ¿Cómo es el amante celoso?
4. ¿Cómo quiere el amante celoso que sea su amada?
5. ¿Cómo es el buen enamorado?
6. ¿Qué quiere decir el proverbio "quien bien ama, teme"?

TEMA

Algunos creen que los celos destruyen la relación amorosa. Otros creen que los
celos, controlados, pueden mantener y prolongar el interés en la pareja. Basándote
en el texto de Cervantes, contrasta estas dos opiniones.

Vicente Aleixandre 1898–1984 ESPAÑA

Cuando Vicente Aleixandre recibió el Premio Nobel de Literatura en 1977, lo
aceptó como representante simbólico de toda una generación de poetas: los
que habían llegado a su madurez poética en el período anterior a la guerra civil

española: Luis Cernuda, Federico García Lorca, Dámaso Alonso, Jorge Guillén, Pedro Salinas, Rafael Alberti y otros. Con la guerra (1936–39) y el triunfo del fascismo en España, ese grupo de poetas amigos, conocido hoy como la Generación del 27, acabó dispersándose. Se marcharon algunos—por ejemplo, Guillén y Salinas—al exilio en las Américas. Otros—Aleixandre y Alonso, por ejemplo—se quedaron en España. Sería difícil exagerar la importancia de Aleixandre en la vida literaria de la España de posguerra. Debido a una enfermedad crónica, llevaba, desde hacía años, una vida sedentaria. Desde Wellingtonia, su casa madrileña, animó y aconsejó a los poetas más jóvenes. Colaboró en sus revistas, protestó contra la censura del nuevo régimen, y conservó fielmente el recuerdo de sus compañeros muertos o exiliados. Sus memorias de ellos se reunen en *Los encuentros* (1961).

Uno de los discípulos de Aleixandre, el poeta y crítico Carlos Bousoño, divide sus obras en dos grandes etapas. A la primera etapa pertenecen *La destrucción o el amor* (1935) y otros libros donde predomina la idea de "lo elemental como única realidad afectiva del mundo". A este primer período pertenece el poema que presentamos. En la etapa posterior, "se contempla la vida humana como historia".[1]

Parados: Vicente Aleixandre, Federico García Lorca, Pedro Salinas, Rafael Alberti, Pablo Neruda, Jose Bergamín, Manolo Altoaguirre, la esposa de Rafael Alberti. Sentados entre mujeres no identificadas: Miguel Hernández, Luís Cernuda, Santiago Ontañón.

[1]Víctor García de la Concha, "Poesía de la generación de 1927: Vicente Aleixandre, Luis Cernuda" en *Historia y crítica de la literatura española*, ed. Francisco Rico, t. 7 (Barcelona: Crítica, 1984), pp. 421–22.

Fíjate cómo el poeta asocia el amor con la naturaleza, comparándolo con fenómenos naturales cada vez más sorprendentes y grandiosos. Al expresar el "amor iracundo" que siente, el hablante evoca los cuatro elementos.

Vicente Aleixandre

El amor iracundo°

angry

¡Te amé, te amé!
Tenías ojos claros.
¿Por qué te amé?
Tenías grandes ojos.
5 Te amé como se ama a la luz furiosa del mediodía vibrante,
un estío° que duele como un látigo° rojo.

summer / whip

Te amé por tu cabello estéril,
por tus manos de piedra,
por tu cuerpo de hierba° peinada por el viento,

grass

10 por tu huella° de lágrima sobre un barro° reciente.

trace / mud

Te amé como a la sombra,
como a la luz, como a los golpes° que dan las puertas movidas por el
        trueno.°

slams

thunder

Como al duro relámpago° que entre las manos duda°

lightning bolt / hesitates

y alcanza° nuestro pecho como un rudo destino.

reaches

15 Te amé, te amé, hermosísima, como a la inaccesible montaña
que alza° su masa cruda contra un cielo perdido.

raises

Allá no llegan pájaros, ni las nubes alcanzan
su muda° cumbre° fría que un volcán ha ignorado.

silent / summit

Te amé quizá más que nada como se ama al mar,
20 como a una playa toda viva ofrecida,
como a todas las arenas que palpitantemente
se alzan arrebatadas° por un huracán sediento.°

swept away / thirsty

Te amé como al lecho° calcáreo° que deja el mar al huir,°

bed / of limestone / flee

como al profundo abismo donde se pudren° los peces,

rot

25 roca pelada° donde sueña la muerte

bare

un velo aliviador° como un verde marino.

a comforting veil

La luz eras tú; la ira,° la sangre, la crueldad, la mentira eras tú.
Tú, la vida que cruje° entre los huesos,
las flores que envían a puñados° su aroma.
30   Las aves° que penetran por los ojos y ciegan°
al hombre que, desnudo sobre la tierra, mira.

Tú, la manada° de gacelas, su sombra.
Tú el río meditabundo° o su nombre y espuma.°
Tú el león rugidor° y su melena° estéril,
35   su piafante° garra° que una carne ha adorado.

¡Te amo; te amé, te amé!
Te he amado.
Te amaré como el cuerpo que sin piel se desangra,°
como la pura y última desollación° de la carne
40   que alimenta° los ríos que una ira enrojece.°

Glosses (right margin):
- rage
- creaks
- by the handful
- birds / blind
- herd
- thoughtful / foam
- roaring / mane
- stamping / claw
- loses its blood
- flaying
- feeds / turns red

PREGUNTAS

1. ¿Por qué amó el poeta a la amada?
2. ¿Cómo la amó?
3. ¿Qué era la amada para él?
4. ¿La ha dejado de amar?
5. ¿Qué sugieren las imágenes de la naturaleza? ¿De qué fenómenos naturales habla?
6. ¿Qué importancia tiene en este poema el tiempo verbal?

TEMA

El único sentimiento que expresa directamente el hablante del poema es el de amar: "Te amé". ¿Podrías asociar otros sentimientos con las imágenes que nos da?

Rosalía de Castro   1837–1885   ESPAÑA

Una de las poetas españolas más intensas de todos los tiempos, Rosalía de Castro fue además la figura principal del renacimiento de la literatura en lengua gallega durante la segunda mitad del siglo XIX.

El gallego, lengua románica hablada en Galicia, en el noroeste de España, había tenido durante la Edad Media una riquísima tradición de poesía amorosa.

Pero siglos después, en tiempos de Rosalía, esa tradición se había extinguido casi del todo. En gallego escribió Rosalía su obra maestra, *Follas novas (Hojas nuevas)* (1880), poemario en que se reconoce la soledad y dolor irremediables del ser humano. Su visión del amor no fue nada dulce. Como muestra de la lengua gallega y de la poesía de *Follas novas*, ofrecemos estos cuatro versos, en que habla Rosalía de unos "amores negros":

> Era delor i era cólera,
> era medo i aversión,
> era un amor sin medida,
> ¡era un castigo de Dios!

> (Era dolor y era cólera,
> era miedo y aversión,
> era un amor sin medida,
> ¡era un castigo de Dios!)

Afirma en el mismo poema (hablando de los "amores negros"): "Máis val morrer de friaxen / que quentarse á súa fogueira" (Más vale morir de frio / que quemarse en su hoguera).

Rosalía de Castro

Te amo . . . ¿Por qué me odias?

Te amo . . . ¿Por qué me odias?
—Te odio . . . ¿Por qué me amas?
Secreto es éste el más triste
y misterioso del alma.

5   Mas ello es verdad . . . ¡Verdad
dura y atormentadora!°
—Me odias, porque te amo;
te amo, porque me odias.

cruel, tormenting

[handwritten note: she likes somebody who does not like her. & somebody likes her whom she does not like!]

1. ¿Puedes describir la estructura de este poema? ¿De qué manera son semejantes algunos de sus versos?
2. El tema del poema es el amor no correspondido. ¿Puedes relacionar con este tema la estructura circular del texto?
3. ¿Cuál es el "secreto . . . triste / y misterioso" del verso 3?

La situación romántica que describe el poema ¿te parece anticuada? ¿Conoces a alguien en una situación parecida?

Silvina Ocampo   1903–

Cuentista, novelista, poeta y pintora, fue miembro, al igual que María Luisa Bombal, del círculo literario de la revista *Sur*, donde colaboró con su amigo Jorge Luis Borges en varios proyectos editoriales, entre ellos una *Antología poética argentina*. Uno de los géneros que ha cultivado con mayor éxito es el relato fantástico. En años recientes ha trabajado en una traducción al español de los versos de Emily Dickinson.

CUANDO LEAS . . .

Ten en cuenta que esta historia amorosa se cuenta desde dos perspectivas distintas: la de la paciente (primera parte) y la del médico (segunda parte). Observa el fuerte contraste que presentan estos dos puntos de vista, y la falta de entendimiento de los dos protagonistas.

Silvina Ocampo

La paciente y el médico

(La paciente está acostada° frente a un retrato°)

HACE CINCO años que lo conozco y su verdadera naturaleza no me ha sido revelada. Alejandrina me llevó a su consultorio° una tarde de invierno. En la sala de espera, durante tres horas, tuve que mirar las revistas que estaban sobre la mesa. No olvidaré nunca los hermosos claveles° de papel que adornaban el florero,° sobre la consola.° Había mucha gente: dos niños que corrían de un lado a otro del cuarto y que comían bombones, y una vieja malísima,° con una sombrilla° negra y un sombrero de terciopelo.° Hace cinco años que lo conozco. A veces pienso que es un ángel, otras veces un niño, otras veces un hombre. El día que fui a su consultorio no pensé que iba a

lying down / photograph

doctor's office

carnations / vase / console table

very sick
umbrella / velvet

tener tanta importancia en mi vida. Detrás de un biombo° me
desvestí para que me auscultara.° Anotó mis datos personales y mi
historia clínica sin mirarme. Cuando colocó° su cabeza sobre mi
pecho, es cierto que aspiré° el perfume de su pelo y que aprecié° el
color castaño de sus rizos.° Me dijo, mirando un lunar° que tengo en
el cuello, que mi enfermedad era larga de curar, pero benigna. Le
obedecí en todo. Me habría tirado por la ventana, si me lo hubiese
ordenado. Suspendí° las verduras crudas,° el vino, el café y el chocolate, que tanto me gusta. Me alimenté de papas cocidas° y de carne
asada;° dormía después del almuerzo; aunque no durmiera, descansaba. Durante seis meses dejé de estudiar: fue en esos días que me dio
su retrato para que lo colocara frente a mi cama.

—Cuando te sientas mal, mi hijita, le pedirás consejos° al retrato.
Él te los dará. Puedes rezarle,° ¿acaso no rezas a los santos?

Este modo de proceder° le pareció extraño a Alejandrina.

Mi vida transcurría° monótonamente, pues tengo un testigo°
constante que me prohíbe la felicidad: mi dolencia.° El doctor
Edgardo es la única persona que lo sabe.

Hasta el momento de conocerlo viví ignorando que algo dentro
de mi organismo me carcomía.° Ahora conozco todo lo que sufro: el
doctor Edgardo me lo ha explicado. Es mi naturaleza. Algunos nacen
con ojos negros, otros con ojos azules.

Parece imposible que siendo tan joven sea tan sabio;° sin
embargo, me he enterado de que° no se precisa ser° un anciano para
serlo. Su piel lisa,° sus ojos de niño, su cabellera rubia, ensortijada,°
son para mí el emblema de la sabiduría.°

Hubo épocas en que lo veía casi todos los días. Cuando yo estaba
muy débil venía a mi casa a verme. En el zaguán° al despedirse me besó
varias veces. Desde hace un tiempo me atiende° sólo por teléfono.

—Qué necesidad tengo de verla si la conozco tanto: es como si
tuviera su organismo en mi bolsillo, como el reloj. En el momento en
que usted me habla puedo mirarlo y contestar a cualquier pregunta
que me haga.

Le respondí:

—Si no necesita verme, yo necesito verlo a usted.

A lo que replicó:

—¿Mi retrato y mi voz no le bastan?

Tenía miedo de influir directamente sobre mi ánimo,° pero yo he
insistido mucho para verlo, demasiado, pues se ha encaprichado en
no hacerme el gusto.° Primeramente lo hice llamar por mis amigas
para pedir hora en su consultorio; le mandé regalos, me las arreglé,°
sin perder mi virginidad, para conseguir dinero. La primera noche
salí con Alberto, la segunda con Raúl, las otras con amigos que ellos
me presentaron. Alberto me interpeló° un día:

—Qué haces con la plata, che.° Siempre viniendo a llorar miserias.

Le contesté la verdad:

Glosses (right margin):

- screen
- listen with stethoscope
- placed
- breathed in / admired
- curls / mole
- I stopped [eating] / raw
- boiled
- roasted
- advice
- pray to it
- way of doing things
- went on / witness
- illness
- was eating away at me
- wise
- I've discovered that / one needn't be
- smooth / curly
- wisdom
- entrance
- treats me
- mood
- he has taken it into his head not to humor me / I managed
- asked
- Exclamation used in Argentina: Hey!

Handwritten annotations:

- Lo que receta.
- She's not sick; just crazy. lo que se recomienda (a diet) a las mujeres histéricas
- Here's she's remembering.
- She's a student.
- She talks as him.
- he control w/ insinuating that he liked her.
- She prostitutes herself to buy him gifts.
- Veronal → Sleeping pills → Calmantes

—Es para el médico.

No tenía por qué mentir a un atorrante.° De ese modo pude   bum
mandar al doctor Edgardo una lapicera,° una pipa, un anotador° con   pen / note pad
tapa° de cuero, un pisapapel° de vidrio con flores pintadas, un frasco°   cover / paperweight / bottle
de agua de Colonia de la más fina; luego empecé a mandarle cartas
escritas en diferentes colores de papel, según mi estado de ánimo. A
veces, cuando estaba más alegre, en color rosado: cuando estaba
tierna,° en color celeste;° cuando estaba celosa,° en color amarillo;   tender / sky blue / jealous
cuando estaba triste, en un color violeta precioso; un violeta tan pre-
cioso que a veces deseaba estar triste, para enviárselo. Mis mensajeros
eran los niños del barrio, que me quieren mucho y que estaban siempre dispuestos° a llevar las cartas a cualquier hora. Yo siempre intro-   willing
ducía entre las hojas alguna ramita° o alguna flor o alguna gotita° de   sprig / little drop
perfume o de lágrimas. En lugar de firmar° mi nombre al pie de la   sign
hoja lo hacía con mis labios, de manera que la pintura quedara
estampada. Después comencé a abusar de todos estos recursos:°   le   means, resources
mandaba, por ejemplo, tres regalos en un día, cuatro cartas, en otro;
o bien lo llamaba cinco veces por teléfono. No puedo vivir sin él, la
verdad sea dicha. Verlo otra vez sería para mí como llorar después de
contenerme mucho tiempo. Es algo necesario, algo maravilloso.
Nadie comprende, ni Alejandrina lo comprende. Ayer, resolví poner
término a estas vanas° insistencias. En la farmacia compré veronal.°   useless / sleeping pills
Voy a tomar el contenido de este frasco para que el doctor Edgardo
venga a verme. Dormida no gozaría° de esa visita y por lo tanto no lo   I wouldn't enjoy
tomaré todo: tomaré justo lo suficiente para estar calma y poder
mantener mis párpados° cerrados, inmóviles sobre mis ojos. El resto   eyelids
del frasco lo tiraré y cuando la dueña de la pensión,° que todas las   boarding house
noches me trae una taza de tilo,° entre a mi cuarto, creerá que me he   linden tea
suicidado. Junto al frasco de veronal vacío dejaré el número del teléfono del doctor Edgardo con su nombre. Ella lo llamará, pues tomé
ya mis precauciones: las otras mañanas le dije, como sin quererlo,
cuando volvíamos del mercado:

—Si me sucediera algo,° no es a mi familia a quien tiene que lla-   If anything happened to me
mar sino al doctor Edgardo, que es como un padre para mí.

Me echaré sobre la cama, con el vestido que me hice el mes
pasado; el azul marino con cuello y puños° blancos. El modelo° era   cuffs / pattern
tan difícil que tardé más de quince días en copiarlo; sin embargo, esos
quince días pasaron volando, pues sabía que el doctor Edgardo me
vería muerta o viva con este vestido puesto. No soy vanidosa, pero
me gusta que las personas que yo quiero me vean bien vestida;
además, tengo conciencia de mi belleza y estoy persuadida de que si
el doctor Edgardo me ha rehuido° es porque tiene miedo de enamo-   shunned
rarse demasiado de mí. Los hombres aman su libertad y el doctor
Edgardo no sólo ama su libertad sino su profesión. Aunque sé de
buena fuente° y porque él mismo lo ha confesado que de noche des-   source
cuelga el tubo del teléfono° para que sus pacientes no lo despierten y   leaves the receiver off the hook

28

que sólo por un caso de gravedad° sería capaz de molestarse,° es un
mártir de su profesión. ¡Si fuera tan bondadoso en su vida íntima, no
tendría motivo para quejarme! Me echaré sobre la cama y colocaré a
mis pies a Michín. Ayer le puse polvo° contra las pulgas° y le pasé el
cepillo.° Le pondré agua de Colonia, aunque me rasguñe.° Será con-
movedor° verme muerta, con Michín velándome.° ●

    A veces he creído odiar a Edgardo: tanta frialdad no parece
humana. Me trató como los niños tratan a sus juguetes: los primeros
días los miran con avidez,° les besan los ojos cuando son muñecos,°
los acarician° cuando son automóviles, y luego, cuando ya saben
cómo se les puede hacer gritar o chocar, los abandonan en un rincón.
Yo no me resigné a ese abandono porque sospecho° que Edgardo
tuvo que librar una batalla consigo mismo° para abandonarme. Estoy
persuadida de que me ama y que su vida ha sido un páramo° hasta el
momento en que me conoció. Fui, como él me dijo, el encuentro de
la primavera en su vida y si renunció a mis besos fue porque lo asediaba un deseo° que no podía satisfacer por respeto a mi virginidad.
Otras mujeres a quienes no ama, prostitutas que sacan plata a los
hombres, gozarán de su compañía. No tengo motivos para celarlo° ni
para enfurecerme con él; sin embargo, cinco años de esperanza
frustrada me llevan a una solución que tal vez sea la única que
me queda.

(El médico piensa mientras camina por las calles de Buenos Aires)

    Iré caminando. Tal vez lograré° lo que quería: verme. Me lla-
maron con urgencia. Yo sé lo que son esas cosas. Un simulacro° de
suicidio, seguramente. Llamar la atención de alguna manera. La
conocí hace cinco años y un siglo me hubiera parecido menos largo.
Cuando entró en mi consultorio y la vi por primera vez me interesó:
era un día de pocos clientes, un día de tedio.° La piel cobriza,° el color
del pelo, los ojos alargados° y azules, la boca grande y golosa° me
agradaron.° Atrevida° y tímida, modesta y orgullosa, fría y apasionada, me pareció que no me cansaría nunca de estudiarla, pero ay . . .
qué pronto conocemos el mecanismo de ciertas enfermas, a qué
responden° los ojos entornados y la boca entreabierta,° a qué la
modulación de la voz. La ausculté aquel día no pensando en el tipo
de paciente que sería sino en el tipo de mujer que era. Me demoré tal
vez demasiado° con mi cabeza sobre su pecho oyendo los latidos°
acelerados de su corazón. Olía a jabón y no a perfume como la gene-
ralidad de las mujeres. Me causó gracia° del rubor° de la cara y del
cuello en el momento en que le ordené desvestirse. No pensé que
aquel comienzo de nuestra relación pudiera terminar en algo tan
fastidioso.° Durante varios meses soporté° sus visitas sin sacar
ningún provecho° de ellas pero con la esperanza de llegar a alguna
satisfacción. Ni el tiempo ni la intimidad modificaron las cosas;

emergency / bother

powder / fleas
I brushed him / scratch
moving / watching over me

eagerly / dolls
caress

I suspect
a struggle with himself
wasteland

he was bitten by a desire

snoop on him

will achieve
imitation, fake

boredom / copper, tanned
narrow / sensual
appealed / Bold

the reasons for / half-open

he takes too long
Perhaps I took too long / beating
*indication that she's still
a girl not a woman.*
I was amused / blush

annoying / tolerated
profit

éramos una suerte de monstruosos novios, cuya sortija° de matrimonio era la enfermedad que también es circular como un anillo.° Yo sabía que jamás recibiría un buen regalo, ni cobraría° mis honorarios. La señora de Berlusea, a quien jamás cobré un céntimo por mis atenciones de médico, me regaló un tintero° importantísimo de bronce con un Mercurio en la tapa, un cortapapel° de marfil con figuras chinas y un reloj de pie que tengo en mi consultorio. El señor Remigio Álvarez, a quien tampoco cobré un céntimo, me regaló un juego de fuentes° y un centro de mesa° de plata en forma de cisne.° Todos mis pacientes, mal que mal,° me pagaron en alguna forma. De ella qué puedo esperar sino un amor de virgen que me abruma,° que me persigue.° Subrepticiamente° me encontré metido en una trampa.° No quise verla más, pero le di un retrato por compasión. Le ordené que lo colocara frente a su cama: tal vez debido a° las miradas que le prodigué,° desde ese marco,° día y noche comencé a imaginarla involuntariamente durante todas las horas del día: cuando se acostaba, cuando se levantaba, cuando recibía la visita de alguna amiga, cuando acariciaba el gato que saltaba sobre su cama. Fue una suerte de castigo° cuyas consecuencias todavía estoy pagando. Esa mujer, que ahora tiene apenas veinte años, que no me atraía de ningún modo, día y noche perseguía y persigue mi pensamiento. Como si yo estuviese dentro del retrato, como si yo mismo fuera el retrato, veo las escenas que se desarrollan° dentro de esa habitación. No le mentí al decirle que conocía su organismo como al reloj que llevo en el bolsillo. A la hora del desayuno oigo hasta los sorbos° del café que toma, el ruido de la cucharita golpeteando° el fondo° de la taza para deshacer los terrones° de azúcar. En la penumbra° de la habitación veo los zapatos que se quita a la hora de la siesta para colocar los pies desnudos y alargados° sobre la colcha° floreada de la cama. Oigo el baño que se llena de agua en el cuarto contiguo,° oigo sus abluciones y la veo en el vaho° del cuarto de baño envuelta° en la toalla felpuda° con un hombro al aire, secarse las axilas,° los brazos, las rodillas y el cuello. Aspiro el olor a jabón que aspiré en su pecho el primer día que la vi en mi consultorio, ese olor que en los primeros momentos me pareció afrodisíaco y después una mezcla intolerable de polvo de talco y sémola.° Cuando dejé de verla, y fue dificilísimo lograrlo, pues no escatimó° ningún subterfugio para seguir viéndome, comenzó a llamar por teléfono y mandarme regalos. ¡Si a eso puede uno llamar regalos! Las chucherías° pulularon° sobre mi mesa. A veces tenían gracia,° no digo que no, pero eran poco prácticas y yo las guardaba para reírme o las regalaba a alguno de mis amigos. La mayoría de las veces escondía esos objetos heterogéneos en cajones° relegados al olvido,° pues nunca acertó° en mandarme algo que realmente me agradara. Cuando vio que los regalitos no surtían efecto° empezó a mandarme cartas con los niños del barrio. Por el color de los sobres reconocí en seguida de dónde provenían° y a veces los

sortija°	ring
anillo.°	ring
cobraría°	collect
tintero°	inkwell
cortapapel°	letter opener
juego de fuentes° / un centro de mesa° / cisne.°	set of dishes / centerpiece / swan
mal que mal,°	one way or another
me abruma,°	overwhelms
me persigue.° / Subrepticiamente°	pursues / Without noticing
trampa.°	trap
debido a°	owing to
prodigué,° / marco,°	bestowed / frame
castigo°	punishment
se desarrollan°	develop
sorbos°	sips
golpeteando° / fondo°	striking / bottom
terrones° / penumbra°	lumps / half-light
alargados° / colcha°	long / bedspread
contiguo,°	next
vaho° / envuelta°	steam / wrapped
felpuda° / axilas,°	fluffy / armpits
sémola.°	semolina (used in soapmaking)
escatimó°	spared
chucherías° / pulularon°	knick-knacks / multiplied
tenían gracia,°	they were amusing
cajones°	drawers or cartons
relegados al olvido,° / acertó°	consigned to oblivion / managed
no surtían efecto°	produced no effect
provenían°	came from

dejaba sin abrir sobre mi mesa. En estos últimos tiempos usó un papel violeta repugnante que coincide con los acentos más patéticos. Escribía que estaba de luto° y que el violeta era el color que expresaba mejor su estado de ánimo. A veces pensé que convendría° hacerle un narcoanálisis, tal vez se liberaría° de la obsesión que tiene conmigo; es natural que no se prestaría a ello° ni siquiera por amor. Creí alejarla° con un retrato y sucedió lo contrario: se acercó más íntimamente a mí. Iré caminando. Le daré tiempo para morir. Oigo sus quejidos,° el maullido del gato, las gotas° que caen del grifo° dentro del baño vecino. Camino, voy hacia ella dentro de mi retrato maldito.

in mourning
it would be useful
she would free herself
would not consent to it
put her off

realismo magico

whimpering / drops / faucet

He's trapped in his picture.

PREGUNTAS

1. ¿Cómo conoció la paciente al médico y qué recuerda de aquel día?
2. ¿Qué ocurrió después de seis meses? ¿Qué excusas le da el médico para no verla?
3. ¿A qué se refiere la paciente cuando dice "Tengo un testigo constante que me prohibe la felicidad"?
4. ¿Qué cosas hacía ella para que el médico la visitara?
5. ¿Qué sistema tenía cuando le escribía y mandaba cartas?
6. ¿Cuáles son los preparativos que hace para el intento de suicidio?
7. A veces la paciente cree odiar al médico. ¿Por qué? ¿Con qué otros pensamientos renuncia a este odio?
8. ¿Qué piensa el médico del suicidio de ella?
9. ¿Qué recuerdos tiene él del día en que se conocieron?
10. ¿Qué nos dice del médico la forma en que éste habla de los regalos?
11. ¿Qué efecto produjo en el médico el retrato que él regaló a la paciente?
12. ¿Por qué decide el médico ir caminando a casa de la enferma al final del cuento?

TEMAS

1. Contrasta los pensamientos de ambos protagonistas para que puedas llegar a un mejor conocimiento de sus personalidades. Cuando hagas esto ten en cuenta lo siguiente:
   —¿Hizo el médico algo que motivara el interés de la paciente por él?
   —Si la enfermedad de ella era de tipo sicológico, ¿recibió el tratamiento adecuado?
   —En varias ocasiones vemos que la paciente reconoce que el médico no la quiere ver. ¿Por qué se engaña a sí misma?

2. El suicidio como modo de llamar la atención de las personas queridas es un problema bastante serio de la sociedad moderna. ¿Cuáles son las posibles causas que llevan a una persona a una solución tan trágica? ¿Qué podemos hacer para preveer e impedir el suicidio?

Emilia Pardo Bazán.

Emilia Pardo Bazán   1852–1921   España

Emilia Pardo Bazán nació en La Coruña, Galicia, región que evoca o describe en sus mejores cuentos y novelas. Despertó controversia en 1883 al publicar *La cuestión palpitante*, una defensa del naturalismo literario. Este movimiento pedía del novelista una observación minuciosa y "científica" de la realidad, incluso en sus aspectos más feos y desagradables. La narración debía ser un "estudio serio" y documentado de un medio social, y debía tomar en cuenta las leyes naturales que rigen la vida del ser humano. La novela *Los pazos de Ulloa* (1886), con un prólogo autobiográfico, es una de las máximas expresiones españolas de esa doctrina. Contiene inolvidables descripciones del ambiente y de las costumbres de la sociedad rural gallega. Pardo Bazán fue una crítica literaria prolífica y aguda, y se debe a ella la difusión en España de la literatura rusa y de las obras de Émile Zola, el novelista francés que desarrolló la doctrina del naturalismo.

CUANDO LEAS . . .

Toma en cuenta el concepto frívolo que Luis tiene del amor. Luego, cuando él empieza a preocuparse, no es porque esté enamorado, sino porque su amante lleva al extremo lo que para él es una simple aventurilla.

Emilia Pardo Bazán

Casualidad°

> °chance, accident

Mi amigo Luis Cortada es hombre de humor, aficionado a faldas° como ninguno. Aunque guarda la reserva que el honor prescribe, sus dos o tres compinches de confianza° conocemos sus principios y modo de entender tales cuestiones. "El amor—sostiene° Luis—debe ser algo grato,° regocijado° y ameno;° si causa penas, inquietudes° y sofocos,° hay que renegar de él° y hacerse fraile."° Cuando le hablan de dramas pasionales se encoge de hombros,° y declara desdeñosamente:°

> °who likes women
> °trusted accomplices
> °insists
> °pleasant / joyful / agreeable
> °troubles / embarrassing situations /
> °swear off it / priest | shrugs
> °scornfully

—Los que ustedes llaman enamorados no son sino locos, que tomaron esa postura° en vez de tomar otra. Podían buscar la cuadratura del círculo° o el movimiento continuo; podían creerse el sha de Persia o el káiser; podían suponer que guardaban en una cueva millones en oro y pedrería . . .° Prefieren figurarse° que en su alma existe un ideal sublime, que les eleva al quinto cielo,° que nadie como ellos ha sentido, y por el cual deben sufrir, si es necesario, martirio, muerte y deshonor. ¿Dónde cabe mayor insania?° Y lo más terrible es que esa

> °attitude
> °try to square the circle
> °jewels / imagine
> °seventh heaven
> °Could there be greater madness?

33

clase de dementes andan sueltos.° No, conmigo eso no va. Adoro a las mujeres . . . , pero soy muy justo y las adoro a todas por igual, sin creer en la divinidad de ninguna.

Hay que suponer que el sistema de Luis era el mejor, pues las mujeres se morían por él.

No se sabe qué hechizo° existía en aquel muchacho, ni muy guapo ni muy feo, de cara redonda y fino bigote° castaño, de ojos alegres y frente muy blanca, en la cual el pelo señalaba cinco atrevidas puntas. Sin que él se alabase jamás de sus triunfos, nos constaban,° y, en nuestra involuntaria y poco malévola envidia, los atribuíamos a aquella misma constante ecuanimidad y confianza en sí mismo, a la indiferencia con que pasaba de la rubia a la morena, sin concederles el tributo de un suspiro° cuando se rompía el lazo.° "Este chico— repetíamos—tiene música dentro."

Me llamó la atención ver que de pronto Luis perdía su jovialidad, andaba cabizbajo° y mustio,° y hasta, a veces, inquieto° y hosco.° Yo era, de los de la trinca,° el más íntimo, el que le veía diariamente, o en su casa o en la mía, y no pude menos de preguntarle,° atribuyendo el fenómeno al inevitable amor, que al fin, llegada la hora, le hubiese cogido en sus redes° de oro y hierro.° La hipótesis le sublevó.°

—Te prohíbo—me dijo severamente—que dudes de mi cordura° . . . Sólo que, entérate:° eso de la pasión y demás zarandajas° tiene, entre otros encantos, el de que lo mismo puede dañar el padecerlo como el hacerlo sentir . . .° Igual fastidia° querer o ser querido . . . ¿Te has enterado? Y mutis.°

—Como tú eres tan listo para mudarte de casa, no creí que te dejases coger en ninguna ratonera . . .°

—Yo me entiendo . . . —repuso° él, fruncido un ceño receloso° sobre los ojos, que habían perdido su expresión regocijada.°

Pasaba esta conversación en mi despacho, donde Luis, nerviosamente, había encendido y tirado casi enteros hasta tres excelentes puros.° En su visible estado de agitación, sacaba la petaca,° la dejaba sobre la mesa, volvía a guardarla, se tentaba° el bolsillo y, en suma, ejecutaba movimientos inconscientes, reveladores de distracción profunda. Momentos así son los que aprovechan° los ladrones llamados *descuideros*° para quitar el reloj o la cartera a sus víctimas. Tal pensamiento fue el que se me ocurrió cuando, minutos después de haberse marchado Luis, vi que sobre mi mesaescritorio se había dejado no la petaca, sino la cartera misma, que era de igual cuero y tamaño, y, sin duda, en su trastorno,° confundió con ella.

Lo delicado°—lo reconozco, señores—hubiese sido coger esa cartera y guardarla bajo llave sin mirarla. Pero la conciencia y la delicadeza también tienen sus sofismas,° y yo me di a mí mismo la excusa de que no me proponía otro fin, al ser indiscreto, sino tratar de saber lo que preocupaba a mi amigo, para venirle en ayuda. Y tomé y abrí la cartera, que contenía un fajillo° de billetes,° y, en el otro departamento, papeles doblados° y un retrato de mujer.

are on the loose

enchantment, charm
mustache

we know them to be certain

sigh / relationship

crestfallen / gloomy / uneasy / sullen
threesome
I couldn't help asking him (what was wrong)
nets / iron / made him furious
good judgment
understand / all that other nonsense

It does as much harm to experience it as to inflict it | It's as much of a nuisance | And keep quiet!
mousetrap
replied / wrinkling his brow with a suspicious expression | cheerful

cigars / cigar case
felt

take advantage of
pickpockets

disturbance
The tactful thing to do

spurious arguments

little wad / bills
folded

34

—¡Calle!—exclamé—. ¡La señora de Ramírez Madroño!

Era, en efecto, la esposa del riquísimo industrial,° rubia bastante bonita, aunque de una fisonomía a veces extraña, unos ojos que relumbraban° o se apagaban° como gusanos de luz,° y una cara larga y descolorida, como efigie de marfil° antiguo. ¡Vaya, conque también ella!° ¡De fama tan limpia!° ¡Y nosotros, que ni aun por coqueta la teníamos! ¡Este Luis! Nada, que llevaba dentro, no ya música, una orquesta entera . . .

No es fácil detenerse° cuando ha empezado a despertarse la curiosidad. Mis ojos ávidos recorrieron° los billetitos° en que la mano parecía haber dejado candentes° surcos . . . ,° cuando, en lo mejor de la exploración, pegué un salto° en el sillón giratorio y solté° una exclamación sin forma, como se hace cuando se está solo . . . Acababa de leer un párrafo: "Alma mía, ya se notan los efectos . . . Todo obstáculo entre nosotros debe desaparecer . . . , y pronto desaparecerá. Envíame otro *paquetito* como los anteriores . . ."

Tan horripilado° me quedé, que ni aun advertí° que habían llamado a la puerta, ni que un hombre se precipitaba en° mi despacho. Era él, era Luis, descompuesto,° con los ojos saltándosele,° la respiración ahogada.° Yo, a mi vez, me quedé aturdido.° No podía dudar de que me hubiese visto leyendo. ¡Qué *plancha!*° Pero, con asombro,° noté que Luis, en vez de conservar su actitud del primer momento, poco a poco iba modificándola, adoptando la de un hombre que se goza en° la confusión de otro. Al cabo,° mirándome cara a cara, soltó una franca risa° y me echó al cuello los brazos, exclamando afectuosamente:

—No te apures,° hijo, no te apures . . . En parte, me has hecho un favor con curiosear mi cartera. No me decidía a franquearme;° así desahogaré° contigo. Me has visto pensativo, cosa en mí bien rara, y ahora comprenderás por qué. He tenido la segunda desgracia;° la primera, bueno, es enamorarse; la segunda . . .

—Sí, ya sé!—pude por fin articular—.° La segunda desgracia es que se han enamorado de ti.

—¡Ajá! De eso se trata. He metido la mano en un cesto° de flores y había en él la viborilla° del amor. ¡Condenado! El caso es que la señora . . . ; bueno, tú ya no ignoras cómo se llama.

—No, no lo ignoro . . . Y de veras que me ha sorprendido. La tenía por . . .

—Sí, sí, claro . . . Una señora intachable . . .° hasta que llegó su cuarto de hora, con la fatalidad de que entonces pasase yo y no otro . . . En fin, que está, ¡no sabes!, de atar . . .° Se le ha metido en la cabeza que su punto de honra es adorarme y unirse a mí por toda la vida, para lo cual tiene que . . .

Se le atragantó el verbo,° y yo vine en su ayuda, articulando:

—Que cometer un crimen . . . ¡Atiza!° ¡De tales entusiasmos líbrenos° Dios! . . .

—Eso he dicho yo siempre: ¡líbrenos Dios! Ya sabes mis teorías

Margin glossary:

manufacturer

shined / flickered out / glowworms
ivory
Wow! Even her! / With such a fine reputation!

stop oneself
went through / little pieces of paper
white-hot / creases
I jumped / uttered, let loose

horrified / I didn't even notice
hurried into
upset / his eyes bulging
breathing very heavily / stunned
I had put my foot in it!
amazement

taking pleasure in / Finally
he laughed heartily

Don't worry
open myself
unburden myself
misfortune

I finally managed to say

basket
snake

above reproach

She is totally mad

The word stuck in his mouth
Imagine!
spare us

. . . Líbrenos de cuanto sea fuerte, hondo,° trascendental . . . ¡Si no tiene vuelta! . . .° Pero, en fin, ahora no se trata de eso. Vamos a lo urgente. Te explicaré cómo por un lado° me ves reír y por otro me encuentras tan cabizbajo.

Respiró un instante. Luego se decidió:

—Todo cuanto te diga de la resolución° de esa mujer sería poco . . . ¡Si bregaría yo con ella!° Todas mis razones no la han podido disuadir. Y para evitar mayores males,° ¿qué dirás que he discurrido?° Desde hace un mes la envío paquetitos de un veneno° activísimo . . . De lo que remedia las dispepsias° y el flato . . .° ¡Bicarbonato de soda químicamente puro! . . . ¡Y eso es lo que surte° efecto! . . .

La risa de mi amigo se me pegó . . .° Celebramos con grandes carcajadas° la farsa inocente.

—¡Y figúrate que me dice que ya nota efectos! . . .

Redoblamos las carcajadas. Sin embargo, de pronto me quedé serio y le cogí la mano:

—¡Aguarda, aguarda, Luisillo! Y si advierte° que es inofensivo° lo que la remites . . . ,° ¿puede . . . sustituir . . . , idear . . .° otra cosa?

Mi amigo se puso blanco de terror. Evidentemente la hipótesis no se le había ocurrido ni un instante. Era quizá lo único en que no había pensado.

—¡Demonio!—fue lo que pronunció, al fin, dándose una palmada en la frente.°

Momentos después, ya hecha alianza ofensiva y defensiva, debatíamos el plan de campaña.° En primer término, Luis propuso el remedio de la cobardía: la fuga.° Un viaje a París . . . , a Buenos Aires . . . , al Polo Norte . . .

Yo aconsejé el de la semicobardía: el aplazamiento.°

—Mándale otra dosis mayor de bicarbonato—propuse—y veremos lo que pasa. Probablemente, ganar tiempo es ganarlo todo.

Se avino a mi parecer° Luis, y transcurrieron quince días en que nada nuevo ocurrió.

Las cartas, sin embargo, denunciaban° algo increíble: el creciente° *efecto* de una droga tan inofensiva . . .

—¡Esto no puede ser! ¡Esa mujer está como una cesta de gatos!°—declaró mi amigo, queriendo disimular la zozobra° con la indignación—. ¿Qué diantres de efecto cabe?° ¿Me lo quieres decir?

—Oye, Luis—resolví—: ése es un punto que importa averiguar. Es necesario que hoy mismo nos enteremos de cuál es el estado de salud del señor Ramírez Madroño, muy señor nuestro. A la noche reúnete conmigo en la cervecería, que te prometo noticias. No sería prudente que tú mismo las indagases.°

Mi procedimiento fue de lo más sencillo. Por teléfono público pedí comunicación con la casa de Ramírez Madroño. Y la central° dio por respuesta que estaba descolgado° el teléfono a causa de la grave enfermedad del dueño° de la casa. Y al entrar en la cervecería

deep	
It's as simple as that!	
at one moment	
determination	
As though I hadn't worked on her!	
greater harm / What do you think I've invented?	poison
indigestion / stomach gasses (flatulence)	
produces	
was infectious	
guffaws	
notices / harmless	
send / think up	
slapping his brow	
battle plan	
escape	
delay	
agreed to my proposal	
revealed	
growing	
is as crazy as a basket of cats! / uneasiness	What (the devil) effect can it produce?
inquire into	
the operator	
off the hook	
master	

pedí un diario de la noche, y leí la noticia de que el señor Ramírez Madroño había muerto.

Cuando comuniqué esta nueva a Luis casi sufrió un síncope.° Le hice entrar en una farmacia, le froté° las sienes° con vinagre y, a la salida, le insulté:

—¡Cobarde! ¡Tonto! ¡Ánimo!° ¡Vaya un simple!° ¿Tú has dado a ese señor, anda y dime, ningún jarope° malo? ¿Entoces? Se murió porque Dios lo ha dispuesto . . .°

No conseguí que mi amigo se reanimase. Pasó la noche en una especie de delirio, acusándose de imaginarios crímenes. Al otro día le metí en el tren, arropado° con una manta y temblando de fiebre, y me fui con él a Barcelona, donde embarcamos para Italia.

Yo volví a Madrid tan pronto como pude estar seguro de que Luis había recobrado el uso de su razón y la salud de cuerpo. Convinimos en que° el aire patrio le sería muy dañoso° en bastantes meses. En efecto, tardó mucho en volver.

Pude cerciorarme° de que el fallecimiento° de Ramírez Madroño no había causado ninguna extrañeza:° tenía en el estómago una úlcera mortal.

En cuanto a su esposa, tampoco sorprendió que, después de varios ataques de convulsiones histéricas, explicables por la pena, hubiese caído en una especie de atonía,° y luego en una devoción estrecha° y rigurosa, sin salir de la iglesia en toda la mañana. Era para mí evidente que jamás sospechó la piadosa° burla° de Luis. Al revés de otras, su arrepentimiento° fue real, e imaginario su delito.°

he fainted

rubbed / temples

Be brave! / What a fool!
syrup
God ordained it

wrapped

We agreed that / harmful

ascertain / death
had surprised no one

depression
strict
merciful / trick
remorse / crime

PREGUNTAS

1. ¿Qué es el amor para Luis?
2. ¿Qué es lo que llamó la atención al amigo de Luis?
3. ¿Qué hizo el amigo cuando Luis olvidó la cartera en su despacho? ¿Qué descubrió?
4. ¿Cómo reacciona Luis cuando ve que su amigo ha leído los billetitos?
5. ¿Qué ha decidido hacer la enamorada de Luis para poder unirse a él?
6. ¿De qué forma tiene Luis engañada a su amante?
7. ¿Por qué están preocupados Luis y su amigo sobre el estado de salud del marido de la amante de Luis?
8. ¿De qué murió el Sr. Ramírez Madroño?
9. ¿Qué hizo Luis al enterarse de su muerte?
10. ¿Cómo reaccionó la amante de Luis a la muerte de su marido? ¿Por qué?

Temas

1. Pardo Bazán nos presenta, de forma humorística, los destrozos que puede causar la pasión amorosa. Pasión que siente sólo uno de los amantes. ¿Puedes relacionar y comentar este tipo de situación con otros ejemplos que tú conozcas? No olvides otras lecturas, el cine, ¡y el *National Enquirer*!

2. En la narrativa naturalista (p. 344), está presente la doctrina del determinismo: la idea de que nuestras acciones y nuestro destino no obedecen a la "casualidad" y al azar, sino a un rigoroso encadenamiento de causas y efectos. Comenta, pues, el título: "Casualidad".

4   *Ruptura*

Ralph Maradiga [Estados Unidos]. *Dolor*, 1976.

Gustavo Adolfo Bécquer   1836–1870   ESPAÑA

La vida de Gustavo Adolfo Bécquer fue corta y trágica: pobreza, enfermedad, fracaso en el amor y falta de reconocimiento como poeta. Otro gran poeta, Luis Cernuda, quien sentía especial predilección por Bécquer y cierta amargura hacia la sociedad que lo rodeaba, nos describe la vida de Gustavo Adolfo: "En Madrid vive, si puede llamarse vida a los días que arrastra. Míseros empleos, algunas protecciones más o menos eficaces, colaboración periodística al fin; todo para que la sociedad pudiera permitirle el lujo exorbitante e inaudito de dejar sobre el papel, en transparente prisión, unas radiantes palabras, unos breves sonidos, huella de su gran espíritu".

Estos "breves sonidos" son las *Rimas*, publicadas un año después de su muerte por un grupo de amigos: libro de 79 poemas que tratan de la creación poética, la soledad y el amor; el amor, como puntualiza Cernuda, "no como vago e impreciso sentimiento que se olvida en cualquier otro cuerpo" sino como "pasión horrible, de lo más duro y amargo, donde entran los celos, el despecho, la rabia, el dolor más cruel". Cernuda evoca poemas como la rima 79 . . .

Una mujer me ha envenenado el alma;
otra mujer me ha envenenado el cuerpo;
ninguna de las dos vino a buscarme;
yo, de ninguna de las dos me quejo.[1]

. . . y como las que van a continuación.

Gustavo Adolfo Bécquer

De las *Rimas*

XXX

Asomaba a sus ojos una lágrima°

y a mi labio una frase de perdón;

habló el orgullo° y se enjugó° su llanto,°

y la frase en mis labios expiró.

A tear came to her eyes

pride / wiped away / weeping

5   Yo voy por un camino; ella, por otro;

pero al pensar en nuestro mutuo amor,

yo digo aún, ¿por qué callé aquel día?

Y ella dirá, ¿por qué no lloré yo?

XXXV

¡No me admiró° tu olvido! Aunque de un día

    me admiró tu cariño° mucho más;

porque lo que hay en mí que vale algo,

    eso . . . ¡ni lo pudiste sospechar!

surprised

affection

XXXVIII

Los suspiros son aire y van al aire.

Las lágrimas son agua y van al mar.

Dime, mujer: cuando el amor se olvida,

    ¿sabes tú a dónde va?

XLII

Cuando me lo contaron sentí el frío

de una hoja de acero° en las entrañas;°

blade of steel / bowels

---

[1]Luis Cernuda, "Bécquer y el romanticismo español", en Derek Harris y Luis Maristany, eds., *Prosa completa* (Barcelona: Barral Editores, 1975), p. 1270.

me apoyé° contra el muro,° y un instante   *leaned / wall*
la conciencia perdí de donde estaba.

5   Cayó sobre mi espíritu la noche;
en ira y en piedad se anegó° el alma . . .   *sank*
¡Y entonces comprendí por qué se llora,
y entonces comprendí por qué se mata!

       Pasó la nube de dolor . . . con pena
10   logré balbucear° breves palabras . . .   *mutter*
¿Quién me dio la noticia? . . . Un fiel amigo.
¡Me hacía un gran favor! . . . Le di las gracias.

XLIX

       Alguna vez la encuentro por el mundo
         y pasa junto a mí;
y pasa sonriéndose, y yo digo:
       —¿Cómo puede reír?

5   Luego asoma a mi labio otra sonrisa,
         máscara del dolor,
y entonces pienso:—¡Acaso° ella se ríe   *Perhaps*
         como me río yo!

LI

       De lo poco de vida que me resta,
diera° con gusto los mejores años   *daría*
         por saber lo que a otros
         de mí has hablado.

5   Y esta vida mortal . . . , y de la eterna
lo que me toque, si me toca algo,°   I would give whatever,
         por saber lo que a solas   if anything, is allotted
         de mí has pensado.   to me

PREGUNTAS

XXX

1. ¿Qué situación describe el poeta? ¿Qué crees que habría ocurrido si el orgullo no hubiera hablado aquel día?

XXXV

2. Comenta los versos 3 y 4. ¿Cuál es el tono del hablante? ¿Qué siente?

3. El poeta pregunta dónde va el amor cuando se olvida. ¿Podrías contestarle?

4. ¿De qué cosa crees que se acaba de enterar el poeta? ¿Cómo reacciona? ¿Qué aprende de esa experiencia? Comenta la ironía—si la hay—del último verso.

5. ¿Puedes explicar qué quiere decir el poeta con las palabras: "¡Acaso ella se ríe / Como me río yo!"?

6. ¿Por qué crees que es tan importante para el poeta saber lo que su amada dice y piensa de él?
7. Describe la estructura de este poema. Lo podemos dividir en dos partes (estrofa 1 y estrofa 2). ¿En qué difieren y en qué se parecen?

TEMAS

1. Expresa en tus propias palabras la idea central de cada una de las rimas.
2. ¿Qué actitud tiene el hablante de estas rimas hacia el amor, la mujer, la ruptura, el olvido y el reencuentro?
3. ¿De qué manera contribuye la concisión de las rimas a crear esta actitud?

María Mercedes Carranza   1945–   COLOMBIA

De la poesía de María Mercedes Carranza ha escrito un crítico: "constituye un excelente antídoto contra excesos sentimentales, temas trascendentes, vaguedades líricas y otros venenos de nuestra literatura".[1] Humor, ironía e irreverencia con respecto a la poesía anterior son tres de las características de su obra. Ha trabajado como periodista y como directora de la Casa de Poesía José Asunción Silva.

CUANDO LEAS . . .

Nota cómo predominan los verbos en tiempo futuro: el poema es una profecía, dirigida a cualquier mujer que vive con un hombre.

---

[1]Andrés Holguín, ed., *Antología crítica de la poesía colombiana (1874–1974)*, t. II. (Bogotá: Ediciones Tercer Mundo, 2a. ed., 1981), p. 246.

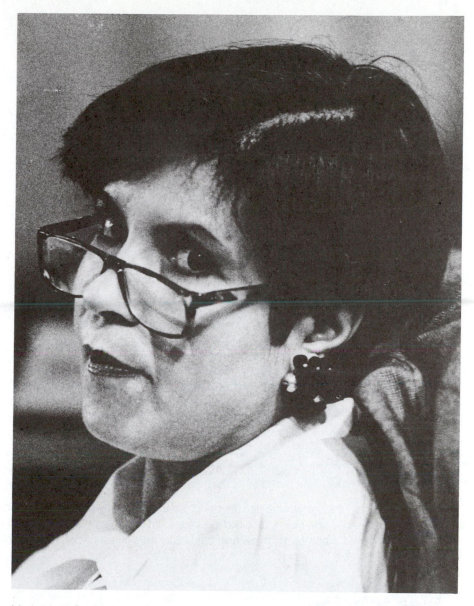

María Mercedes Carranza.

María Mercedes Carranza

Oda al amor

Una tarde que ya nunca olvidarás
llega a tu casa y se sienta a la mesa.
Poco a poco tendrá un lugar en cada habitación,

en las paredes y los muebles estarán sus huellas,°   tracks
5   destenderá° tu cama y ahuecará° la almohada.   unmake / hollow out
Los libros de la biblioteca, precioso tejido° de años,   woven fabric
se acomodarán° a su gusto° y semejanza,   will adapt themselves /
cambiarán de lugar las fotos antiguas.   taste
Otros ojos mirarán tus costumbres,
10 tu ir y venir entre paredes y abrazos
y serán distintos los ruidos cotidianos° y los olores.   daily
Cualquier tarde que ya nunca olvidarás
el que desbarató° tu casa y habitó tus cosas   wrecked
saldrá por la puerta sin decir adiós.
15. Deberás comenzar a hacer de nuevo la casa,
reacomodar los muebles, limpiar las paredes,
cambiar las cerraduras,° romper retratos,   locks
barrerlo todo y seguir viviendo.

PREGUNTAS

1. ¿A quién se dirige el hablante de este poema?
2. ¿Qué tipo de cambios origina el hombre en la vida del "tú" del poema?
3. ¿Qué ocurrirá "cualquier tarde que ya nunca olvidarás"?
4. ¿Qué deberá hacer este "tú" después de que el hombre se haya ido?

TEMA

Este poema gira alrededor de un tema muy común en la vida moderna, aunque con una visión un poco pesimista. Imagina la situación contraria: la mujer se muda al apartamento del hombre. ¿Cuál sería el resultado? Tu visión podría ser más positiva.

Idea Vilariño   1920–   URUGUAY

Idea Vilariño es conocida por su poesía amorosa y erótica. Dos de sus mejores libros son *Nocturnos* y *Poemas de amor*. Observa la crítica Nora Catelli que estos poemas "describen *estados* más que *acciones*", que son breves, con gran unidad temática, y que se parecen a "canciones murmuradas".[1]

---

[1]Nora Catelli, prólogo, en *Poemas de amor. Nocturnos* (Barcelona: Editorial Lumen, 1984), p. 12.

Idea Vilariño

Ya no

Ya no será
ya no
no viviremos juntos
no criaré° a tu hijo   raise
5   no coseré tu ropa
no te tendré de noche
no te besaré al irme
nunca sabrás quién fui
por qué me amaron otros.
10 No llegaré a saber
por qué ni cómo nunca
ni si era de verdad
lo que dijiste que era
ni quién fuiste
15 ni qué fui para ti
ni cómo hubiera sido
vivir juntos
querernos
esperarnos
20 estar.
Ya no soy más que yo
para siempre y tú
ya
no serás para mí
25 más que tú. Ya no estás
en un día futuro
no sabré dónde vives
con quién
ni si te acuerdas.
30 No me abrazarás nunca
como esa noche
nunca.
No volveré a tocarte.
No te veré morir.

PREGUNTAS

1. ¿A quién se dirige la hablante del poema?
2. Este poema es una lista de posibilidades que no se realizarán. ¿Cuáles son las más importantes?

45

3. ¿Se trata de una separación irremediable?
4. ¿Cuál es el efecto de la repetición—cinco veces—de las palabras "ya no" y de las reiteradas formas de la negación ("ni", "nunca", "no", etc.)? ¿Puedes encontrar otro ejemplo de la anáfora en este poema?
5. Comenta la frase: "Ya no soy más que yo".

TEMA

El poema sugiere que el amor es una manera de conocer a otra persona. Comenta los versos en que se expresa esta idea.

Pablo Neruda   1904–1973   CHILE

Los críticos han comparado a Pablo Neruda metafóricamente con los grandes fenómenos de la naturaleza: montaña o sierra, mar o caudaloso río. Tal es la cantidad y tal la importancia de su obra. En su libro de memorias, *Confieso que he vivido* (1974), Neruda rememora una vida larga y placentera al servicio de la literatura y de su patria, y describe algunas de sus experiencias más importantes. Recuerda las grandes lluvias del sur de Chile, donde nació y pasó su niñez, y sus años de estudiante y de aprendizaje poético en Santiago y Valparaíso; de este período son los *20 poemas de amor y una canción desesperada* (1924). Se incorporó, joven, al servicio diplomático de Chile, y vivió varios años en Burma y en Ceilán donde compuso parte de *Residencia en la tierra*. Durante su estancia en España en los años anteriores a la guerra civil, se hizo amigo de García Lorca, Rafael Alberti y otros poetas españoles que eran partidarios de la República. La derrota de la República por las fuerzas fascistas de Francisco Franco (1939) ayudó a dar una nueva orientación a la obra y a la vida de Neruda. En *España en el corazón* se enfocó, por primera vez, en los problemas políticos y sociales. *Canto general* (1950) es un poema épico sobre la historia de Latinoamérica, desde el pasado remoto hasta los tiempos modernos. Dirigente, durante años, del comunismo chileno, Neruda siguió activo como poeta hasta su muerte, ganando en 1971 el Premio Nobel de Literatura. Murió en 1973, en los días de la sublevación militar—apoyada por la CIA—contra el gobierno socialista de Salvador Allende.

CUANDO LEAS . . .

Verás que el hablante del poema se resigna, poco a poco, a la ausencia de la amada y finalmente acepta la ruptura. Pero expresa también una sensación de poder como poeta ("*Puedo* escribir los versos más tristes esta noche"). Al estudiar el poema, intenta contrastar y relacionar estos dos elementos: el sentimiento y la expresión literaria.

Pablo Neruda

Puedo escribir los versos más tristes esta noche

Puedo escribir los versos más tristes esta noche.

Escribir, por ejemplo: "La noche está estrellada,
y tiritan,° azules, los astros,° a lo lejos".   shiver / stars

El viento de la noche gira° en el cielo y canta.   whirls

5 Puedo escribir los versos más tristes esta noche.
Yo la quise, y a veces ella también me quiso.

En las noches como ésta la tuve entre mis brazos.
La besé tantas veces bajo el cielo infinito.

Ella me quiso, a veces yo también la quería.
10 Cómo no haber amado sus grandes ojos fijos.

Puedo escribir los versos más tristes esta noche.
Pensar que no la tengo. Sentir que la he perdido.

Oír la noche inmensa, más inmensa sin ella.
Y el verso cae al alma como al pasto el rocío.°   as dew [falls] on grass

15 Qué importa que mi amor no pudiera guardarla.°   keep her
La noche está estrellada y ella no está conmigo.

Eso es todo. A lo lejos alguien canta. A lo lejos.
Mi alma no se contenta con haberla perdido.

Como para acercarla° mi mirada la busca.   As if to bring her near
20 Mi corazón la busca, y ella no está conmigo.

La misma noche que hace blanquear° los mismos árboles.   whitens
Nosotros, los de entonces, ya no somos los mismos.

Ya no la quiero, es cierto, pero cuánto la quise.
Mi voz buscaba el viento para tocar su oído.

25 De otro. Será de otro. Como antes de mis besos.
Su voz, su cuerpo claro. Sus ojos infinitos.

Ya no la quiero, es cierto, pero tal vez la quiero.
Es tan corto el amor, y es tan largo el olvido.

Porque en noches como ésta la tuve entre mis brazos,
30 mi alma no se contenta con haberla perdido.

Aunque éste sea el último dolor que ella me causa,
y éstos sean los últimos versos que yo le escribo.

PREGUNTAS

1. ¿Cómo son los versos que "puede" escribir el poeta? ¿Se parecen los versos 2–3, en su estilo, al resto del poema?
2. En el segundo verso, el hablante evoca a la naturaleza. ¿Por qué?
3. Identifica las frases que el poeta repite varias veces. ¿Por qué las repite? ¿Cómo las varía?
4. En el verso 21 se plantea el problema de la identidad. Los amantes, ¿son los mismos? La noche y la naturaleza de entonces, ¿eran las mismas? ¿Por qué es importante la identidad?
5. ¿Qué implica la frase "el verso cae al alma como al pasto el rocío" (verso 14)?
6. Comenta el verso 18. ¿Por qué no se contenta su alma con haberla perdido? ¿Qué cosa le contentaría?

TEMA

¿Cómo se sugieren la lejanía y el espacio en este texto? ¿Qué importancia tienen estos motivos (motifs)? ¿Qué tiene que ver con el amor esta sensación de lejanía?

5 *La unión espiritual*

Gracia García Rodero [España]. *Portrait of a Girl.*

Santa Teresa de Jesús   1515–1582   **ESPAÑA**

A Santa Teresa de Jesús, una de las máximas representantes de la mística cristiana, le gustaba presentarse como una monja ignorante, que escribía de una manera rústica e inculta. Pero esa "pose" literaria sólo da mayor relieve a un estilo que el novelista Juan Valera llamó "un milagro perpetuo".[1] Trabajó con San Juan de la Cruz en la reforma de la orden de los Carmelitas, y esto le causó grandes problemas con las autoridades civiles y eclesiásticas a lo largo de su vida. Es autora de *El libro de la vida* (1588), una autobiografía espiritual escrita por encargo de sus confesores; *El libro de las fundaciones* (1613), en que narra sus actividades como reformadora; y *Las moradas* (1588), donde expone los siete grados de la oración (llamados metafóricamente "moradas") que llevan a la unión perfecta con Dios.

---

[1]Santa Teresa de Jesús, *Obras completas*, ed. Efrén de la Madre de Dios, O.C.D. y Otger Steggink, O. Carm. (Madrid: Biblioteca de Autores Cristianos, 1982), p. 13.

Verás que este poema comienza con un poemita de tres versos:

> Vivo sin vivir en mí
> Y tan alta vida espero
> Que muero porque no muero.

El verso 3 se repite al final de cada estrofa (por ejemplo, en los versos 10, 17 y 24). Es decir, cada estrofa lo *glosa* (lo comenta) de una forma distinta. Este tipo de composición se llama una *glosa*. Notarás que el verso adquiere un significado un poco distinto cada vez que se repite.

Este es un poema difícil, en parte por el uso de la paradoja y de la antítesis, rasgos fundamentales de la literatura mística. El uso de la antítesis (por ejemplo, vida/muerte) refuerza la idea de que la experiencia mística es inefable: que está más allá de lo que puede expresar el lenguaje humano. No podemos nunca describir plenamente a Dios, y la antítesis nos recuerda este fracaso.

Muy paradójico es el verso: "Que muero porque no muero". Como toda paradoja, parece ser contrario a las leyes de la lógica. Santa Teresa vive ya en una especie de éxtasis—"Vivo ya fuera de mí"—porque tiene a Dios en su corazón (versos 4, 11–16). Por otra parte, sabe que para vivir espiritualmente y gozar de la unión con Dios de un modo perfecto, tiene que morir, dejando la vida y el amor imperfecto de este mundo. Con frecuencia contempla a Cristo en el sacramento de la Eucaristía (el pan que en la religión católica representa a Cristo; verso 75), y esto despierta en ella "más sentimiento" (verso 76) y más ansias de muerte. Cuando dice ". . . muero porque no muero" quiere decir que siente impaciencia por morir y por lograr esa unión con Dios.

Santa Teresa de Jesús

Vivo sin vivir en mí . . .

> *Vivo sin vivir en mí*
> *Y tan alta vida espero*
> *Que muero porque no muero.*
> Vivo ya fuera de mí
> 5 Después que muero de amor,
> Porque vivo en el Señor
> Que me quiso para Sí.
> Cuando el corazón le di
> Puso en él este letrero:°   tag
> 10 *Que muero porque no muero.*
> Esta divina prisión
> Del amor con que yo vivo
> Hace a mi Dios mi cautivo°   captive

Y libre mi corazón;
15 Y causa en mí tal pasión
Ver a Dios mi prisionero
Que muero porque no muero.
    ¡Ay, qué larga es esta vida,
Qué duros estos destierros,°   exile (from heaven)
20 Esta cárcel° y estos hierros°   jail / fetters
En que el alma está metida!
Sólo esperar la salida.
Me causa dolor tan fiero°   fierce, cruel
Que muero porque no muero.
25   ¡Ay, qué vida tan amarga°   bitter
Do° no se goza° el Señor!   *donde* / enjoy
Porque si es dulce el amor,
No lo es la esperanza° larga: waiting
Quíteme Dios esta carga°   burden
30 Más pesada que de acero,°   steel
Que muero porque no muero.
    Sólo con la confianza
Vivo de que he de morir,
Porque muriendo el vivir
35 Me asegura° mi esperanza,   assures
Muerte do el vivir se alcanza,°   is gained
No te tardes, que te espero,
Que muero porque no muero.
    Mira que el amor es fuerte;
40 Vida, no me seas molesta,
Mira que sólo te resta,°   all you need
Para ganarte, perderte;
Venga ya la dulce muerte,
Venga el morir muy ligero,°   quickly
45 *Que muero porque no muero.*
    Aquella vida de arriba,
Que es la vida verdadera,
Hasta que esta vida muera
No se goza estando viva.
50 Muerte, no seas esquiva;°   shy, reluctant
Viva muriendo primero,
Que muero porque no muero.
    Vida, ¿qué puedo yo darle
A mi Dios que vive en mí,
55 Si no es perderte a ti
Para mejor a Él gozarle?
Quiero muriendo alcanzarle,
Pues a Él solo es al que quiero.
Que muero porque no muero.

Estando ausente de Ti,
¿Qué vida puedo tener,
Sino muerte padecer°   suffer
La mayor que nunca vi?
Lástima tengo de mí°   I pity myself

65   Por ser mi mal tan entero,°   complete
Que muero porque no muero.

      El pez que del agua sale
Aun de alivio° no carece;°   comfort / lacks
A quien la muerte padece

70   Al fin la muerte le vale.°   Death helps the person
¿Qué muerte habrá que se iguale   who suffers death
A mi vivir lastimero,°   pitiable
Que muero porque no muero?

      Cuando me empiezo a aliviar°   feels comfort

75   Viéndote en el Sacramento,°   Holy Eucharist
Me hace más sentimiento°   I regret even more
El no poderte gozar.
Todo es para más penar°   suffer
Por no verte como quiero

80   *Que muero porque no muero.*

      Cuando me gozo, Señor,
Con esperanza de verte,
Viendo que puedo perderte,
Se me dobla mi dolor,

85   Viviendo con tanto pavor°   fear
Y esperando como espero,
Que muero porque no muero.

      Sácame° de aquesta muerte,   Take me
Mi Dios, y dame la vida;

90   No me tengas impedida°   Don't tie me down
En este lazo° tan fuerte.   noose
Mira que muero por verte
Y vivir sin Ti no puedo
Que muero porque no muero.

95   Lloraré mi muerte ya
Y lamentaré mi vida,
En tanto que detenida°   stopped
Por mis pecados° está.   sins
¡Oh mi Dios! ¿Cuándo será

100 Cuando yo diga de vero°   in truth
Que muero porque no muero?

PREGUNTAS

1. ¿A qué "alta vida" se refiere Santa Teresa?
2. ¿Por qué vive fuera de sí?
3. Comenta las imágenes de la prisión en los versos 11–24? ¿Quién está encarcelado? ¿Qué significa este símbolo?
4. ¿Qué es lo que se está pidiendo en los versos 29–30? ¿A qué "carga" se refiere?
5. Explica la paradoja de los versos 41–42: "Mira que sólo te resta, / Para ganarte, perderte".
6. ¿Qué entiende Santa Teresa por "vivir muriendo" (ver los versos 34 y 51)?
7. ¿Cómo reacciona cuando ve a Dios en el Sacramento (versos 75 y siguientes)?
8. ¿Cuáles son las emociones que se describen en los versos 81–87?

Carlos Mérida [Guatemala]. *Variations on the Theme of Love (Variation 2, Ecstasy of a Virgin)*, 1939.

San Juan de la Cruz ocupa, junto con Santa Teresa de Jesús, la cumbre de la mística española. Colabora con ella en la reforma de la orden de los Carmelitas, pero encuentra otra forma de expresar sus anhelos religiosos. En tres grandes poemas—"Noche oscura del alma", "Llama de amor viva" y "Cántico espiritual"—San Juan de la Cruz expresa el deseo del alma de unirse con Dios, y los gozos de esa unión y del amor divino. Tres tratados en prosa comentan los poemas detalladamente. Tanto San Juan como Santa Teresa viven en una época—la de la Contrareforma—en que la Iglesia católica en España se esfuerza por combatir las religiones protestantes y por mantener una estrecha ortodoxia. Por su celo reformador y por sus visiones personalísimas del cristianismo, los dos fueron perseguidos por las autoridades. Los carmelitas que resistían la reforma de su orden encarcelaron a San Juan durante nueve meses en una celda asfixiante de un convento de Toledo. Un testigo de la época nos dice que durante su encarcelamiento compuso algunos de sus poemas más conocidos, entre ellos el que comienza "En una noche oscura . . .".

CUANDO LEAS . . .

San Juan de la Cruz expone el sentido místico de este poema en dos comentarios extensos en prosa, los tratados doctrinales titulados *Subida del Monte Carmelo* y *Noche oscura.* No es posible resumir la simbología que San Juan asigna a sus propios versos. Será obvio, cuando leas el poema, que todas las imágenes que emplea remiten al terreno espiritual. El tema de la primera parte del poema es cómo el alma se purifica para llegar a la unión con Dios. En lenguaje figurado, cuenta San Juan cómo el alma logra tener "sosegada" su "casa" y cómo se ciega al mundo sensorial. La "noche" de la que habla ocurre cuando el alma carece "de todas las cosas del mundo que poseía, en negación de ellas". La segunda parte del poema expresa la unión misma, con "amada (alma) en el amado (Dios) transformado".

San Juan de la Cruz

En una noche oscura . . .

*Canciones en que canta el alma
la dichosa ventura que tuvo
en pasar por la oscura noche de la fe . . .
a la unión del Amado*

En una noche oscura,
con ansias,° en amores inflamada,   longing

¡oh dichosa ventura!,°	blessed lot, fortune
salí sin ser notada,	
5 estando ya mi casa sosegada.°	at rest
A escuras y segura,°	In the dark, and sure
por la secreta escala° disfrazada,°	stair / disguised
¡oh dichosa ventura!	
a escuras y en celada,°	in hiding
10 estando ya mi casa sosegada;	
En la noche dichosa,	
en secreto, que nadie me veía,	
ni yo miraba cosa,	
sin otra luz y guía,	
15 sino la que en mi corazón ardía.°	was burning
Aquésta me guiaba	
más cierto que la luz del mediodía,°	noon
a donde me esperaba	
quien yo bien me sabía,°	one whom I knew well
20 en parte donde nadie parecía.°	appeared
¡Oh noche que guiaste!	
¡oh noche amable más que el alborada!,°	dawn
¡oh noche que juntaste°	joined
amado con amada,	
25 amada en el amado transformada!	
En mi pecho florido,°	flowering breast
que entero para él solo se guardaba,	
allí quedó dormido,	
y yo le regalaba;°	I caressed him
30 y el ventalle° de cedros° aire daba.	fan / cedars
El aire de la almena,°	(part of battlement)
cuando yo sus cabellos esparcía,°	scattered
con su mano serena	
en mi cuello hería°	wounded or blew on
35 y todos mis sentidos suspendía.	
Quedéme y olvidéme,	
el rostro° recliné sobre el amado,	face
cesó° todo y dejéme,	ended
dejando mi cuidado°	care
40 entre las azucenas° olvidado.	lilies

PREGUNTAS

1. ¿Quién es el hablante del poema?
2. ¿Qué experimenta el alma en las tres primeras estrofas? En la simbología cristiana, ¿cuál puede ser la "casa" en que habita el alma?

3. ¿Por qué es importante que nadie vea al alma?
4. ¿Cuál es la luz que arde en su corazón?
5. Comenta el efecto de la repetición en el verso 25: "*amada* en el *amado* transfor*mada*".
6. ¿Cómo describe la unión del alma con el Amado?
7. ¿Cuáles son los efectos de esta unión?

TEMA

Contrasta el poema de Santa Teresa con el de San Juan. Tu comparación debe tomar en cuenta la temática, el lenguaje y la forma de estos dos poemas.

CUANDO LEAS . . .

Mucho se ha especulado sobre el autor, o la autora, de este soneto, que fue alabado por Longfellow, Dryden, Alexander Pope y otros muchos poetas europeos y americanos. No se sabe con certeza si se escribió durante el siglo XVI o el XVII, en España o en el Nuevo Mundo. Se publicó por primera vez en 1628.

Anónimo

A Cristo crucificado

No me mueve, mi Dios, para quererte,
el cielo que me tienes prometido,
ni me mueve el infierno tan temido
para dejar por eso de ofenderte.

5   Tú me mueves, Señor; muéveme el verte
clavado° en una cruz y escarnecido;°   *nailed / mocked*
muéveme el ver tu cuerpo tan herido;
muévenme tus afrentas° y tu muerte.   *affronts*

    Muéveme, en fin, tu amor y en tal manera,
10 que aunque no hubiera cielo, yo te amara;°   *amaría*
y aunque no hubiera infierno, te temiera.°   *temería*

    No tienes que me dar,° porque° te quiera;   *No tienes que darme /*
pues aunque cuanto espero no esperara,   *para que*
lo mismo que te quiero te quisiera.°   *querría*

PREGUNTAS

1. ¿Cuáles son las cosas que mueven (o no mueven) al hablante para querer a Dios?
2. Describe el amor que siente por Cristo.
3. ¿Qué es lo que espera?
4. Analiza el uso de la anáfora en este poema.

TEMA

Santa Teresa, San Juan y el autor (o la autora) de este soneto expresan tres visiones distintas de la unión entre el hombre y Jesús. ¿En qué difieren estas visiones?

6 Los encuentros de Calisto y Melibea

Frontispicio del libro de Calisto y Melibea de la vieja *Celestina*, 1502.

Fernando de Rojas   1465–1541   ESPAÑA

Con *La comedia de Calisto y Melibea* (1499)—conocida también como *La Celestina*—la literatura española pasa de la Edad Media al Renacimiento, época que toma un vivísimo interés en el estudio de la humanidad. Durante el siglo XVI los humanistas europeos explorarán todos los aspectos de la vida del hombre y de la mujer: los móviles de su conducta; la expresión literaria de su vida íntima (cartas, biografía, autobiografía); su lenguaje; su fisiología; su vida doméstica y social; su espiritualidad; y sobre todo, el amor.

Una de las formas literarias del mundo clásico que son recuperadas por el Renacimiento es la comedia tal como la habían cultivado los dramaturgos latinos Terencio y Plauto. La nueva comedia en lengua latina (o "comedia humanística"), que goza de cierta popularidad en las ciudades universitarias de Salamanca y de

Alcalá de Henares, infunde vida nueva en antiguos personajes, entre ellos el de la figura de la "medianera" (go-between). *La Celestina* recoge esta herencia literaria sin ser una "comedia humanística" ortodoxa, sino lo que el historiador del teatro Francisco Ruiz Ramón llama "acción en diálogo". El camino abierto por *La Celestina* nos llevará no sólo hacia el gran teatro español del siglo XVII, sino también hacia la novela moderna.

El autor de esta obra, Fernando de Rojas—abogado y "bachiller" de la Universidad de Salamanca—insiste en el prólogo que halló escrito el primer acto, y que, movido por la admiración, añadió el resto, "hurtando algunos ratos" a sus quehaceres profesionales. Se publica *La Celestina* por primera vez en 1499; la versión primitiva tenía 16 actos. Se añaden cinco más en la edición de 1502 y en las posteriores, y la nueva versión se titula *Tragicomedia* en vez de *comedia*. La difusión de la nueva versión fue rapidísima: en el siglo XVI aparecieron más de sesenta ediciones y fue traducida al hebreo, al italiano, al alemán, al francés, al portugués y a otros idiomas europeos. Andando el tiempo, Celestina se convirtió, con Don Quijote y Don Juan, en uno de los personajes que ha contribuido España a la literatura universal.

Uno de los aspectos más interesantes de la obra es la visión que ofrece Rojas de la mujer. Inicialmente Melibea no se atreve a confesar a Calisto su amor: sería una falta de pudor. Frustrada por su falta de libertad, exclama Melibea en un momento temprano de la obra: "¡Oh mujeres encogidas y frágiles! ¿Por qué no nos fue también concedido poder descubrir nuestro gozoso y ardiente amor, al igual que los varones? Ni Calisto viviera quejoso ni yo en pena" (escena 8). Aunque los padres de Melibea empiezan, demasiado tarde, a pensar en la posibilidad de encontrar un marido apropiado para su hija, ésta rechaza su propósito: "Más vale [ser] buena amiga, que mala casada". Si los amantes tienen que recurrir a la vieja medianera, es porque se trata de un amor ilícito, que se lleva a cabo fuera del matrimonio. Necesitan a Celestina porque no tienen ninguna intención de casarse.

¿Y cuál era la visión de Rojas del amor? El amor, visto por algunos poetas como una fuerza divina, redentora, capaz de ennoblecer al amante, se convierte en estas páginas en una especie de locura, nacida de la sensualidad y el deseo. Egoísmo y deleite. Es, dice Celestina, un "fuego escondido, un sabroso veneno, una dulce amargura, un alegre tormento". En palabras del padre de Melibea, el amor tiene "fuerza de matar a [sus] sujetos".

El amor adquiere, pues, vitalidad y sensualidad, pero también un carácter trágico. Mundo de goce sensual—"el vivir es dulce", dice Celestina a Melibea— pero mundo desolador, con desenlace funesto. No podía ser de otro modo en una obra donde los personajes son movidos por lo más elemental: el apetito sexual, la codicia, el deseo de dominar a los demás.

La obra ha sido condenada, en diversas épocas, por inmoral. Cervantes, gran admirador de *La Celestina*, dijo que sería "divina" si Rojas "encubriera más lo humano". El autor podía argüir—era una convención de la época—que su obra servía de ejemplo negativo; que, como dice el subtítulo, fue "compuesta en reprehensión de los locos enamorados"; y que ilustraba "los engaños de las alcahuetas y malos y lisonjeros sirvientes". Lo cierto es que Rojas no era un moralista estrecho sino, como Shakespeare, un conocedor de las potencias y las debilidades del ser humano. No se ajusta *La Celestina* a los esquemas típicos de la sátira, que, con frecuencia, contrasta el estado "real" de las cosas, la conducta "real" del ser humano, con un estado y una conducta "ideales". En Rojas falta el segundo término de la comparación: no encontramos en estas páginas ninguna visión de lo que *debería ser* la sociedad. Nos da una visión irónica de *como es*: de una sociedad parecida, en su materialismo y en su cinismo, a la nuestra. Y nos permite sacar nuestras propias lecciones. Escribe el crítico Stephen Gilman, máximo estudioso de *La Celestina*, que Rojas era "un anatomista dedicado a la autopsia de la vida humana . . . un vivisecconista sondeando al hombre en su más profunda intimidad".[1]

CUANDO LEAS . . .

Ten en cuenta que estos cuatro encuentros han sido extraídos de la totalidad de una obra bastante extensa. En la obra, entre encuentro y encuentro, la acción y el diálogo son intensos y crean una progresión natural en la cual se producen estos encuentros.

Aunque la obra nos ofrece sólo cuatro encuentros entre Calisto y Melibea, queda implícito que fueron muchas más noches las que se vieron.

Otra cosa a tener en cuenta es que Calisto acude a estos encuentros acompañado de sus criados Pármeno y Sempronio y, después de la muerte de éstos, Tristán y Sosia. Calisto lleva a sus criados para que vigilen la calle mientras que él goza de Melibea.

Melibea acude acompañada de su criada y amiga Lucrecia para que ésta vigile y le avise si sus padres se despiertan.

Por ambas partes los criados escuchan la apasionada conversación de sus amos y la comentan.

Fernando de Rojas

La Celestina (Los encuentros de Calisto y Melibea)

ARGUMENTO

En 1499 el editor de la obra nos da a entender en una nota previa al texto que Calisto era de la clase media alta, inteligente y dotado de muchas buenas cualidades. Se enamoró locamente de Melibea, que era muy joven, de familia rica y conocida, y heredera única.

Con la ayuda de Celestina, una medianera muy astuta, y de sus criados, consigue Calisto que Melibea se le entregue.

Llevados los amantes del deleite y la pasión, y los criados y Celestina de la avaricia, todos vinieron a acabar trágicamente.

---

[1]Stephen Gilman, "Introduction", Fernando de Rojas, *La Celestina. Tragicomedia de Calisto y Melibea*, ed. Dorothy Sherman Severin (Madrid: Alianza Editorial, 1983), p. 16.

PRIMER ENCUENTRO

Calisto entra en la huerta de Melibea en busca de su halcón, y allí la encuentra a ella. Enamorado, le declara su amor impetuosamente. Melibea lo echa de allí, enojada por su atrevimiento. Después de este primer encuentro, Calisto vuelve a casa muy triste.

CALISTO   En esto veo, Melibea, la grandeza de Dios.

MELIBEA   ¿En qué, Calisto?

CALISTO   En dar poder a natura que de tan perfecta hermosura te dotase y hacer a mí inmérito tanta merced que verte alcanzase y en tan conveniente lugar, que mi secreto dolor manifestarte pudiese. Sin duda incomparablemente es mayor tal galardón° que el servicio, sacrificio, devoción y obras pías que por este lugar alcanzar yo tengo a Dios ofrecido, [ni otro poder mi voluntad humana puede cumplir].[1] ¿Quién vido° en esta vida cuerpo glorificado de ningún hombre, como agora el mío? Por cierto los gloriosos santos, que se deleitan en la visión divina, no gozan° más que yo agora en el acatamiento tuyo.° Mas° ¡oh triste! que en esto diferimos: que ellos puramente se glorifican sin temor de caer de tal bienaventuranza,° y yo, mixto, me alegro con recelo° del esquivo° tormento, que tu ausencia me ha de causar.

reward

vio

enjoy

beholding you / But

beatitude / dread

harsh

MELIBEA   ¿Por gran premio tienes éste, Calisto?

CALISTO   Téngolo por tanto en verdad que, si Dios me diese en el cielo la silla sobre sus santos, no lo ternía° por tanta felicidad.

tendría

MELIBEA   Pues aun más igual galardón te daré yo, si perseveras.

CALISTO   ¡Oh bienaventuradas orejas mías, que indignamente° tan gran palabra habéis oído!

without deserving it

MELIBEA   Más desaventuradas de que me acabes de oír, porque la paga será tan fiera, cual [la] merece tu loco atrevimiento;° y el intento de tus palabras, [Calisto,] ha sido como de ingenio de tal hombre como tú, haber de salir para se perder en la virtud de tal mujer como yo. ¡Vete, vete de ahí, torpe,° que no puede mi paciencia tolerar que haya subido en corazón humano conmigo el ilícito amor comunicar su deleite!

boldness, effrontery

lewd

CALISTO   Iré como aquél contra quien solamente la adversa fortuna pone su estudio° con odio cruel.

care, attention

SEGUNDO ENCUENTRO

Después del primer encuentro Calisto, loco de amor, decide que tiene que volver a ver a Melibea, sea como sea. Su criado Sempronio lo pone en contacto con Celestina, a quien él mismo describe como "hechicera, astuta, sagaz en cuantas maldades hay; entiendo que pasan de cinco mil virgos los que se han hecho y

---

[1] The editor of this version of the text, Dorothy Sherman Severin, includes in brackets words that appeared in the earliest editions of *La Celestina* but were omitted in later editions.

deshecho por su autoridad en esta ciudad. A las duras peñas promoverá y provocará a lujuria, si quiere". Celestina, a cambio de unos cuantos bienes materiales que le ofrece Calisto y que promete compartir con Sempronio y Pármeno, consigue convencer a Melibea para que vea a Calisto. Calisto acude al segundo encuentro acompañado de sus criados, quienes al final del encuentro le avisan y protegen contra otra gente que pasa por la calle.

CALISTO Este bullicio,° más de una persona lo hace. Quiero hablar, sea quien fuere. ¡Ce, señora mía! — hubbub, noise

LUCRECIA La voz de Calisto es ésta. Quiero llegar. ¿Quién habla? ¿Quién está fuera?

CALISTO Aquel que viene a cumplir tu mandado.° — order

LUCRECIA ¿Por qué no llegas, señora? Llega sin temor acá, que aquel caballero está aquí.

MELIBEA ¡Loca, habla paso!° Mira bien si es él. — softly

LUCRECIA Allégate, señora, que sí es, que yo le conozco en la voz.

CALISTO Cierto soy burlado;° no era Melibea la que me habló. ¡Bullicio oigo; perdido soy! Pues viva o muera, que no he de ir de aquí. — cheated

MELIBEA Vete, Lucrecia, acostar un poco. ¡Ce señor! ¿Cómo es tu nombre? ¿Quién es el que te mandó ahí venir?

CALISTO Es la que tiene merecimiento de mandar a todo el mundo, la que dignamente servir yo no merezco. No tema tu merced de se descubrir a este cativo° de tu gentileza; que el dulce sonido de tu habla, que jamás de mis oídos se cae, me certifica ser tú mi señora Melibea. Yo soy tu siervo° Calisto. — *cautivo* / slave

MELIBEA La sobrada osadía° de tus mensajes me ha forzado a haberte de hablar, señor Calisto. Que habiendo habido de mí la pasada respuesta a tus razones,° no sé qué piensas más sacar de mi amor, de lo que entonces te mostré. Desvía° estos vanos y locos pensamientos de tí, porque° mi honra y persona estén sin detrimento de mala sospecha seguras. A esto fue aquí mi venida, a dar concierto° en tu despedida° y mi reposo. No quieras poner mi fama en la balanza de las lenguas maldicientes. — great daring / words / Ward off / *para que* / put in order / farewell

CALISTO A los corazones aparejados° con apercibimiento° recio° contra las adversidades, ninguna puede venir que pase de claro en claro° la fuerza° de su muro.° Pero el triste que, desarmado y sin proveer° los engaños° y celadas,° se vino a meter por las puertas de tu seguridad, cualquiera cosa que en contrario vea, es razón que me atormente y pase rompiendo todos los almacenes en que la dulce nueva° estaba aposentada.° ¡Oh malaventurado Calisto, oh cuán burlado has sido de tus sirvientes! ¡Oh engañosa mujer Celestina; dejárasme° acabar de morir y no tornaras a vivificar mi esperanza, para que tuviese más que gastar el fuego que ya me aqueja!° ¿Por qué falsaste° la palabra de esta mi señora? ¿Por qué has así dado con tu lengua causa a mi desesperación? ¿A qué me mandaste aquí venir, para que me fuese mostrado el dis- — equipped / preparation / strong / openly penetrates / strength / wall (of such hearts) | foreseeing / deceits / ambushes / news, tidings / quartered / (I wish) you had allowed me / makes me suffer / falsified

favor, el entredicho,° la desconfianza,° el odio, por la misma boca de ésta que tiene las llaves de mi perdición y gloria? ¡O enemiga! ¿Y tú no me dijiste que esta mi señora me era favorable? ¿No me dijiste que de su grado° mandaba venir este su cativo al presente lugar, no para me desterrar° nuevamente de su presencia, pero° para alzar° el destierro, ya por otro su mandamiento puesto ante de agora? ¿En quién hallaré yo fe? ¿Adónde hay verdad? ¿Quién carece de engaño? ¿Adónde no moran° falsarios? ¿Quién es claro enemigo? ¿Quién es verdadero amigo? ¿Dónde no se fabrican traiciones? ¿Quién osó darme tan cruda° esperanza de perdición?

MELIBEA Cesen, señor mío, tus verdaderas querellas;° que ni mi corazón basta para las sufrir ni mis ojos para lo disimular. Tú lloras de tristeza, juzgándome cruel; yo lloro de placer, viéndote tan fiel. ¡Oh mi señor y mi bien todo! ¡Cuánto más alegre me fuera poder ver tu faz,° que oír tu voz! Pero, pues no se puede al presente más hacer, toma la firma° y sello° de las razones que to envié escritas en la lengua de aquella solícita° mensajera. Todo lo que te dijo confirmo, todo lo he por bueno. Limpia, señor, tus ojos, ordena de mí a tu voluntad.

CALISTO ¡Oh señora mía, esperanza de mi gloria, descanso y alivio° de mi pena, alegría de mi corazón! ¿Qué lengua será bastante para te dar iguales gracias a la sobrada e incomparable merced que en este punto, de tanta congoja° para mí, me has quesido° hacer en querer que un tan flaco° e indigno hombre pueda gozar de tu suavísimo amor? Del cual, aunque muy deseoso, siempre me juzgaba indigno, mirando tu grandeza, considerando tu estado,° remirando tu perfección, contemplando tu gentileza, acatando° mi poco merecer y tu alto merecimiento, tus extremadas gracias, tus loadas° y manifiestas° virtudes. Pues, oh alto Dios, ¿cómo te podré ser ingrato, que tan milagrosamente has obrado° conmigo tus singulares maravillas?° ¡Oh, cuántos días antes de agora pasados me fue venido es[t]e pensamiento a mi corazón, y por imposible le rechazaba de° mi memoria, hasta que ya los rayos ilustrantes° de tu muy claro gesto° dieron luz en mis ojos, encendieron° mi corazón, despertaron mi lengua, extendieron mi merecer, acortaron° mi cobardía,° destorcieron mi encogimiento,° doblaron mis fuerzas,° desadormecieron mis pies y manos, finalmente me dieron tal osadía, que me han traído con su mucho poder a este sublimado estado en que agora me veo, oyendo de grado° tu suave voz! La cual, si ante de agora no conociese y no sintiese tus saludables° olores, no podría creer que careciesen° de engaño tus palabras. Pero, como soy° cierto de tu limpieza de sangre y hechos, me estoy remirando si soy yo, Calisto, a quien tanto bien se [le] hace.

MELIBEA Señor Calisto, tu mucho merecer, tus extremadas gracias, tu alto nacimiento han obrado que, después que de ti hobe° entera noticia, ningún momento de mi corazón te partieses.° Y

prohibition / mistrust

willingly
exile / sino
lift

dwell / liars

cruel

complaints

face
signature / stamp (of authentication)
obliging

comfort

worry / querido
weak

social standing
seeing, considering
widely praised / evident

worked / wonders

rejected it from
enlightening beams / face
ignited
curtailed / timidity
repaired my lack of courage / strength

with pleasure
health-giving
lack / estoy

tuve
separate

63

aunque muchos días he pugnado° por lo disimular, no he podido tanto que, en tornándome aquella mujer° tu dulce nombre a la memoria,° no descubriese mi deseo y viniese a este lugar y tiempo, donde te suplico ordenes° y dispongas de mi persona° según querrás. Las puertas impiden nuestro gozo, las cuales yo maldigo° y sus fuertes cerrojos° y mis flacas fuerzas, que ni tú estarías quejoso ni yo descontenta.

CALISTO ¿Cómo, señora mía, y mandas que consienta a un palo° impedir nuestro gozo? Nunca yo pensé que, demás de tu voluntad, lo pudiera cosa estorbar.° ¡Oh molestas y enojosas° puertas! Ruego a Dios que tal fuego os abrase,° como a mí da guerra;° que con la tercia parte° seríades en un punto° quemadas. Pues, por Dios, señora mía, permite que llame a mis criados para que las quiebren.°

PÁRMENO (¿No oyes, no oyes, Sempronio? A buscarnos quiere venir para que nos den mal año. No me agrada cosa° esta venida. ¡En mal punto° creo que se empezaron estos amores! Yo no espero más aquí.

SEMPRONIO Calla, calla, escucha, que ella no consiente que vamos allá.)

MELIBEA ¿Quieres, amor mío, perderme a mí y dañar mi fama? No sueltes las riendas a la voluntad.° La esperanza es cierta, el tiempo breve. Cuanto tú ordenares. Y pues tú sientes tu pena sencilla e yo la de entrambos,° tú solo tu dolor, yo el tuyo y el mío, conténtate con venir mañana a esta hora por las paredes de mi huerto.° Que si agora quebrases las crueles puertas, aunque al presente no fuésemos sentidos, amanecería en casa de mi padre terrible sospecha° de mi yerro.° Y pues sabes que tanto mayor es el yerro cuanto mayor es el que yerra, en un punto será por la ciudad publicado.

SEMPRONIO (¡Enoramala° acá esta noche venimos! Aquí nos ha de amanecer, según del espacio que nuestro amo lo toma.° Que, aunque más la dicha nos ayude,° nos han en tanto tiempo de sentir de su casa o vecinos.

PÁRMENO Ya ha° dos horas que te requiero° que nos vamos, que no faltará un achaque.°)

CALISTO ¡Oh mi señora y mi bien todo! ¿Por qué llamas yerro a aquello por que los santos de Dios me fue concedido? Rezando° hoy ante el altar de la Magdalena, me vino con tu mensaje alegre aquella solícita mujer. [. . .]

MELIBEA Señor Calisto, ¿qué es eso que en la calle suena? Parecen voces de gente que van en huida.° Por Dios, mírate, que estás a peligro.°

CALISTO Señora, no temas, que a buen seguro vengo.° Los míos deben de ser, que son unos locos y desarman a cuantos pasan y huiríales alguno.°

MELIBEA ¿Son muchos los que traes?

---

struggled
when that woman (Celestina)
reminded me of your sweet name
I beg you to order / to do with my person
curse / locks

piece of wood

hinder / bothersome
burn you / attacks me
third / in one second
break them

I don't like at all
At a bad moment

Don't loosen the reins of your will (let it out of control)
ambos

garden

at dawn . . . there would be . . . a suspicion / error, sin

At the wrong time (Unhappily)
if our master doesn't hurry
even if luck is with us

hace / beg
something dangerous

Praying

fleeing
in danger
I have come in safely

someone was probably fleeing from them

64

CALISTO   No, sino dos; pero, aunque sean seis sus contrarios, no recibirán mucha pena para les quitar las armas y hacerlos huir, según su esfuerzo. Escogidos son,° señora, que no vengo a lumbre de pajas. Si no fuese por lo que a tu honra toca,° pedazos harían estas puertas. Y si sentidos fuésemos, a ti y a mí librarían° de toda la gente de tu padre.

> They were well chosen
> If it weren't for your honor
> they would free us

MELIBEA   ¡Oh, por Dios, no se cometa tal cosa! Pero mucho placer tengo que de tan fiel gente andas acompañado. Bienempleado es el pan que tan esforzados° sirvientes comen. Por mi amor, señor, pues tal gracia la natura les quiso dar, sean de ti bientratados y galardonados, porque° en todo te guarden secreto. Y cuando sus osadías y atrevimientos les corrigieres, a vueltas del castigo° mezcla favor, porque los ánimos esforzados no sean con encogimiento diminutos° e irritados en el osar a sus tiempos.

> courageous
>
> *para que*
> together with punishment
>
> diminished

PÁRMENO   ¡Ce, ce, señor, quítate presto° dende,° que viene mucha gente con hachas° y serás visto y conocido, que no hay donde te metas!°

> quickly / *de ahí*
> axes
> there's no place for you to hide

CALISTO   ¡Oh mezquino° yo y cómo es forzado, señora, partirme de ti! ¡Por cierto, temor de la muerte no obrara tanto° como el de tu honra! Pues que así es, los ángeles queden con tu presencia. Mi venida será, como ordenaste, por el huerto.

> wretched
> would not affect me as much

MELIBEA   Así sea y vaya Dios contigo.

TERCER ENCUENTRO

Después del segundo encuentro Sempronio y Pármeno piden a Celestina su parte de la cadena de oro que Calisto le había dado. Celestina, en su avaricia, se niega a cumplir lo prometido y Sempronio y Pármeno la matan. Intentando estos últimos huir de la justicia, saltan desde una ventana y casi estrellados los recoge la justicia y los decapitan por el crimen cometido.

Calisto, más preocupado por su honra, por lo que dirá la gente de él, que por la muerte de sus criados, vuelve al Tercer encuentro acompañado de otros dos criados, Sosia y Tristán.

MELIBEA   Mucho se tarda aquel caballero que esperamos. ¿Qué crees tú o sospechas de su estada,° Lucrecia?

> delay

LUCRECIA   Señora, que tiene justo impedimento° y que no es en su mano venir más presto.

> obstacle

MELIBEA   Los ángeles sean en su guarda, su persona esté sin peligro, que su tardanza° no me da pena. Mas, cuitada,° pienso muchas cosas que desde su casa acá le podrían acaecer.° ¿Quién sabe si él, con voluntad de venir al prometido plazo° en la forma que los tales mancebos° a las tales horas suelen andar, fue topado de° los alguaciles° nocturnos y sin le conocer le han acometido;° el cual por se defender los ofendió° o es de ellos ofendido? ¿O si por acaso los ladradores perros con sus crueles dientes, que ninguna diferencia saben hacer ni acatamiento° de personas, le hayan mordido?° ¿O si ha caído en alguna calzada° o hoyo,° donde

> delay / troubled, worried
> befall
> at the appointed time
> youths / met by
> law officers / attacked
> wounded them
>
> recognition
> bitten / street / ditch

Melibea, Lucrecia, Sosia, Tristán, Calisto del libro de Calisto y Melibea de la vieja *Celestina*, 1502.

algún daño le viniese? Mas, oh mezquina de mí, ¿qué son estos inconvenientes que el concebido amor me pone delante y los atribulados° imaginamientos me acarrean?° No plega a Dios° que ninguna de estas cosas sea, antes esté cuanto le placerá sin verme. Mas oye, oye, que pasos suenan en la calle y aun parece que hablan destotra parte° del huerto.

> full of tribulation / bring me / May God prevent
>
> de esta otra parte

SOSIA   Arrima esa escala,° Tristán, que éste es el mejor lugar, aunque alto.

> Lean that ladder over here

TRISTÁN   Sube, señor. Yo iré contigo, porque no sabemos quién está dentro. Hablando están.

CALISTO   Quedaos, locos, que yo entraré solo, que a mi señora oigo.

MELIBEA   Es tu sierva, es tu cativa, es la que más tu vida que la suya estima. ¡Oh mi señor, no saltes de tan alto, que me moriré en verlo; baja, baja poco a poco por el escala; no vengas con tanta presura!°

> in such a hurry

CALISTO   ¡Oh angélica imagen; oh preciosa perla ante quien el mundo es feo; oh mi señora y mi gloria! En mis brazos te tengo y no lo creo. Mora en mi persona tanta turbación de placer, que me hace no sentir todo el gozo que poseo.

MELIBEA   Señor mío, pues me fié en tus manos,° pues quise cumplir tu voluntad, no sea de peor condición, por ser piadosa,° que si fuera esquiva° y sin misericordia; no quieras perderme por tan breve deleite y en tan poco espacio.° Que las malhechas cosas, después de cometidas, más presto se pueden reprehender que enmendar. Goza de las que yo gozo, que es ver y llegar a tu persona; no pidas ni tomes aquello que, tomado, no será en tu mano volver.° Guarte,° señor, de dañar lo que con todos los tesoros° del mundo no se restaura.

> I entrusted myself to your hands
>
> merciful
>
> harsh
>
> time
>
> return / Refrain / treasures

CALISTO   Señora, pues por conseguir esta merced° toda mi vida he gastado, ¿qué sería, cuando me la diesen, desechalla?° Ni tú,

> favor
>
> to reject it

señora, me lo mandarás ni yo podría acabarlo conmigo. No me pidas tal cobardia. No es hacer tal cosa de ninguno que hombre sea, mayormente° amando como yo. Nadando por este fuego de tu deseo toda mi vida, ¿no quieres que me arrime al dulce puerto° a descansar de mis pasados trabajos?

MELIBEA Por mi vida, que aunque hable tu lengua cuanto quisiere, no obren las manos cuanto pueden. Está quedo,° señor mío. Bástete,° pues ya soy tuya, gozar de lo exterior, de esto que es propio fruto de amadores; no me quieras robar el mayor don° que la natura me ha dado. Cata° que del buen pastor es propio tresquilar° sus ovejas y ganado; pero no destruirlo y estragarlo.

CALISTO ¿Para qué, señora? ¿Para que no esté queda mi pasión?° ¿Para penar de nuevo? ¿Para tornar el juego de comienzo? Perdona, señora, a mis desvergonzadas° manos, que jamás pensaron de tocar tu ropa con su indignidad y poco merecer; agora gozan de llegar a tu gentil cuerpo y lindas y delicadas carnes.

MELIBEA Apártate allá, Lucrecia.

CALISTO ¿Por qué, mi señora? Bien me huelgo° que estén semejantes testigos° de mi gloria.

MELIBEA Yo no los quiero de mi yerro. Si pensara que tan desmesuradamente te habías de haber conmigo,° no fiara mi persona de tu cruel conversación.

SOSIA Tristán, bien oyes lo que pasa. ¡En qué términos anda el negocio!°

TRISTÁN Oigo tanto, que juzgo a mi amo por el más bienaventurado hombre que nació. Y por mi vida que, aunque soy mochacho, que diese tan buena cuenta° como mi amo.

SOSIA Para con tal joya quienquiera° se ternía manos; pero con su pan se la coma,° que bien caro le cuesta;° dos mozos entraron en la salsa° de estos amores.[1]

TRISTÁN Ya los tiene olvidados. ¡Dejaos morir° sirviendo a ruines, haced locuras en confianza de su defensión!° Viviendo con el conde, que no matase al hombre, me daba mi madre por consejo.° Veslos a ellos alegres y abrazados, y sus servidores con harta mengua° degollados.°

MELIBEA ¡Oh mi vida y mi señor! ¿Cómo has quesido que pierda el nombre y corona de virgen por tan breve deleite? ¡Oh pecadora de ti, mi madre, si de tal cosa fueses sabidora,° cómo tomarías de grado° tu muerte y me la darías a mí por fuerza! ¡Cómo serías cruel verdugo° de tu propia sangre! ¡Cómo sería yo fin quejosa de tus días! ¡Oh mi padre honrado, cómo he dañado tu fama y dado causa y lugar a quebrantar° tu casa! ¡Oh traidora de mí,

---

[1] Allusion to the death of Sempronio and Pármeno.

Margin glosses:
especially
haven

Hold still
Be content
gift
Just think
sheer

So my passion will find no rest?

shameless

I am very pleased
such witnesses

If I had thought you were going to treat me so insolently

What this matter has come to!

I would give as good an account of myself I anyone
good luck to him / he'll pay for it
sauce

Let yourselves be killed! (ironic)
trusting him to defend you

advice
in poverty and disgrace / beheaded

if you knew
how willingly would you
henchman

ruin

67

cómo no miré primero el gran yerro que se seguía de su entrada,
el gran peligro que esperaba!

SOSIA (¡Ante quisiera yo oírte esos miraglos!° Todas sabéis esa   *miracles*
oración° después que no puede dejar de ser hecho. ¡Y el bobo de   *All you women know that prayer*
Calisto, que se lo escucha!)

CALISTO Ya quiere amanecer. ¿Qué es esto? No [me] parece que ha
una hora que estamos aquí, y da el reloj las tres.

MELIBEA Señor, por Dios, pues ya todo queda por ti, pues ya soy tu
dueña,° pues ya no puedes negar mi amor, no me niegues° tu   *mistress / deny me*
vista [de día, pasando por mi puerta; de noche donde tú
ordenares]. Y más, las noches que ordenares, sea tu venida por
este secreto lugar a la misma hora, porque° siempre te espere   *para que*
apercibida° del gozo con que quedo, esperando las venideras   *prepared*
noches. Y por el presente te ve° con Dios, que no serás visto, que   *vete*
hace muy escuro, ni yo en casa sentida,° que aun no amanece.   *nor will I be heard in the house*

CALISTO Mozos, poned la escala.

SOSIA Señor, vesla aquí. Baja.

CUARTO ENCUENTRO

Antes de este encuentro Calisto se acusa de haber provocado tanta desgracia a
causa de su pasión por Melibea: "¡Oh breve deleite mundano; cómo duran poco y
cuestan mucho tus dulzores!". Pero tras reflexionar largamente acerca de la justicia
y la honra, acaba consolándose ("ningún dolor igualará con el recibido placer"), y
se recrea en el recuerdo de los encuentros previos.

    Por otra parte, los padres de Melibea, ignorantes de la pérdida de su virginidad,
hacen planes para casarla. Melibea está resuelta a no dejar a Calisto, y dice:

Déjenme mis padres gozar de él, si ellos quieren gozar de mí. No piensen en estas
vanidades ni en estos casamientos; que más vale ser buena amiga que mala casada.
Déjenme gozar mi mocedad alegre, si quieren gozar su vejez cansada; si no, presto
podrán aparejar mi perdición y su sepultura.

CALISTO Poned, mozos, la escala y callad, que me parece que está
hablando mi señora de dentro. Subiré encima de la pared y en
ella estaré escuchando, por ver si oiré alguna buena señal de mi
amor en ausencia.

MELIBEA Canta más, por mi vida, Lucrecia, que me huelgo en oírte
mientras viene aquel señor, y muy paso entre estas verduricas,°   *plants*
que no nos oirán los que pasaren.

LUCRECIA ¡Oh, quién fuese la hortelana°   *Ah, to be the gardener*
de aquestas viciosas° flores,   *flourishing*
por prender° cada mañana   *to take one*
al partir a° tus amores!   *on setting out for*

Vístanse nuevas colores
los lirios y el azucena;°   *Let the irises and lilies take on new colors*

derramen frescos olores,
cuando entre por estrena.°   Let them spread their fragrance

MELIBEA   ¡Oh, cuán dulce me es oírte! De gozo me deshago. No ceses, por mi amor.

LUCRECIA   Alegre es la fuente° clara   fountain
a quien con gran sed la vea;
mas muy más dulce es la cara
de Calisto a Melibea.

Pues, aunque más noche sea°   though it be darker
con su vista gozará.
¡Oh, cuando saltar le vea,
qué de abrazos le dará!

Saltos de gozo infinitos
da el lobo viendo ganado;
con las tetas,° los cabritos;°   teats / baby goats
Melibea con su amado.

Nunca fue mas deseado
amador de su amiga,
ni huerto más visitado,
ni noche más sin fatiga.

MELIBEA   Cuanto dices, amiga Lucrecia, se me representa delante; todo me parece que lo veo con mis ojos. Procede,° que a muy   Go on
buen son lo dices, y ayudarte he yo.

LUCRECIA, MELIBEA   Dulces árboles sombrosos,°   shady
humillaos° cuando veáis   bow down
aquellos ojos graciosos
del que tanto deseáis.

Estrellas que relumbráis,°   shine
norte y lucero° del día,   star
¿por qué no le despertáis,
si duerme mi alegría?

MELIBEA   Óyeme tú, por mia vida, que yo quiero cantar sola.

Papagayos,° ruiseñores,°   Parrots / nightingales
que cantáis al alborada,°   at dawn
llevad nueva a mis amores,°   carry the news to my love
cómo espero aquí asentada.

La media noche es pasada,
y no viene.
Sabedme° si hay otra amada
que lo detiene.

CALISTO   Vencido° me tiene el dulzor° de tu suave canto; no puedo
más sufrir tu penado esperar. ¡Oh mi señora y mi bien todo!
¿Cual mujer podía haber nacida, que deprivase tu gran merecimiento? ¡Oh salteada° melodía! ¡Oh gozoso rato! ¡Oh corazón
mío! ¡Y cómo no pudiste más tiempo sufrir sin interrumpir tu
gozo y cumplir el deseo de entrambos?

MELIBEA   ¡Oh sabrosa° traición, oh dulce sobresalto!° ¿Es mi señor
de mi alma? ¿Es él? No lo puedo creer. ¿Donde estabas, luciente
sol? ¿Dónde me tenías tu claridad escondida? ¿Había rato° que
escuchabas? ¿Por qué me dejabas echar palabras sin seso° al aire,
con mi ronca° voz de cisne?° Todo se goza este huerto con tu
venida.° Mira la luna cuán clara se nos muestra, mira las nubes
cómo huyen. ¡Oye la corriente agua de esta fontecica,° cuánto
más suave murmurio y zurrío° <y ruzio> lleva por entre las fres-
cas hierbas! Escucha los altos cipreses, cómo se dan paz unos
ramos con otros por intercesión de un templacido° viento que
los menea.° Mira sus quietas sombras, cuán escuras están y
aparejadas° para encubrir nuestro deleite. Lucrecia, ¿qué sientes,
amiga? ¿Tórnaste loca de placer? Déjamele, no me le
despedaces,° no le trabajes sus miembros con tus pesados abrazos. Déjame gozar lo que es mío, no me ocupes mi placer.

CALISTO   Pues, señora y gloria mía, si mi vida quieres, no cese tu
suave canto. No sea de peor condición mi presencia, con que te
alegras, que mi ausencia, que te fatiga.

MELIBEA   ¿Qué quieres que cante, amor mío? ¿Cómo cantaré, que tu
deseo era el que regía° mi son° y hacía sonar mi canto? Pues conseguida tu venida, desaparecióse el deseo, destemplóse° el tono de
mi voz. Y pues tú, señor, eres el dechado° de cortesía y buena
crianza,° ¿cómo mandas a mi lengua hablar y no a tus manos que
estén quedas?° ¿Por qué no olvidas estas mañas?° Mándalas estar
sosegadas y dejar su enojoso uso y conversación incomportable.°
Cata, ángel mío, que así como me es agradable tu vista sosegada,
me es enojoso tu riguroso trato;° tus honestas burlas° me dan
placer, tus deshonestas manos me fatigan cuando pasan de la
razón. Deja estar mis ropas en su lugar y, si quieres ver si es el
hábito° de encima de seda° o de paño,° ¿para qué me tocas en la
camisa?° Pues cierto es de lienzo.° Holguemos y burlemos° de
otros mil modos que yo te mostraré; no me destroces ni maltrates
come sueles.° ¿Qué provecho te trae dañar mis vestiduras?°

CALISTO   Señora, el que quiere comer el ave, quita primero las plumas.

LUCRECIA   (Mala landre me mate° si más los escucho. ¿Vida es ésta?
¡Que me esté yo deshaciendo de dentera° y ella esquivándose

Sabedme°	Let me know
Vencido° / dulzor°	Vanquished / sweetness
salteada°	powerful
sabrosa° / sobresalto!°	delightful / fright
rato°	a while
sin seso°	senseless
ronca° / cisne?°	hoarse / swan
venida.°	The whole garden takes pleasure in your arrival
fontecica,°	little fountain
zurrío°	murmuring
templacido°	warm
menea.°	rocks them
aparejadas°	ready
despedaces,°	tear him to bits
regía° / son°	governed / melody
destemplóse°	went out of tune
dechado°	model
crianza,°	good breeding
quedas?° / mañas?°	quietas / sleight of hand
incomportable.°	unbearable
trato;° / burlas°	harsh treatment / chaste humor
hábito° / seda° / paño,°	habit (dress) / silk / wool
camisa?° / lienzo.° / burlemos°	underskirt / linen / Let us take pleasure and joke
sueles.° / vestiduras?°	Don't pull me to pieces or mistreat me the way you usually do / clothes
mate°	May I perish
dentera°	Here I am, with my teeth set on edge

porque la rueguen!° Ya, ya apaciguado es el ruido; no hobieron menester° despartidores.° Pero también me lo haría yo, si estos necios° de sus criados me hablasen entre día; pero esperan que los tengo de ir a buscar.)

MELIBEA ¿Señor mío, quieres que mande a Lucrecia traer alguna colación?°

CALISTO No hay otra colación para mí sino tener tu cuerpo y belleza en mi poder. Comer y beber, dondequiera se da por dinero, en cada tiempo se puede haver y cualquiera lo puede alcanzar; pero lo no vendible, lo que en toda la tierra no hay igual que en este huerto, ¿cómo mandas que se me pase ningún momento que no goce?

LUCRECIA (Ya me duele a mí la cabeza de escuchar y no a ellos de hablar ni los brazos de retozar° ni las bocas de besar. ¡Andar! Ya callan; a tres me parece que va la vencida.)°

CALISTO Jamás querría, señora, que amaneciese, según la gloria y descanso que mi sentido recibe de la noble conversación de tus delicados miembros.

MELIBEA Señor, yo soy la que gozo, yo la que gano; tú señor, el que me haces con tu visitación incomparable merced.

SOSIA ¿Así, bellacos,° rufianes, veníades a asombrar° a los que no os temen? Pues yo juro que si esperárades, que yo os hiciera ir como merecíades.

CALISTO Señora, Sosia es aquel que da voces. Déjame ir a valerle,° no le maten, que no está sino un pajecico° con él. Dame presto mi capa, que está debajo de ti.

MELIBEA ¡Oh triste de mi ventura!° No vayas allá sin tus corazas;° tórnate a armar.

CALISTO Señora, lo que no hace espada° y capa y corazón, no lo hacen corazas y capacete° y cobardía.

SOSIA ¿Aun tornáis? Esperadme. Quizá venís por lana.[1]

CALISTO Déjame, por Dios, señora, que puesta está el escala.

MELIBEA ¡Oh desdichada yo, y cómo vas tan recio° y con tanta priesa° y desarmado a meterte entre quien no conoces? Lucrecia, ven presto acá, que es ido Calisto a un ruido. Echémosle sus corazas por la pared, que se quedan acá.

TRISTÁN Tente, señor, no bajes, que idos son; que no era sino Traso el cojo° y otros bellacos, que pasaban voceando.° Que ya se torna Sosia. Tente, tente, señor, con las manos al escala.

Glosses (right margin):

(from envy) | and her playing hard to get | there was no need for / people to intervene | fools

refreshment

frisk about
She gives in on the third try

swine / you came to impress

help him
little pageboy

Oh, my unhappy lot! / armor

sword
helmet

forcefully
hurry

lame / shouting

---

[1] Abbreviation of the Spanish proverb: *"Ir por lana y volver trasquilado,"* "to go for wool and come home shorn." Sosia is threatening the "rufianes" mentioned above.

Sosia, Tristán, Calisto, Melibea, Lucrecia del libro de Calisto y Melibea de la vieja *Celestina*, 1502.

CALISTO	¡Oh, válame Santa María!° ¡Muerto soy! ¡Confesión!

May the Blessed Virgin help me!

TRISTÁN   Llégate presto, Sosia, que el triste de nuestro amo es caído del escala y no habla ni se bulle.°

nor is he stirring

SOSIA   ¡Señor, señor! ¡A esotra puerta! ¡Tan muerto es como mi abuelo! ¡Oh gran desventura!

LUCRECIA   ¡Escucha, escucha, gran mal es éste!

MELIBEA   ¿Qué es esto que oigo, amarga de mí?

TRISTÁN   ¡Oh mi señor y mi bien muerto! ¡Oh mi señor [y nuestra honra], despeñado!° ¡Oh triste muerte [y] sin confesión! Coge, Sosia, esos sesos° de esos cantos,° júntalos con la cabeza del desdichado amo nuestro. ¡Oh día de aciago!° ¡Oh arrebatado° fin!

cast down, ruined
brains / stones
ill-fated / hasty

MELIBEA   ¡Oh desconsolada de mí! ¿Qué es esto? ¿Qué puede ser tan áspero acontecimiento° como oigo? Ayúdame a subir, Lucrecia, por estas paredes, veré mi dolor; si no, hundiré° con alaridos° la casa de mi padre. ¡Mi bien y placer, todo es ido en humo! ¡Mi alegría es perdida! ¡Consumióse mi gloria!

harsh occurrence
pull down / shrieks

LUCRECIA   Tristán, ¿qué dices, mi amor; qué es eso, que lloras tan sin mesura?°

moderation

TRISTÁN   ¡Lloro mi gran mal; lloro mis muchos dolores! Cayó mi señor Calisto del escala y es muerto. Su cabeza está en tres partes. Sin confesión pereció.° Díselo a la triste y nueva amiga, que no espere más su penado amador. Toma tú, Sosia, de esos pies. Llevemos el cuerpo de nuestro querido amo donde no padezca° su honra detrimento,° aunque sea muerto en este lugar. Vaya con nosotros llanto, acompáñenos soledad, síganos desconsuelo,° vístenos tristeza, cúbranos luto° y dolorosa jerga.°

perished

suffer
harm
affliction
mourning clothes / sackcloth

MELIBEA   ¡Oh la más de las tristes, triste! ¡Tan poco tiempo poseído el placer, tan presto venido el dolor!

LUCRECIA   Señora, no rasgues° tu cara ni meses° tus cabellos. ¡Agora en placer, agora en tristeza! ¿Qué planeta hobo, que tan presto contrarió su operación? ¿Qué poco corazón es éste? Levanta, por Dios, no seas hallada° de tu padre en tan sospechoso lugar, que serás sentida.° Señora, señora, ¿no me oyes? No te amortezcas,° por Dios. Ten esfuerzo para sufrir° la pena, pues tuviste osadía para el placer.

scratch / tear at

found

overheard / faint

bear

MELIBEA   ¿Oyes lo que aquellos mozos van hablando? ¿Oyes sus tristes cantares? ¡Rezando llevan con responso° mi bien todo! ¡Muerta llevan mi alegría! ¡No es tiempo de yo vivir! ¿Cómo no gocé más del gozo? ¿Cómo tuve en tan poco la gloria que entre mis manos tuve? ¡Oh ingratos° mortales! ¡Jamás conocéis vuestros bienes, sino cuando de ellos carecéis!

prayer (response)

ungrateful

LUCRECIA   Avívate, aviva, que mayor mengua° será hallarte en el huerto que placer sentiste con la venida ni pena con ver que es muerto. Entremos en la cámara, acostarte has. Llamaré a tu padre y fingiremos° otro mal, pues éste no es para se poder encubrir.

harm

pretend, feign

NOTA

Melibea, después de un largo lamento en el que comunica a su padre cómo perdió su virginidad ("del cual deleitoso yerro de amor gozamos casi un mes"), y disculpándose a Calisto por la tardanza en reunirse con él en la muerte, acaba arrojándose desde la torre de su casa. (Ver págs. 221 a 223.)

PREGUNTAS

Primer encuentro
1. ¿En qué ve Calisto la grandeza de Dios?
2. ¿Qué no haría a Calisto tan feliz como la presencia de Melibea?
3. ¿Cómo reacciona Melibea ante las atrevidas palabras de Calisto?

Segundo encuentro
1. Qué contesta Calisto cuando Melibea le pregunta quién lo mandó venir a su casa?
2. ¿Por qué crees que Melibea le dice a Calisto inicialmente que sólo lo quiere ver para poner fin a su insistencia? ¿Es sincera?
3. ¿Cómo reacciona Calisto?
4. ¿Qué efecto producen en Melibea los lamentos amorosos de Calisto?
5. ¿Iguala Calisto a Melibea en cualidades y clase social?
6. ¿Qué valor simbólico podría tener aquí la puerta que separa a Calisto y Melibea?
7. ¿Qué piensa Pármeno de la aventura amorosa de su señor?

8. ¿Cómo reacciona Melibea ante la idea de Calisto de forzar las puertas para poder estar con ella?
9. ¿Cuánto, más o menos, dura el segundo encuentro?
10. ¿Qué consejos da Melibea a Calisto con relación a sus criados?

Tercer encuentro

1. ¿Por qué está preocupada Melibea al inicio de este encuentro?
2. ¿Qué le dice Melibea a Calisto cuando lo ve bajar la pared del huerto?
3. ¿Qué quiere decir Melibea con: "Goza de lo que yo gozo, que es ver y llegar a la persona . . . Guárdate, señor, de dañar lo que con todos los tesoros del mundo no se restaura"?
4. ¿Qué contesta Calisto al ruego de Melibea de que "aunque hable tu lengua cuanto quisiere, no obren las manos cuanto pueden" . . . "No me quieras robar el mayor don que la natura me ha dado"?
5. ¿Qué le pide Melibea a Lucrecia? ¿Por qué?
6. ¿Qué comentan Sosia y Tristán?
7. En su lamento a la pérdida de su virginidad, ¿qué dice Melibea de sus padres?
8. Ahora que Melibea se ha entregado a Calisto, ¿qué le ruega a éste?

Cuarto encuentro

1. ¿Qué hacen Melibea y Lucrecia al comienzo del cuarto encuentro?
2. ¿Qué mensaje tiene la cancioncilla de Melibea?
3. ¿Qué reacción provoca, según Melibea, la llegada de Calisto al huerto?
4. De esta relación amorosa hay algo que le molesta a Melibea y repetidamente pide a Calisto que no lo haga. ¿Qué es?
5. ¿Qué quiere decir Calisto con "el que quiere comer el ave, quita primero las plumas"? ¿Qué implica este comentario de Calisto?
6. ¿Qué desea Lucrecia?
7. ¿Qué contesta Calisto cuando Melibea le pregunta si quiere algo para beber?
8. ¿Por qué deja, apresuradamente, Calisto a Melibea?
9. ¿Qué le dice Tristán a Calisto cuando éste está encima de la tapia del huerto a punto de bajar para defender a sus criados?
10. ¿Cómo muere Calisto? ¿Cómo reacciona Melibea?
11. ¿Qué consejos da Lucrecia a Melibea?
12. ¿Qué implica la frase de Melibea: "¡No es tiempo de yo vivir!"

TEMAS

1. Describe el amor que Calisto siente por Melibea. ¿Cómo se justifica que en vez de hablar con los padres de Melibea, Calisto recurra a Celestina? ¿En qué se asemejan o diferencian Melibea y Calisto de Romeo y Julieta?
2. Más de una vez en sus encuentros amorosos, Melibea ruega a Calisto que goce "de lo que yo gozo", que es verlo llegar a él. Le ruega también que no le haga perder su virginidad ("No me quieras robar el mayor don que la natura me ha dado"). Melibea parece ser feliz con sólo oír hablar a Calisto: "Aunque hable tu lengua cuanto quisiere, no obren las manos cuanto pueden". Calisto

piensa de otra forma; en una ocasión groseramente contesta: "el que quiere comer el ave, quita primero las plumas". Comparando el lenguaje utilizado por los dos amantes a través de estos "Encuentros", comenta lo que ambos quieren o esperan de esta relación. ¿En qué forma justifican estos "Encuentros" la opinión de que la mujer se acerca a la relación amorosa de una forma más idealizada, más distante de lo sexual?

BIBLIOGRAFÍA

Rojas, Fernando de. *La Celestina. La Tragicomedia de Calisto y Melibea.* Eds. Stephen Gilman y Dorothy S. Severin. Madrid: Alianza, 1983. (Edición anotada).

Gilman, Stephen. *The Spain of Fernando de Rojas: The Intellectual and Social Landscape of* La Celestina. Princeton: University Press, 1972. (Sobre la España de comienzos de XVI, y la vida de Rojas como converso).

Maravall, José Antonio. *El mundo social de "La Celestina".* Madrid: Gredos, 1964.

Ross, James Bruce and Mary Martin McLaughlin, eds., *The Portable Renaissance Reader.* New York: Viking, 1953. (Antología de textos: buena introducción a la época.)

TEMAS   (Amor)

1. Los efectos destructivos del amor según Cervantes y Fernando de Rojas o Rosalía de Castro y Bécquer.
2. Piensa en la noción de la cual habla Machado (p. 16), de que un hombre es menos hombre si expresa su sentimiento amoroso . . . . ¿en qué otros textos de este capítulo aparece?
3. Las definiciones del amor de la primera parte de este capítulo, ¿pueden aplicarse a algunos de los textos que siguen?
4. El amor como fenómeno espiritual y como pasión física. Estudia este tema en tres autores de tres siglos distintos, tales como Rojas en el siglo XV, Cervantes en el XVII y Ocampo o Poniatowska en el siglo XX.
5. Un amigo le aconseja a otro que es un gran riesgo expresarse de una forma demasiado elocuente cuando se trata del amor, porque su amada va a pensar que es poco sincero y poco espontáneo. Pregunta el amigo (poeta español del XVII): "¿Cómo creerá [ella] que sientes lo que dices viendo cuán bien dices lo que sientes?" ¿Hasta qué punto la expresión literaria, y el cuidado estilístico, distorsiona el sentimiento amoroso? ¿Es posible que un género lo distorsione más que otro? ¿O es mejor no hablar de distorsión?

II

CONVIVENCIA Y SOLEDAD

Life Together, Life Alone

"Yo soy yo y mis circunstancias," wrote the Spanish philosopher and essayist José Ortega y Gasset, and those circumstances include our relation to other people and to society as a whole. The texts in this unit explore some of the ways in which the lives of men and women touch upon one another.

Parejas presents some unforgettable couples. María Luisa Bombal (Chile) portrays the lonely young wife of a busy and distant man; a woman whose only company is the tree that taps on the window of her dressing room. In "Y soñé que era un árbol," Claribel Alegría (Nicaragua) uses the same image—a tree—to depict her life with and without others. "Casa tomada" by Julio Cortázar (Argentina) is an utterly inexplicable story of the loss felt by a brother and sister whose house is "taken over" by an unidentified presence. Gabriel García Márquez (Colombia) sketches a complex relationship—condescension and affection returned by love— between a barkeeper and one of his regular customers, a prostitute in urgent need of his protection.

Hijos y padres explores one of the most intimate of all relationships. Feeling both love and contempt, the protagonist of "No oyes ladrar los perros" by Juan Rulfo (Mexico), carries his wounded son over rough rural terrain in search of a doctor. In "Carbón" by Gonzalo Rojas (Chile), the poet remembers greeting his father, a miner, who returns home in the rain cursing his fate. In "Calle Cangallo" by Sara Gallardo (Argentina), another father returns home, this time from prison, and reacts to the children born, or engendered, in his absence. Two stories, "La brecha" by Mercedes Valdivieso (Chile), and "Parto" by Judith Martínez Ortega (Mexico), give contrasting versions of childbirth from women of different social classes. These stories are balanced by two moving poems about maternity by Ángela Figuera Aymerich (Spain).

La soledad begins with Rosario Castellano's (Mexico) stark view of an aging spinster and Carmen Martín Gaite's (Spain) "Tendrá que volver," the story of a troubled boy who awaits the return of a friend. The anonymous "Romance del prisionero" provides a vision of solitude from the repertory of traditional Spanish poetry. In "Nocturno yanqui" by Luis Cernuda (Spain), a middle-aged poet confronts his solitude and ponders a life he considers wasted.

La calle presents Nicanor Parra's (Chile) ironic view of the chance and chaos of daily existence. Chance plays a role as well in "La insignia," by Julio Ramón Ribeyro (Peru), where a shadowy narrator finds an insignia and is unwittingly inducted into a secret society.

Carmen Lomas Garza [Estados Unidos]. *Lotería, Tabla Llena*, 1974.

La casa de Bernarda Alba, subtitled "Drama de mujeres en los pueblos de España" and the masterpiece of Federico García Lorca (Spain), explores *convivencia* and *soledad* on many levels, from that of the family (five sisters yearning for fulfillment and struggling against a tyrannical mother) to that of society at large: a rural society where honor and a rigid sense of decency seem to overpower the urgencies of the flesh.

Parejas

Felipe Castañeda [México]. *Diálogo.*

María Luisa Bombal   1910–1980   CHILE

La novelista María Luisa Bombal cursó estudios universitarios en París y en 1933 se trasladó a Buenos Aires, donde colaboró con el grupo de escritores (entre ellos, Jorge Luis Borges) que trabajaban en la revista literaria *Sur*. En 1944 emigró a Estados Unidos, donde tradujo al inglés sus dos obras más importantes, *La última niebla* (1935) y *La amortajada* (1938). La crítica Sara Sefchovich ha explicado así su importancia: "[Su] obra . . . se considera un hito en las letras de América por su paso del realismo crudo al clima onírico y a las técnicas modernas de la interioridad . . . Escribe fuera de toda geografía, con lirismo, con una concepción mítica del tiempo . . . "[1]

---

[1]Sara Sefchovich, ed., *Mujeres en espejo*, t. I (México: Folios Ediciones, 1983), p. 34.

Empieza la narración con la descripción de un concierto al que asiste Brígida, la protagonista. Están en el programa Mozart, Beethoven y Chopin.

Verás que Brígida, dejándose llevar por la música, recuerda su pasado. Observarás que hay una estrecha relación entre la música de cada compositor y las distintas etapas de la vida de Brígida. Mozart, por ejemplo, le recuerda sus años juveniles.

Paralela a la música está el agua. A cada etapa y a cada compositor le corresponde una manifestación distinta del agua.

María Luisa Bombal

El árbol

*A Nina Anguita, gran artista, mágica amiga
que supo dar vida y realidad a mi árbol
imaginado; dedico el cuento que, sin saber,
escribí para ella mucho antes de conocerla.*

El pianista se sienta, tose por prejuicio y se concentra un instante. Las luces en racimo° que alumbran la sala declinan° lentamente hasta detenerse en un resplandor° mortecino° de brasa,° al tiempo que una frase musical comienza a subir en silencio, a desenvolverse,° clara, estrecha y juiciosamente caprichosa. in clusters / dim
glow / dying / ember
develop

"Mozart, tal vez" —piensa Brígida. Como de costumbre se ha olvidado de pedir el programa. "Mozart, tal vez, o Scarlatti . . ." ¡Sabía tan poca música! Y no era porque no tuviese oído ni afición. De niña fue ella quien reclamó lecciones de piano; nadie necesitó imponérselas, como a sus hermanas. Sus hermanas, sin embargo, tocaban ahora correctamente y descifraban a primera vista,° en tanto que ella . . . Ella había abandonado los estudios al año de iniciarlos. La razón de su inconsecuencia° era tan sencilla como vergonzosa: jamás había conseguido aprender la llave de Fa, jamás. "No comprendo, no me alcanza la memoria más que para la llave del Sol." ¡La indignación de su padre! "¡A cualquiera le doy esta carga de un infeliz viudo con varias hijas que educar! ¡Pobre Carmen! Seguramente habría sufrido por Brígida. <u>Es retardada esta criatura.</u>" were good at
sight-reading
lack of persistence

Brígida era la menor de seis niñas todas diferentes de carácter. Cuando el padre llegaba por fin a su sexta hija, lo hacía tan perplejo y agotado° por las cinco primeras que prefería simplificarse el día declarándola retardada. "No voy a luchar más, es inútil. Déjenla. Si no quiere estudiar, que no estudie. Si le gusta pasarse en la cocina oyendo cuentos de ánimas,° allá ella. Si le gustan las muñecas a los dieciséis años, que juegue." Y Brígida había conservado sus muñecas y permanecido totalmente ignorante. perplexed and
exhausted

ghost stories

¡Qué agradable es ser ignorante! ¡No saber exactamente quién fue Mozart, desconocer sus orígenes, sus influencias, las particularidades de su técnica! Dejarse solamente llevar por él de la mano,° como ahora. To allow him to lead her
by the hand

Y Mozart la lleva, en efecto. La lleva por un puente suspendido sobre agua cristalina que corre en un lecho° de arena rosada. Ella está vestida de blanco, con un quitasol de encaje,° complicado y fino como una telaraña,° abierto sobre el hombro.

—Estás cada día más joven, Brígida. Ayer encontré a tu marido, a tu ex marido, quiero decir. Tiene todo el pelo blanco.

Pero ella no contesta, no se detiene, sigue cruzando el puente que Mozart le ha tendido hacia el jardín de sus años juveniles.

Altos surtidores° en los que el agua canta. Sus dieciocho años, sus trenzas° castañas que desatadas° le llegaban hasta los tobillos, su tez dorada,° sus ojos oscuros tan abiertos y como interrogantes. Una pequeña boca de labios carnosos, una sonrisa dulce y el cuerpo más liviano° y gracioso del mundo. ¿En qué pensaba, sentada al borde° de la fuente? En nada. "Es tan tonta como linda" decían. Pero a ella nunca le importó ser tonta ni "planchar"° en los bailes. Una a una iban pidiendo en matrimonio a sus hermanas. A ella no la pedía nadie.

¡Mozart! Ahora le brinda° una escalera de mármol azul por donde ella baja entre una doble fila de lirios° de hielo. Y ahora le abre la verja° de barrotes° con puntas doradas para que ella pueda echarse al cuello de Luis, el amigo íntimo de su padre. Desde muy niña, cuando todos la abandonaban, corría hacia Luis. Él la alzaba° y ella le rodeaba° el cuello con los brazos, entre risas que eran como pequeños gorjeos° y besos que le disparaba aturdidamente° sobre los ojos, la frente y el pelo ya entonces canoso° (¿es que nunca había sido joven?) como una lluvia desordenada. "Eres un collar —le decía Luis—. Eres como un collar de pájaros."

Por eso se había casado con él. Porque al lado de aquel hombre solemne y taciturno no se sentía culpable° de ser tal cual era: tonta, juguetona° y perezosa. Sí, ahora que han pasado tantos años comprende que no se había casado con Luis por amor; sin embargo, no atina a comprender° por qué, por qué se marchó ella un día, de pronto . . .

Pero he aquí que Mozart la toma nerviosamente de la mano y, arrastrándola nerviosamente en un ritmo segundo a segundo más apremiante,° la obliga a cruzar el jardín en sentido inverso,° a retomar el puente en una carrera que es casi una huida. Y luego de haberla despojado° del quitasol y de la falda transparente, le cierra la puerta de su pasado con un acorde° dulce y firme a la vez, y la deja en una sala de conciertos, vestida de negro, aplaudiendo maquinalmente en tanto crece la llama° de las luces artificiales.

De nuevo la penumbra° y de nuevo el silencio precursor.

Y ahora Beethoven empieza a remover° el oleaje tibio° de sus notas bajo una luna de primavera. ¡Qué lejos se ha retirado el mar! Brígida se interna playa adentro° hacia el mar contraído° allá lejos, refulgente° y manso,° pero entonces el mar se levanta, crece tranquilo, viene a su encuentro, la envuelve,° y con suaves olas la va empujando, empujando por la espalda hasta hacerle recostar° la mejilla sobre el cuerpo de un hombre. Y se aleja, dejándola olvidada sobre el pecho de Luis.

82

Glosses (right margin):

bed

lace parasol / spider web

fountains with water jets / tresses | undone / golden complexion

light, delicate

edge

to be a wallflower

offers

lilies / iron gate / bars

lifted / encircled

chirping / aimed confusedly | white (hair)

guilty / playful

manage to understand

urgent

in the other direction

after having taken from her | chord

flame

shadow

stir up / the warm waves

across the beach / contracted / shiny / tame | enwraps | lean

—No tienes corazón, no tienes corazón —solía decirle a Luis. Latía° tan adentro el corazón de su marido que no pudo oírlo sino rara vez y de modo inesperado—.° Nunca estás conmigo cuando estás a mi lado —protestaba en la alcoba, cuando antes de dormirse él abría ritualmente los periódicos de la tarde—. ¿Por qué te has casado conmigo?

—Porque tienes ojos de venadito° asustado —contestaba él y la besaba. Y ella, súbitamente alegre, recibía orgullosa sobre su hombro el peso° de su cabeza cana. ¡Oh, ese pelo plateado° y brillante de Luis!

—Luis, nunca me has contado de qué color era exactamente tu pelo cuando eras chico, y nunca me has contado tampoco lo que dijo tu madre cuando te empezaron a salir canas° a los quince años. ¿Qué dijo? ¿Se rió? ¿Lloró? ¿Y tú, estabas orgulloso o tenías vergüenza?° Y en el colegio, tus compañeros, ¿qué decían? Cuéntame, Luis cuéntame . . .

—Mañana te contaré. Tengo sueño, Brígida, estoy muy cansado. Apaga la luz.

Inconscientemente él se apartaba de ella° para dormir, y ella inconscientemente, durante la noche entera, perseguía° el hombro de su marido, buscaba su aliento,° trataba de vivir bajo su aliento, como una planta encerrada y sedienta° que alarga° sus ramas en busca de un clima propicio.

Por las mañanas cuando la mucama° abría las persianas,° Luis ya no estaba a su lado. Se había levantado sigiloso° y sin darle los buenos días, por temor al collar de pájaros que se obstinaba en retenerlo° fuertemente por los hombros. "Cinco minutos, cinco minutos nada más. Tu estudio no va a desaparecer porque te quedes cinco minutos más conmigo, Luis."

Sus despertares. ¡Ah, qué tristes sus despertares! Pero —era curioso— apenas pasaba a su cuarto de vestir, su tristeza se disipaba como por encanto.

Un oleaje bulle,° bulle muy lejano, murmura como un mar de hojas. ¿Es Beethoven? No.

Es el árbol pegado a la ventana del cuarto de vestir. Le bastaba entrar para que sintiese circular en ella una gran sensación bienhechora.° ¡Qué calor hacía siempre en el dormitorio por las mañanas! ¡Y qué luz cruda! Aquí, en cambio, en el cuarto de vestir, hasta la vista descansaba, se refrescaba. Las cretonas° desvaídas,° el árbol que desenvolvía sombras° como de agua agitada y fría por las paredes, los espejos que doblaban el follaje y se ahuecaban en° un bosque infinito y verde. ¡Qué agradable era ese cuarto! Parecía un mundo sumido° en un acuario. ¡Cómo parloteaba° ese inmenso gomero!° Todos los pájaros del barrio venían a refugiarse en él. Era el único árbol de aquella estrecha calle en pendiente° que desde un costado de la ciudad se despeñaba° directamente al río.

—"Estoy ocupado. No puedo acompañarte . . . Tengo mucho que hacer, no alcanzo° a llegar para al almuerzo . . . Hola, sí, estoy en el club. Un compromiso.° Come y acuéstate . . . No. No sé. Más vale que no me esperes,° Brígida."

—¡Si tuviera amigas! —suspiraba ella. Pero todo el mundo se aburría con ella. ¡Si tratara de ser un poco menos tonta! ¿Pero cómo ganar de un tirón° tanto terreno perdido? Para ser inteligente hay que empezar desde chica, ¿no es verdad?

A sus hermanas, sin embargo, los maridos las llevaban a todas partes, pero Luis —¿por qué no había de confesárselo a sí misma?— se avergonzaba de ella,°

de su ignorancia, de su timidez y hasta de sus dieciocho años. ¿No le había pedido acaso que dijera que tenía por lo menos veintiuno, como si su extrema juventud fuera en ellos una tara° secreta?

defect

Ilustración escogida por Julio Cortázar para su libro *La vuelta al mundo en 80 días*.

Y de noche ¡qué cansado se acostaba siempre! Nunca la escuchaba del todo. Le sonreía, eso sí, le sonreía con una sonrisa que ella sabía maquinal. La colmaba de caricias° de las que él estaba ausente. ¿Por qué se había casado con ella? Para continuar una costumbre, tal vez para estrechar° la vieja relación de amistad con su padre.

showered her with caresses / strengthen

Tal vez la vida consistía para los hombres en una serie de costumbres consentidas° y continuas. Si alguna llegaba a quebrarse,° probablemente se producía el desbarajuste,° el fracaso.° Y los hombres empezaban entonces a errar° por las

agreed on / break down disorder / failure / wander

calles de la ciudad, a sentarse en los bancos de las plazas, cada día peor vestidos y con la barba más crecida. La vida de Luis, por lo tanto, consistía en llenar con una ocupación cada minuto del día. ¡Cómo no haberlo comprendido antes! Su padre tenía razón al declararla retardada.

—Me gustaría ver nevar alguna vez, Luis.

—Este verano te llevaré a Europa y como allá es invierno podrás ver nevar.

—Ya sé que es invierno en Europa cuando aquí es verano. ¡Tan ignorante no soy!

A veces, como para despertarlo al arrebato° del verdadero amor, ella se echaba sobre su marido y lo cubría de besos, llorando, llamándolo: ^{sweep, surge}

—Luis, Luis . . .

—¿Qué? ¿Qué te pasa? ¿Qué quieres?

—Nada.

—¿Por qué me llamas de ese modo, entonces?

—Por nada, por llamarte. Me gusta llamarte.

Y él sonreía, acogiendo° con benevolencia aquel nuevo juego. ^{receiving, accepting}

Llegó el verano, su primer verano de casada. Nuevas ocupaciones impidieron a Luis ofrecerle el viaje prometido.

—Brígida, el calor va a ser tremendo este verano en Buenos Aires. ¿Por qué no te vas a la estancia° con tu padre? ^{country estate}

—¿Sola?

—Yo iría a verte todas las semanas, de sábado a lunes.

Ella se había sentado en la cama, dispuesta a insultar. Pero en vano buscó palabras hirientes° que gritarle. No sabía nada, nada. Ni siquiera insultar. ^{wounding}

—¿Qué te pasa? ¿En qué piensas, Brígida?

Por primera vez Luis había vuelto sobre sus pasos° y se inclinaba sobre ella, inquieto,° dejando pasar la hora de llegada a su despacho. ^{had come back} ^{uneasily}

—Tengo sueño . . . —había replicado Brígida puerilmente, mientras escondía la cara en las almohadas.

Por primera vez él la había llamado desde el club a la hora del almuerzo. Pero ella había rehusado° salir al teléfono, esgrimiendo rabiosamente° el arma° aquella que había encontrado sin pensarlo: el silencio. ^{refused / furiously} ^{wielding / weapon} ^{tense}

Esa misma noche comía frente a su marido sin levantar la vista, contraídos° todos sus nervios.

—¿Todavía estás enojada, Brígida?

Pero ella no quebró el silencio.

—Bien sabes que te quiero, collar de pájaros. Pero no puedo estar contigo a toda hora. Soy un hombre muy ocupado. Se llega a mi edad hecho un esclavo de mil compromisos.° ^{obligations, duties}

. . .

—¿Quieres que salgamos esta noche?

. . .

—¿No quieres? Paciencia. Dime, ¿llamó Roberto desde Montevideo?

. . .

—¡Qué lindo traje! ¿Es nuevo?

. . .

—¿Es nuevo, Brígida? Contesta, contéstame . . .

Pero ella tampoco esta vez quebró el silencio.

Y en seguida lo inesperado, lo asombroso,° lo absurdo. Luis que se levanta de su asiento, tira violentamente la servilleta sobre la mesa y se va de la casa dando portazos.°

Ella se había levantado a su vez, atónita,° temblando de indignación por tanta injusticia. "Y yo, y yo —murmuraba desorientada—, yo que durante casi un año . . . cuando por primera vez me permito un reproche . . . ¡Ah, me voy, me voy esta misma noche! No volveré a pisar° nunca más esta casa . . ." Y abría con furia los armarios de su cuarto de vestir, tiraba desatinadamente° la ropa al suelo.

Fue entonces cuando alguien o algo golpeó° en los cristales de la ventana.

Había corrido, no supo cómo ni con qué insólita° valentía,° hacia la ventana. La había abierto. Era el árbol, el gomero que un gran soplo° de viento agitaba, el que golpeaba con sus ramas los vidrios, el que la requería° desde afuera como para que lo viera retorcerse° hecho una impetuosa llamarada negra bajo el cielo encendido de aquella noche de verano.

Un pesado aguacero° no tardaría en rebotar° contra sus frías hojas. ¡Qué delicia! Durante toda la noche, ella podría oír la lluvia azotar,° escurrirse° por las hojas del gomero como por los canales de mil goteras° fantasiosas. Durante toda la noche oiría crujir° y gemir° el viejo tronco del gomero contándole de la intemperie,° mientras ella se acurrucaría,° voluntariamente friolenta,° entre las sábanas del amplio lecho, muy cerca de Luis.

Puñados° de perlas que llueven a chorros° sobre un techo de plata. Chopin. *Estudios* de Federico Chopin.

¿Durante cuántas semanas se despertó de pronto, muy temprano, apenas sentía que su marido, ahora también él obstinadamente callado, se había escurrido° del lecho?

El cuarto de vestir: la ventana abierta de par en par,° un olor a río y a pasto° flotando en aquel cuarto bienhechor, y los espejos velados° por un halo de neblina.°

Chopin y la lluvia que resbala° por las hojas del gomero con ruido de cascada secreta, y parece empapar° hasta las rosas de las cretonas, se entremezclan° en su agitada nostalgia.

¿Qué hacer en verano cuando llueve tanto? ¿Quedarse el día entero en el cuarto fingiendo° una convalecencia o una tristeza? Luis había entrado tímidamente una tarde. Se había sentado muy tieso.° Hubo un silencio.

—Brígida, ¿entonces es cierto? ¿Ya no me quieres?

Ella se había alegrado de golpe,° estúpidamente. Puede que hubiera gritado: "No, no; te quiero Luis, te quiero", si él le hubiera dado tiempo, si no hubiese agregado,° casi de inmediato, con su calma habitual:

—En todo caso, no creo que nos convenga° separarnos, Brígida. Hay que pensarlo mucho.

En ella los impulsos se abatieron° tan bruscamente como se habían precipitado. ¡A qué exaltarse° inútilmente! Luis la quería con ternura° y medida;° si alguna vez llegara a odiarla la odiaría con justicia y prudencia. Y eso era la vida.

asombroso° amazing
portazos° slamming doors
atónita° shocked
pisar° set foot in
desatinadamente° confusedly
golpeó° knocked
insólita° unaccustomed / valentía° boldness
soplo° gust
requería° called, summoned
retorcerse° twisting
aguacero° downpour / rebotar° bounce
azotar° lash / escurrirse° slip down
goteras° gutters
crujir° creak / gemir° weep
intemperie° bad weather / acurrucaría° curl up / friolenta° cozy (fleeing the chill)
Puñados° fistfuls / a chorros° come pouring down
escurrido° had slipped away
de par en par° wide open / pasto° pasture
velados° covered
neblina° mist
resbala° slides
empapar° soak / entremezclan° blend together
fingiendo° pretending, feigning
tieso° rigidly
de golpe° all at once
agregado° added
convenga° it befits us
se abatieron° died down
exaltarse° get excited / ternura° tenderness / medida° restraint

86

Se acercó a la ventana, apoyó° la frente contra el vidrio glacial. Allí estaba el gomero recibiendo serenamente la lluvia que lo golpeaba, tranquilo y regular. El cuarto se inmovilizaba en la penumbra, ordenado y silencioso. Todo parecía detenerse, eterno y muy noble. Eso era la vida. Y había cierta grandeza en aceptarla así, mediocre, como algo definitivo, irremediable. Mientras del fondo° de las cosas parecía brotar° y subir una melodía de palabras graves y lentas que ella se quedó escuchando: "Siempre." "Nunca" . . .

Y así pasan las horas, los días y los años. ¡Siempre! ¡Nunca! ¡La vida, la vida!

Al recobrarse° cayó en cuenta° que su marido se había escurrido del cuarto.

¡Siempre! ¡Nunca! . . . Y la lluvia, secreta e igual, aún continuaba susurrando° en Chopin.

El verano deshojaba° su ardiente° calendario. Caían páginas luminosas y enceguecedoras° como espadas de oro, y páginas de una humedad malsana° como el aliento de los pantanos;° caían páginas de furiosa y breve tormenta, y páginas de viento caluroso, del viento que trae el "clavel° del aire" y lo cuelga° del inmenso gomero.

Algunos niños solían jugar al escondite° entre las enormes raíces convulsas que levantaban las baldosas° de la acera,° y el árbol se llenaba de risas y de cuchicheos.° Entonces ella se asomaba a la ventana° y golpeaba las manos; los niños se dispersaban asustados, sin reparar en° su sonrisa de niña que a su vez desea participar en el juego.

Solitaria, permanecía largo rato acodada en° la ventana mirando el oscilar del follaje —siempre corría alguna brisa en aquella calle que se despeñaba directamente hasta el río— y era como hundir° la mirada en un agua movediza o en el fuego inquieto de una chimenea.° Una podía pasarse así las horas muertas, vacía de todo pensamiento, atontada° de bienestar.°

Apenas el cuarto empezaba a llenarse del humo del crepúsculo° ella encendía la primera lámpara, y la primera lámpara resplandecía en los espejos, se multiplicaba como una luciérnaga° deseosa de precipitar° la noche.

Y noche a noche dormitaba° junto a su marido, sufriendo por rachas.° Pero cuando su dolor se condensaba hasta herirla como un puntazo,° cuando la asediaba un deseo demasiado imperioso de despertar a Luis para pegarle o acariciarle, se escurría de puntillas° hacia el cuarto de vestir y abría la ventana. El cuarto se llenaba instantáneamente de discretos ruidos y discretas presencias, de pisadas° misteriosas, de aleteos,° de sutiles chasquidos° vegetales, del dulce gemido de un grillo° escondido bajo la corteza° del gomero sumido en las estrellas de una calurosa noche estival.°

Su fiebre decaía° a medida que sus pies desnudos se iban helando poco a poco sobre la estera.° No sabía por qué le era tan fácil sufrir en aquel cuarto.

Melancolía de Chopin engranando° un estudio tras otro, engranando una melancolía tras otra, imperturbable.

Y vino el otoño. Las hojas secas revoloteaban° un instante antes de rodar° sobre el césped° del estrecho° jardín, sobre la acera de la calle en pendiente. Las hojas se desprendían° y caían . . . La cima° del gomero permanecía verde, pero por

leaned

bottom, depth
spring up

returning to herself / she realized | murmuring

tore pages from / burning | blindingly bright / sickly | ponds

carnation / hangs

hide-and-seek
squares / sidewalk
whispers / looked out the window | noticing

resting her elbows on

sinking
fireplace
dazed / feeling of well-being | sunset

firefly / bring on

dozed / fitfully

sharp wound

on tiptoe

footsteps / flutterings / cracklings | cricket / bark
summer

subsided
floormat, rug

stringing together

fluttered / tumble
lawn / narrow
broke away / crown

debajo el árbol enrojecía,° se ensombrecía° como el forro° gastado° de una suntuosa capa de baile. Y el cuarto parecía ahora sumido en una copa de oro triste.

grew red / turned
shadowy / lining / worn

Echada sobre el diván, ella esperaba pacientemente la hora de la cena, la llegada improbable de Luis. Había vuelto a hablarle, había vuelto a ser su mujer, sin entusiasmo y sin ira.° Ya no lo quería. Pero ya no sufría. Por el contrario, se había apoderado de ella una inesperada sensación de plenitud,° de placidez.° Ya nadie ni nada podría herirla.° Puede que la verdadera felicidad esté en la convicción de que se ha perdido irremediablemente la felicidad. Entonces empezamos a movernos por la vida sin esperanzas ni miedos, capaces de gozar° por fin todos los pequeños goces,° que son los más perdurables.

rage

fullness / calm
wound her

enjoying
pleasures

Un estruendo° feroz, luego una llamarada° blanca que la echa hacia atrás toda temblorosa.

roar / burst of flame

¿Es el entreacto?° No. Es el gomero, ella lo sabe.

intermission

Lo habían abatido° de un solo hachazo. Ella no pudo oír los trabajos que empezaron de mañana. "Las raíces levantaban las baldosas de la acera y entonces, naturalmente, la comisión de vecinos . . . "

felled

Encandilada° se ha llevado las manos a los ojos. Cuando recobra la vista se incorpora° y mira a su alrededor. ¿Qué mira?

bewildered
sits up

¿La sala de concierto bruscamente iluminada, la gente que se dispersa?

No. Ha quedado aprisionada en las redes° de su pasado, no puede salir del cuarto de vestir. De su cuarto de vestir invadido por una luz blanca aterradora.° Era como si hubieran arrancado° el techo de cuajo;° una luz cruda entraba por todos lados, se le metía por los poros, la quemaba de frío. Y todo lo veía a la luz de esa fría luz: Luis, su cara arrugada,° sus manos que surcan° gruesas° venas desteñidas,° y las cretonas de colores chillones.°

nets

frightening
pulled off / by the roots,
completely

wrinkled / creased /
thick | pale / loud

Despavorida° ha corrido hacia la ventana. La ventana abre ahora directamente sobre una calle estrecha, tan estrecha que su cuarto se estrella° casi contra la fachada de un rascacielos deslumbrante.° En la planta baja, vidrieras° y más vidrieras llenas de frascos.° En la esquina de la calle, una hilera de automóviles alineados frente a una estación de servicio pintada de rojo. Algunos muchachos, en mangas de camisa, patean° una pelota en medio de la calzada.°

Terrified
bursts
dazzling / shop windows
small bottles

kick / street

Y toda aquella fealdad había entrado en sus espejos. Dentro de sus espejos había ahora balcones de níquel y trapos colgados° y jaulas con canarios.

rags (clothes) hung out
to dry

Le habían quitado su intimidad, su secreto, se encontraba desnuda en medio de la calle, desnuda junto a un marido viejo que le volvía la espalda para dormir, que no le había dado hijos. No comprende cómo hasta entonces no había deseado tener hijos, cómo había llegado a conformarse a la idea de que iba a vivir sin hijos toda su vida. No comprende cómo pudo soportar° durante un año esa risa de Luis, esa risa demasiado jovial, esa risa postiza° de hombre que se ha adiestrado° en la risa porque es necesario reír en determinadas ocasiones.

put up with

false
has trained himself

¡Mentira! Eran mentiras su resignación y su serenidad; quería amor, sí, amor, y viajes y locuras, y amor, amor . . .

—Pero Brígida, ¿por qué te vas?, ¿por qué te quedabas? —había preguntado Luis.

Ahora habría sabido contestarle:

—¡El árbol, Luis, el árbol! Han derribado° el gomero.

cut down

PREGUNTAS

1. ¿Dónde está Brígida cuando empieza a recordar?
2. ¿Cómo era a los 16 años? ¿Y a los 18?
3. ¿Qué le sugiere a Brígida la música de Mozart?
4. ¿Quién es Luis? ¿Cómo es?
5. ¿Cómo trataba Luis a Brígida cuando ella era niña?
6. ¿Qué le sugiere a Brígida la música de Beethoven?
7. Después de casarse, ¿qué tipo de reproches hace Brígida a Luis?
8. ¿Qué sentía Brígida al despertarse por la mañana? ¿Qué le hacía sentirse mejor?
9. ¿Cuál era la diferencia entre el matrimonio de sus hermanas y el de ella y Luis?
10. ¿Cómo reacciona Brígida ante la indiferencia y el cansancio de Luis?
11. ¿Qué actitud adopta Brígida después de la sugerencia de Luis de que pase el verano con su familia, lejos de él?
12. En su primer impulso de abandonar a Luis, ¿qué retiene a Brígida en casa?
13. ¿Cómo explicarías la relación de Brígida con el gomero?
14. ¿Qué le sugiere a Brígida la música de Chopin?
15. Con la muerte del árbol, ¿cómo cambian las cosas que rodean a Brígida?
16. ¿Por qué abandona a Luis definitivamente?

TEMAS

1. El narrador describe el tipo de sensaciones que el árbol produce en Brígida. Por otra parte, lo personifica: "alguien o algo golpeó en los cristales de la ventana . . . Era el árbol". "Durante toda la noche oiría crujir y gemir el viejo tronco del gomero contándole de la intemperie . . ." "El árbol se llenaba de risas y de cuchicheos." Nos sugieren estos pasajes que Brígida y el árbol dialogan con frecuencia. ¿Puedes reproducir alguno de estos posibles diálogos? Podrías tomar como punto de partida situaciones como estas:
   —Cuando Brígida se despierta, Luis ya se ha ido al trabajo. Se siente sola.
   —Luis está muy ocupado. No la entiende.
   —La diferencia de edad entre Brígida y Luis.
   —La música. ¿Qué representa la música para Brígida?
2. ¿Qué tipo de afinidad hay entre Brígida y el árbol? Ten en cuenta el proceso natural de todo árbol a través de las estaciones del año y el proceso por el cual Brígida se descubre al lector.
3. Cada uno de los compositores del programa sugiere a la protagonista una etapa distinta de su vida. Si eres aficionado a la música clásica podrías comparar la música de estos compositores con los sentimientos expresados por Brígida. ¿Sugiere la música estos tipos de sentimientos? ¿De qué modo corresponde la expresión del agua en el cuento con la música de estos compositores?

Claribel Alegría   1924–

Claribel Alegría nació en Nicaragua y se crió en El Salvador. Recibió un B.A. en George Washington University y ha residido desde entonces en varios países de Latinoamérica y Europa. Entre sus obras figuran libros de poesía, novelas y cuentos para niños. Algunos de sus poemas, como los que forman parte de *Flores del volcán* (1982), tratan de la penosa situación política y económica de Centroamérica. Un ejemplo de su obra reciente es el poemario *La mujer del río/Woman of the River*, con traducciones al inglés de su marido, D. J. Flakoll (University of Pittsburgh Press, 1989).

Claribel Alegría. (© Layle Silbert)

La poeta nos presenta aquí una analogía entre la vida de un ser humano y sus circunstancias, y el proceso natural de la vida de un árbol. Los diez últimos versos son muy significativos a la hora de definir a este ser humano.

Claribel Alegría

Y soñé que era un árbol

a Carole

    Y soñé que era un árbol
    y que todas mis ramas
    se cubrían de hojas
    y me amaban los pájaros
5   y me amaban también
    los forasteros°   outsiders, foreigners
    que buscaban mi sombra
    y yo también amaba
    mi follaje
10   y el viento me amaba
    y los milanos°   hawks
    pero un día
    empezaron las hojas
    a pesarme
15   a cubrirme las tardes
    a opacarme la luz°   block my light
    de las estrellas.
    Toda mi savia°   sap
    se diluía
20   en el bello ropaje
    verdinegro
    y oía quejarse a mi raíz
    y padecía° el tronco   was suffering
    y empecé a despojarme°   to strip myself bare
25   a sacudirme°   shake myself
    era preciso despojarse
    de todo ese derroche°   excess
    de hojas verdes.
    Empecé a sacudirme
30   y las hojas caían.
    Otra vez con más fuerza
    y junto con las hojas que importaban apenas

caía una que yo amaba:
un hermano
35 un amigo
y cayeron también
sobre la tierra
todas mis ilusiones
más queridas
40 y cayeron mis dioses
y cayeron mis duendes°   goblins
se iban encogiendo°   they shrunk
se arrugaban°   wrinkled
se volvían de pronto
45 amarillentos.
Apenas unas hojas
me quedaron:
cuatro o cinco
a lo sumo
50 quizá menos
y volví a sacudirme
con más saña
y esas no cayeron
como hélices° de acero°   spirals, helixes / steel
55 resistían.

PREGUNTAS

1. ¿Qué expresan los primeros versos del poema?
2. ¿Por qué decide la protagonista-árbol despojarse de sus hojas?
3. ¿De qué tipo de hojas se deshace la protagonista?
4. ¿Qué ocurre con las cuatro o cinco hojas que le quedan al árbol?

TEMAS

1. ¿Puedes interpretar en prosa el sueño de la protagonista?
2. ¿Qué tienen en común este árbol y la protagonista de "El árbol" de María Luisa Bombal?
3. ¿Qué tipo de vida ha vivido esta persona? ¿Cómo interpretarías imágenes como: "y me amaban también / los forasteros", "empezaron las hojas / a pesarme", "y oía quejarse a mi raíz"? El resto de las imágenes, ¿qué te sugieren?

Julio Cortázar   1914–1984   ARGENTINA

Julio Cortázar nació en Bruselas y se crió en Argentina. Vivió en París, por razones políticas, desde 1951 hasta su muerte. Cultivó todas las formas de la narración, explorando en cuentos y novelas la imperceptible frontera—una especie de osmosis—entre la realidad y la fantasía, y entre la vida y el arte. En su visión de la doble dimensión de la "realidad" y en su creencia en un "más allá" que está al otro lado del mundo de los sentidos, se parece al poeta español Pedro Salinas, a quien Cortázar admiraba.

Cortázar fue uno de los maestros indiscutibles del relato fantástico latinoamericano. Describió algunos de los principios de su arte en un ensayo titulado "Del cuento breve y sus alrededores". Le gustaba recordar este consejo del cuentista uruguayo Horacio Quiroga: "Cuenta como si el relato no tuviera interés más que para el pequeño ambiente de tus personajes, de los que pudiste haber sido uno. No de otro modo se obtiene la *vida* en el cuento". Esta idea, que sigue Cortázar en todos sus libros (por ejemplo, el libro de cuentos *Final del juego*, 1956, o la novela experimental *Rayuela*, 1963), le ayuda a colocar el elemento fantástico dentro de un ambiente cotidiano, de manera que lo fantástico se integra, sin visible esfuerzo, en lo real. Es necesario, dice Cortázar, que haya "una alteración momentánea dentro de la regularidad", y que se inserte allí lo fantástico, pero también "es necesario que lo excepcional pase a ser también la regla sin desplazar las estructuras ordinarias entre las cuales se ha insertado".[1]

Cuando se ha logrado esa perfecta unión entre lo real y lo fantástico, el cuento se independiza del autor y los personajes se separan del narrador: "El signo de un gran cuento [es] el hecho de que el relato se ha desprendido del autor como una pompa de jabón de la pipa de yeso". Los cuentos mejores "son criaturas vivientes, organismos completos, ciclos cerrados, y respiran. *Ellos* respiran, no el narrador".[2]

Cortázar fue aficionado al jazz y lo que aprendió como músico lo utilizó como crítico y escritor. Pensaba que la eficacia y el sentido del cuento dependen de las mismas cualidades que encontramos en la poesía y en el jazz: "la tensión, el ritmo, la pulsación interna, lo imprevisto dentro de parámetros pre-vistos, esa *libertad final* que no admite alteración" sin que se pierda algo.[3]

CUANDO LEAS . . .

Ve pensando en el valor simbólico de la casa, de los ruidos y de la relación personal entre los protagonistas. La casa y los ruidos son símbolos polivalentes. Nota también

---

[1]En *Último Round*, t. I (México: Siglo XXI, 1969; octava ed., 1983), pp. 59–82.
[2]*Último Round*.
[3]*Último Round*.

cómo Cortázar se niega a ofrecer cualquier explicación acerca de los invasores. Así se inserta lo fantástico en lo real. Y así se independizan los personajes del narrador.

Julio Cortázar

Casa tomada

Nos gustaba la casa porque aparte de espaciosa y antigua (hoy que las casas antiguas sucumben a la más ventajosa liquidación de sus materiales) guardaba los recuerdos de nuestros bisabuelos, el abuelo paterno, nuestros padres y toda la infancia.

Nos habituamos Irene y yo a persistir solos en ella, lo que era una locura pues en esa casa podían vivir ocho personas sin estorbarse. Hacíamos la limpieza por la mañana, levantándonos a las siete, y a eso de las once° yo le dejaba a Irene las últimas habitaciones por repasar y me iba a la cocina. Almorzábamos a mediodía, siempre puntuales; ya no quedaba nada por hacer fuera de unos pocos platos sucios. Nos resultaba grato° almorzar pensando en la casa profunda y silenciosa y cómo nos bastábamos para mantenerla limpia. A veces llegamos a creer que era ella la que no nos dejó casarnos. Irene rechazó° dos pretendientes° sin mayor motivo,° a mí se me murió María Esther antes que llegáramos a comprometernos.° Entramos en los cuarenta años con la inexpresada idea de que el nuestro, simple y silencioso matrimonio de hermanos, era necesaria clausura de la genealogía asentada° por los bisabuelos en nuestra casa. Nos moriríamos allí algún día, vagos y esquivos° primos se quedarían con la casa y la echarían al suelo para enriquecerse con el terreno y los ladrillos;° o mejor, nosotros mismos la voltearíamos justicieramente antes de que fuese demasiado tarde.

Irene era una chica nacida para no molestar a nadie. Aparte de su actividad matinal se pasaba el resto del día tejiendo° en el sofá de su dormitorio. No sé por qué tejía tanto, yo creo que las mujeres tejen cuando han encontrado en esa labor el gran pretexto para no hacer nada. Irene no era así, tejía cosas siempre necesarias, tricotas para el invierno, medias para mí, mañanitas° y chalecos° para ella. A veces tejía un chaleco y después lo destejía en un momento porque algo no le agradaba; era gracioso ver en la canastilla° el montón de lana encrespada° resistiéndose a perder su forma de algunas horas. Los sábados iba yo al centro a comprarle lana; Irene tenía fe en mi gusto, se complacía con los colores y nunca tuve que devolver madejas.° Yo aprovechaba esas salidas para dar una vuelta por las librerías y preguntar vanamente si había novedades en literatura francesa. Desde 1939 no llegaba nada valioso a la Argentina.

Pero es de la casa que me interesa hablar, de la casa y de Irene, porque yo no tengo importancia. Me pregunto qué hubiera hecho Irene sin el tejido. Uno puede releer un libro, pero cuando un pulóver está terminado no se puede repetirlo sin escándalo. Un día encontré el cajón de abajo de la cómoda de alcanfor lleno de pañoletas° blancas, verdes, lila. Estaban con naftalina,° apiladas como en una mercería;° no tuve valor de preguntarle a Irene qué pensaba hacer con ellas. No necesitábamos ganarnos la vida, todos los meses llegaba la plata de los campos y el dinero aumentaba. Pero a Irene solamente la entretenía el tejido, mostraba una

Margin glossary:
- around 11 o'clock
- We found it pleasant
- rejected / suitors
- for no good reason
- get engaged
- founded
- cold, unsociable / they would tear it down | bricks
- knitting
- bed jackets / vests
- knitting basket / curled up
- skeins of yarn
- scarves / mothballs
- store for sewing supplies

destreza° maravillosa y a mí se me iban las horas viéndole las manos como erizos plateados,° agujas yendo y viniendo y una o dos canastillas en el suelo donde se agitaban constantemente los ovillos.° Era hermoso.

    Cómo no acordarme de la distribución de la casa. El comedor, una sala con gobelinos,° la biblioteca y tres dormitorios grandes quedaban en la parte más retirada, la que mira hacia Rodríguez Peña. Solamente un pasillo con su maciza° puerta de roble° aislaba esa parte del ala delantera donde había un baño, la cocina, nuestros dormitorios y el living central, al cual comunicaban los dormitorios y el pasillo. Se entraba a la casa por un zaguán° con mayólica,° y la puerta cancel° daba al living. De manera que uno entraba por el zaguán, abría la cancel y pasaba al living; tenía a los lados las puertas de nuestros dormitorios, y al frente el pasillo que conducía a la parte más retirada; avanzando por el pasillo se franqueaba la puerta° de roble y más allá empezaba el otro lado de la casa, o bien se podía girar a la izquierda justamente antes de la puerta y seguir por un pasillo más estrecho que llevaba a la cocina y al baño. Cuando la puerta estaba abierta advertía uno que la casa era muy grande; si no, daba la impresión de un departamento de los que se edifican ahora, apenas para moverse; Irene y yo vivíamos siempre en esta parte de la casa, casi nunca íbamos más allá de la puerta de roble, salvo para hacer la limpieza, pues es increíble cómo se junta tierra en los muebles.° Buenos Aires será una ciudad limpia, pero eso lo debe a sus habitantes y no a otra cosa. Hay demasiada tierra en el aire, apenas sopla una ráfaga° se palpa el polvo en los mármoles de las consolas y entre los rombos° de las carpetas de macramé; da trabajo sacarlo bien con plumero,° vuela y se suspende en el aire, un momento después se deposita de nuevo en los muebles y los pianos.

    Lo recordaré siempre con claridad porque fue simple y sin circunstancias inútiles. Irene estaba tejiendo en su dormitorio, eran las ocho de la noche y de repente se me ocurrió poner al fuego la pavita del mate.[1] Fui por el pasillo hasta enfrentar la entornada puerta° de roble, y daba la vuelta al codo que llevaba a la cocina cuando escuché algo en el comedor o la biblioteca. El sonido venía impreciso y sordo,° como un volcarse de silla° sobre la alfombra o un ahogado susurro de conversación. También lo oí, al mismo tiempo o un segundo después, en el fondo del pasillo que traía desde aquellas piezas hasta la puerta. Me tiré contra la puerta antes de que fuera demasiado tarde, la cerré de golpe apoyando el cuerpo;° felizmente la llave estaba puesta de nuestro lado y además corrí el gran cerrojo° para más seguridad.

    Fui a la cocina, calenté la pavita, y cuando estuve de vuelta con la bandeja° del mate le dije a Irene:

—Tuve que cerrar la puerta del pasillo. Han tomado la parte del fondo.

Dejó caer el tejido y me miró con sus graves ojos cansados.

—¿Estás seguro?

Asentí.

—Entonces —dijo recogiendo las agujas— tendremos que vivir en este lado.

---

[1] Vessel for preparing *mate*, typical Argentine hot drink.

95

Margin glosses:
skill
silvery hedgehogs
balls of yarn
tapestries
solid, thick
oak
entryway / tiles / entry
went through the door
how much dust collects on the furniture
gust of wind
lozenges
featherduster
half-open door
dull, dim / chair falling over
leaning against the door
I shot the large bolt
tray

Yo cebaba el mate° con mucho cuidado, pero ella tardó un rato en reanudar° su labor. Me acuerdo que tejía un chaleco gris; a mí me gustaba ese chaleco.

Los primeros días nos pareció penoso porque ambos habíamos dejado en la parte tomada° muchas cosas que queríamos. Mis libros de literatura francesa, por ejemplo, estaban todos en la biblioteca. Irene extrañaba° unas carpetas,° un par de pantuflas° que tanto la abrigaban° en invierno. Yo sentía mi pipa de enebro° y creo que Irene pensó en una botella de Hesperidina de muchos años. Con frecuencia (pero esto solamente sucedió los primeros días) cerrábamos algún cajón de las cómodas y nos mirábamos con tristeza.

—No está aquí.

Y era una cosa más de todo lo que habíamos perdido al otro lado de la casa.

Pero también tuvimos ventajas.° La limpieza se simplificó tanto que aun levantándose tardísimo, a las nueve y media por ejemplo, no daban las once y ya estábamos de brazos cruzados.° Irene se acostumbró a ir conmigo a la cocina y ayudarme a preparar el almuerzo. Lo pensamos bien, y se decidió esto: mientras yo preparaba el almuerzo, Irene cocinaría platos para comer fríos de noche. Nos alegramos porque siempre resulta molesto tener que abandonar los dormitorios al atardecer y ponerse a cocinar. Ahora nos bastaba con la mesa en el dormitorio de Irene y las fuentes de comida fiambre.°

Irene estaba contenta porque le quedaba más tiempo para tejer. Yo andaba un poco perdido a causa de los libros, pero por no afligir a mi hermana me puse a revisar la colección de estampillas de papá, y eso me sirvió para matar el tiempo. Nos divertíamos mucho, cada uno en sus cosas, casi siempre reunidos en el dormitorio de Irene que era más cómodo. A veces Irene decía:

—Fijate este punto° que se me ha ocurrido. ¿No da un dibujo de trébol?°

Un rato después era yo el que le ponía ante los ojos un cuadradito de papel para que viese el mérito de algún sello de Eupen y Malmédy. Estábamos bien, y poco a poco empezábamos a no pensar. Se puede vivir sin pensar.

(Cuando Irene soñaba en alta voz° yo me desvelaba° en seguida. Nunca pude habituarme a esa voz de estatua o papagayo, voz que viene de los sueños y no de la garganta. Irene decía que mis sueños consistían en grandes sacudones° que a veces hacían caer el cobertor.° Nuestros dormitorios tenían el living de por medio, pero de noche se escuchaba cualquier cosa en la casa. Nos oíamos respirar, toser, presentíamos el ademán° que conduce a la llave del velador, los mutuos y frecuentes insomnios.

Aparte de eso todo estaba callado en la casa. De día eran los rumores domésticos, el roce° metálico de las agujas de tejer, un crujido° al pasar las hojas del álbum filatélico. La puerta de roble, creo haberlo dicho, era maciza. En la cocina y el baño, que quedaban tocando la parte tomada, nos poníamos a hablar en voz más alta o Irene cantaba canciones de cuna.° En una cocina hay demasiado ruido de loza° y vidrios para que otros sonidos irrumpan° en ella. Muy pocas veces permitíamos allí el silencio, pero cuando tornábamos a los dormitorios y al living, entonces la casa se ponía callada y a media luz, hasta pisábamos° más despacio

96

prepared the *mate* / resuming

in the taken-over part (of the house) | missed / folders | slippers / kept her warm / briar

advantages

resting, idle

platters of cold cuts

stitch / clover

talked in her sleep / I stayed awake
shakings
bedspread, blanket

gesture

touch, contact / rustle

lullabies
china / break in

walked

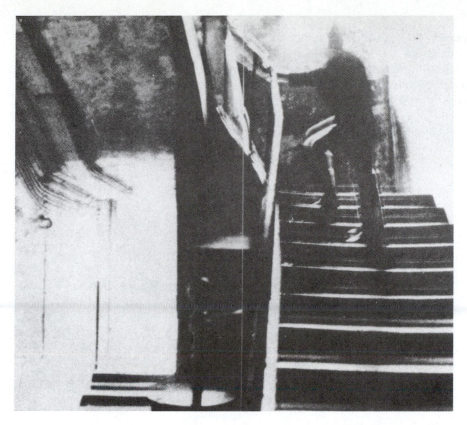

Ilustración escogida por Julio Cortázar para su libro *La vuelta al mundo en 80 días*.

para no molestarnos. Yo creo que era por eso que de noche, cuando Irene empezaba a soñar en alta voz, me desvelaba en seguida.)

Es casi repetir lo mismo salvo las consecuencias. De noche siento sed, y antes de acostarnos le dije a Irene que iba hasta la cocina a servirme un vaso de agua. Desde la puerta del dormitorio (ella tejía) oí ruido en la cocina; tal vez en la cocina o tal vez en el baño porque el codo del pasillo apagaba° el sonido. A Irene le llamó la atención mi brusca manera de detenerme, y vino a mi lado sin decir palabra. Nos quedamos escuchando los ruidos, notando claramente que eran de este lado de la puerta de roble, en la cocina y el baño, o en el pasillo mismo donde empezaba el codo casi al lado nuestro.

No nos miramos siquiera. Apreté° el brazo de Irene y la hice correr conmigo hasta la puerta cancel, sin volvernos hacia atrás. Los ruidos se oían más fuerte pero siempre sordos, a espaldas nuestras. Cerré de un golpe la cancel y nos quedamos en el zaguán. Ahora no se oía nada.

—Han tomado esta parte —dijo Irene. El tejido le colgaba de las manos y las hebras° iban hasta la cancel y se perdían debajo. Cuando vio que los ovillos habían quedado del otro lado, soltó el tejido sin mirarlo.

—¿Tuviste tiempo de traer alguna cosa? —le pregunté inútilmente.

muffled

squeezed

strands of yarn

—No, nada.

Estábamos con lo puesto.° Me acordé de los quince mil pesos en el armario de mi dormitorio. Ya era tarde ahora.

Como me quedaba el reloj pulsera, vi que eran las once de la noche. Rodeé con mi brazo la cintura de Irene (yo creo que ella estaba llorando) y salimos así a la calle. Antes de alejarnos° tuve lástima, cerré bien la puerta de entrada y tiré la llave a la alcantarilla.° No fuese que a algún pobre diablo se le ocurriera° robar y se metiera en la casa, a esa hora y con la casa tomada.

Just what we were wearing

departing

sewer / Lest it occur to some poor devil

PREGUNTAS

1. ¿Quiénes viven en la casa?
2. Describe la casa.
3. ¿Por qué se han quedado solteros los hermanos?
4. ¿Cuáles son las tareas diarias de los hermanos?
5. ¿Cuándo fue la primera vez que el hermano oyó los ruidos? ¿Qué hizo?
6. ¿Cómo reaccionó la hermana ante este incidente?
7. ¿Cómo vivían los hermanos después de haber sido tomada la primera parte de la casa?
8. ¿Qué hacían los hermanos cuando oyeron los ruidos la segunda vez?
9. ¿Cómo reaccionaron?
10. ¿Qué hace el hermano antes de alejarse definitivamente de la casa? ¿Por qué lo hace?

TEMAS

1. Desarrolla la simbología de este cuento desde distintos puntos de vista, tomando la casa como signo de lo político, de lo bíblico, de lo familiar o de lo existencial. La casa sería un símbolo de la patria, del paraíso bíblico, de la vida del hombre, de una familia o incluso del cuerpo humano.
2. Cortázar fue traductor de Edgar Allan Poe, y en su ensayo "Del cuento breve y sus alrededores", habla del "efecto traumático, contagioso y para algunos diabólico de 'The Tell-tale Heart' o de 'Berenice'". ¿Has leído algún cuento de Poe? ¿En qué se parece Cortázar a Poe?

Gabriel García Márquez   1928–   COLOMBIA

Gabriel García Márquez recibió el Premio Nobel de Literatura (1982) en reconocimiento de una extensa y valiosa producción como cuentista, novelista y periodista. Una de las constantes de su obra novelística es la intromisión de elementos mágicos en la esfera de lo cotidiano, y la hábil mezcla de mito e historia. Su obra maestra, *Cien años de soledad* (1967), por ejemplo, es la saga imaginaria de siete generaciones de una familia colombiana. La acción se sitúa en Macondo, una zona imaginaria inspirada por la costa atlántica de Colombia. En el lugar mitológico de Macondo todo es posible: "seres más que centenarios, varones que procrean gozosamente hasta la ancianidad, apariciones y diálogos con espíritus, alfombras que vuelan, ascensiones en alma y cuerpo al cielo, monstruosidades y destrucciones sobrenaturales, presagios e inventos disaparatados, plagas y diluvios, etc."[1] Traducido a más de 25 idiomas, *Cien años de soledad* fue uno de los libros que iniciaron el llamado *boom* de la novela latinoamericana en Estados Unidos y Europa durante la década de los 70.

Otra veta de su obra novelística florece en *El otoño del patriarca* (1975), que pertenece al género de la "novela del dictador", cultivado anteriormente por el español Ramón de Valle-Inclán, el cubano Alejo Carpentier y el guatemalteco Miguel Ángel Asturias, entre otros. Un narrador colectivo, que representa la cultura del pueblo, o de todos los pueblos de Latinoamérica, va contando la historia de un anciano dictador—tiene más de 150 años—de un país del Caribe.

Dos novelas posteriores de García Márquez son *Crónica de una muerte anunciada* (1981) y *El amor en los tiempos del cólera* (1985). Una temprana novela corta, *El coronel no tiene quien le escriba* (1961), ofrece un retrato inolvidable de un viejo pensionario que mantiene viva, a pesar de enfermedad, muerte y burocracia, la esperanza.

CUANDO LEAS . . .

Presta atención a las menciones de la hora por parte del narrador y por parte de la mujer. ¿Coinciden?

Fíjate también en lo reveladoras que son las preguntas hipotéticas que la mujer hace a José.

Gabriel García Márquez

La mujer que llegaba a las seis

La puerta oscilante° se abrió. A esa hora no había nadie en el restaurante de   swinging
José. Acababan de dar las seis y el hombre sabía que sólo a las seis y media

---

[1]José Miguel Oviedo, *"Cien años de soledad"* de Gabriel García Márquez, en Cedomil Goic, ed., *Historia y crítica de la literatura hispanoamericana*, t. III, *Época contemporánea* (Barcelona: Crítica, 1988), p. 460.

empezarían a llegar los parroquianos° habituales. Tan conservadora y regular era
su clientela, que no había acabado el reloj de dar la sexta campanada° cuando una
mujer entró, como todos los días a esa hora, y se sentó sin decir nada en la alta
silla giratoria.° Traía un cigarrillo sin encender, apretado° entre los labios.

 —Hola, reina —dijo José cuando la vio sentarse. Luego caminó hacia el otro
extremo del mostrador,° limpiando con un trapo° seco la superficie vidriada.
Siempre que entraba alguien al restaurante José hacía lo mismo. Hasta con la
mujer con quien había llegado a adquirir un grado de casi intimidad, el gordo y
rubicundo° mesonero° representaba su diaria comedia de hombre diligente.
Habló desde el otro extremo del mostrador.

 —¿Qué quieres hoy? —dijo.

 —Primero que todo quiero enseñarte a ser caballero —dijo la mujer. Estaba
sentada al final de la hilera° de sillas giratorias, de codos° en el mostrador, con el
cigarrillo apagado en los labios. Cuando habló, apretó la boca para que José
advirtiera el cigarrillo sin encender.

 —No me había dado cuenta —dijo José.

 —Todavía no te has dado cuenta de nada —dijo la mujer.

 El hombre dejó el trapo en el mostrador, caminó hacia los armarios oscuros y
olorosos a alquitrán° y a madera polvorienta, y regresó luego con los fósforos. La
mujer se inclinó para alcanzar la lumbre que ardía entre las manos rústicas y ve-
lludas° del hombre. José vio el abundante cabello de la mujer, empavonado° de
vaselina gruesa° y barata. Vio su hombro descubierto, por encima del corpiño°
floreado. Vio el nacimiento del seno crepuscular,° cuando la mujer levantó la
cabeza, ya con la brasa° entre los labios.

 —Estás hermosa hoy, reina —dijo José.

 —Déjate de tonterías —dijo la mujer—. No creas que eso me va a servir para
pagarte.

 —No quise decir eso, reina —dijo José—. Apuesto a que° hoy te hizo daño el
almuerzo.

 La mujer tragó la primera bocanada° de humo denso, se cruzó de brazos,
todavía con los codos apoyados en el mostrador, y se quedó mirando hacia la calle,
al través del amplio cristal del restaurante. Tenía una expresión melancólica. De
una melancolía hastiada° y vulgar.

 —Te voy a preparar un buen bistec —dijo José.

 —Todavía no tengo plata —dijo la mujer.

 —Hace tres meses que no tienes plata y siempre te preparo algo bueno —dijo
José.

 —Hoy es distinto —dijo la mujer, sombríamente,° todavía mirando hacia la
calle.

 —Todos los días son iguales —dijo José—. Todos los días el reloj marca las
seis, entonces entras y dices que tienes un hambre de perro y entonces yo te
preparo algo bueno. La única diferencia es ésa, que hoy no dices que tienes un
hambre de perro, sino que el día es distinto.

 —Y es verdad —dijo la mujer. Se volvió a mirar al hombre que estaba del
otro lado del mostrador, registrando° la nevera.° Estuvo contemplándolo durante
dos, tres segundos. Luego miró el reloj, arriba del armario. Eran las seis y tres

minutos—. Es verdad, José. Hoy es distinto —dijo. Expulsó el humo y siguió hablando con palabras cortas, apasionadas—. Hoy no vine a las seis, por eso es distinto, José.

El hombre miró el reloj.

—Me corto el brazo si ese reloj se atrasa° un minuto —dijo.

—No es eso, José. Es que hoy no vine a las seis —dijo la mujer—. Vine a las seis menos cuarto.

—Acaban de dar las seis, reina —dijo José—. Cuando tú entraste acababan de darlas.

—Tengo un cuarto de hora de estar aquí —dijo la mujer.

José se dirigió hacia donde ella estaba. Acercó a la mujer su enorme cara congestionada, mientras tiraba° con el índice° de uno de sus párpados.°

—Sóplame° aquí —dijo.

La mujer echó la cabeza hacia atrás. Estaba seria, fastidiada,° blanda; embellecida por una nube de tristeza y cansancio.

—Déjate de tonterías, José. Tú sabes que hace más de seis meses que no bebo.

—Eso se lo vas a decir a otro —dijo—, a mí no. Te apuesto a que por lo menos se han tomado un litro entre dos.

—Me tomé dos tragos° con un amigo —dijo la mujer.

—Ah; entonces ahora me explico —dijo José.

—Nada tienes que explicarte —dijo la mujer—. Tengo un cuarto de hora de estar aquí.

El hombre se encogió de hombros.°

—Bueno, si así lo quieres, tienes un cuarto de hora de estar aquí —dijo—. Después de todo, a nadie le importa nada diez minutos más o diez minutos menos.

—Sí importan, José —dijo la mujer. Y estiró° los brazos por encima del mostrador, sobre la superficie vidriada, con un aire de negligente abandono. Dijo—: Y no es que yo lo quiera: es que hace un cuarto de hora que estoy aquí. —Volvió a mirar el reloj y rectificó—: Qué digo, ya tengo veinte minutos.

—Está bien, reina —dijo el hombre—. Un día entero con su noche te regalaría yo para verte contenta.

Durante todo este tiempo José había estado moviéndose detrás del mostrador, removiendo objetos, quitando una cosa de un lugar para ponerla en otro. Estaba en su papel.°

—Quiero verte contenta —repitió. Se detuvo bruscamente,° volviéndose hacia donde estaba la mujer—: ¿Tú sabes que te quiero mucho?

La mujer lo miró con frialdad.

—¿Síiii . . . ? Qué descubrimiento, José. ¿Crees que me quedaría contigo por un millón de pesos?

—No he querido decir eso, reina —dijo José—. Vuelvo a apostar a que te hizo daño el almuerzo.

—No te lo digo por eso —dijo la mujer. Y su voz se volvió menos indolente—. Es que ninguna mujer soportaría una carga° como la tuya ni por un millón de pesos.

José se ruborizó.° Le dio la espalda a la mujer y se puso a sacudir° el polvo en las botellas del armario. Habló sin volver la cara.

---

is slow

pulled / index finger / eyelids | Blow on me (so I can smell your breath) | annoyed

swallows (drinks)

shrugged

stretched

playing his part
drew up short

weight
blushed / brush off

—Estás insoportable° hoy, reina. Creo que lo mejor es que te comas el bistec y te vayas a acostar.

—No tengo hambre —dijo la mujer. Se quedó mirando otra vez la calle, viendo los transeúntes° turbios° de la ciudad atardecida. Durante un instante hubo un silencio turbio en el restaurante. Una quietud interrumpida apenas por el trasteo° de José en el armario. De pronto la mujer dejó de mirar hacia la calle y habló con la voz apagada,° tierna,° diferente.

—¿Es verdad que me quieres, Pepillo?

—Es verdad —dijo José, en seco, sin mirarla.

—¿A pesar de lo que te dije? —dijo la mujer.

—¿Qué me dijiste? —dijo José, todavía sin inflexiones in la voz, todavía sin mirarla.

—Lo del millón de pesos —dijo la mujer.

—Ya lo había olvidado —dijo José.

—Entonces, ¿me quieres? —dijo la mujer.

—Sí —dijo José.

Hubo una pausa. José siguió moviéndose con la cara vuelta hacia los armarios, todavía sin mirar a la mujer. Ella expulsó una nueva bocanada de humo, apoyó el busto contra el mostrador, y luego, con cautela° y picardía,° mordiéndose° la lengua antes de decirlo, como si hablara en puntillas:°

—¿Aunque no me acueste contigo? —dijo.

Y sólo entonces José volvió a mirarla.

—Te quiero tanto que no me acostaría contigo —dijo. Luego caminó hacia donde ella estaba. Se quedó mirándola de frente, los poderosos brazos apoyados en el mostrador, delante de ella; mirándola a los ojos, dijo—: Te quiero tanto que todas las tardes mataría al hombre que se va contigo.

En el primer instante la mujer pareció perpleja. Después miró al hombre con atención, con una ondulante° expresión de compasión y burla.° Después guardó un breve silencio, desconcertada.° Y después rió estrepitosamente.°

—Estás celoso, José. Qué rico, ¡estás celoso!

José volvió a sonrojarse° con una timidez franca, casi desvergonzada,° como le habría ocurrido a un niño a quien le hubieran revelado de golpe todos los secretos. Dijo:

—Esta tarde no entiendes nada, reina. —Y se limpió el sudor° con el trapo—. Dijo:

—La mala vida te está embruteciendo.°

Pero ahora la mujer había cambiado de expresión.

—Entonces no —dijo—. Y volvió a mirarlo a los ojos, con un extraño esplendor en la mirada, a un tiempo acongojada° y desafiante:°

—Entonces, no estás celoso.

—En cierto modo, sí —dijo José—. Pero no es como tú dices.

Se aflojó° el cuello y siguió limpiándose, secándose la garganta con el trapo.

—¿Entonces? —dijo la mujer.

—Lo que pasa es que te quiero tanto que no me gusta que hagas eso —dijo José.

—¿Qué? —dijo la mujer.

—Eso de irte con un hombre distinto todos los días —dijo José.

102

—¿Es verdad que lo matarías para que no se fuera conmigo? —dijo la mujer.

—Para que no se fuera no —dijo José—; lo mataría porque *se fue* contigo.

—Es lo mismo —dijo la mujer.

La conversación había llegado a densidad excitante. La mujer hablaba en voz baja, suave, fascinada. Tenía la cara casi pegada° al rostro saludable y pacífico del hombre, que permanecía inmóvil, como hechizado° por el vapor de las palabras.

—Todo eso es verdad —dijo José.

—Entonces —dijo la mujer, y extendió la mano para acariciar° el áspero° brazo del hombre. Con la otra arrojó° la colilla— . . .° entonces, ¿tú eres capaz de matar a un hombre?

—Por lo que te dije, sí —dijo José. Y su voz tomó una acentuación casi dramática.

La mujer se echó a reír convulsivamente, con una abierta intención de burla.

—Qué horror, José. Qué horror —dijo, todavía riendo—. José matando a un hombre. Quién hubiera dicho que detrás del señor gordo y santurrón,° que nunca me cobra, que todos los días me prepara un bistec y que se distrae hablando conmigo hasta cuando encuentro un hombre, hay un asesino. ¡Qué horror, José! ¡Me das miedo!

José estaba confundido. Tal vez sintió un poco de indignación. Tal vez, cuando la mujer se echó a reír se sintió defraudado.

—Estás borracha, tonta —dijo—. Vete a dormir. Ni siquiera tendrás ganas de comer nada.

Pero la mujer, ahora había dejado de reír y estaba otra vez seria, pensativa, apoyada en el mostrador. Vio alejarse al hombre. Lo vio abrir la nevera y cerrarla otra vez, sin extraer nada de ella. Lo vio moverse después hacia el extremo opuesto del mostrador. Lo vio frotar° el vidrio reluciente, como al principio. Entonces la mujer habló de nuevo, con el tono enternecedor y suave de cuando dijo: «¿Es verdad que me quieres, Pepillo?»

—José —dijo.

El hombre no la miró.

—¡José!

—Vete a dormir —dijo José— . . . Y métete un baño antes de acostarte para que se te serene la borrachera.

—En serio, José —dijo la mujer—. No estoy borracha.

—Entonces te has vuelto bruta —dijo José.

—Ven acá, tengo que hablar contigo —dijo la mujer.

El hombre se acercó tambaleando° entre la complacencia y la desconfianza.

—¡Acércate!

El hombre volvió a pararse frente a la mujer. Ella se inclinó hacia delante, lo asió° fuertemente por el cabello, pero con un gesto de evidente ternura.

—Repíteme lo que me dijiste al principio —dijo.

—¿Qué? —dijo José. Trataba de mirarla con la cabeza agachada,° asido por el cabello.

—Que matarías a un hombre que se acostara conmigo —dijo la mujer.

—Mataría a un hombre que se hubiera acostado contigo, reina. Es verdad —dijo José.

La mujer lo soltó.

touching
bewitched

caress / rough
tossed out / stub of cigarette

good-natured

rub

wavering

grabbed

bowed

—¿Entonces me defenderías si yo lo matara? —dijo, afirmativamente, empujando con un movimiento de brutal coquetería la enorme cabeza de cerdo de José. El hombre no respondió nada; sonrió.

—Contéstame, José —dijo la mujer—. ¿Me defenderías si yo lo matara?

—Eso depende —dijo José—. Tú sabes que eso no es tan fácil como decirlo.

—A nadie le cree más la Policía que a ti —dijo la mujer.

José sonrió, digno, satisfecho. La mujer se inclinó de nuevo hacia él, por encima del mostrador.

—Es verdad, José. Me atrevería a apostar° que nunca has dicho una mentira —dijo.   I would dare to bet

—No se saca nada con eso —dijo José.

—Por lo mismo —dijo la mujer—. La Policía lo sabe y te cree cualquier cosa sin preguntártelo dos veces.

José se puso a dar golpecitos° en el mostrador, frente a ella, sin saber qué   tap
decir. La mujer miró nuevamente hacia la calle. Miró luego el reloj y modificó el tono de la voz, como si tuviera interés en concluir el diálogo antes que llegaran los primeros parroquianos.

—¿Por mí dirías una mentira, José? —dijo—. En serio.

Y entonces José se volvió a mirarla, bruscamente, a fondo, como si una idea   rushed, crowded into
tremenda se le hubiera agolpado° dentro de la cabeza. Una idea que entró por un oído, giró por un momento, vaga, confusa, y salió luego por el otro, dejando apenas un cálido vestigio de pavor.°   warm vestige of panic

—¿En qué lío te has metido,° reina? —dijo José. Se inclinó hacia delante, los   Into what mess have
you gotten yourself?
brazos otra vez cruzados sobre el mostrador. La mujer sintió el vaho° fuerte y un   breath
poco amoniacal de su respiración, que se hacía difícil por la presión que ejercía el mostrador contra el estómago del hombre.

—Esto sí es en serio, reina. ¿En qué lío te has metido? —dijo.

La mujer hizo girar la cabeza hacia el otro lado.

—En nada —dijo—. Sólo estaba hablando por entretenerme.

Luego volvió a mirarlo.

—¿Sabes que quizá no tengas que matar a nadie?

—Nunca he pensado matar a nadie —dijo José, desconcertado.

—No, hombre —dijo la mujer—. Digo que a nadie que se acueste conmigo.

—¡Ah! —dijo José—. Ahora sí que estás hablando claro. Siempre he creído que no tienes necesidad de andar en esa vida. Te apuesto a que si te dejas de eso te doy el bistec más grande todos los días, sin cobrarte nada.

—Gracias, José —dijo la mujer—. Pero no es por eso. Es que *ya no podré* acostarme con nadie.

—Ya vuelves a enredar° las cosas —dijo José. Empezaba a parecer impaciente.   complicate

—No enredo nada —dijo la mujer. Se estiró en el asiento y José vio sus senos aplanados° y tristes debajo del corpiño.   flattened

—Mañana me voy y te prometo que no volveré a molestarte nunca. Te prometo que no volveré a acostarme con nadie.

—¿Y de dónde te salió esa fiebre? —dijo José.

—Lo resolví hace un rato —dijo la mujer—. Sólo hace un momento me di cuenta de que eso es una porquería.°   something disgusting

104

José agarró otra vez el trapo y se puso a frotar el vidrio cerca de ella. Habló sin mirarla.

Dijo:

—Claro que como tú lo haces es una porquería. Hace tiempo que debiste darte cuenta.

—Hace tiempo me estaba dando cuenta —dijo la mujer—, pero sólo hace un rato acabé de convencerme. Les tengo asco a los hombres.°   **Men make me sick.**

José sonrió. Levantó la cabeza para mirar, todavía sonriendo, pero la vio concentrada, perpleja, hablando, y con los hombros levantados; balanceándose en la silla giratoria, con una expresión taciturna, el rostro dorado por una prematura harina° otoñal.   **corn-flour**

—¿No te parece que deben dejar tranquila a una mujer que mate a un hombre porque después de haber estado con él siente asco de ése y de todos los que han estado con ella?

—No hay para qué ir tan lejos —dijo José, conmovido, con un hilo de lástima° en la voz.   **trace of pity**

—¿Y si la mujer le dice al hombre que le tiene asco cuando lo ve vistiéndose, porque se acuerda de que ha estado revolcándose° con él toda la tarde y siente que ni el jabón ni el estropajo° podrán quitarle su olor?   **rolling around (in bed)** / **scouring cloth**

—Eso pasa, reina —dijo José, ahora un poco indiferente, frotando el mostrador—. No hay necesidad de matarlo. Simplemente dejarlo que se vaya.

Pero la mujer seguía hablando, y su voz era una corriente uniforme, suelta, apasionada.

—¿Y si cuando la mujer le dice que le tiene asco, el hombre deja de vestirse y corre otra vez para donde ella, a besarla otra vez, a . . . ?

—Eso no lo hace ningún hombre decente —dijo José.

—Pero, ¿y si lo hace? —dijo la mujer, con exasperante ansiedad—. ¿Si el hombre no es decente y lo hace y entonces la mujer siente que le tiene asco que se puede morir, y sabe que la única manera de acabar con todo eso es dándole una cuchillada° por debajo?   **stabbing him**

—Esto es una barbaridad —dijo José—. Por fortuna no hay hombre que haga lo que tú dices.

—Bueno —dijo la mujer, ahora completamente exasperada—. ¿Y si lo hace? Supónte que lo hace.

—De todos modos no es para tanto° —dijo José. Seguía limpiando el mostrador, sin cambiar de lugar, ahora menos atento a la conversación.   **no reason to be so** / **drastic**

La mujer golpeó el vidrio con los nudillos.° Se volvió afirmativa, enfática.   **knuckles**

—Eres un salvaje, José —dijo—. No entiendes nada. Lo agarró con fuerza por la manga.° Anda, di que sí debía matarlo la mujer.   **sleeve**

—Está bien —dijo José, con un sesgo° conciliatorio—. Todo será como tú dices.   **slant, inflection**

—¿Eso no es defensa propia? —dijo la mujer, sacudiéndole° por la manga.   **shaking him**

José le echó entonces una mirada tibia° y complaciente.   **warm**

—Casi, casi —dijo. Y le guiñó un ojo,° en un gesto que era al mismo tiempo una comprensión cordial y un pavoroso compromiso de complicidad. Pero la mujer siguió seria; lo soltó.   **winked**

—¿Echarías una mentira para defender a una mujer que haga eso? —dijo.

—Depende —dijo José.

—¿Depende de qué? —dijo la mujer.

—Depende de la mujer —dijo José.

—Supónte que es una mujer que quieres mucho —dijo la mujer—. No para estar con ella,° ¿sabes?, sino como tú dices que la quieres mucho.

—Bueno, como tú quieras, reina —dijo José, laxo, fastidiado.

Otra vez se alejó. Había mirado el reloj. Había visto que iban a dar las seis y media. Había pensado que dentro de unos minutos el restaurante empezaría a llenarse de gente y tal vez por eso se puso a frotar el vidrio con mayor fuerza, mirando hacia la calle al través del cristal de la ventana. La mujer permanecía en la silla, silenciosa, concentrada, mirando con un aire de declinante tristeza los movimientos del hombre. Viéndolo, como podría ver a un hombre una lámpara que ha empezado a apagarse. De pronto, sin reaccionar, habló de nuevo, con la voz untuosa de mansedumbre.°

—¡José!

El hombre la miró con una ternura densa y triste, como un buey° maternal. No la miró para escucharla; apenas para verla, para saber que estaba ahí, esperando una mirada que no tenía por qué ser de protección o de solidaridad. Apenas una mirada de juguete.

—Te dije que mañana me voy y no me has dicho nada —dijo la mujer.

—Sí —dijo José—. Lo que no me has dicho es para dónde.

—Por ahí —dijo la mujer—. Para donde no haya hombres que quieran acostarse con una.

José volvió a sonreír.

—¿En serio te vas? —preguntó, como dándose cuenta de la vida, modificando repentinamente° la expresión del rostro:°

—Eso depende de ti —dijo la mujer—. Si sabes decir a qué hora vine, mañana me iré y nunca más me pondré en estas cosas. ¿Te gusta eso?

José hizo un gesto° afirmativo con la cabeza, sonriente y concreto. La mujer se inclinó hacia donde él estaba.

—Si algún día vuelvo por aquí, me pondré celosa cuando encuentre otra mujer hablando contigo, a esta hora y en esta misma silla.

—Si vuelves por aquí debes traerme algo —dijo José.

—Te prometo buscar por todas partes el osito de cuerda,° para traértelo —dijo la mujer.

José sonrió y pasó el trapo por el aire que se interponía entre él y la mujer, como si estuviera limpiando un cristal invisible. La mujer también sonrió, ahora con un gesto° de cordialidad y coquetería. Luego, el hombre se alejó, frotando el vidrio hacia el otro extremo del mostrador.

—¿Qué? —dijo José, sin mirarla.

—¿Verdad que a cualquiera que te pregunte a qué hora vine le dirás que a las seis menos cuarto? —dijo la mujer.

—¿Para qué? —dijo José, todavía sin mirarla y ahora como si apenas la hubiera oído.

—Eso no importa —dijo la mujer—. La cosa es° que lo hagas.

José vio entonces al primer parroquiano que penetró por la puerta oscilante y caminó hasta una mesa del rincón. Miró el reloj. Eran las seis y media en punto.

—Está bien, reina —dijo distraídamente—.° Como tú quieras. Siempre hago las cosas como tú quieras.

absent-mindedly

—Bueno —dijo la mujer—. Entonces, prepárame el bistec.

El hombre se dirigió a la nevera, sacó un plato con carne y lo dejó en la mesa. Luego encendió la estufa.

—Te voy a preparar un buen bistec de despedida, reina —dijo.

—Gracias, Pepillo —dijo la mujer.

Se quedó pensativa como si de repente se hubiera sumergido en un submundo extraño, poblado de formas turbias, desconocidas. No se oyó, del otro lado del mostrador, el ruido que hizo la carne fresca al caer en la manteca° hirviente. No oyó, después, la crepitación° seca y burbujeante° cuando José dio vuelta al lomillo° en el caldero° y el olor suculento de la carne sazonada fue saturando, a espacios medidos, el aire del restaurante. Se quedó así, concentrada, reconcentrada, hasta cuando volvió a levantar la cabeza, pestañeando,° como si regresara de una muerte momentánea. Entonces vio al hombre que estaba junto a la estufa, iluminado por el alegre fuego ascendente.

lard

crackling / bubbling

loin / pot

blinking

—Pepillo.

—¡Ah!

—¿En qué piensas? —dijo la mujer.

—Estaba pensando si podrás encontrar en alguna parte el osito de cuerda —dijo José.

—Claro que sí —dijo la mujer—. Pero lo que quiero que me digas es si me darás todo lo que te pidiera de despedida.

José la miró desde la estufa.

—¿Hasta cuándo te lo voy a decir? —dijo—. ¿Quieres algo más que el mejor bistec?

—Sí —dijo la mujer.

—¿Qué? —dijo José.

—Quiero otro cuarto de hora.

José echó el cuerpo hacia atrás para mirar el reloj. Miró luego al parroquiano que seguía silencioso, aguardando en el rincón, y finalmente, a la carne, dorada en el caldero. Sólo entonces habló.

—En serio que no entiendo, reina —dijo.

—No seas tonto, José —dijo la mujer—. Acuérdate que estoy aquí desde las cinco y media.

PREGUNTAS

1. ¿A qué hora llega la mujer al restaurante esa tarde?
2. Describe a esta mujer.
3. ¿Qué tipo de hombre es José?

4. ¿Cómo trata José a la mujer? ¿Y la mujer a él?
5. ¿Por qué insiste la mujer que "hoy es distinto" a otros días?
6. ¿Qué tipo de consejos le da José a la mujer?
7. Describe lo que siente José por la mujer. ¿Es amor?
8. ¿Por qué piensa dejar la mujer la prostitución ese mismo día?
9. ¿Por qué es tan importante para ella que José mienta en cuanto a la hora?
10. ¿Qué hará ella si José hace lo que ella le pide?

TEMAS

1. ¿Es necesaria la prostitución en la vida moderna? ¿Podría llegar a ser una profesión más digna de lo que es hoy? ¿Cómo debe confrontar la prostitución una sociedad moderna?
2. El individuo prostituido: ¿cómo lo llevan a esta profesión su situación social y su carácter?
3. Tal como describe la mujer lo ocurrido entre ella y el hombre a quien ella tiene asco: ¿se podría hablar de violación (rape)?

2 *Hijos y padres*

Juan González [Cuba]. *Cantos para mi padre*, 1980.

Juan Rulfo   1918–1986   MÉXICO

Juan Rulfo dejó una obra narrativa tan corta como intensa: una sola novela, un libro de cuentos (*El llano en llamas*, 1953) y algunos guiones de cine. Su novela, *Pedro Páramo* (1955), describe el pasado y el presente de Comala, un pueblo mexicano fantasmal, donde conviven y dialogan vivos y muertos. El cuento "Luvina" describe el mismo pueblo y el mismo ambiente, creando una imagen inolvidable del campo mexicano. Dijo el gran poeta y crítico Octavio Paz en 1960: "Rulfo es el único novelista mexicano que nos ha dado una imagen—no una descripción—de nuestro paisaje . . . sus intuiciones y obsesiones han encarnado en la piedra, el polvo, el pirú. Su visión de este mundo es, en realidad, visión de *otro mundo*".[1]

---

[1]"Paisaje y novela en México: Juan Rulfo", *Generaciones y semblanzas. Escritores y letras de México*, ed. Octavio Paz y Luis Mario Schneider (México: Fondo de Cultura Económica, 1987), p. 586.

Ten en cuenta que desde el principio del cuento el padre lleva en hombros al hijo malherido. Las piernas y los brazos del hijo impiden al padre oír bien. Observa también cómo el padre cambia del tú a Ud. cuando reprocha al hijo su pasado malo.

Juan Rulfo

No oyes ladrar los perros

—Tú que vas allá arriba, Ignacio, dime si no oyes alguna señal de algo o si ves alguna luz en alguna parte.

—No se ve nada.

—Ya debemos estar cerca.

—Sí, pero no se oye nada.

—Mira bien.

—No se ve nada.

—Pobre de ti, Ignacio.

La sombra larga y negra de los hombres siguió moviéndose de arriba abajo, trepándose° a las piedras, disminuyendo y creciendo según avanzaba por la orilla del arroyo.° Era una sola sombra, tambaleante.°

La luna venía saliendo de la tierra, como una llamarada° redonda.

—Ya debemos estar llegando a ese pueblo, Ignacio. Tú que llevas las orejas de fuera, fíjate a ver si no oyes ladrar los perros. Acuérdate que nos dijeron que Tonaya estaba detrasito del monte. Y desde qué horas que hemos dejado el monte. Acuérdate, Ignacio.

—Sí, pero no veo rastro° de nada.

—Me estoy cansando.

—Bájame.

El viejo se fue reculando° hasta encontrarse con el paredón° y se recargó allí,° sin soltar la carga° de sus hombros. Aunque se le doblaban° las piernas, no quería sentarse, porque después no hubiera podido levantar el cuerpo de su hijo, al que allá atrás, horas antes, le habían ayudado a echárselo a la espalda. Y así lo había traído desde entonces.

—¿Cómo te sientes?

—Mal.

Hablaba poco. Cada vez menos. En ratos parecía dormir. En ratos parecía tener frío. Temblaba. Sabía cuándo le agarraba a su hijo el temblor° por las sacudidas° que le daba, y porque los pies se le encajaban° en los ijares° como espuelas.° Luego las manos del hijo, que traía trabadas en su pescuezo,° le zarandeaban° la cabeza como si fuera una sonaja.°

climbing over

bank of the creekbed /
swaying | flame

sign, trace

backing up / wall
leaned against it / load /
buckling

He knew when his son
was trembling | jerks /
dug into / sides | spurs /
fastened around his
neck | shook | rattle

Él apretaba° los dientes para no morderse la lengua° y cuando acababa aque- clenched / bite his
tongue
llo le preguntaba:

—¿Te duele mucho?

—Algo —contestaba él.

Primero le había dicho: "Apéame aquí . . .° Déjame aquí . . . Vete tú solo. Yo Set me down here
te alcanzaré° mañana o en cuanto me reponga° un poco." Se lo había dicho como I'll catch up to you /
recover
cincuenta veces. Ahora ni siquiera eso decía.

Allí estaba la luna. Enfrente de ellos. Una luna grande y colorada que les
llenaba de luz los ojos y que estiraba° y oscurecía más su sombra sobre la tierra. lengthened

—No veo ya por dónde voy —decía él.

Pero nadie le contestaba.

El otro iba allá arriba, todo iluminado por la luna, con su cara descolorida,
sin sangre, reflejando una luz opaca. Y él acá abajo.

—¿Me oíste, Ignacio? Te digo que no veo bien.

Y el otro se quedaba callado.

Siguió caminando, a tropezones.° Encogía° el cuerpo y luego se enderezaba° bumping into things /
hunched / stood erect
para volver a tropezar de nuevo.

—Éste no es ningún camino. Nos dijeron que detrás del cerro° estaba hill
Tonaya. Ya hemos pasado el cerro. Y Tonaya no se ve, ni se oye ningún ruido que
nos diga que está cerca. ¿Por qué no quieres decirme qué ves, tú que vas allá
arriba, Ignacio?

—Bájame, padre.

—¿Te sientes mal?

—Sí.

—Te llevaré a Tonaya a como dé lugar.° Allí encontraré quién te cuide. Dicen no matter what
que allí hay un doctor. Yo te llevaré con él. Te he traído cargando desde hace
horas y no te dejaré tirado aquí para que acaben contigo quienes sean.

Se tambaleó un poco. Dio dos o tres pasos de lado y volvió a enderezarse.

—Te llevaré a Tonaya.

—Bájame.

Su voz se hizo quedita,° apenas murmurada:° quiet / barely a whisper

—Quiero acostarme un rato.

—Duérmete allí arriba. Al cabo te llevo bien agarrado.° I'm holding you tight

La luna iba subiendo, casi azul, sobre un cielo claro. La cara del viejo,
mojada en sudor, se llenó de luz. Escondió los ojos para no mirar de frente, ya
que no podía agachar la cabeza agarrotada° entre las manos de su hijo. garroted

—Todo esto que hago, no lo hago por usted. Lo hago por su difunta° madre. deceased
Porque usted fue su hijo. Por eso lo hago. Ella me reconvendría si yo lo hubiera
dejado tirado allí, donde lo encontré, y no lo hubiera recogido para llevarlo a que
lo curen, como estoy haciéndolo. Es ella la que me da ánimos, no usted. Comen-
zando porque a usted no le debo más que puras dificultades, puras mortifica-
ciones, puras vergüenzas.

Sudaba al hablar. Pero el viento de la noche le secaba el sudor. Y sobre el
sudor seco, volvía a sudar.

—Me derrengaré,° pero llegaré con usted a Tonaya, para que le alivien esas I'll break my back
heridas que le han hecho. Y estoy seguro de que, en cuanto se sienta usted bien,

volverá a sus malos pasos. Eso ya no me importa. Con tal que se vaya lejos, donde yo no vuelva a saber de usted. Con tal de eso . . . Porque para mí usted ya no es mi hijo. He maldecido° la sangre que usted tiene de mí. La parte que a mí me tocaba la he maldecido. He dicho: "¡Que se le pudra° en los riñones° la sangre que yo le di!" Lo dije desde que supe que usted andaba trajinando° por los caminos, viviendo del robo y matando gente . . . Y gente buena. Y si no, allí está mi compadre Tranquilino. El que lo bautizó a usted. El que le dio su nombre. A él también le tocó la mala suerte de encontrarse con usted. Desde entonces dije: "Ése no puede ser mi hijo."

—Mira a ver si ya ves algo. O si oyes algo. Tú que puedes hacerlo desde allá arriba, porque yo me siento sordo.°

—No veo nada.

—Peor para ti, Ignacio.

—Tengo sed.

—¡Aguántate!° Ya debemos estar cerca. Lo que pasa es que ya es muy noche y han de haber apagado la luz en el pueblo. Pero al menos debías de oír si ladran los perros. Haz por oír.

—Dame agua.

—Aquí no hay agua. No hay más que piedras. Aguántate. Y aunque la hubiera, no te bajaría a tomar agua. Nadie me ayudaría a subirte otra vez y yo solo no puedo.

—Tengo mucha sed y mucho sueño.

—Me acuerdo cuando naciste. Así eras entonces. Despertabas con hambre y comías para volver a dormirte. Y tu madre te daba agua, porque ya te habías acabado la leche de ella. No tenías llenadero.° Y eras muy rabioso. Nunca pensé que con el tiempo se te fuera a subir aquella rabia a la cabeza . . . Pero así fue. Tu madre, que descanse en paz, quería que te criaras° fuerte. Creía que cuando tú crecieras irías a ser su sostén.° No te tuvo más que a ti. El otro hijo que iba a tener la mató. Y tú la hubieras matado otra vez si ella estuviera viva a estas alturas.

Sintió que el hombre aquel que llevaba sobre sus hombros dejó de apretar las rodillas y comenzó a soltar los pies, balanceándolos de un lado para otro. Y le pareció que la cabeza, allá arriba, se sacudía como si sollozara.°

Sobre su cabello sintió que caían gruesas gotas, como de lágrimas.

—¿Lloras, Ignacio? Lo hace llorar a usted el recuerdo de su madre, ¿verdad? Pero nunca hizo usted nada por ella. Nos pagó siempre mal. Parece que, en lugar de cariño, le hubiéramos retacado° el cuerpo de maldad. ¿Y ya ve? Ahora lo han herido. ¿Qué pasó con sus amigos? Los mataron a todos. Pero ellos no tenían a nadie. Ellos bien hubieran podido decir: "No tenemos a quién darle nuestra lástima." ¿Pero usted, Ignacio?

Allí estaba ya el pueblo. Vio brillar los tejados bajo la luz de la luna. Tuvo la impresión de que lo aplastaba° el peso de su hijo al sentir que las corvas° se le doblaban en el último esfuerzo. Al llegar al primer tejaván,° se recostó° sobre el pretil° de la acera° y soltó el cuerpo, flojo,° como si lo hubieran descoyuntado.°

Destrabó difícilmente los dedos con que su hijo había venido sosteniéndose de su cuello y, al quedar libre, oyó cómo por todas partes ladraban los perros.

—¿Y tú no los oías, Ignacio? —dijo—. No me ayudaste ni siquiera con esta esperanza.

112

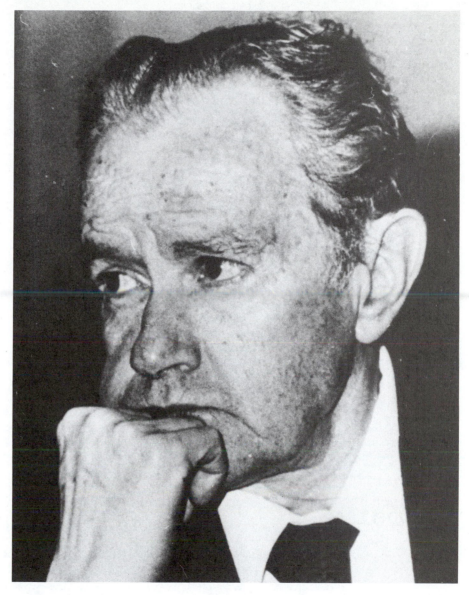

Juan Rulfo.

PREGUNTAS

1. ¿Qué le pregunta el padre a Ignacio al comienzo del cuento?
2. ¿A dónde se dirigen? ¿Para qué van allí?
3. ¿Por qué no quiere el padre sentarse para descansar un poco?

4. ¿Cuál es el estado del hijo?
5. ¿Qué le dice el hijo al padre?
6. ¿Por quién hace el padre este gran esfuerzo?
7. Cuando el padre le habla de Ud. al hijo, ¿qué tipo de reproches le hace?
8. ¿Qué recuerda el padre del nacimiento de Ignacio?
9. ¿Por qué pregunta el padre: "¿Lloras, Ignacio?"
10. ¿En qué momento muere Ignacio?

TEMA

"—¿Y tú no los oías, Ignacio? —dijo—. No me ayudaste ni siquiera con esta esperanza." Este último reproche al hijo muerto revela la conflictiva actitud del padre hacia el hijo. Describe esta actitud.

Gonzalo Rojas   1917–   CHILE

Gonzalo Rojas nació en Lebu, en el sur de Chile. Enseñó en universidades chilenas y trabajó en el servicio diplomático de su país hasta la caída de Salvador Allende en 1973. Durante su vida en el extranjero ha enseñado en varias universidades. Actualmente es catedrático en Brigham Young University, en Utah. A partir de la publicación de su primer libro poético, *La miseria del hombre* en 1948, Rojas ha cultivado dos temas capitales: el amor (en poemas eróticos) y la muerte (acompañado siempre por el recuerdo de Francisco de Quevedo).

CUANDO LEAS . . .

Con sólo una palabra (almohada) el verso 5 nos descubre al hablante del poema en su cama, absorto en el recuerdo de su padre. Los últimos once versos nos devuelven otra vez al presente. El niño—ya hombre—espera de nuevo el regreso del padre.

Gonzalo Rojas

Carbón

Veo un río veloz° brillar° como un cuchillo, partir   rapid / shine
mi Lebu en dos mitades de fragancia, lo escucho,

lo huelo, lo acaricio,° lo recorro° en un beso de niño como entonces,   caress / I travel over it
cuando el viento y la lluvia me mecían,° lo siento   rocked me
5   como una arteria más entre mis sienes° y mi almohada.   temples

Es él. Esta lloviendo.
Es él. Mi padre viene mojado. Es un olor
a caballo mojado. Es Juan Antonio
Rojas sobre un caballo atravesando° un río.   crossing
10   No hay novedad. La noche torrencial se derrumba°   collapses
como mina inundada, y un rayo la estremece.°   makes it tremble

Madre, ya va a llegar: abramos el portón,
dame esa luz, yo quiero recibirlo
antes que mis hermanos. Déjame que le lleve un buen vaso de vino
15   para que se reponga, y me estreche en un beso,°   hug and kiss me
y me clave las púas° de su barba.   prickle

Ahí viene el hombre, ahí viene
embarrado,° enrabiado° contra la desventura,° furioso   muddy / raging / bad
contra la explotación, muerto de hambre, allí viene   luck
20   debajo de su poncho de Castilla.

Ah, minero immortal, ésta es tu casa
de roble,° que tú mismo construiste. Adelante: oak
te he venido a esperar, yo soy el séptimo
de tus hijos. No importa
25   que hayan pasado tantas estrellas por el cielo de estos años,
que hayamos enterrado° a tu mujer en un terrible agosto,   buried
porque tú y ella estáis multiplicados. No
importa que la noche nos haya sido negra
por igual a los dos.
30   —Pasa, no estés ahí
mirándome, sin verme, debajo de la lluvia.

PREGUNTAS

1. ¿Con qué evocación comienza el poema (primera estrofa)?
2. ¿Qué ocupación tiene el padre?
3. ¿Tiene el hijo una relación especial con su padre?
4. ¿Por qué se siente "furioso" el padre?
5. ¿Cómo consuela el hijo a su padre?
6. ¿Por qué dice el hijo que la noche ha sido "negra por igual a los dos"?
7. ¿Qué implican los dos versos finales? ¿Por qué el padre no ve al hijo?

Sara Gallardo   1929–1988   **ARGENTINA**

En tres novelas y un libro de cuentos, la escritora argentina Sara Gallardo planteó la problemática de las clases sociales en la ciudad y en el campo. Su primera novela, *Enero* (1958), narra la seducción de una muchacha campesina en el calor de un verano argentino. *El país del humo* (1977) recoge narraciones breves de la vida urbana. Hablando de su obra comenta Gallardo en una entrevista: "Lo único que importa, la única gente digna de tenerse en cuenta es aquella que ha sabido eludir los moldes niveladores de una generación, una patria, una clase, para echar una mirada independiente sobre las cosas."[1]

CUANDO LEAS . . .

Gracias a la concisión con que está escrito este cuento, donde no se desperdicia una sola palabra, el narrador no explica por qué prefiere a los hijos medianos. Fíjate en las distintas emociones que encierran cada una de sus frases cortas.

Sara Gallardo

Calle Cangallo

De mis hijos prefiero los medianos.° Nacieron mientras estaba en Ushuaia. En aquel sitio de frío y sin noticias, porque no sé escribir y mi mujer tampoco. Es lavandera.°

Cuando cumplí,° volví. Ella se levantó como a pelear.° Estaban mis dos primeros hijos y estos dos en el suelo.

Me senté. Ella me sirvió la comida. Después nos miramos. Después miré a los hijos, uno por uno, los dos primeros y estos dos. Me gustaron.

Lloré y ella también lloró. Habían pasado algunos años y se notaba. Tuvimos otros con el tiempo. Fueron seis. Algo es, seis. Algo, seis hijos.

Siendo como soy inclinado a enojarme, a beber, me abstuve° de otro crimen no por el pensamiento de Ushuaia sino por ellos, los medianos. No por lindos,° pobre de mí, mulato y feo. No por rubios, varón° y mujer, y alegres, y yo triste. No por nada, sino que los prefiero, y ellos a mí.

Por los seis vendo diarios tosiendo° en esta calle que odio cada noche hasta la madrugada. Por si alguien, de paso, me ve sonreír, es por los medianos.

Marginal glosses:
middle
washerwoman
had served my time / as though to fight
I refrained
Not because they were pretty | male
coughing

---

[1]Adela Gironda, *¿Por qué escribimos?* (Buenos Aires: Emecé, 1969), p. 67.

Preguntas

1. ¿Dónde estaba el padre cuando nacieron los hijos medianos?
2. ¿Cómo reacciona esta pareja al encontrarse de nuevo?
3. ¿Cuántos hijos tienen en total?
4. ¿Por qué se abstiene el protagonista de cometer otro crimen?
5. ¿Qué tipo de emociones despiertan los hijos medianos en su padre?

Temas

1. Se da a entender que estos hijos medianos fueron engendrados durante la ausencia del padre. Aun así el padre los prefiere a sus hijos legítimos. Comenta este tipo de situación y discute cuál importa más, la convivencia o la fuerza de la sangre.
2. Este breve cuento podría inspirarte para comentar, o debatir en clase, casos como la adopción de niños (por parte de matrimonios con o sin hijos) y las relaciones de hijos de padres divorciados con sus hermanastros, padrastros o madrastras.

Mercedes Valdivieso   1925–   CHILE

Mercedes Valdivieso, pseudónimo de Mercedes Valenzuela Álvarez, fue una de las primeras escritoras chilenas en dar a sus cuentos y novelas un punto de vista femenino. Publicada en 1961, *La brecha* "expresa, con sentido feminista moderno, el deterioro del matrimonio y la familia, así como las nuevas actitudes de la mujer frente a los hijos, al trabajo, a su vida sexual"[1] (Sara Sefchovich). Valdivieso cursó estudios en la Universidad de Houston y fue profesora en Rice University, en Texas.

Cuando leas . . .

La narradora nos descubre sus sentimientos más íntimos durante los primeros momentos de su maternidad. Observa la forma breve y directa en que se presenta aquí el problema generacional entre la suegra y la joven pareja. Se ofrece aquí una visión muy particular de la maternidad.

---

[1]Sara Sefchovich, *Mujeres en espejo,* t. I (México: Folios Ediciones, 1983), p. 35.

La brecha

Largo paréntesis.

Pero no hay plazo que no se cumpla . . .°   *Everything comes to an end*

Me dolió, me desgarró,° me aplicaron calmantes. Nació sano, hermoso. Lo   *tore me apart*
vi al volver de la anestesia un par de horas después. El cansancio era muy grande
para tener manifestaciones de alegría. Y estaba contenta. Libre otra vez; al
menos, sola con mi propio cuerpo. Respiré hondo. Esa noche pedí a la enfermera
que lo acercara. Tan chiquito, tan desamparado,° arrancado° de su primer refu-   *helpless / torn from*
gio: de la carne al pañal,° a horarios, a voces incoherentes. Lloraba, parecía   *diaper*
aterrado.°   *frightened*

—¡No lo coja, señora; desde que nacen hay que disciplinarlos!

(¡Dios, qué flaco favor le había hecho;° empezaba la lucha contra él!)   *What a favor I had done him*

Desoí sus consejos° y lo levanté. Su aliento agitado,° sus manitas crispadas°   *I ignored her advice / rapid breathing / twitching*
en el aire pedían socorro.° Ahora yo era dos. Puse mi cara junto a la suya, rosada,   *were asking for help*
tibia, y se fue calmando.

Sentí piedad, una ternura inmensa y desconocida.

—Bueno, chiquitito, ya nos arreglaremos, ya nos arreglaremos.°   *we'll get by*

Afuera la noche de septiembre, limpia, fresca. Oía los coches correr por la
Costanera. Quise ir en uno de ellos velozmente hacia la cordillera acompañada
de la risa fuerte y alegre de un hombre.

El departamento que ocupaba, grande y lujoso, más parecía un hotel que
una clínica, pero era una clínica. Apreté las manos contra mi vientre° sobre las   *against my belly*
sábanas: "Nunca más. Haré lo necesario para impedir que esto se vuelva a repe-
tir. Nunca más."

—Los hijos son la corona de las madres, evitarlos es un pecado. Más vale llegar pronto al Cielo que más tarde al Infierno.

Así decía mi suegra,° que pesaba mucho° en la conciencia de Gastón. Este   *mother-in-law / carried much weight*
consideraría, por lo tanto, entre las terribles consecuencias futuras de mi
decisión, la posibilidad de la condenación eterna. Porque abstenerse° ciertos   *to abstain*
días, la mayoría, para no correr riesgos ni pecar, era demasiado duro a los veinticinco años.

Me reí, mirando el cielo oscuro.

"¡Nunca más!"

PREGUNTAS

1. ¿Cómo se siente la madre después de nacer el hijo?
2. ¿Qué quiere decir la madre con "qué flaco favor le había hecho"?
3. ¿Qué quiere decir con "nunca más"?
4. ¿Crees que la reacción de la nueva madre es una reacción común o aislada?
   ¿Puedes dar algún ejemplo de situaciones parecidas a ésta?

5. ¿Qué opina la suegra sobre los métodos anticonceptivos?
6. ¿Cuál es la actitud de esta joven pareja ante la abstinencia?

Judith Martínez Ortega   1908–   MÉXICO

Judith Martínez Ortega fue autora de un libro de relatos, *La isla* (1938), nacido de su experiencia en las Islas Marías, colonia penal mexicana donde trabajó como secretaria de un general durante un año.

CUANDO LEAS . . .

A más de la mitad de la narración nos damos cuenta que la narradora es la persona que ayuda al médico en el parto que se nos describe. La descripción de la calle y del ambiente de la casa prepara al lector para el crudo final del cuento.

Judith Martínez Ortega

Parto   ~La pobreza.

[handwritten note: A final del cuento she's glad she gave birth to boy]

Calle de suburbio, con el habitual paisaje de montañas, asentada entre espinos.° Calle ancha, sin aceras, sucia, arenosa. Ruido de voces ásperas, de chanclas° de madera arrastradas en un suelo desigual;° de fonógrafos destartalados° que incesantemente repiten estribillos cantados con una voz gangosa.° Llanto de niños enloquecidos por el calor y las moscas.

    Aquí no hay *bungalows*, sino típicas casas de puerto, que juegan a ser blancas bajo la luz cegadora; techos en declive,° de tejas rojizas, y redes secándose al sol.

    En alguna puerta, rosarios de ajos,° manojos de escobetas,° "sopladores", rimeros de ollas de barro,° polvorientas; y cuando arribaban el "Gómez Inda" o la "Victoria",° montones de naranjas, limones, sandías, cocos, alfajores° y pescado seco.

    Es la calle del Comercio, "la calle de atrás" como todos le dicen, donde viven soldados, marineros, pescadores y empleados de ínfima categoría.

    Todos esos seres que saben vivir miserablemente en cualquier parte, y para los que se hicieron las calles miserables.

    De cualquier casa de esas, llaman al médico en la noche para atender a una mujer que agoniza en esos momentos dando a luz.

Glosses:
- situated among hawthorns
- sandals / dragged over the uneven ground | broken-down
- nasal
- sloping
- garlic / material for brooms
- earthen pots
- names of fruit vendors
- macaroons

Llegamos al cuartucho alumbrado con un quinqué de petróleo;° la mujer yace en el suelo entre montones de harapos.°   oil lamp / rags

Pendientes del techo cuelgan pedazos de carne seca, negruzca, y plátanos verdes en racimo.°   bunch

En un rincón, hacinados,° cinco chiquillos medrosos° lloran, tal vez sólo por llorar, tal vez por comprender la escena.   huddling together / fearful

Reconoce el médico a la mujer y nota en el vientre grandes manchas violáceas, como huellas de golpes bestiales.

No contesta a ninguna pregunta; sólo se queja, se queja . . .

Casi a obscuras, alumbrada por una linterna sorda, temblorosa aplico la mascarilla de éter, gota a gota, pendiente de° la señal para suspender la anestesia.   waiting for

Horrorizada, quisiera no ver el pedazo de carne amoratada° que el médico me tiende;° quisiera salir huyendo adonde pudiera respirar otro aire que no fuera ese, cargado de olor a sangre descompuesta y a éter.   black and blue / hands to me

Pero una voz me vuelve a la realidad:

—Si te desmayas, estamos lucidos;° toma, toma. Oye si respira.   If you faint, we're done for

Entre las manos siento una cosa tibia, viscosa, que se resbala. Acerco mi oído al pecho de aquel bulto y no acierto a oír nada;° sólo un asco de tenerlo cerca de mí° y de sentir por la mejilla algo baboso° que me escurre.°   I can't make out anything / the repugnance of having it near me / slimy | slips away from me

—¡Ah, chiquita inútil, trae aca! . . .°   give it to me

Le devuelvo aquello al médico y lo manipula hábilmente. Lo tiende° en algo; acerca su boca a su boca y empieza a soplarle,° a hacer no sé qué, hasta que oímos un grito, y otro. Un llanto más de un niño que mañana será golpeado° por una madre furiosa, harta de° verse rodeada° de chiquillos hambrientos y sucios.   lies it down / blow / beaten / sick and tired of / surrounded

Cuando la madre vuelve de su semiinconciencia y sabe que el niño vive, grita con desesperación, refiriéndose tal vez a los golpes que llevaba en el vientre:

—¡Ay, "dotorcito" de mi vida. Otro hijo, otro hijo . . . a pesar de los golpes que me he dado! . . .

De la calle, guiado por el olor a podredumbre,° entró, dando saltitos, uno de esos cangrejos° inmensos, nutridos con el limo° verdoso que se forma en las aguas estancadas.°   rottenness / crabs / slime / stagnant

PREGUNTAS

1. Describe el barrio donde ocurre la acción.
2. ¿Qué tipo de visita hace el médico en este barrio?
3. ¿Qué ocurre en la casa cuando llega el médico?
4. ¿Cómo reacciona la narradora cuando el médico le da el recién nacido?

5. ¿Qué piensa la narradora cuando oye el llanto del recién nacido?
6. ¿Puedes explicar el significado de la frase "Otro hijo, otro hijo . . . a pesar de los golpes que me he dado!"?

Candido Portinari [Brasil]. *Morro*, 1933.

TEMAS ("La brecha" y "Parto")

1. Compara estos dos cuentos teniendo en cuenta:
   —La actitud de las madres ante el nacimiento del hijo.
   —La clase social a la que pertenecen, como factor que determina esta actitud.
   —La familia como obstáculo, en estas mujeres, para la elección libre de un medio de control de natalidad.

2. En "Parto" nos descubre la madre sus intentos de provocarse un aborto, en un estado de gestación muy avanzado, corriendo el riesgo de morir tanto la madre como el hijo. En "La brecha" la protagonista parece estar decidida a "nunca más" tener un hijo, lo cual nos puede hacer pensar en la posibilidad de un aborto en el futuro. El aborto es ilegal en muchos países. Teniendo en cuenta estos dos casos, y otros que conozcáis vosotros, ¿podríais debatir en clase la legalización o no legalización del aborto?

Ángela Figuera Aymerich   1902–1984   ESPAÑA

Alguien preguntó a la poeta Ángela Figuera para qué podría servir su obra. Contestó: "para acompañar al hombre: al desposeído, al maltratado, al despreciado". La suya fue una voz de protesta en la España de la posguerra (el período que siguió a la guerra civil). Uno de sus temas centrales es la maternidad. Los dos poemas que presentamos son ejemplos de su poesía temprana. Más tarde escribiría, protestando contra la violencia y la guerra:

Serán las madres las que digan: Basta.

Serán las madres todas rehusando
ceder sus vientres al trabajo inútil
de concebir tan sólo hacia la fosa.[1]

Ángela Figuera Aymerich

Rubio

El padre, moreno;
la madre, morena,
y el niño más rubio que miel° de colmena . . .°   honey / hive

El padre, los ojos verdes;
5   la madre, los ojos negros,
y el niño, azules, azules . . .

¡Hijo del alma, lucero!°   little star
Nunca pensé que tuviera
dentro de mí, miel y cielo.

---

[1] Ver la introducción de Roberta Quance a Ángela Figuera, *Obras completas* (Madrid: Hiperión, 1986), pp. 14–15.

Ángela Figuera Aymerich

Sueño

Dormía tan quietecito,° peacefully
tan quietecito, tan quieto,
que, de pronto, me entró miedo . . .° I suddenly felt afraid

Loca, me llegué a la cuna° cradle
5 y le acribillé° de besos smothered
hasta que me abrió los ojos
emborronados° de sueño. blurred

PREGUNTAS

1. ¿Cuál es la sorpresa que expresa la madre en "Rubio"?
2. El último verso recoge y resume imágenes que han aparecido antes, en la primera estrofa y en la segunda. ¿Cuáles?
3. Qué sugieren estas imágenes?
4. En "Sueño", ¿por qué quiere la madre despertar al niño?

La soledad

Rufino Tamayo [México]. *Man before the Infinite*, 1950.

Rosario Castellanos   1925–1974   **MÉXICO**

Rosario Castellanos: poeta, novelista, dramaturga y periodista mexicana. Su primera novela, *Balún Canan* (1957), en la que describe la vida de los indios de la provincia de Chiapas, en el sur de México, rompió con el romanticismo y folklorismo del género indigenista. Sus libros muestran indignación por la enajenación de los indios, de la mujer y de las clases sociales bajas. Trabajó por los indios rurales en organizaciones como el Instituto Nacional Indigenista. Profesora y administradora universitaria, era, a su muerte, embajadora de México en Israel.

Rosario Castellanos

Jornada de la soltera

Da vergüenza estar sola. El día entero
arde un rubor° terrible en su mejilla.   blush
(Pero la otra mejilla está eclipsada.)

La soltera se afana° en quehacer° de ceniza,   works hard / task
5   en labores sin mérito y sin fruto;
y a la hora en que los deudos° se congregan   relatives
alrededor del fuego, del relato,°   tale
se escucha el alarido°   howl
de una mujer que grita en un páramo° inmenso   plain
10 en el que cada peña,° cada tronco   rock
carcomido° de incendios, cada rama   eaten away
retorcida,° es un juez   twisted
o es un testigo sin misericordia.

De noche la soltera
15 se tiende sobre el lecho de agonía.°   death bed
Brota un sudor de angustia a humedecer las sábanas
y el vacío° se puebla   void
de diálogos y hombres inventados.

Y la soltera aguarda, aguarda, aguarda.

20 Y no puede nacer en su hijo, en sus entrañas,°   belly, womb
y no puede morir
en su cuerpo remoto, inexplorado,
planeta que el astrónomo calcula,
que existe aunque no ha visto.

25 Asomada a° un cristal opaco la soltera   Peering out
—astro extinguido—pinta con un lápiz
en sus labios la sangre que no tiene.

Y sonríe ante un amanecer° sin nadie.   dawn

PREGUNTAS

1. ¿Es irónico el título? ¿Qué significa la palabra "jornada"? ¿Significa lo mismo que "día"?
2. ¿Cómo pasa el tiempo la soltera?

3. ¿Por qué siente "vergüenza"? ¿Ha hecho algo malo?
4. Utilizando palabras relacionadas con la astronomía ("eclipsada", "planeta", "astrónomo"), la poeta compara a la soltera con un astro. ¿Por qué es apropiada esta comparación?
5. Comenta las metáforas del fuego en este texto.

Tema

La crítica Helene M. Anderson describe a los personajes femeninos de una de las novelas de Rosario Castellanos: "They are women left at life's periphery, abandoned by fathers and lovers, whose role is to wait, for there is nothing more dishonorable than initiating a thrust into life. Time and again, the female characters in Castellanos' stories wait."[1] ¿Te parece pertinente esta observación si la aplicamos a este poema?

Carmen Martín Gaite   1925–   ESPAÑA

Carmen Martín Gaite, autora de varias novelas, identifica así los temas fundamentales de sus cuentos: "el tema de la rutina, el de la oposición entre pueblo y ciudad, el de las primeras decepciones infantiles, el de la incomunicación, el del desacuerdo entre lo que se hace y lo que se sueña, el del miedo a la libertad".[2] De una forma u otra, todos están presentes en "Tendrá que volver".

Cuando leas . . .

Observa cómo la acción se desarrolla en la sala de estar, donde la madre de Juan cuenta a una amiga las rarezas de su hijo, y en el dormitorio de Juan, donde éste oye parte de la conversación. El narrador, que a veces adopta la voz de Juan, nos ofrece, intercalados en esta conversación, *flashbacks* de momentos importantes en la vida de Juan, y nos adentra en sus presentes halucinaciones, motivadas por la fiebre o la posible enfermedad mental.

---

[1]En William Luis, ed., *Modern Latin-American Fiction Writers. First Series* (Detroit: Bruccoli Clark/Gale Research, 1992), p. 116.
[2]Carmen Martín Gaite, *Cuentos completos* (Madrid: Alianza Editorial, 1981), p. 8.

Carmen Martín Gaite

Tendrá que volver

—Lucía, ¿ha merendado el señorito Tiqui?

(Su verdadero nombre era Juan, pero todos le llamaban Tiqui. Era un nombre que para los padres tenía algún significado lejano y sentimental. Mamá, algunas veces, al pronunciarlo, ponía un mohín de novia° y se quedaba mirando al padre a través de la mesa, y se sonreían. Y él se sentía a disgusto° dentro de aquel nombre mimoso y reducido. A Lucía le había pedido: «Tú, llámame Juan, ¿quieres?; me llamas Juan.» Se lo había dicho con voz de secreto, después de muchos días de no atreverse;° y ella la había contestado: «Sí, señorito Juan, como quiera; a mí me da lo mismo.» Y se había ido a la cocina, y él había llorado de rabia.)

— made a face like a girlfriend (in love) | felt uneasy

— daring

—No, señora; no ha merendado. Le he entrado la bandeja° con el té y ha dicho que no tenía ganas. Se lo he dejado allí.

— tray

—¿Qué está haciendo?

—Nada; me ha pedido que le arrime la cama al balcón,° y está así, quieto, mirando la calle.

— pull the bed over to the balcony

La madre suspira, tal vez un poco demasiado fuerte.

—Tráiganos las tostadas a nosotras.

Luego, cuando la doncella° se ha ido, se vuelve hacia su amiga y mueve la cabeza, como si continuara el suspiro.° Es una amiga antigua, la amiga de los años del colegio, acostumbrada, casi profesionalmente, a tomar tazas de té con otras mujeres, junto a la lámpara de luz íntima y verde; a escuchar confidencias entre sorbo y sorbo.° Es joven todavía, rubia, espiritual; lleva un lindo sombrero.

— maid
— sigh

— between sips

—Pobre Clara —le dice—; quisiera poder ayudarte.

Juan, desde el cuarto contiguo, oye el ruido de la cucharilla, el apagado cuchicheo° de las voces. Debe ser esa amiga de mamá con los labios pintados de escarlata, que a veces le ha besado en el aire, cerca de la oreja, y le ha dicho «tesoro»; y a él le ha parecido una palabra cara, fría, lujosa; el nombre de un perfume. Mira a la calle, se le llenan los ojos de las luces de afuera. Sabe muy bien que están hablando de él, pero le da lo mismo. Con tal de que no entren, con tal de que le dejen pasar su tarde en paz. Se sabe de memoria lo que hablan, y a veces no lo entiende.

— hushed whispering

«Ha tenido de todo —suele decir la madre—. Se lo hemos dado todo.»

El caballo tripudo,° el uniforme de marino, las pistolas, los soldados, el balancín;° casi intactos arriba, en el desván.° Los niños del doctor Costas ponían un gesto de desprecio° y decían que sus juguetes eran mejores. Los niños del doctor Costas traían siempre las rodillas muy limpias y le besaban la mano a mamá; hablaban de campeonatos de esquí y de carreras de caballos. Y él se callaba. Porque él, cuando fuese mayor, quería ser tranviario.° Se habían reído hasta las lágrimas el día que lo dijo; por eso no volvió a decir más y se afianzó° a solas en su decisión.

— big-bellied horse
— toy rocker / attic
— an expression of contempt

— trolley driver
— strengthened himself

La única vez que Juan ha montado en tranvía fue con Paula, la cocinera, para llevar un recado° al ebanista,° cerca de la Plaza de Toros. Era invierno, ya casi por la noche. Subían y bajaban muchas gentes enrojecidas de frío, se soplaban los

— message / cabinetmaker

127

dedos, se tropezaban,° se decían bromas en voz muy alta. Las calles se apretaban como una envoltura° contra el tranvía amarillo y, cerrando los ojos, eran rojas también; luego, al volver a abrirlos, se movían lentamente, allí afuera, igual que en una película muda,° a través de los cristales empañados.° Dos hombres reñían° por algo de camiones, y uno de ellos, mientras hablaba, comía castañas° y tiraba las cáscaras al suelo; una mujer sentada daba de mamar a su niño;° en la plataforma había novios que estaban con las caras muy cerca y se abrazaban fuerte en las paredes. Todos iban juntos, revueltos —y también Paula y él a aquel recado— perdidos a la deriva° por los largos pasillos° de la ciudad. Los llevaba el hombre que estaba de pie junto a la manivela;° los iba llevando en zigzag calles abajo, sorteando las altas fachadas como hacia una desembocadura.°

Juan se olvidó absolutamente de su casa, y le parecía que ya nunca tendría que volver. Después, aquella noche se la pasó con los ojos abiertos, oyendo desde la cama el rechinar° de los tranvías, imaginando su incierto avanzar. Los tranviarios no tienen casa; no tienen que volver a casa. Se pasan la noche libres y enhiestos° navegando la ciudad, arrastrando su coche a lo mejor vacío. Desde aquel día, los miraba como a hermanos mayores. Aquellos hombres, serios y alertas, del uniforme oscuro, que oteaban la calle a través del cristal con su colilla° pegada a los labios y la manivela firme entre los dedos, de pie en la misma proa° del tranvía, le parecían los caudillos° de todo un pueblo heterogéneo y fugaz.

Juan mira los tranvías esta tarde. El 49 tiene la parada ahí mismo, enfrente de su balcón. Lo están esperando un manojo° de niños con carteras;° se ríen, han sacado las meriendas, llevan los abrigos desabrochados. Uno tiene una naranja y se pone a pelarla despacio, complaciéndose;° Juan imagina el zumillo° amargo de la cáscara pringando° los dedos sucios de tinta. Es noviembre; los niños que van al colegio compran tinteros y naranjas, estrenan zapatos para la lluvia. Ahora, cuando llegue el tranvía, se subirán todos en racimo,° empujándose,° y se irán calle abajo, y se quedarán en distintas esquinas. Se dirán adiós. Será una despedida atropellada y gozosa° la de estos niños de las carteras, cada cual por su boca-calle —hale, hale— debajo de las faroles,° arrimado a la pared.°

—Tal vez ha sido un error que no lo hayáis mandado nunca al colegio —dice la amiga rubia.

Y adelanta el cuerpo hacia la mesita para coger un pedazo de pastel de manzana.

—Pero, Rosina, si esta criatura, tú no sabes, es un problema . . . ; espera, yo te lo partiré . . . ;° un completo problema. Tendría roces° con todos en un colegio; le entraría un amor horrible por el niño más desobediente y más salvaje, por el que nadie quisiese mirar a la cara. Tenerlo aislado es la mejor manera posible; ya ves tú si Alfredo y yo lo habremos hablado veces . . .

—Ya basta, gracias, no me partas más . . . Claro, desde luego eso nadie mejor que vosotros;° pero yo creo, fíjate, que en un colegio bueno, tantos como hay, eso sería cuestión de enterarse;° por ejemplo, donde van los niños de Aurelia; yo se lo puedo preguntar a ella, si quieres . . .

—¡Qué sé yo! Porque es que tampoco es inteligente. El profesor particular se ve negro° para interesarle por las cosas. Y el caso es que se pasa las horas muertas

128

Right-margin glosses:

bumped into each other
bundled together

silent / steamy
quarreled / chestnuts
breast-fed her child

adrift / corridors
crank (trolley controls)
weaving around the tall
façades as though
headed for the mouth
of a river | creaking

upright

cigarette stub
prow / chieftains, rulers

group / satchels

enjoying himself / juice
staining

in a bunch / shoving one
another
a jostling, enjoyable
farewell | streetlamps /
pressed close to the wall

cut it for you / He would
have problems

You two know best
finding out

feels incredibly frustrated

él solo en su cuarto y nunca se aburre; pero de todo le da igual,° no tiene apego° ni afición a nada.

Clara habla con voz desencantada,° la cabeza inclinada hacia la taza de té. Rosina mira a los cristales, donde han empezado a rebotar° unas gotas pequeñas.

Llueve menudo. Debe de hacer frío. La gente se cruza a buen paso, con las manos en los bolsillos. En la acera de enfrente refulge° el escaparate° de la mantequería con sus confusos y atrayentes brillos de frutas en almíbar,° de botellas y latas de conserva. La mantequería de una luz azul como de luna, y en torno, la calle se vuelve más negra. Por lo negro, saliendo de la luz, le parece a Juan que andan sueltos unos rostros pequeños de diablo, que guiñan los ojos,° se amontonan° y se escapan haciendo piruetas. No se sabe si son rostros, o tachuelas luminosas,° o burbujas;° se aprietan contra las siluetas de los transeúntes° y las vuelven borrosas y fantásticas. Juan se coge el pulso, lo mismo que apretando un animal pequeño. «Ya me está subiendo.» Y lo piensa lleno de excitación, como si estuviera a las puertas de un campeonato. Le gustaría que la fiebre tuviera un acelerador y poderlo pisar más y más, hasta lo hondo, hasta que el caballo blanco se estrellara° con él encima; la fiebre es un caballo blanco.

De pronto el pulso corre más de prisa. Enfrente, al otro lado de la calle, un hombre se ha parado delante del escaparate de la mantequería. Un hombre pequeñito, sin abrigo. Juan se incorpora en la cama° y contiene el aliento.° Las burbujas brillantes con risa de diablo le resbalan° al hombre por la espalda; tiene los hombros estrechos, la cabeza pequeña y aquel mismo gesto desamparado. Juan clava sus ojos húmedos y ansiosos en esta figura, acechando° su más leve movimiento. ¿Será él . . . ? No se vuelve . . . So parece; si le pudiera ver la cara. A lo mejor se va; a lo mejor no lo va a distinguir bien desde aquí arriba . . . El hombre ha hecho un movimiento como para separarse del escaparate y echar a andar . . . Súbitamente salta de la cama, abre los cristales y se asoma al balcón, inclinando medio cuerpo sobre los barrotes.°

—¡Andrés! —llama con todas sus fuerzas—. ¡Andrés!

La voz se empaña° contra el frío de la noche que viene, se enreda° con los hilos de la luz, con el chirrido° de las ruedas, choca contra la gente, se fragmenta en añicos.° El hombre del escaparate se vuelve para cruzar la calle y Juan ve su rostro desconocido y ajeno. No, no era. Tampoco vendrá hoy. Se deja escurrir° hasta quedar sentado en el balcón, con las manos cogidas a los hierros; mira las luces movedizas del bulevar como desde una jaula alta. Luego retrocede° hasta apoyarse° en el muro de la fachada, se abraza las rodillas y esconde la cara en los brazos. La lluvia le entra por la nuca,° espalda abajo° y le consuela.

—Y además la salud . . . que, ¿quién lo manda fuera en días de lluvia de frío? Está pachucho° desde la recaída° del invierno.

—Mujer, también fue lástima, con lo bien que quedó cuando la meningitis.

La madre ha levantado los ojos de su taza. Tiemblan un poco las hojas del balcón.

—Pues ya ves, por su culpa; desde aquella tarde, ya te conté, cuando desapareció de casa en busca del amigo dichoso, y a la noche se lo encontró el chófer en un café de Alberto Aguilera,° desde entonces le han vuelto las fiebres.

Rosina se sonríe; se acomoda mejor en el sofá.

Margin glosses:

he's indifferent to everything / attachment
disillusioned
bounce
glows / shop window
fruit in syrup
wink
pile up
glowing tacks / bubbles / passersby
crashed
sits up in bed / holds his breath | slip off
waiting for
railing of the balcony
chokes up / tangles itself
screeching
tiny pieces
He lets himself slip
down
draws back
lean
back of neck / down his back
sick, weak / relapse
street in Madrid

129

—Mira que fue famoso aquello del amigo. Oye, y por fin ¿qué?, ¿habéis llegado a verlo?

—Bueno, mujer; échale un galgo.° En volver va a estar pensando el tipo, figúrate qué lote,° unos zapatos nuevos de Alfredo, dos camisas y el abrigo forrado de gamuza,° cuando se viera en la escalera le parecería mentira . . . Ah, y la colección de sellos, que eso lo hemos sabido luego. Vamos, que este niño está mal de la cabeza, cada vez que lo pienso . . . ¿Y la perra que ha cogido° con que tiene que volver porque se lo prometió?; tú no sabes, le espera siempre, dice que si no vuelve es porque le ha pasado algo . . . ya ves tú lo que le va a pasar.

Rosina ha encendido un pitillo.° Se ríe con la cabeza en el respaldo.°

—En medio de todo, a mí me hace una gracia enorme tu chico. Ese mismo episodio del hombre, no me digas que no es genial. ¿Con quién lo comentaba yo el otro día, que se morían de risa . . . ? No me acuerdo, mujer, con quién era . . . ; es divertidísimo, desde luego. Pero lo que yo digo, el hombre ¿por qué vendría aquí precisamente?

—Ah, eso nada, como a otro sitio cualquiera. ¿No ves que será uno de tantos frescos° que se dedican a eso? Además, que cuando Tiqui lo vio por la mirilla,° igual no pensaba llamar en este piso; se le ocurriría entonces el golpe, al verle a él tan propio.

—Pero y los porteros,° ¿cómo no lo verían subir?

—Eso dicen, hija; nadie lo vio. La única, Lucía, que cuando fue a llevarle la merienda al niño notó que tenía la llave echada, pero cómo se iba a figurar ella° que no estaba solo, como se encierra tantas veces a pintar y a hacer inventos raros; pues nada, ni le chocó.°

—Y Tiqui, ¿qué haría por el pasillo,° para abrirle° a él?

—Yo qué sé, juegos suyos, manías; desde muy pequeño le daba por andar en el vestíbulo y asomarse en cuanto oía ruido en la escalera, siempre estaba empinado° a la mirilla, le encanta. Con eso se divierte y se pone a imaginar historias y fantasías. Así que al toparse con el hombre éste parado en el rellano,° y preguntarle que qué hacía, y el otro echarse a llorar y demás, pues no te digo, lo propio; lo metió en su cuarto toda la tarde, y la luna que le hubiera pedido. Y como nosotros no estábamos.

—Pero ya ves, es noble, te lo contó todo en seguida. Otro se hubiera callado hasta que descubrieran que faltaba la ropa.

—Ah, no, en cuanto vine a casa; si él estaba orgullosísimo, entusiasmado con el hallazgo del amigo;° lo que menos pensaba es que le iba yo a reñir;° uf, menudo entusiasmo: que nunca había visto a nadie tan bueno que qué ojos tenía, que era un santo. Y no te puedes figurar lo que lloró cuando yo le dije que se despidiera° de volver a verle porque era un estafador° vulgar y corriente. ¡Huy, Dios mío! Nunca se lo hubiera dicho . . . No, espera, ya no hay; que nos traigan más té. Llama a ese timbre° tú que estás más cerca, si haces el favor.

Rosina alarga hacia la pared una mano blanca rematada por uñas primorosas.°

Dice:

—De todas maneras, chica, es que hay que andar con cien ojos, ¿eh? Ya no puede estar uno seguro ni en su propia casa. Porque es que a cualquier niño de buenos sentimientos que le pesque uno así y le meta esa historia de que° le ha

130

salido un trabajo y que no tiene ropa para presentarse decente . . . , vamos, que te digo yo que cualquiera haría lo mismo.

—No, si estamos de acuerdo. Si el que le abriera la puerta y le diera la ropa de su padre y se creyera todos los camelos° que el otro le quisiera contar, hasta ahí, vaya, mala suerte. Si lo que yo encuentro anormal es esa terquedad° suya de esperarle un día y otro, y de ponerse triste, y salir a buscarle, como esa vez que te digo. ¿Y tú sabes el rencor que me guarda a mí° porque le dije que era un estafador?

camelos tall stories
terquedad stubbornness
el rencor que me guarda a mí how resentful he feels toward me

Ha arreciado la lluvia.° Ahora las gotas del cristal se alcanzan unas a otras y forman canalillos que se entrecruzan. Rosina las mira bajar, con ojos perezosos, a través del humo de su pitillo.

Ha arreciado la lluvia. It is raining harder.

—De todas formas, Clara, a mí me parece que exageras un poco con el chico. Todos los niños hacen travesuras;° tampoco te gustaría tener en casa al perfecto Jaimito.

travesuras pranks

—Esto no son travesuras, mujer; qué más quisiera yo. Las travesuras son una cosa alegre . . . Pero ¿qué hace esta chica° que no viene? A ver si echa las persianas y la cortina,° ¿te has dado cuenta qué chaparrón?°

chica girl (maid)
echa las persianas y la cortina close the blinds and curtains
chaparrón downpour

Suenan furiosamente las gotas en la calle. Rosina se pone de pie y se acerca al balcón. La mujer de los periódicos ha sacado un hule° negro y está tapando todo el manojo. Pasan unas muchachas corriendo; alcanzan un portal° y se sacuden el pelo.

hule oilcloth
portal doorway

—Ya no me puedo ir hasta que escampe.° Debe de hacer un frío . . .

Se retira de los cristales y se arrima° al radiador.

escampe clears up
se arrima draws near

—Naturalmente, qué disparate.° Te esperas a que venga Alfredo y él te acompañará en el coche.

qué disparate what nonsense

—Bueno, estupendo; si no le importa. ¡Qué bien se os pone la calefacción, oye!; la de casa . . .

—Señora, por favor, señora . . .

Ahora las dos se vuelven a la puerta. Lucía la ha abierto de repente, y está quieta, sin avanzar, con la mano en el picaporte.° Trae una cara apurada.°

picaporte door handle
apurada worried

—¿Qué le pasa? ¿Por qué no venía usted? ¿No oía que llamábamos?

Lucía rompe a hablar entrecortadamente,° moviendo mucho las manos:

entrecortadamente fitfully

—Verá, señora . . . es que me da por° asomarme° primero a la habitación del señorito, por si acaso era él, como no había querido la merienda . . . cuando abro la puerta y a lo primero no le veía, ¡ay qué susto, señora! . . . La cama vacía . . . el balcón . . .

me da por I happened to
asomarme look into

Clara se pone de pie y se precipita hacia la puerta.

—¿Qué pasa? ¿Dónde está? ¿Qué le ha pasado?

—Venga, por favor . . . Mejor que venga usted . . .

Ahora llueve más fuerte. Son globitos que estallan° contra el suelo. Globos rojos, amarillos, de celofán. El pelo le chorrea. Ya no tiene calor; está frío como un pescado. Ha asomado Lucía; ha asomado mamá, con su amiga detrás. Lo cogen en los brazos, lo levantan; lo ponen arriba y abajo, le dan vueltas, lo montan en un tobogán. Se va a caer, lo sueltan; no puede agarrarse° a ninguna parte. Han cerrado el balcón. La sábana está fría, es una piel muerta; da repeluco.° Todo baila y tirita.°

estallan burst
agarrarse take hold
da repeluco gives one the shivers
tirita trembles, shivers

Ahora, Andrés; viene Andrés. Ahora los tranviarios, los que venden tabaco. El café de Alberto Aguilera, enorme, lleno de hombres y de humo. Andrés está llorando.

«No llore, por favor; dígame qué le pasa.»

«De tú, chico, de tú.»

De pie, sobre la alfombra, en el empapelado de la pared, junto al sofá amarillo, debajo del retrato del abuelo, gira, lo llena todo con sus ojos hundidos. Ahora lo están tapando con mantas hasta arriba. Pero Andrés que no llore. Huele a plátano la amiga de mamá.

«Dame un abrazo, Juan. De hombre a hombre, porque tú eres un hombre.»

Ahora hay un sol muy raro que zumba;° ahora es la rueda de un tiovivo;° se agranda; serpentinas.° Ahora le salen patas de cangrejo, primero como granitos que duelen a lo largo de los costados, luego duras y enormes y las puede mover un poco, aunque le pesan. °buzzes / merry-go-round / streamers

«Andrés, no llores tú.»

«Castroviejo, otro médico, asustada, teléfono, Alfredo, asustada, Rosina, bolsa de agua caliente, asustada, no te vayas ahora.»

Mamá le mima mucho, y le besa. No se atreve a decirle que Andrés tampoco ha venido hoy; tiene manchas y luces por la cara.

Le zumban los oídos. Ya se escucha el galope de la fiebre; ¡qué calor otra vez! Vuelve el caballo blanco, desmelenado,° vertiginosamente; se acerca, ya está aquí. ¡Hip! Se ha montado de un salto a la carrera, desde muy arriba, cuando pasaba justo por debajo. ¡Qué gusto! Ya lo tiene entre las piernas. Lo arrea con un látigo; hoy se van a estrellar. Aprisa. Adiós, adiós. Ahora ya no se ve nada, sólo rombos, fragmentos en lo rojo. °tousled, ruffled

«Adiós, Andrés, adiós. No vengas, que no estoy; me marcho de viaje. Ya vendrás cuando puedas; otro día.»

El aire le tapona los oídos. Hoy se van a estrellar.

Madrid, diciembre 1958.

PREGUNTAS

1. ¿Por qué no le gustaba a Juan el nombre de Tiqui?
2. ¿Qué hace la madre en la sala? ¿Y qué hace Juan en su cuarto?
3. ¿Qué quiere decir la madre con "ha tenido de todo"?
4. ¿Por qué quiere Juan ser tranviario?
5. ¿Qué ve Juan desde su balcón esa tarde?
6. ¿Por qué es imposible, según la madre, que Juan asista al colegio como los otros niños?
7. ¿Qué sensación experimenta Juan cuando le sube la fiebre?
8. ¿Para qué sale al balcón Juan?
9. ¿Quién es Andrés? ¿Cómo lo conoció Juan?
10. ¿Qué le contó Juan a su madre sobre el encuentro con Andrés?

11. ¿Qué piensa la madre de esta amistad?
12. ¿Por qué interrumpe la conversación la criada toda alarmada?
13. ¿Qué sensaciones experimenta Juan en su delirio febril al final del cuento?

TEMAS

1. Dicen que el exceso de protección por parte de los padres puede hacer a un niño un poco raro, una persona enfermiza. ¿Cómo apoya este cuento esta opinión?
2. En la cultura hispánica los amigos, a veces más que la familia, forman una parte vital en el crecimiento de la persona. Juan siente esa necesidad profundamente. ¿Podrías comentar la importancia de la amistad para ti? ¿Hasta qué punto es necesaria?
3. El tema del suicidio asoma tímidamente en el cuento con el delirio de Juan de saltar sobre el caballo blanco que pasa debajo del balcón. Aun cuando la muerte parece llegarle en su cama, él se despide de Andrés desde ese caballo blanco, donde "hoy se van a estrellar". ¿Crees que la soledad y la falta de amistad pueden llevar al suicidio? ¿Has oído hablar de casos que justifiquen esta opinión?

Un romance sobre la soledad

En pocas literaturas ha tenido la poesía tradicional tanta importancia como en la literatura en lengua española. Por poesía "tradicional" entendemos la poesía popular anónima, transmitida oralmente durante parte de su historia.

Una de las formas más comunes de la poesía tradicional es el romance (*ballad*). Hoy en día se entiende por "romance" un poema narrativo, generalmente en versos de ocho sílabas con rima asonante. Los romances se han cantado en España desde la Edad Media hasta nuestros días. Empezaron a ser copiados por escrito durante el siglo XV. Los romances se clasifican según su temática. Algunos—los "históricos"—tratan de las figuras más importantes de la historia española, como por ejemplo, el Cid, o de incidentes históricos particulares, por ejemplo, la guerra para expulsar a los moriscos de España en el siglo XV. Los romances "novelescos" hablan del amor, el adulterio, la muerte y otros temas no épicos.

Al ser transmitido de boca en boca, por gente que no siempre sabe leer, un romance se transforma y se recrea: cada vez que se canta se introducen cambios. Se omiten o se añaden versos, se cambian los nombres, y muchas veces se intenta modernizar el vocabulario (por ejemplo, la palabra *espada* es sustituida, en algún romance, por *escopeta*). Ha dicho Ramón Menéndez Pidal, el gran estudioso de los romances, que el romance "vive en variantes".

Como otras formas de la poesía tradicional, el romance ha influido poderosamente en la creación de poetas españoles de todos los tiempos, desde Lope de Vega a Bécquer y García Lorca.

Fíjate cómo este brevísimo texto, cuyo tema es la soledad, ejemplifica algunos de los rasgos más importantes del romance:

1. *Origen anónimo.* No se sabe quién escribió este romance, impreso por primera vez en 1550.
2. *Vive en variantes.* Hay múltiples versiones. La que publicamos ha sido tomada de una de las mejores antologías de romances, la *Flor Nueva de romances viejos* de Ramón Menéndez Pidal.
3. *Transmisión oral.* Sus primeros versos se han incorporado a otros romances que se cantan en España.
4. *Rima asonante* (calor, ruiseñor, amor, prisión, etc.)
5. *Brevedad.* Como casi todos los romances, el "Romance del prisionero" empieza en medio de una historia, sin explicar el por qué de muchas cosas. No sabemos por qué está el hablante en la cárcel ni de quién está enamorado ni qué hace después.
6. *Repetición* (por ejemplo, verso 1) y *paralelismo* (versos 2–3, 5, etc.)
7. *Lo narrativo predomina sobre lo descriptivo.* El romance suele *contar*, no *describir*. Aquí el narrador cuenta algo en primera persona, pero no describe la cárcel o la avecilla, por ejemplo. El lenguaje no es abstracto ni metafórico (no hay una sola metáfora en este texto).

Anónimo

Romance del prisionero

Que por mayo era, por mayo,
cuando hace la calor,
cuando los trigos encañan°   to stake up, fence in
y están los campos en flor,
5   cuando canta la calandria°   calandra lark (bird)
y responde el ruiseñor,°   nightingale
cuando los enamorados
van a servir al amor;
sino yo, triste, cuitado,°   troubled
10 que vivo en esta prisión;
que ni sé cuándo es de día
ni cuándo las noches son,

sino por una avecilla
que me cantaba al albor.°   at daybreak
15 Matómela un ballestero°   crossbowman
déle Dios mal galardón.°   Let God punish him
(lit., "give him a bad
reward!")

PREGUNTAS

1. ¿En qué mes del año se sitúa el hablante del poema, y por qué se asocia este mes con el amor?
2. ¿Cómo describe el hablante del romance su relación con la naturaleza?
3. ¿Por qué tiene dificultad en saber "cuándo es de día / ni cuándo las noches son"?
4. ¿Qué resultado tendrá la muerte de la "avecilla"?
5. Analiza el uso del paralelismo y de la repetición en los primeros ocho versos del poema. ¿Cuál es su función? ¿Cómo ayuda a establecer el contraste entre el prisionero y la naturaleza?

TEMAS

1. Mediante un experimento, vamos a ver cómo funciona la transmisión oral. La clase va a memorizar este romance, y cada estudiante lo va a recitar. Algunos de los estudiantes podrían memorizarlo y copiarlo de memoria. Toma nota de las variantes orales y escritas que se introduzcan. ¿Enriquecen estos cambios el romance?
2. Al igual que otros poetas románticos, Gustavo Adolfo Bécquer admiraba la poesía de tipo "tradicional". Examina el lenguaje y la estructura de sus rimas (págs. 7, 40–41, 310), y decide qué poema suyo se parece más a un poema "tradicional".

Luis Cernuda   1902–1963   España

Luis Cernuda formó parte, con García Lorca, Salinas, Guillén y otros, de la Generación del 27, un brillante grupo de poetas españoles que llegaron a la madurez en los años 20 y 30. Se crió en Sevilla y asistió a las clases de literatura de Pedro Salinas en la Universidad de Sevilla. Como otros poetas de su generación, Cernuda murió en el exilio. Entre 1947 y 1952 trabajó como profesor de literatura española en Mount Holyoke College, en Massachusetts; allí compuso este "Nocturno yanqui". Elegante, desdeñoso, solitario y difícil en el trato, Cernuda dejó excelentes ensayos críticos, poemas en prosa y varios libros de poesía elegíaca, reunidos bajo el título *La realidad y el deseo* (primera edición, 1936). El título anuncia el tema básico de su obra: la incapacidad de la realidad para satisfacer el deseo.

CUANDO LEAS . . .

Te darás cuenta que el protagonista usa el "tú" para hablarse a sí mismo. Está pensando qué hacer, pues es temprano para acostarse. El peso de su soledad es aplastante y lo sumerge en el reproche, el remordimiento y el recuerdo. Trata de visualizarlo a él y a su ambiente mientras lees este poema.

Luis Cernuda

Nocturno yanqui

La lámpara y la cortina
Al pueblo en su sombra excluyen.
Sueña ahora,
Si puedes, si te contentas
5   Con sueños, cuando te faltan
Realidades.

Estás aquí, de regreso
Del mundo, ayer vivo, hoy
Cuerpo en pena,°   between life and death
10 Esperando locamente,
Alrededor tuyo, amigos
Y sus voces.

Callas y escuchas. No. Nada
Oyes, excepto tu sangre,
15 Su latido°   pulse
Incansable, temeroso;
Y atención prestas a otra
Cosa inquieta.

Es la madera, que cruje;°   creaks
20 Es el radiador, que silba.
Un bostezo.°   yawn
Pausa. Y el reloj consultas:
Todavía temprano para
Acostarte.

25 Tomas un libro. Mas piensas
Que has leído demasiado
Con los ojos,
Y a tus años la lectura
Mejor es recuerdo de unos
30 Libros viejos,
Pero con nuevo sentido.

¿Qué hacer? Porque tiempo hay.
Es temprano.
Todo el invierno te espera,
35 Y la primavera entonces.
Tiempo tienes.

¿Mucho? ¿Cuánto? ¿Y hasta cuándo
El tiempo al hombre le dura?
"No, que es tarde,
40 Es tarde", repite alguno
Dentro de ti, que no eres.
Y suspiras.

La vida en tiempo se vive,°   Life is lived in time
Tu eternidad es ahora,
45 Porque luego
No habrá tiempo para nada
Tuyo. Gana tiempo. ¿Y cuándo?

Alguien dijo:
"El tiempo y yo para otros
50 Dos".° ¿Cuáles dos? ¿Dos lectores   Time and I can take on
De mañana?   any two people.
Mas tus lectores, si nacen,
Y tu tiempo, no coinciden.
Estás solo
55 Frente al tiempo, con tu vida
Sin vivir.

Remordimiento.°   Remorse
Fuiste joven,

Pero nunca lo supiste
60 Hasta hoy, que el ave ha huido
De tu mano.

La mocedad dentro duele,
Tú su presa vengadora,°   vengeful prey
Conociendo
65 Que, pues no le va esta cara
Ni el pelo blanco, es inútil
Por tardía.

El trabajo alivia a otros°   gives others relief
De lo que no tiene cura,
70 Según dicen.
¿Cuántos años ahora tienes
De trabajo? ¿Veinte y pico
Mal contados?

Trabajo fue que no compra
75 Para ti la independencia
Relativa.
A otro menester° el mundo,   occupation
Generoso como siempre,
Te demanda.

80 Y profesas pues,° ganando   So you profess (are a
Tu vida, no con esfuerzo,   professor)
Con fastidio.°   boredom, annoyance
Nadie enseña lo que importa,
Que eso ha de aprenderlo el hombre
85 Por sí solo.

Lo mejor que has sido, diste,
Lo mejor de tu existencia,
A una sombra:
Al afán° de hacerte digno,   urge
90 Al deseo de excederte,°   surpass yourself
Esperando
Siempre mañana otro día
Que, aunque tarde, justifique
Tu pretexto.

95 Cierto que tú te esforzaste°   you tried hard
Por sino° y amor de una   fate

138

Criatura,
Mito moceril,° buscando   young
Desde siempre, y al servirla,
100   Ser quien eres.

Y al que eras le has hallado.
¿Mas es la verdad del hombre
Para él solo,
Como un inútil secreto?
105   ¿Por qué no poner la vida
A otra cosa?

Quien eres, tu vida era;
Uno sin otro no sois,
Tú lo sabes.
110   Y es fuerza° seguir, entonces,   it is necessary
Aun el miraje perdido,
Hasta el día
Que la historia se termine,
Para ti al menos.

115   Y piensas
Que así vuelves
Donde estabas al comienzo
Del soliloquio: contigo
Y sin nadie.

120   Mata la luz, y a la cama.

PREGUNTAS

1. ¿Dónde está el poeta? ¿Qué hace? ¿Qué espera?
2. ¿Cuál es su estado de ánimo? ¿Qué oye?
3. ¿Qué hora es aproximadamente? ¿Por qué no lee?
4. ¿Qué quiere decir con "Tiempo tienes" y "No, que es tarde"?
5. ¿De qué tiene remordimiento?
6. ¿Qué es el trabajo para algunas personas?
7. Considerando que al protagonista le quedan veinte años de trabajo, ¿cuántos años crees que tiene? ¿Qué piensa de su trabajo de profesor?

139

8. Las estrofas 14 y 15 hablan de un desengaño amoroso. ¿Puedes aclararlas?
9. ¿Cómo acaba el poema?

TEMA

Examina la manera en que está organizado este poema. El hablante parece divagar, pasando de una idea a otra con una falta aparente de orden. ¿Puedes detectar alguna unidad temática en sus divagaciones?

4

La calle

Francisco Toledo [México]. *Negocio bien establecido*, 1969.

Nicanor Parra   1914–   **CHILE**

Nicanor Parra, miembro de la generación que sigue a la de Pablo Neruda, tuvo la poco envidiable tarea de encontrar un camino propio, distinto al del maestro. Parra ha cultivado la "antipoesía", que rompe con actitudes, temas y lenguaje tradicionales, y se caracteriza por su coloquialismo, ironía e irreverencia.

Nicanor Parra

Un hombre

La madre de un hombre está gravemente enferma
Parte en busca del médico
Llora
En la calle ve a su mujer acompañada de otro hombre
5   Van tomados de la mano°   holding hands
Los sigue a corta distancia
De árbol en árbol
Llora
Ahora se encuentra con un amigo de juventud
10   ¡Años que no nos veíamos!
Pasan a un bar
Conversan, ríen
El hombre sale a orinar al patio
Ve una muchacha joven
15   Es de noche
Ella lava los platos
El hombre se acerca a la joven
La toma de la cintura
Bailan vals
20   Juntos salen a la calle
Ríen
Hay un accidente
La muchacha ha perdido el conocimiento
El hombre va a llamar por teléfono
25   Llora
Llega a una casa con luces
Pide teléfono
Alguien lo reconoce
Quédate a comer hombre
30   No
Donde está el teléfono
Come, hombre, come

Después te vas
Se sienta a comer
35 Bebe como un condenado
Ríe
Lo hacen recitar
Recita
Se queda dormido debajo de un escritorio.

Nicanor Parra y su hijo.

1. ¿Por qué sale el hombre a la calle?
2. El hombre llora por diversos motivos en este poema. ¿Cuáles son?
3. ¿Por qué sigue a su mujer "de árbol en árbol"?
4. ¿Quién es la "muchacha joven" que ve el hombre?
5. ¿Cuáles son los sentimientos que hacen al hombre cambiar varias veces de rumbo?
6. ¿Qué profesión crees que tiene el hombre? Los versos finales nos dan una pista.

TEMAS

1. Los versos y las frases de este poema son brevísimos, a veces de una sola palabra. ¿Qué consigue el poeta con esta brevedad?
2. El hombre sale de casa con la intención de buscar un médico para su madre, quien "está gravemente enferma", pero immediatamente interviene el azar. Discute la importancia de la voluntad y de la suerte en este texto, en la composición de un poema, y en la vida en general.

Julio Ramón Ribeyro   1929–   PERÚ

Julio Ramón Ribeyro ha publicado unos veinte libros de cuentos, novelas, teatro y ensayo. Es un pionero en la exploración literaria de la vida urbana en el Perú, y el creador de la "prosa apátrida", una mezcla original de ensayo, autobiografía y ficción. Sus cuentos suelen ocurrir en una atmósfera fatalista, donde el narrador describe un mundo que no sabe explicar y donde los personajes se encuentran en situaciones que terminan en un fracaso o desastre. En unas palabras preliminares a *La palabra del mudo* (1972), una recopilación de sus cuentos completos, afirma Ribeyro: "En la mayoría de mis cuentos se expresan aquellos que en la vida están privados de la palabra, los marginados, los olvidados, los condenados a una existencia . . . sin voz".

Julio Ramón Ribeyro

La insignia

Hasta ahora recuerdo aquella tarde en que al pasar por el malecón° divisé° en un pequeño basural un objeto brillante. Con una curiosidad muy explicable en mi temperamento de coleccionista, me agaché° y después de recogerlo lo

jetty, breakwater / spotted
bent over

froté° contra la manga de mi saco.° Así pude observar que se trataba de una menuda° insignia de plata, atravesada° por unos signos que en ese momento me parecieron incomprensibles. Me la eché al bolsillo y, sin darle mayor importancia al asunto, regresé a mi casa. No puedo precisar cuánto tiempo estuvo guardada en aquel traje, que por lo demás era un traje que usaba poco. Sólo recuerdo que en una oportunidad lo mandé lavar y, con gran sorpresa mía, cuando el dependiente me lo devolvió limpio, me entregó una cajita, diciéndome: «Esto debe ser suyo, pues lo he encontrado en su bolsillo.»

Era, naturalmente, la insignia y este rescate inesperado° me conmovió a tal extremo que decidí usarla.

Aquí empieza realmente el encadenamiento° de sucesos extraños que me acontecieron. Lo primero fue un incidente que tuve en una librería de viejo.° Me hallaba repasando añejas encuadernaciones° cuando el patrón, que desde hacía rato me observaba desde el ángulo más oscuro de su librería, se me acercó y, con un tono de complicidad, entre guiños° y muecas° convencionales, me dijo: «Aquí tenemos algunos libros de Feifer». Yo lo quedé mirando intrigado porque no había preguntado por dicho autor, el cual, por lo demás, aunque mis conocimientos de literatura no son muy amplios, me era enteramente desconocido. Y acto seguido añadió: «Feifer estuvo en Pilsen». Como yo no saliera de mi estupor, el librero terminó con un tono de revelación, de confidencia definitiva: «Debe usted saber que lo mataron. Sí, lo mataron de un bastonazo° en la estación de Praga». Y dicho esto se retiró hacia el ángulo de donde había surgido° y permaneció en el más profundo silencio. Yo seguí revisando algunos volúmenes maquinalmente pero mi pensamiento se hallaba preocupado en las palabras enigmáticas del librero. Después de comprar un librito de mecánica salí, desconcertado,° del negocio.

Durante algún tiempo estuve razonando sobre el significado de dicho incidente, pero como no pude solucionarlo acabé por olvidarme de él. Mas,° pronto, un nuevo acontecimiento me alarmó sobremanera. Caminaba por una plaza de los suburbios cuando un hombre menudo, de faz hepática y angulosa, me abordó intempestivamente° y antes de que yo pudiera reaccionar, me dejó una tarjeta entre las manos, desapareciendo sin pronunciar palabra. La tarjeta, en cartulina blanca, sólo tenía una dirección y una cita que rezaba: SEGUNDA SESION: MARTES 4. Como es de suponer, el martes 4 me dirigí a la numeración indicada. Ya por los alrededores me encontré con varios sujetos° extraños que merodeaban° y que, por una coincidencia que me sorprendió, tenían una insignia igual a la mía. Me introduje en el círculo y noté que todos me estrechaban la mano° con gran familiaridad. En seguida ingresamos a la casa señalada y en una habitación grande tomamos asiento. Un señor de aspecto grave emergió tras un cortinaje y, desde un estrado,° después de saludarnos, empezó a hablar interminablemente. No sé precisamente sobre qué versó la conferencia° ni si aquello era efectivamente una conferencia. Los recuerdos de niñez anduvieron hilvanados° con las más agudas especulaciones filosóficas, y a unas digresiones sobre el cultivo de la remolacha° fue aplicado el mismo método expositivo que a la organización del Estado. Recuerdo que finalizó pintando unas rayas rojas en una pizarra, con una tiza que extrajo de su bolsillo.

rubbed / jacket
small / crossed

unexpected recovery

chain
used bookstore
old bindings

winks / facial expressions

they clubbed him to death with a cane |
come from

confused

But

came up to me suddenly

people
prowling about
shook my hand

platform
what the lecture was about | strung together

sugar beets

Cuando hubo terminado, todos se levantaron y comenzaron a retirarse, comentando entusiasmados el buen éxito de la charla. Yo, por condescendencia, sumé° mis elogios a los suyos, mas, en el momento en que me disponía a cruzar el umbral,° el disertante° me pasó la voz con una interjección, y al volverme me hizo una seña para que me acercara.

—Es usted nuevo, ¿verdad? —me interrogó, un poco desconfiado.

—Sí —respondí, después de vacilar un rato, pues me sorprendió que hubiera podido identificarme entre tanta concurrencia—.° Tengo poco tiempo.

—¿Y quién lo introdujo?

Me acordé de la librería, con gran suerte de mi parte.

—Estaba en la librería de la calle Amargura, cuando el . . .

—¿Quién? ¿Martín?

—Sí, Martín.

—¡Ah, es un gran colaborador nuestro!

—Yo soy un viejo cliente suyo.

—¿Y de qué hablaron?

—Bueno . . . de Feifer.

—¿Qué le dijo?

—Que había estado en Pilsen. En verdad . . . yo no lo sabía.

—¿No lo sabía?

—No —repliqué con la mayor tranquilidad.

—¿Y no sabía tampoco que lo mataron de un bastonazo en la estación de Praga?

—Eso también me lo dijo.

—¡Ah, fue una cosa espantosa para nosotros!

—En efecto —confirmé—. Fue una pérdida irreparable.

Mantuvimos luego una charla ambigua y ocasional, llena de confidencias imprevistas° y de alusiones superficiales, como la que sostienen dos personas extrañas que viajan accidentalmente en el mismo asiento de un ómnibus. Recuerdo que mientras yo me afanaba en° describirle mi operación de las amígdalas,° él, con grandes gestos, proclamaba la belleza de los paisajes nórdicos. Por fin, antes de retirarme, me dio un encargo° que no dejó de llamarme la atención.

—Tráigame en la próxima semana —dijo— una lista de todos los teléfonos que empiecen con 38.

Prometí cumplir lo ordenado y, antes del plazo concedido, concurrí con la lista.

—¡Admirable! —exclamó— Trabaja usted con rapidez ejemplar.

Desde aquel día cumplí una serie de encargos semejantes, de lo más extraños. Así, por ejemplo, tuve que conseguir una docena de papagayos a los que ni más volví a ver. Más tarde fui enviado a una ciudad de provincia a levantar un croquis° del edifico municipal. Recuerdo que también me ocupé de arrojar° cáscaras de plátano en la puerta de algunas residencias escrupulosamente señaladas, de escribir un artículo sobre los cuerpos celestes, que nunca vi publicado, de adiestrar° a un mono en gestos parlamentarios, y aun de cumplir ciertas misiones confidenciales, como llevar cartas que jamás leí o espiar a mujeres exóticas que generalmente desaparecían sin dejar rastros.°

De este modo, poco a poco, fui ganando cierta consideración. Al cabo de un año, en una ceremonia emocionante, fui elevado de rango. «Ha ascendido usted un grado», me dijo el superior de nuestro círculo, abrazándome efusivamente. Tuve, entonces, que pronunciar una breve alocución,° en la que me referí en términos vagos a nuestra tarea común, no obstante lo cual,° fui aclamado con estrépito.°

En mi casa, sin embargo, la situación era confusa. No comprendían mis desapariciones imprevistas, mis actos rodeados de misterio, y las veces que me interrogaron evadí las respuestas porque, en realidad, no encontraba una satisfactoria. Algunos parientes me recomendaron, incluso, que me hiciera revisar por un alienista,° pues mi conducta no era precisamente la de un hombre sensato. Sobre todo, recuerdo haberlos intrigado mucho un día que me sorprendieron fabricando una gruesa de bigotes postizos° pues había recibido dicho encargo de mi jefe.

Esta beligerancia doméstica no impidió que yo siguiera dedicándome, con una energía que ni yo mismo podía explicarme, a las labores de nuestra sociedad. Pronto fui relator,° tesorero, adjunto de conferencias, asesor° administrativo, y conforme me iba sumiendo en el seno de la organización aumentaba mi desconcierto, no sabiendo si me hallaba en una secta religiosa o en una agrupación de fabricantes de paños.

A los tres años me enviaron al extranjero. Fue un viaje de lo más intrigante. No tenía yo un céntimo; sin embargo, los barcos me brindaban sus camarotes,° en los puertos había siempre alguien que me recibía y me prodigaba atenciones, y los hoteles me obsequiaban sus comodidades° sin exigirme nada. Así me vinculé° con otros cofrades,° aprendí lenguas foráneas, pronuncié conferencias, inauguré filiales a nuestra agrupación y vi cómo extendía la insignia de plata por todos los confines° del continente. Cuando regresé, después de un año de intensa experiencia humana, estaba tan desconcertado como cuando ingresé a la librería de Martín.

Han pasado diez años. Por mis propios méritos he sido designado presidente. Uso una toga orlada° de púrpura con la que aparezco en los grandes ceremoniales. Los afiliados me tratan de vuecencia. Tengo una renta° de cinco mil dólares, casas en los balnearios,° sirvientes con librea° que me respetan y me temen, y hasta una mujer encantadora que viene a mí por las noches sin que yo la llame. Y a pesar de todo esto, ahora, como el primer día y como siempre, vivo en la más absoluta ignorancia, y si alguien me preguntara cuál es el sentido de nuestra organización, yo no sabría qué responderle. A lo más, me limitaría a pintar rayas rojas en una pizarra negra, esperando confiado los resultados que produce en la mente humana toda explicación que se funda inexorablemente en la cábala.

Lima, 1952

speech
despite which
noisily acclaimed

that I visit a psychiatrist

false mustaches

reporter / advisor

offered me their cabins

regaled me with their
comforts I joined /
fellow members
corners

trimmed
income
spas, resorts / livery

1. ¿Dónde encuentra la insignia el protagonista? ¿Qué hace con ella?
2. ¿Por qué decide usarla?
3. ¿Qué le ocurre al protagonista en la librería de viejo?
4. ¿Cuál fue el segundo acontecimiento extraño?
5. ¿Qué tipo de encargos hace el protagonista para esta sociedad secreta?
6. ¿Qué ocurrió después de tres años en la organización? ¿Y después de diez años?
7. Si le preguntáramos al protagonista cuál es el sentido de su organización, ¿qué contestaría?

TEMA

Discute el valor simbólico de la insignia y del grupo. ¿Qué representan? En tu respuesta toma en cuenta las relaciones del individuo con el grupo y la motivación del individuo para formar parte del grupo. ¿Tiene algún significado el lugar donde fue encontrada la insignia?

5

La casa de Bernarda Alba

Casa andaluza. (© Allen Josephs)

Federico García Lorca   1898–1936   ESPAÑA

Federico García Lorca nació en Fuente Vaqueros (Granada) de una familia de clase media alta. Criado en el pueblo y acostumbrado, desde niño, a pasar largas temporadas en el campo, adquirió una gran sensibilidad hacia la naturaleza y hacia la vida y el habla de la gente rural. Estudió dos carreras, derecho y filosofía y letras, en la Universidad de Granada, sin destacarse nunca como estudiante. Mucho más importante para su formación intelectual fue el tiempo que pasó en la Residencia de Estudiantes, un "college" madrileño donde se hizo amigo del cineasta Luis Buñuel, el pintor Salvador Dalí, el poeta Rafael Alberti, y otros artistas y escritores de la época.

Amigo de Manuel de Falla, Lorca cultivó la música clásica y folklórica, y dio conferencias brillantes sobre el *cante jondo*[1] y sobre las nanas infantiles. Hizo,

---

[1]Música popular de Andalucía (en el sur de España) también conocida como *flamenco*.

además, excelentes dibujos, y en el año 1927 expuso algunos de ellos en una galería de Barcelona.

En 1928 publicó una de sus obras más populares, *Primer romancero gitano*, una colección de romances que giran alrededor de la cultura mítica de los gitanos de Andalucía. En el *Romancero* y en el resto de su obra, asumen importancia la literatura "tradicional" y los elementos folklóricos que había estudiado y absorbido durante sus viajes por toda España.

Al año siguiente Lorca viajó a Nueva York con el propósito de estudiar inglés en Columbia University. Fruto de su estancia en Nueva York y en La Habana fue otro libro de poemas, *Poeta en Nueva York*, donde lamenta la dolorosa soledad del hombre moderno y ataca los males de la gran ciudad y de la civilización norteamericana: el racismo; la indiferencia al sufrimiento; el fracaso de la religión; la destrucción de la naturaleza. Una sección del libro contiene una "Oda a Walt Whitman", donde Lorca enfrenta el tema del amor homosexual, abordado de forma más directa durante los años 30, en los *Sonetos del amor oscuro*, publicados después de su muerte.

Al volver a España, Lorca se dedicó a la labor cultural del gobierno de la Segunda República, el gobierno democrático que había reemplazado en 1931 al dictador Primo de Rivera. Dio conferencias en varias ciudades de España y se encargó de un grupo teatral, la Barraca, formado por estudiantes universitarios que viajaban por toda España para representar obras del teatro español clásico. Gracias a este grupo, cientos de campesinos españoles pudieron asistir por primera vez al teatro.

Aunque seguía escribiendo poemas—por ejemplo, el *Llanto por Ignacio Sánchez Mejías*, que aparece en este libro—Lorca dedicó los años finales de su vida al teatro. *Bodas de sangre* (1933) tuvo éxito no sólo en España sino también en Buenos Aires. *Yerma* (1934), un drama en el que se habla con franqueza de la vida sexual y de los problemas del matrimonio, despertó gran controversia en la prensa de Madrid. Poco después de terminar *La casa de Bernarda Alba*, durante los primeros días de la guerra civil, Lorca fue asesinado, a causa de sus ideas liberales, por las fuerzas fascistas de Francisco Franco.

En tres obras que se han convertido ya en clásicas del teatro europeo moderno, exploró García Lorca la vida de la mujer en el campo español. *Bodas de sangre* (1932)—obra en que se funden de modo inimitable música, poesía y drama— cuenta cómo una mujer, impulsada por el destino, deja a su marido, justo en los momentos después de la boda, y huye con su primer novio. *Yerma* (1935), una obra que apenas tiene acción, es el drama de una mujer que lucha con la imposibilidad de tener hijos y con la cruel indiferencia de su marido.

Mediante el uso de la música y del coro, un lenguaje metafórico y las frecuentes alusiones al destino, Lorca esperaba recuperar, para el escenario español, el ambiente de la tragedia griega. En *Yerma*, en *Bodas de sangre* y en *Bernarda Alba* hay una fusión de elementos cultos, por ejemplo del teatro griego, con elementos folklóricos y populares.

Hacia el final de su corta vida, Lorca anunció que estaba trabajando en una obra que, a diferencia de las anteriores, no tenía "ni una gota de poesía". El subtítulo de la nueva obra—"Drama de mujeres en los pueblos de España"—revela su intención de explorar un tema social candente. En una advertencia preliminar, Lorca dice que su obra tiene la intención de un "documental fotográfico".

Habló repetidamente, durante los últimos años de su vida, de la necesidad de utilizar el teatro como un instrumento de crítica social.

> En este momento dramático del mundo, el artista debe llorar y reír con su pueblo. Hay que dejar el ramo de azucenas y meterse en el fango hasta la cintura para ayudar a los que buscan las azucenas. Particularmente, yo tengo un ansia verdadera por comunicarme con los demás. Por eso llamé a las puertas del teatro y al teatro consagro toda mi sensibilidad.[1]

Uno de los frutos de esta preocupación social fue *La casa de Bernarda Alba*, terminada en junio de 1936, dos meses antes de que García Lorca fuera asesinado por sus ideas políticas. Esta obra plantea los mismos temas que el resto de su obra: la lucha entre la autoridad y la libertad, la derrota del deseo por la muerte y el conflicto entre la imaginación y la realidad.

CUANDO LEAS . . .

1. El crítico Francisco García Lorca, hermano del poeta, ha llamado la atención sobre la importancia de la casa, y sobre cómo está "construida" mediante el diálogo y las acotaciones. Se "mencionan reiteradamente las diversas piezas de la casa: sala, dormitorios, patio, corral, las cámaras o piezas altas, genéricamente las habitaciones, paredes exteriores, tabiques, techos, suelos, aparte de armarios o alacenas". Fíjate en estas menciones, que "son tantas, que la casa acaba por ser una especie de personaje mudo".[2]

2. Por toda la obra se marca una oposición entre "dentro" y "fuera". Fíjate en lo que ocurre *dentro y fuera* . . .
   a) del escenario (lo que se ve y lo que se sugiere; los personajes visibles y los invisibles)
   b) de la casa (el mundo de Bernarda y el de la sociedad rural que la rodea)
   c) del pueblo (los del pueblo y los forasteros)
   d) de cada personaje (las aspiraciones íntimas de cada una de las hermanas contrastan con las apariencias).

3. Según el crítico V. Cabrera, cinco imágenes dan una estructura circular a este drama: el silencio, las lágrimas, la tiranía, las campanas y la muerte. Fíjate en cómo recurren estas imágenes, dando unidad y estructura a la obra.

---

[1] De una entrevista de 1936, en *Obras completas*, ed. Arturo del Hoyo (Madrid: Aguilar, 1986), t. III, p. 681.
[2] Francisco García Lorca, *Federico y su mundo*, ed. Mario Hernández (Madrid: Alianza Editorial, 1981), p. 382.

Federico García Lorca

La casa de Bernarda Alba (Drama de mujeres en los pueblos de España)

PERSONAJES

BERNARDA (60 años)
MARÍA JOSEFA (madre de Bernarda, 80 años)
ANGUSTIAS (hija de Bernarda, 39 años)
MAGDALENA (hija de Bernarda, 30 años)
AMELIA (hija de Bernarda, 27 años)
MARTIRIO (hija de Bernarda, 24 años)
ADELA (hija de Bernarda, 20 años)
PONCIA (criada, 60 años)

CRIADA (50 años)
PRUDENCIA (50 años)
MENDIGA
MUJER 1.ª
MUJER 2.ª
MUJER 3.ª
MUJER 4.ª
MUCHACHA
MUJERES DE LUTO.°   women in mourning dress

El poeta advierte que estos tres actos tienen la intención de un documental fotográfico.

Acto primero

Habitación blanquísima del interior de la casa de Bernarda. Muros gruesos.° Puertas en arco con cortinas de yute° rematadas con madroños y volantes.° Sillas de anea.° Cuadros con paisajes inverosímiles° de ninfas o reyes de leyenda. Es verano. Un gran silencio umbroso° se extiende por la escena. Al levantarse el telón está la escena sola. Se oyen doblar las campanas. Sale la CRIADA.

thick
jute / with pom-poms and flounces | rush /
unlifelike landscapes |
shady

CRIADA   Ya tengo el doble° de esas campanas metido entre las sienes.°   ringing / inside my head

PONCIA *(Sale comiendo chorizo° y pan.)*   Llevan ya más de dos horas de gori-gori.° Han venido curas de todos los pueblos. La iglesia está hermosa. En el primer responso se desmayó° la Magdalena.

sausage
funeral peal
fainted

CRIADA   Es la que se queda más sola.

PONCIA   Era a la única que quería el padre. ¡Ay! ¡Gracias a Dios que estamos solas un poquito! Yo he venido a comer.

CRIADA   ¡Si te viera Bernarda! . . .

PONCIA   ¡Quisiera que ahora, como no come ella, que todas nos muriéramos de hambre! ¡Mandona!° ¡Dominanta!° ¡Pero se fastidia!° Le he abierto la orza° de los chorizos.

Bully! / Domineering! /
She'll see! / jar

CRIADA *(Con tristeza, ansiosa.°)*   ¿Por qué no me das para mi niña, Poncia?   with longing

PONCIA   Entra y llévate también un puñado° de garbanzos.° ¡Hoy no se dará cuenta!°

handful / chickpeas
She won't notice

VOZ *(Dentro.)*   ¡Bernarda!

PONCIA   La vieja. ¿Está bien cerrada?

CRIADA   Con dos vueltas de° llave.   turns of

PONCIA   Pero debes poner también la tranca.° Tiene unos dedos como cinco ganzúas.°

bolt
wires (for picking locks)

VOZ   ¡Bernarda!

152

PONCIA (*A voces.*)° ¡Ya viene! (*A la* CRIADA.) Limpia bien todo. Si Bernarda no ve relucientes° las cosas me arrancará° los pocos pelos que me quedan.

shouting
shiny / will yank out

CRIADA ¡Qué mujer!

PONCIA Tirana de todos los que la rodean. Es capaz de sentarse encima de tu corazón y ver cómo te mueres durante un año sin que se le cierre esa sonrisa fría que lleva en su maldita° cara. ¡Limpia, limpia ese vidriado!°

cursed / glazed
earthenware | scrub

CRIADA Sangre en las manos tengo de fregarlo° todo.

PONCIA Ella, las más aseada;° ella, la más decente; ella, la más alta. ¡Buen descanso ganó su pobre marido!

clean

(*Cesan las campanas.*)

CRIADA ¿Han venido todos sus parientes?

PONCIA Los de ella. La gente° de él la odia. Vinieron a verlo muerto y le hicieron la cruz.[1]

family

CRIADA ¿Hay bastantes sillas?

PONCIA Sobran. Que se sienten en el suelo. Desde que murió el padre de Bernarda no han vuelto a entrar las gentes bajo estos techos. Ella no quiere que la vean en su dominio. ¡Maldita sea!°

Damn her!

CRIADA Contigo se portó bien.

PONCIA Treinta años lavando sus sábanas; treinta años comiendo sus sobras;° noches en vela° cuando tose;° días enteros mirando por la rendija° para espiar a los vecinos y llevarle el cuento;° vida sin secretos una con otra, y sin embargo, ¡maldita sea! ¡Mal dolor de clavo° le pinche en los ojos!

leftovers
keeping watch / has a
cough / crack | fill her in
nail

CRIADA ¡Mujer!

PONCIA Pero yo soy buena perra; ladro° cuando me lo dicen y muerdo los talones de los que piden limosna cuando ella me azuza;° mis hijos trabajan en sus tierras y ya están los dos casados, pero un día me hartaré.°

I bark
I bite at the heels of
beggars when she sets
me on them | I'll be fed
up | spitting

CRIADA Y ese día . . .

PONCIA Ese día me encerraré con ella en un cuarto y le estaré escupiendo° un año entero. «Bernarda, por esto, por aquello, por lo otro», hasta ponerla como un lagarto° machacado° por los niños, que es lo que es ella y toda su parentela. Claro es que no le envidio la vida. La quedan cinco mujeres, cinco hijas feas, que quitando° Angustias, la mayor, que es la hija del primer marido y tiene dineros, las demás, mucha puntilla bordada,° muchas camisas de hilo,° pero pan y uvas por toda herencia.°

lizard / smashed

except for
needlepoint
linen / inheritance

CRIADA ¡Ya quisiera tener yo lo que ellas!

PONCIA Nosotras tenemos nuestras manos y un hoyo° en la tierra de la verdad.°

hole / cemetery

CRIADA Esa es la única tierra que nos dejan a las que no tenemos nada.

PONCIA (*En la alacena.*°) Este cristal tiene unas motas.°

cupboard / specks

CRIADA Ni con jabón ni con bayeta° se le quitan.

flannel rag

(*Suenan las campanas.*)

PONCIA El último responso. Me voy a oírlo. A mí me gusta mucho cómo canta el párroco.° En el «Pater Noster»° subió, subió, subío la voz que parecía un cántaro° llenándose de agua poco a poco; claro es que al final dio un gallo;°

priest / "Our Father"
big pitcher / his voice
cracked

---

[1]The expression *hacerle a alguien la cruz* means to make up one's mind not to have anything more to do with him (the *le* refers here to Bernarda, not to the dead man).

pero da gloria oírlo. Ahora que nadie como el antiguo sacristán Tronchapinos.[1] En la misa de mi madre, que esté en gloria, cantó. Retumbaban° las paredes, y cuando decía Amén era como si un lobo hubiese entrado en la iglesia. (*Imitándolo.*) ¡Améé-én! (*Se echa a toser.*) — were resounding

CRIADA Te vas a hacer el gaznate polvo.° — pulverize your windpipe

PONCIA ¡Otra cosa hacía polvo yo! (*Sale riendo.*)

(*La* CRIADA *limpia. Suenan las campanas.*)

CRIADA (*Llevando el canto.*)° Tin, tin, tan. Tin, tin, tan. ¡Dios lo haya perdonado! — singing along

MENDIGA (*Con una niña.*) ¡Alabado sea° Dios! — Praised be

CRIADA Tin, tin, tan. ¡Que nos espere muchos años! Tin, tin, tan.

MENDIGA (*Fuerte° con cierta iritación.*) ¡Alabado sea Dios! — Loudly

CRIADA (*Irritada.*) ¡Por siempre!

MENDIGA Vengo por las sobras.

(*Cesan las campanas.*)

CRIADA Por la puerta se va a la calle. Las sobras de hoy son para mí.

MENDIGA Mujer, tú tienes quien te gane.° ¡Mi niña y yo estamos solas! — someone to support you

CRIADA También están solos los perros y viven.

MENDIGA Siempre me las dan.

CRIADA Fuera de aquí. ¿Quién os dijo que entrárais? Ya me habéis dejado los pies señalados.° (*Se van. Limpia.*) Suelos barnizados con aceite, alacenas, pedestales, camas de acero, para que traguemos quina° las que vivimos en las chozas° de tierra con un plato y una cuchara. Ojalá que un día no quedáramos ni uno para contarlo. (*Vuelven a sonar las campanas.*) Sí, sí, ¡vengan clamores! ¡Venga caja° con filos dorados° y toallas de seda para llevarla! ¡Que lo mismo estarás tú que estaré yo! Fastídiate, Antonio María Benavides, tieso° con tu traje de paño° y tus botas enterizas.° ¡Fastídiate! ¡Ya no volverás a levantarme las enaguas° detrás de la puerta de tu corral! (*Por el fondo, de dos en dos, empiezan a entrar* MUJERES DE LUTO, *con pañuelos, grandes faldas y abanicos° negros. Entran lentamente hasta llenar la escena. La* CRIADA, *rompiendo a gritar.*) ¡Ay Antonio María Benavides, que ya no verás estas paredes ni comerás el pan de esta casa! Yo fui la que más te quiso de las que te sirvieron. (*Tirándose° del cabello.*) ¿Y he de vivir yo después de haberte marchado? ¿Y he de vivir? — left tracks / swallow that bitterness / huts / funeral peals / coffin / with gold trim / stiff / woven suit / high / petticoat / fans / pulling at

(*Terminan de entrar las doscientas* MUJERES[2] *y aparece* BERNARDA *y sus cinco* HIJAS.)

BERNARDA (*A la* CRIADA.) ¡Silencio!

CRIADA (*Llorando.*) ¡Bernarda!

BERNARDA Menos gritos y más obras.° Debías haber procurado° que todo esto estuviera más limpio para recibir al duelo.° Vete. No es este tu lugar. (*La* CRIADA *se va llorando.*) Los pobres son como los animales; parece como si estuvieran hechos de otras sustancias. — Less shouting and more work / tried | mourning (mourners)

---

[1]Literally, "Pinesplitter," an allusion to the resonance and strength of his voice. In Spanish villages, people are often given descriptive nicknames. Poncia's first husband, for example, was known as Evaristo *el Colorín* because he bred finches (p. 318).

[2]The number of women mourners—*doscientas*—is not meant to be taken literally!

MUJER 1.ª   Los pobres sienten también sus penas.

BERNARDA   Pero las olvidan delante de un plato de garbanzos.

MUCHACHA *(Con timidez.)*   Comer es necesario para vivir.

BERNARDA   A tu edad no se habla delante de las personas mayores.

MUJER 1.ª   Niña, cállate.

BERNARDA   No he dejado que nadie me dé lecciones. Sentarse. *(Se sientan. Pausa. Fuerte.)* Magdalena, no llores; si quieres llorar te metes debajo de la cama. ¿Me has oído?

MUJER 2.ª *(A* BERNARDA.*)*   ¿Habéis empezado los trabajos en la era?°   threshing floor

BERNARDA   Ayer.

MUJER 3.ª   Cae el sol como plomo.°   lead

MUJER 1.ª   Hace años no he conocido calor igual.

(Pausa. Se abanican todas.)

BERNARDA   ¿Está hecha la limonada?

PONCIA *(Sale con una gran bandeja° llena de jarritas° blancas, que distribuye.)*   Sí,   tray / little cups
Bernarda.

BERNARDA   Dale a los hombres.

PONCIA   La están tomando en el patio.

BERNARDA   Que salgan por donde han entrado. No quiero que pasen por aquí.

MUCHACHA *(A* ANGUSTIAS.*)*   Pepe el Romano estaba con los hombres del duelo.[1]

ANGUSTIAS   Allí estaba.

BERNARDA   Estaba su madre. Ella ha visto a su madre. A Pepe no lo ha visto ni ella ni yo.

MUCHACHA   Me pareció . . .

BERNARDA   Quien sí estaba era el viudo° de Darajalí.[2] Muy cerca de tu tía. A ese   widower
lo vimos todas.

MUJER 2.ª *(Aparte,° en voz baja.)*   ¡Mala, más que mala!   Aside

MUJER 3.ª *(Lo mismo.)*   ¡Lengua de cuchillo!

BERNARDA   Las mujeres en la iglesia no deben de mirar más hombre que al   celebrant
oficiante,° y a ése porque tiene faldas. Volver la cabeza es buscar el calor de   on the prowl for a man
la pana.°   dried-up

MUJER 1.ª *(En voz baja.)*   ¡Vieja lagarta recocida!°   dried-up

PONCIA *(Entre dientes.)*°   ¡Sarmentosa por calentura de varón!°   mumbling / Twisted up
                                                                    longing for a man!

BERNARDA   ¡Alabado sea Dios!   longing for a man!

TODAS. *(Santiguándose.)*°   Sea por siempre bendito y alabado.[3]   crossing themselves

BERNARDA   ¡Descansa en paz con la santa compaña° de cabecera!°   souls of the deceased /

TODAS   ¡Descansa en paz!   by his side

BERNARDA   Con el ángel San Miguel y su espada justiciera.°   sword of justice

TODAS   ¡Descansa en paz!

BERNARDA   Con la llave que todo lo abre y la mano que todo lo cierra.

TODAS   ¡Descansa en paz!

---

[1]Pepe is called *el Romano* because he (or his family) is from the hamlet of Romilla or Roma la Chica, near Lorca's own village of Fuente Vaqueros.
[2]Small village in Granada province.
[3]Making the sign of the cross, the women begin reciting a litany of Lorca's own invention. The Latin phrases are from the Catholic requiem.

BERNARDA Con los bienaventurados° y las lucecitas del campo.	blessed
TODAS ¡Descansa en paz!	
BERNARDA Con nuestra santa caridad y las almas° de tierra y mar.	souls
TODAS ¡Descansa en paz!	
BERNARDA Concede el reposo° a tu siervo° Antonio María Benavides y dale la corona° de tu santa gloria.	Grant rest / servant crown
TODAS Amén.	
BERNARDA. *(Se pone en pie y canta.)* «Requiem aeternam dona eis Domine.»°	Give them eternal rest,
TODAS *(De pie y cantando al modo gregoriano.)* «Et lux perpetua luceat eis.»° *(Se santiguan.)*	O Lord | And may eternal light shine upon
MUJER 1.ª Salud para rogar° por su alma. *(Van desfilando.°)*	them | pray / filing out
MUJER 3.ª No te faltará la hogaza° de pan caliente.	loaf
MUJER 2.ª Ni el techo para tus hijas. *(Van desfilando todas por delante de BERNARDA y saliendo.)*	
(Sale ANGUSTIAS por otra puerta, la que da al° patio.)	opens onto
MUJER 4.ª El mismo lujo° de tu casamiento° lo sigas disfrutando.°	abundance / marriage / enjoying
PONCIA *(Entrando con una bolsa.)* De parte de los hombres esta bolsa de dineros para responsos.	
BERNARDA Dales las gracias y échales una copa de aguardiente.°	liquor
MUCHACHA *(A MAGDALENA.)* Magdalena . . .	
BERNARDA *(A MAGDALENA, que inicia el llanto.°)* Chiss. *(Salen todas. A las que se han ido.)* ¡Andar a vuestras cuevas° a criticar todo lo que habéis visto! ¡Ojalá tardéis muchos años en pasar el arco de mi puerta!	beginning to cry caves
PONCIA No tendrás queja ninguna. Ha venido todo el pueblo.	
BERNARDA Sí; para llenar mi casa con el sudor de sus refajos° y el veneno° de sus lenguas.	sweat of their underskirts / poison
AMELIA ¡Madre, no hable usted así!	
BERNARDA Es así como se tiene que hablar en este maldito pueblo sin río, pueblo de pozos,° donde siempre se bebe el agua con el miedo de que esté envenenada.[1]	wells
PONCIA ¡Cómo han puesto la solería!°	floor
BERNARDA Igual que si hubiese pasado por ella una manada° de cabras. *(PONCIA limpia el suelo.)* Niña, dame el abanico.	herd
ADELA Tome usted. *(Le da un abanico redondo con flores rojas y verdes.)*	
BERNARDA *(Arrojando° el abanico al suelo.)* ¿Es este el abanico que se da a una viuda?° Dame uno negro y aprende a respetar el luto° de tu padre.	Hurling widow / mourning
MARTIRIO Tome usted el mío.	
BERNARDA ¿Y tú?	
MARTIRIO Yo no tengo calor.	
BERNARDA Pues busca otro, que te hará falta. En ocho años que dure el luto no ha de entrar en esta casa el viento de la calle. Haceros cuenta° que hemos tapiado° con ladrillos° puertas y ventanas. Así pasó en casa de mi padre y en casa de mi abuelo. Mientras, podéis empezar a bordar° el ajuar.° En el arca° tengo veinte piezas de hilo° con el que podréis cortar sábanas y embozos.° Magdalena puede bordarlas.	Pretend walled up / bricks embroider / trousseau / chest | linen / upper part of top sheet

---

[1]In other villages, Bernarda implies, one drinks from a public fountain rather than from a well.

156

MAGDALENA   Lo mismo me da.

ADELA *(Agria.)*°   Si no quieres bordarlas, irán sin bordados. Así las tuyas lucirán más.°

MAGDALENA   Ni las mías ni las vuestras. Sé que yo no me voy a casar. Prefiero llevar sacos al molino.° Todo menos estar sentada días y días dentro de esta sala oscura.

BERNARDA   Esto tiene ser mujer.

MAGDALENA   Malditas sean las mujeres.

BERNARDA   Aquí se hace lo que yo mando. Ya no puedes ir con el cuento° a tu padre. Hilo y aguja° para las hembras. Látigo° y mula para el varón. Eso tiene la gente que nace con posibles.°

(Sale ADELA.*)*

VOZ   ¡Bernarda! ¡Déjame salir!

BERNARDA *(En voz alta.)*   ¡Dejadla ya!

(Sale la CRIADA.*)*

CRIADA   Me ha costado mucho sujetarla.° A pesar de sus ochenta años, tu madre es fuerte como un roble.°

BERNARDA   Tiene a quién parecérsele.° Mi abuelo fue igual.

CRIADA   Tuve durante el duelo que taparle° varias veces la boca con un costal° vacío porque quería llamarte para que le dieras agua de fregar° siquiera° para beber, y carne de perro, que es lo que ella dice que le das.

MARTIRIO   ¡Tiene mala intención!

BERNARDA *(A la* CRIADA.*)*   Déjala que se desahogue° en el patio.

CRIADA   Ha sacado del cofre° sus anillos° y los pendientes° de amatista se los ha puesto, y me ha dicho que se quiere casar.

(Las HIJAS *ríen.)*

BERNARDA   Ve con ella y ten cuidado que no se acerque al pozo.

CRIADA   No tengas miedo que se tire.°

BERNARDA   No es por eso . . . Pero desde aquel sitio las vecinas pueden verla desde su ventana.

(Sale la CRIADA.*)*

MARTIRIO   Nos vamos a cambiar la ropa.

BERNARDA   Sí, pero no el pañuelo de la cabeza. *(Entra* ADELA.*)* ¿Y Angustias?

ADELA *(Con retintín.)*°   La he visto asomada a la rendija del portón.° Los hombres se acaban de ir.

BERNARDA   ¿Y tú a qué fuiste también al portón?

ADELA   Me llegué a ver si habían puesto° las gallinas.°

BERNARDA   ¡Pero el duelo de los hombres habría salido ya!

ADELA *(Con intención.)*   Todavía estaba un grupo parado por fuera.

BERNARDA *(Furiosa.)*   ¡Angustias! ¡Angustias!

ANGUSTIAS *(Entrando.)*   ¿Qué manda usted?

BERNARDA   ¿Qué mirabas y a quién?

ANGUSTIAS   A nadie.

BERNARDA   ¿Es decente que una mujer de tu clase vaya con el anzuelo° detrás de un hombre el día de la misa de su padre? ¡Contesta! ¿A quién mirabas?

(Pausa.)

ANGUSTIAS   Yo . . .

Marginal glosses:
sourly
will be prettier

carry sacks (of wheat) to the mill

go tattle to
needle and thread /
whip | means

hold her back
oak

She has someone to
take after (resemble) |
cover / sack | dishwater /
at least

let off steam
coffer / rings / earrings

throw herself in

Sarcastically / peering
through the crack in the
outside door
laid / hens

fishing hook

BERNARDA   ¡Tú!

ANGUSTIAS   ¡A nadie!

BERNARDA *(Avanzando con el bastón.)*   ¡Suave! ¡Dulzarrona!° *(Le da.)°*   Weakling! Sickly little

PONCIA *(Corriendo.)*   ¡Bernarda, cálmate! *(La sujeta.)*   tart! / She strikes her.

(ANGUSTIAS llora.)

BERNARDA   ¡Fuera de aquí todas! *(Salen.)*

PONCIA   Ella lo ha hecho sin dar alcance° a lo que hacía, que está francamente   realizing
mal. Ya me chocó a mí° verla escabullirse° hacia el patio. Luego estuvo detrás   I found it strange / slip
de una ventana oyendo la conversación que traían los hombres, que, como   away
siempre, no se puede oír.

BERNARDA   A eso vienen a los duelos. *(Con curiosidad.)* ¿De qué hablaban?

PONCIA   Hablaban de Paca la Roseta. Anoche ataron° a su marido a un pesebre°   tied / feeding trough
y a ella se la llevaron en la grupa° del caballo hasta lo alto del olivar.°   haunches / olive grove

BERNARDA   ¿Y ella?

PONCIA   Ella, tan conforme. Dicen que iba con los pechos fuera y Maximiliano
la llevaba cogida como si tocara la guitarra. ¡Un horror!

BERNARDA   ¿Y qué pasó?

PONCIA   Lo que tenía que pasar. Volvieron casi de día. Paca la Roseta traía el
pelo suelto° y una corona de flores en la cabeza.   loose

BERNARDA   Es la única mujer mala que tenemos en el pueblo.

PONCIA   Porque no es de aquí. Es de muy lejos. Y los que fueron con ella son
también hijos de forasteros.° Los hombres de aquí no son capaces de eso.   outsiders

BERNARDA   No; pero les gusta verlo y comentarlo y se chupan los dedos° de que   they lick their fingers
esto ocurra.

PONCIA   Contaban muchas cosas más.

BERNARDA *(Mirando a un lado y otro con cierto temor.)*   ¿Cuáles?

PONCIA   Me da vergüenza referirlas.°   I'm embarrassed to tell

BERNARDA   ¿Y mi hija las oyó?   them.

PONCIA   ¡Claro!

BERNARDA   Esa sale a° sus tías; blandas y untosas° y que ponían los ojos de   She gets that from / soft
carnero° al piropo° de cualquier barberillo. ¡Cuánto hay que sufrir y luchar   and oily | made calves'
para hacer que las personas sean decentes y no tiren al monte° demasiado!   eyes / sweet talk |
                                                                              behave like animals | at
PONCIA   ¡Es que tus hijas están ya en edad de merecer!° Demasiado poca guerra   marrying age
te dan. Angustias ya debe tener mucho más de los treinta.

BERNARDA   Treinta y nueve justos.

PONCIA   Figúrate.° Y no ha tenido nunca novio . . .   Imagine

BERNARDA *(Furiosa.)*   ¡No ha tenido novio ninguna ni les hace falta! Pueden
pasarse muy bien.

PONCIA   No he querido ofenderte.

BERNARDA   No hay en cien leguas a la redonda° quien se pueda acercar a ellas.   leagues (miles) around
Los hombres de aquí no son de su clase. ¿Es que quieres que las entregue° a   turn them over
cualquier gañán?°   farmhand

PONCIA   Debías haberte ido a otro pueblo.

BERNARDA   Eso. ¡A venderlas!

PONCIA   No, Bernarda, a cambiar . . . Claro que en otros sitios ellas resultan
las pobres.

BERNARDA ¡Calla esa lengua atormentadora!° *cruel*

PONCIA Contigo no se puede hablar. ¿Tenemos o no tenemos confianza?° *Are we close enough to trust one another?*

BERNARDA No tenemos. Me sirves y te pago. ¡Nada más!

CRIADA *(Entrando.)* Ahí está don Arturo, que viene a arreglar las particiones.° *arrange the inheritance*

BERNARDA Vamos. *(A la* CRIADA.*)* Tú empieza a blanquear° el patio. *(A* PONCIA.*)* *whitewash*
    Y tú ve guardando en el arca grande toda la ropa del muerto.

PONCIA Algunas cosas las podíamos dar.° *give away*

BERNARDA Nada, ¡ni un botón! Ni el pañuelo con que le hemos tapado la cara.
    (Sale lentamente apoyada en el bastón y al salir vuelve la cabeza y mira a sus
    CRIADAS. *Las* CRIADAS *salen después.)*

(Entran AMELIA *y* MARTIRIO.*)*

AMELIA ¿Has tomado la medicina?

MARTIRIO ¡Para lo que me va a servir!° *Not that it will do me any good!*

AMELIA Pero la has tomado.

MARTIRIO Yo hago las cosas sin fe, pero como un reloj.

AMELIA Desde que vino el médico nuevo estás más animada.° *lively, cheerful*

MARTIRIO Yo me siento lo mismo.

AMELIA ¿Te fijaste? Adelaida no estuvo en el duelo.

MARTIRIO Ya lo sabía. Su novio no la deja salir ni al tranco° de la calle. Antes era *threshold*
    alegre; ahora ni polvos se echa en la cara.° *she doesn't even powder her face*

AMELIA Ya no sabe una si es mejor tenor novio o no.

MARTIRIO Es lo mismo.

AMELIA De todo tiene la culpa esta crítica que no nos deja vivir. Adelaida habrá
    pasado mal rato.° *must have suffered*

MARTIRIO Le tiene miedo a nuestra madre. Es la única que conoce la historia de
    su padre y el origen de sus tierras. Siempre que viene le tira puñaladas° en el *She plunges in the knife*
    asunto.° Su padre mató en Cuba al marido de su primera mujer para casarse *matter*
    con ella. Luego aquí la abandonó y se fue con otra que tenía una hija y luego
    tuvo relaciones con esta muchacha, la madre de Adelaida, y casó con ella
    después de haber muerto loca la segunda mujer.

AMELIA Y ese infame, ¿por qué no está en la cárcel?° *jail*

MARTIRIO Porque los hombres se tapan unos a otros° las cosas de esta índole° y *cover for each other / that sort*
    nadie es capaz de delatar.° *make accusations | blame*

AMELIA Pero Adelaida no tiene culpa° de esto.

MARTIRIO No. Pero las cosas se repiten. Y veo que todo es una terrible repeti-
    ción. Y ella tiene el mismo sino° de su madre y de su abuela, mujeres las dos *fate*
    del que la engendró.

AMELIA ¡Qué cosa más grande!

MARTIRIO Es preferible no ver a un hombre nunca. Desde niña les tuve miedo.
    Los veía en el corral uncir los bueyes° y levantar los costales de trigo entre *yoking the oxen*
    voces y zapatazos° y siempre tuve miedo de crecer° por temor de encon- *clumsy steps / growing up*
    trarme de pronto abrazada° por ellos. Dios me ha hecho débil y fea y los ha *embraced*
    apartado definitivamente de mí.

AMELIA ¡Eso no digas! Enrique Humanes estuvo detrás de ti y le gustabas.

MARTIRIO ¡Invenciones de la gente! Una vez estuve en camisa° detrás de la ven- *in my nightgown*
    tana hasta que fue de día porque me avisó° con la hija de su gañán que iba a *sent word*

159

venir y no vino. Fue todo cosa de lenguas. Luego se casó con otra que tenía más que yo.

AMELIA   ¡Y fea como un demonio!

MARTIRIO   ¡Qué les importa a ellos la fealdad! A ellos les importa la tierra, las yuntas,° y una perra sumisa° que les dé de comer.   yokes (of oxen) / meek

AMELIA   ¡Ay! (*Entra* MAGDALENA.)

MAGDALENA   ¿Qué hacéis?

MARTIRIO   Aquí.

AMELIA   ¿Y tú?

MAGDALENA   Vengo de correr las cámaras.° Por andar un poco. De ver los   closets or storerooms
cuadros bordados de cañamazo° de nuestra abuela, el perrito de lanas y el   embroidered on canvas
negro luchando con el león, que tanto nos gustaba de niñas. Aquella era una época más alegre. Una boda duraba diez días y no se usaban las malas lenguas.° Hoy hay más finura,° las novias se ponen de velo blanco como en   gossip / refinement
las poblaciones y se bebe vino de botella, pero nos pudrimos° por el qué   we rot away
dirán.°   over what people will
   say about us

MARTIRIO   ¡Sabe Dios lo que entonces pasaría!

AMELIA (*A* MAGDALENA.)   Llevas desabrochados los cordones de un zapato.°   Your shoelaces are
   untied | What does it

MAGDALENA   ¡Qué más da!°   matter? | step on them

AMELIA   Te los vas a pisar° y te vas a caer.

MAGDALENA   ¡Una menos!

MARTIRIO   ¿Y Adela?

MAGDALENA   ¡Ah! Se ha puesto el traje verde que se hizo para estrenar° el día de   wear for the first time
su compleaños, se ha ido al corral, y ha comenzado a voces: «¡Gallinas! ¡Gallinas, miradme!» ¡Me he tenido que reír!

AMELIA   ¡Si la hubiera visto madre!

MAGDALENA   ¡Pobrecilla! Es la más joven de nosotras y tiene ilusión. Daría algo por verla feliz.

(*Pausa.* ANGUSTIAS *cruza la escena con unas toallas en la mano.*)

ANGUSTIAS   ¿Qué hora es?

MAGDALENA   Ya deben ser las doce.

ANGUSTIAS   ¿Tanto?

AMELIA   Estarán al caer.°   Just about.

(*Sale* ANGUSTIAS.)

MAGDALENA (*Con intención.*)   ¿Sabéis ya la cosa? (*Señalando a* ANGUSTIAS.)

AMELIA   No.

MAGDALENA   ¡Vamos!

MARTIRIO   No sé a qué cosa te refieres . . .

MAGDALENA   Mejor que yo lo sabéis las dos. Siempre cabeza con cabeza como dos ovejitas, pero sin desahogarse° con nadie. ¡Lo de Pepe el Romano!   unburdening yourselves

MARTIRIO   ¡Ah!

MAGDALENA (*Remedándola.*)°   ¡Ah! Ya se comenta por el pueblo. Pepe el   mimicking her
Romano viene a casarse con Angustias. Anoche estuvo rondando la casa° y   roaming around outside
creo que pronto va a mandar un emisario.   the house

MARTIRIO   Yo me alegro. Es buen mozo.°   He's good looking.

AMELIA   Yo también. Angustias tiene buenas condiciones.

MAGDALENA   Ninguna de las dos os alegráis.

MARTIRIO   ¡Magdalena! ¡Mujer!

MAGDALENA   Si viniera por el tipo° de Angustias, por Angustias como mujer, yo   figure, appearance
me alegraría; pero viene por el dinero. Aunque Angustias es nuestra her-
mana, aquí estamos en familia y reconocemos que está vieja, enfermiza, y
que siempre ha sido la que ha tenido menos méritos de todas nosotras.
Porque si con veinte años parecía un palo° vestido, ¡qué será ahora que tiene   stick
cuarenta!

MARTIRIO   No hables así. La suerte° viene a quien menos la aguarda.°   luck / least expects it

AMELIA   ¡Después de todo dice la verdad! ¡Angustias tiene todo el dinero de su
padre, es la única rica de la casa y por eso ahora que nuestro padre ha
muerto y ya se harán particiones viene por ella!

MAGDALENA   Pepe el Romano tiene veinticinco años y es el mejor tipo de todos
estos contornos.° Lo natural sería que te pretendiera° a ti, Amelia, o a nues-   best-looking man
tra Adela, que tiene veinte años, pero no que venga a buscar lo más oscuro   around / courting
de esta casa, a una mujer que, como su padre, habla con la nariz.

MARTIRIO   ¡Puede que a él le guste!

MAGDALENA   ¡Nunca he podido resistir° tu hipocresía!   stand, tolerate

MARTIRIO   ¡Dios nos valga!°   God help us!

(Entra ADELA.)

MAGDALENA   ¿Te han visto y las gallinas?

ADELA   ¿Y qué querías que hiciera?

AMELIA   ¡Si te ve nuestra madre te arrastra del pelo!

ADELA   Tenía mucha ilusión con el vestido. Pensaba ponérmelo el día que
vamos a comer sandías° a la noria. No hubiera habido otro igual.   watermelons

MARTIRIO   Es un vestido precioso.

ADELA   Y que me está muy bien. Es lo que mejor ha cortado Magdalena.

MAGDALENA   ¿Y las gallinas qué te han dicho?

ADELA   Regalarme unas cuantas pulgas° que me han acribillado° las piernas.   fleas / bitten all over
(Ríen.)

MARTIRIO   Lo que puede hacer es teñirlo° de negro.   dye it

MAGDALENA   Lo mejor que puedes hacer es regalárselo a Angustias para la boda
con Pepe el Romano.

ADELA (Con emoción contenida.°)   Pero Pepe el Romano . . .   restrained

AMELIA   ¿No lo has oído decir?

ADELA   No.

MAGDALENA   ¡Pues ya lo sabes!

ADELA   ¡Pero si no puede ser!

MAGDALENA   ¡El dinero lo puede todo!

ADELA   ¿Por eso ha salido detrás del duelo y estuvo mirando por el portón?
(Pausa.) Y ese hombre es capaz de . . .

MAGDALENA   Es capaz de todo.

(Pausa.)

MARTIRIO   ¿Qué piensas, Adela?

ADELA   Pienso que este luto me ha cogido en la peor época de mi vida para
pasarlo.

MAGDALENA   Ya te acostumbrarás.°   You'll get used to it.

ADELA (*Rompiendo a llorar con ira.*)   No me acostumbraré. Yo no quiero estar
    encerrada. No quiero que se me pongan las carnes como a vosotras; no
    quiero perder mi blancura en estas habitaciones; mañana me pondré mi
    vestido verde y me echaré a pasear° por la calle. ¡Yo quiero salir!   I'll go for a stroll

(*Entra la* CRIADA.)

MAGDALENA (*Autoritaria.*)   ¡Adela!

CRIADA   ¡La pobre! Cuánto ha sentido a su padre . . . (*Sale.*)

MARTIRIO   ¡Calla!

AMELIA   Lo que sea de una será de todas.

(ADELA *se calma.*)

MAGDALENA   Ha estado a punto de oírte la criada.

CRIADA (*Apareciendo.*)   Pepe el Romano viene por lo alto de la calle.

(AMELIA, MARTIRIO *y* MAGDALENA *corren presurosas.°*)   in a hurry

MAGDALENA   ¡Vamos a verlo! (*Salen rápidas.*)

CRIADA (*A* ADELA.)   ¿Tú no vas?

ADELA   No me importa.

CRIADA   Como dará la vuelta a la esquina,° desde la ventana de tu cuarto se verá   he'll turn the corner
    mejor. (*Sale.*)

(ADELA *queda en escena dudando; después de un instante se va también rápida
    hacia su habitación. Salen* BERNARDA *y* PONCIA.)

BERNARDA   ¡Malditas particiones!

PONCIA   ¡Cuánto dinero le queda a Angustias!

BERNARDA   Sí.

PONCIA   Y a las otras, bastante menos.

BERNARDA   Ya me lo has dicho tres veces y no te he querido replicar. Bastante
    menos, mucho menos. No me lo recuerdes más.

(*Sale* ANGUSTIAS *muy compuesta de cara.°*)   wearing much

BERNARDA   ¡Angustias!   make-up

ANGUSTIAS   Madre.

BERNARDA   ¿Pero has tenido valor de echarte polvos en la cara? ¿Has tenido
    valor de lavarte la cara el día de la misa de tu padre?

ANGUSTIAS   No era mi padre. El mío murió hace tiempo. ¿Es que ya no lo
    recuerda usted?

BERNARDA   Más debes a este hombre, padre de tus hermanas, que al tuyo. Gra-   ensured
    cias a este hombre tienes colmada° tu fortuna.

ANGUSTIAS   ¡Eso lo teníamos que ver!

BERNARDA   Aunque fuera por decencia.° ¡Por respeto!   If only out of decency!

ANGUSTIAS   Madre, déjeme usted salir.

BERNARDA   ¿Salir? Después de que te hayas quitado esos polvos de la cara.   Weakling! / Mirror
    ¡Suavona!° ¡Yeyo!¹ ¡Espejo° de tus tías! (*Le quita violentamente con su pañuelo*   image
    los polvos.) ¡Ahora, vete!

PONCIA   ¡Bernarda, no seas tan inquisitiva!°   harsh

---

¹The word *yeyo* was used in the García Lorca family to describe a woman wearing heavy make-up,
especially white face powder, negatively, as a hussy.

BERNARDA   Aunque mi madre esté loca, yo estoy con mis cinco sentidos y sé perfectamente lo que hago.

(Entran todas.)

MAGDALENA   ¿Qué pasa?

BERNARDA   No pasa nada.

MAGDALENA (A ANGUSTIAS.)   Si es que discuten por las particiones, tú que eres la
más rica te puedes quedar con todo.

ANGUSTIAS   Guárdate la lengua en la madriguera.°   Keep your tongue in its
burrow.

BERNARDA (Golpeando con el bastón en el suelo.)   No os hagáis ilusiones de que   Don't imagine you will
vais a poder conmigo.° ¡Hasta que salga de esta casa con los pies delante   be a match for me.
mandaré en lo mío y en lo vuestro!

(Se oyen unas voces y entra en escena MARÍA JOSEFA, la madre de BERNARDA,
viejísima, ataviada° con flores en la cabeza y en el pecho.)   adorned

MARÍA JOSEFA   Bernarda, ¿dónde está mi mantilla? Nada de lo que tengo quiero
que sea para vosotras. Ni mis anillos ni mi traje negro de «moaré».° Porque   moire
ninguna de vosotras se va a casar. ¡Ninguna! Bernarda, dame mi gargantilla°   choker, necklace
de perlas.

BERNARDA (A la CRIADA.)   ¿Por qué la habéis dejado entrar?

CRIADA (Temblando.)°   ¡Se me escapó!   Trembling

MARÍA JOSEFA   Me escapé porque me quiero casar, porque quiero casarme con
un varón hermoso de la orilla del mar,° ya que aquí los hombres huyen de las   seashore
mujeres.

BERNARDA   ¡Calle usted, madre!

MARÍA JOSEFA   No, no callo. No quiero ver a estas mujeres solteras rabiando por
la boda,° haciéndose polvo el corazón, y yo me quiero ir a mi pueblo.   yearning to get
Bernarda, yo quiero un varón para casarme y para tener alegría.   married

BERNARDA   ¡Encerradla!

MARÍA JOSEFA   ¡Déjame salir, Bernarda!

(La CRIADA coge a MARÍA JOSEFA.)

BERNARDA   ¡Ayudarla vosotras! (Todas arrastran a la vieja.)

MARÍA JOSEFA   ¡Quiero irme de aquí! ¡Bernarda! ¡A casarme a la orilla del mar, a
la orilla del mar!

Telón rápido

Acto segundo

*Habitación blanca del interior de la casa de Bernarda. Las puertas de la
izquierda dan a los dormitorios. Las hijas de Bernarda están sentadas en sillas bajas
cosiendo.° MAGDALENA borda. Con ellas está PONCIA.*   sewing

ANGUSTIAS   Ya he cortado la tercera sábana.

MARTIRIO   Le corresponde a Amelia.

MAGDALENA   Angustias. ¿Pongo también las iniciales de Pepe?

ANGUSTIAS (Seca.)   No.

MAGDALENA (A voces.)   Adela, ¿no vienes?

AMELIA Estará echada en la cama.

PONCIA Ésta tiene algo. La encuentro sin sosiego,° temblona,° asustada,° como si tuviese una lagartija° entre los pechos.

restless / trembling / frightened | little lizard

MARTIRIO No tiene ni más ni menos que lo que tenemos todas.

MAGDALENA Todas, menos Angustias.

ANGUSTIAS Yo me encuentro bien, y al que le duela, que reviente.°

Anyone who doesn't like it can go to the devil. | waistline / tact

MAGDALENA Desde luego hay que reconocer que lo mejor que has tenido siempre es el talle° y la delicadeza.°

ANGUSTIAS Afortunadamente, pronto voy a salir de este infierno.

MAGDALENA ¡A lo mejor no sales!

MARTIRIO Dejar esa conversación.

ANGUSTIAS Y, además, ¡más vale onza en el arca° que ojos negros en la cara!¹

money in the kitty

MAGDALENA Por un oído° me entra y por otro me sale.

ear

AMELIA *(A PONCIA.)* Abre la puerta del patio a ver si nos entra un poco el fresco.

(PONCIA lo hace.)

MARTIRIO Esta noche pasada no me podía quedar dormida del calor.

AMELIA Yo tampoco.

MAGDALENA Yo me levanté a refrescarme.° Había un nublo° negro de tormenta y hasta cayeron algunas gotas.°

cool off / cloud drops of rain

PONCIA Era la una de la madrugada° y salía fuego de la tierra. También me levanté yo. Todavía estaba Angustias con Pepe en la ventana.

morning

MAGDALENA *(Con ironía.)* ¿Tan tarde? ¿A qué hora se fue?

ANGUSTIAS Magdalena, ¿a qué preguntas, si lo viste?

AMELIA Se iría a eso de la una y media.

ANGUSTIAS Sí. ¿Tú por qué lo sabes?

AMELIA Lo sentí toser° y oí los pasos° de su jaca.°

I heard him cough / hoofbeats / small horse

PONCIA Pero si yo lo sentí marchar a eso de las cuatro.

ANGUSTIAS No sería él.

PONCIA Estoy segura.

AMELIA A mí también me pareció.

MAGDALENA ¡Qué cosa más rara!

(Pausa.)

PONCIA Oye, Angustias: ¿qué fue lo que te dijo la primera vez que se acercó a tu ventana?

ANGUSTIAS Nada. ¡Qué me iba a decir! Cosas de conversación.

MARTIRIO Verdaderamente es raro que dos personas que no se conocen se vean de pronto en una reja° y ya novios.

window grate

ANGUSTIAS Pues a mí no me chocó.

AMELIA A mí me daría no sé qué.°

I would feel uneasy.

ANGUSTIAS No, porque cuando un hombre se acerca a una reja ya sabe por los que van y vienen, llevan y traen,° que se le va a decir que sí.

fetch and carry

MARTIRIO Bueno; pero él te lo tendría que decir.

---

¹In other words, wealth is better than beauty. Lorca is imitating popular proverbs like "Más vale pájaro en mano que cien volando" (A bird in the hand is worth two in the bush).

ANGUSTIAS   ¡Claro!

AMELIA   (*Curiosa.*)   ¿Y cómo te lo dijo?

ANGUSTIAS   Pues nada: «Ya sabes que ando detrás de ti, necesito una mujer buena, modosa,° y esa eres tú si me das la conformidad.»

AMELIA   ¡A mí me da vergüenza de estas cosas!°

ANGUSTIAS   Y a mí, pero hay que pasarlas.

PONCIA   ¿Y habló más?

ANGUSTIAS   Sí, siempre habló él.

MARTIRIO   ¿Y tú?

ANGUSTIAS   Yo no hubiera podido. Casi se me salió el corazón por la boca. Era la primera vez que estaba sola de noche con un hombre.

MAGDALENA   Y un hombre tan guapo.

ANGUSTIAS   No tiene mal tipo.

PONCIA   Esas cosas pasan entre personas ya un poco instruidas° que hablan y dicen y mueven la mano . . . La primera vez que mi marido Evaristo el Colorín vino a mi ventana . . . Ja, ja, ja.

AMELIA   ¿Qué pasó?

PONCIA   Era muy oscuro. Lo vi acercarse y al llegar me dijo: «Buenas noches.» «Buenas noches», le dije yo, y nos quedamos callados más de media hora. Me corría el sudor por todo el cuerpo. Entonces Evaristo se acercó, se acercó que se quería meter por los hierros,° y dijo con voz muy baja: «¡Ven que te tiente!»° (*Ríen todas.*)

(AMELIA *se levanta corriendo y espía por una puerta.*)

AMELIA   ¡Ay!, creí que llegaba nuestra madre.

MAGDALENA   ¡Buenas nos hubiera puesto!° (*Siguen riendo.*)

AMELIA   Chissss . . . ¡Que nos va a oír!

PONCIA   Luego se portó° bien. En vez de darle por otra cosa le dio por criar colorines° hasta que se murió. A vosotras que sois solteras, os conviene saber de todos modos que el hombre, a los quince días de boda, deja la cama por la mesa y luego la mesa por la tabernilla,° y la que no se conforma se pudre llorando en un rincón.

AMELIA   Tú te conformaste.

PONCIA   ¡Yo pude con él!°

MARTIRIO   ¿Es verdad que le pegaste algunas veces?

PONCIA   Sí, y por poco si lo dejo tuerto.°

MAGDALENA   ¡Así debían ser todas las mujeres!

PONCIA   Yo tengo la escuela de tu madre. Un día me dijo no sé qué cosa y le maté todos los colorines con la mano del almirez.° (*Ríen.*)

MAGDALENA   Adela, niña, no te pierdas esto.

AMELIA   Adela.

(*Pausa.*)

MAGDALENA   Voy a ver. (*Entra.*)

PONCIA   Esa niña está mala.

MARTIRIO   Claro, no duerme apenas.

PONCIA   ¿Pues qué hace?

MARTIRIO   ¡Yo qué sé lo que hace!

who knows her place

Things like that embarrass me!

with a little experience

bars (of the window)

Come here, so I can feel you!

Who knows what she would have called us!

behaved

He took to breeding finches

wineshop, bar

was a match for him

Yes, and I almost put out one of his eyes.

with a pestle

165

PONCIA   Mejor lo sabrás tú que yo, que duermes pared por medio.°   *on the other side of the*

ANGUSTIAS   La envidia la come.   *wall*

AMELIA   No exageres.

ANGUSTIAS   Se lo noto en los ojos. Se le está poniendo mirar de loca.°   *She's beginning to*

MARTIRIO   No habléis de locos. Aquí es el único sitio donde no se puede pro-   *look crazy.*
    nunciar esta palabra.

(Sale MAGDALENA *con* ADELA.*)*

MAGDALENA   Pues ¿no estabas dormida?

ADELA   Tengo mal cuerpo.°   *I don't feel well.*

MARTIRIO *(Con intención.)*   ¿Es que no has dormido bien esta noche?

ADELA   Sí.

MARTIRIO   ¿Entonces?

ADELA *(Fuerte.)*   ¡Déjame ya! ¡Durmiendo o velando,° no tienes por qué   *awake*
    meterte° en lo mío! ¡Yo hago con mi cuerpo lo que me parece!   *pry into*

MARTIRIO   ¡Sólo es interés por ti!

ADELA   Interés o inquisición. ¿No estabais cosiendo? Pues seguir. ¡Quisiera ser
    invisible, pasar por las habitaciones sin que me preguntarais dónde voy!

CRIADA *(Entra.)*   Bernarda os llama. Está el hombre de los encajes.° *(Salen.)*   *lace*

(Al salir, MARTIRIO *mira fijamente° a* ADELA.*)*   *stares*

ADELA   ¡No me mires más! Si quieres te daré mis ojos, que son frescos, y mis
    espaldas para que te compongas la joroba° que tienes, pero vuelve la cabeza   *fix your hunched back*
    cuando yo pase.

(Se va MARTIRIO.*)*

PONCIA   ¡Que es tu hermana y además la que más te quiere!

ADELA   Me sigue a todos lados. A veces se asoma a mi cuarto para ver si duermo.
    No me deja respirar. Y siempre: «¡Qué lástima de cara!», «¡Qué lástima de
    cuerpo que no vaya a ser para nadie!» ¡Y eso no! Mi cuerpo será de quien yo
    quiera.

PONCIA *(Con intención y en voz baja.)*   De Pepe el Romano. ¿No es eso?

ADELA *(Sobrecogida.)°*   ¿Qué dices?   *Startled*

PONCIA   Lo que digo, Adela.

ADELA   ¡Calla!

PONCIA *(Alto.)*   ¿Crees que no me he fijado?°   *You think I haven't*

ADELA   ¡Baja la voz!   *noticed?*

PONCIA   ¡Mata esos pensamientos!

ADELA   ¿Qué sabes tú?

PONCIA   Las viejas vemos a través de las paredes. ¿Dónde vas de noche cuando
    te levantas?

ADELA   ¡Ciega debías estar!

PONCIA   Con la cabeza y las manos llenas de ojos cuando se trata de lo que se
    trata. Por mucho que pienso no sé lo que te propones. ¿Por qué te pusiste
    casi desnuda con la luz encendida y la ventana abierta al pasar Pepe el
    segundo día que vino a hablar con tu hermana?

ADELA   ¡Eso no es verdad!

PONCIA   No seas como los niños chicos. ¡Deja en paz a tu hermana, y si Pepe el
    Romano te gusta, te aguantas!° *(*ADELA *llora.)* Además, ¿quién dice que no te   *put up with it*
    puedes casar con él? Tu hermana Angustias es una enferma. Esa no resiste el

primer parto.° Es estrecha° de cintura, vieja, y con mi conocimiento te digo que se morirá. Entonces Pepe hará lo que hacen todos los viudos de esta tierra: se casará con la más joven, la más hermosa, y esa serás tú. Alimenta° esa esperanza, olvídalo, lo que quieras, pero no vayas contra la ley de Dios.

ADELA   ¡Calla!

PONCIA   ¡No callo!

ADELA   Métete en tus cosas, ¡oledora!,° ¡pérfida!°

PONCIA   Sombra tuya he de ser.

ADELA   En vez de limpiar la casa y acostarte para rezar a tus muertos, buscas como una vieja marrana° asuntos de hombres y mujeres para babosear° en ellos.

PONCIA   ¡Velo! Para que las gentes no escupan al pasar por esta puerta.

ADELA   ¡Qué cariño tan grande te ha entrado de pronto por mi hermana!

PONCIA   No os tengo ley a ninguna,° pero quiero vivir en casa decente. ¡No quiero mancharme° de vieja!

ADELA   Es inútil tu consejo. Ya es tarde. No por encima de ti, que eres una criada; por encima de mi madre saltaría para apagarme este fuego que tengo levantado por piernas y boca. ¿Qué puedes decir de mí? ¿Que me encierro en mi cuarto y no abro la puerta? ¿Que no duermo? ¡Soy más lista° que tú! Mira a ver si puedes agarrar la liebre con tus manos.°

PONCIA   No me desafíes,° Adela, no me desafíes. Porque yo puedo dar voces, encender luces y hacer que toquen las campanas.

ADELA   Trae cuatro mil bengalas° amarillas y ponlas en las bardas° del corral. Nadie podrá evitar que suceda lo que tiene que suceder.

PONCIA   ¡Tanto te gusta ese hombre!

ADELA   ¡Tanto! Mirando sus ojos me parece que bebo su sangre lentamente.

PONCIA   Yo no te puedo oír.

ADELA   ¡Pues me oirás! Te he tenido miedo. ¡Pero ya soy más fuerte que tú!

(Entra ANGUSTIAS.*)*

ANGUSTIAS   ¡Siempre discutiendo!

PONCIA   Claro. Se empeña° que con el calor que hace vaya a traer no sé qué de la tienda.

ANGUSTIAS   ¿Me compraste el bote de esencia?°

PONCIA   El más caro. Y los polvos. En la mesa de tu cuarto los he puesto.

(Sale ANGUSTIAS.*)*

ADELA   ¡Y chitón!°

PONCIA   ¡Lo veremos!

(Entran MARTIRIO, AMELIA *y* MAGDALENA.*)*

MAGDALENA *(A* ADELA.*)*   ¿Has visto los encajes?

AMELIA   Los de Angustias para sus sábanas de novia son preciosos.

ADELA *(A* MARTIRIO, *que trae unos encajes.)*   ¿Y estos?

MARTIRIO   Son para mí. Para una camisa.°

ADELA *(Con sarcasmo.)*   Se necesita buen humor.°

MARTIRIO *(Con intención.)*   Para verlo yo. No necesito lucirme° ante nadie.

PONCIA   Nadie le ve a una en camisa.

MARTIRIO *(Con intención y mirando a* ADELA.*)*   ¡A veces! Pero me encanta la ropa interior. Si fuera rica la tendría de holanda.° Es uno de los pocos gustos que me quedan.

Margin glosses:
- won't live through her first birth / thin
- Nourish
- spy! / traitor!
- old sow / slobber
- I have no love for any of you | tarnish myself, dirty myself
- clever
- catch the hare in your hands | defy
- flares / fence
- She insists
- bottle of perfume
- Silence!
- petticoat or nightgown
- You have to have a sense of humor! / show off
- linen

PONCIA   Estos encajes son preciosos para las gorras° de niños, para mantehuelos de cristianar.° Yo nunca pude usarlos en los míos. A ver si ahora Angustias los usa en los suyos. Como le dé por tener crías,° vais a estar cosiendo mañana y tarde.

MAGDALENA   Yo no pienso dar una puntada.°

AMELIA   Y mucho menos criar niños ajenos. Mira tú cómo están las vecinas del callejón,° sacrificadas por cuatro monigotes.°

PONCIA   Esas están mejor que vosotras. ¡Siquiera° allí se ríe y se oyen porrazos!°

MARTIRIO   Pues vete a servir con ellas.

PONCIA   No. Ya me ha tocado en suerte° este convento.

(Se oyen unos campanillos° lejanos como a través de varios muros.)

MAGDALENA   Son los hombres que vuelven del trabajo.

PONCIA   Hace un minuto dieron las tres.

MARTIRIO   ¡Con este sol!

ADELA *(Sentándose.)*   ¡Ay, quien pudiera salir también a los campos!

MAGDALENA *(Sentándose.)*   ¡Cada clase tiene que hacer lo suyo!

MARTIRIO *(Sentándose.)*   ¡Así es!

AMELIA *(Sentándose.)*   ¡Ay!

PONCIA   No hay alegría como la de los campos en esta época. Ayer de mañana llegaron los segadores.° Cuarenta o cincuenta buenos mozos.

MAGDALENA   ¿De dónde son este año?

PONCIA   De muy lejos. Vinieron de los montes. ¡Alegres! ¡Como árboles quemados! ¡Dando voces y arrojando° piedras! Anoche llegó al pueblo una mujer vestida de lentejuelas° y que bailaba con un acordeón, y quince de ellos la contrataron para llevársela al olivar. Yo los vi de lejos. El que la contrataba era un muchacho de ojos verdes, apretado° como una gavilla° de trigo.

AMELIA   ¿Es eso cierto?

ADELA   ¡Pero es posible!

PONCIA   Hace años vino otra de estas y yo misma di dinero a mi hijo mayor para que fuera. Los hombres necesitan estas cosas.

ADELA   Se les perdona todo.

AMELIA   Nacer mujer es el mayor castigo.°

MAGDALENA   Y ni nuestros ojos siquiera nos pertenecen.

(Se oye un cantar lejano que se va acercando.)

PONCIA   Son ellos. Traen unos cantos preciosos.

AMELIA   Ahora salen a segar.

CORO   Ya salen los segadores
en busca de las espigas;°
se llevan los corazones
de las muchachas que miran.[1]

(Se oyen panderos° y carrañacas.° Pausa. Todas oyen en un silencio traspasado° por el sol.)

AMELIA   ¡Y no les importa el calor!

MARTIRIO   Siegan entre llamaradas.°

ADELA   Me gustaría segar para ir y venir. Así se olvida lo que nos muerde.°

bonnets

christening gowns

If she decides to have children

stitch

small street / brats

At least / things being knocked about

has been my lot

bells

reapers

throwing

sequins

firm and trim / sheaf

punishment

ears of wheat

tambourines / percussion instrument / pierced

flames

eats at us

---

[1]It appears that Lorca himself composed this song, in the manner of Spanish folk music.

MARTIRIO   ¿Qué tienes tú que olvidar?

ADELA   Cada una sabe sus cosas.

MARTIRIO *(Profunda.)*   ¡Cada una!

PONCIA   ¡Callar! ¡Callar!

CORO *(Muy lejano.)*   Abrir puertas y ventanas
        las que vivís en el pueblo,
        el segador pide rosas
        para adornar su sombrero.

PONCIA   ¡Qué canto!

MARTIRIO *(Con nostalgia.)*   Abrir puertas y ventanas
        las que vivís en el pueblo . . .

ADELA *(Con pasión.)*   . . . el segador pide rosas
        para adornar su sombrero.

(Se va alejando el cantar.)

PONCIA   Ahora dan vuelta a la esquina.

ADELA   Vamos a verlos por la ventana de mi cuarto.

PONCIA   Tened cuidado con no entreabrirla mucho, porque son capaces de dar un empujón° para ver quién mira.   *giving it a shove*

(Se van las tres. MARTIRIO *queda sentada en la silla baja con la cabeza entre las manos.)*

AMELIA *(Acercándose.)*   ¿Qué te pasa?

MARTIRIO   Me sienta mal° el calor.   *doesn't agree with me*

AMELIA   ¿No es más que eso?

MARTIRIO   Estoy deseando que llegue noviembre, los días de lluvias, la escarcha,° todo lo que no sea este verano interminable.   *frost*

AMELIA   Ya pasará y volverá otra vez.

MARTIRIO   ¡Claro! *(Pausa.)* ¿A qué hora te dormiste anoche?

AMELIA   No sé. Yo duermo como un tronco.° ¿Por qué?   *log*

MARTIRIO   Por nada, pero me pareció oír gente en el corral.

AMELIA   ¿Sí?

MARTIRIO   Muy tarde.

AMELIA   ¿Y no tuviste miedo?

MARTIRIO   No. Ya lo he oído otras noches.

AMELIA   Debiéramos tener cuidado. ¿No serían los gañanes?

MARTIRIO   Los gañanes llegan a las seis.

AMELIA   Quizá una mulilla sin desbravar.°   *untamed*

MARTIRIO *(Entre dientes y llena de segunda intención.°)*   Eso, ¡eso!, una mulilla sin desbravar.   *double meaning*

AMELIA   ¡Hay que prevenir!°   *take warning*

MARTIRIO   No. No. No digas nada, puede ser un volunto° mío.   *suspicion*

AMELIA   Quizá. *(Pausa.* AMELIA *inicia el mutis.)*

MARTIRIO   Amelia.

AMELIA *(En la puerta.)*   ¿Qué?

(Pausa.)

MARTIRIO   Nada.

(Pausa.)

AMELIA   ¿Por qué me llamaste?

(Pausa.)

MARTIRIO   Se me escapó. Fue sin darme cuenta.

(Pausa.)

AMELIA   Acuéstate un poco.

ANGUSTIAS *(Entrando furiosa en escena, de modo que haya un gran contraste con los silencios anteriores.)*   ¿Dónde está el retrato° de Pepe que tenía yo debajo de mi almohada?° ¿Quién de vosotras lo tiene?

MARTIRIO   Ninguna.

AMELIA   Ni que Pepe fuera un San Bartolomé[1] de plata.°

(Entran PONCIA, MAGDALENA *y* ADELA.*)*

ANGUSTIAS   ¿Dónde está el retrato?

ADELA   ¿Qué retrato?

ANGUSTIAS   Una de vosotras me lo ha escondido.

MAGDALENA   ¿Tienes la desvergüenza° de decir esto?

ANGUSTIAS   Estaba en mi cuarto y ya no está.

MARTIRIO   ¿Y no se habrá escapado a medianoche al corral? A Pepe le gusta andar con la luna.

ANGUSTIAS   ¡No me gastes bromas! Cuando venga se lo contaré.

PONCIA   ¡Eso no, porque aparecerá! *(Mirando a* ADELA.*)*

ANGUSTIAS   ¡Me gustaría saber cuál de vosotras lo tiene!

ADELA *(Mirando a* MARTIRIO.*)*   ¡Alguna! ¡Todas menos yo!

MARTIRIO *(Con intención.)*   ¡Desde luego!

BERNARDA *(Entrando.)*   ¡Qué escándalo es este en mi casa y en el silencio del peso del calor!° Estarán las vecinas con el oído pegado a los tabiques.°

ANGUSTIAS   Me han quitado el retrato de mi novio.

BERNARDA *(Fiera.)*   ¿Quién? ¿Quién?

ANGUSTIAS   ¡Éstas!

BERNARDA   ¿Cuál de vosotras? *(Silencio.)* ¡Contestarme! *(Silencio. A* PONCIA.*)* Registra° los cuartos, mira por las camas. ¡Esto tiene no ataros más cortas!° ¡Pero me vais a soñar!° *(A* ANGUSTIAS.*)* ¿Estás segura?

ANGUSTIAS   Sí.

BERNARDA   ¿Lo has buscado bien?

ANGUSTIAS   Sí, madre.

(Todas están de pie en medio de un embarazoso silencio.)

BERNARDA   Me hacéis al final de mi vida beber el veneno más amargo que una madre puede resistir. *(A* PONCIA.*)* ¿No lo encuentras?

PONCIA *(Saliendo.)*   Aquí está.

BERNARDA   ¿Dónde lo has encontrado?

PONCIA   Estaba . . .

BERNARDA   Dilo sin temor.

PONCIA *(Extrañada.)*   Entre las sábanas de la cama de Martirio.

BERNARDA *(A* MARTIRIO.*)*   ¿Es verdad?

---

portrait (photo)
pillow

You'd think Pepe was a silver (statue of) St. Bartholomew!

nerve, cheek

in the silent, heavy heat / with their ears glued to the walls

Search / not keeping you on a short leash! / But you'll see me in your dreams!

---

[1]According to Ramsden, St. Bartholomew is associated in Andalucía with good looks. García-Posada notes the erotic nature of this image: the saint is often shown with scanty clothing and soft contours.

MARTIRIO ¡Es verdad!

BERNARDA *(Avanzando y golpeándola con el bastón.)* Mala puñalada te den.°
¡Mosca muerta!° ¡Sembradora de vidrios!°

MARTIRIO *(Fiera.)* ¡No me pegue usted, madre!

BERNARDA ¡Todo lo que quiera!

MARTIRIO ¡Si yo la dejo! ¡Lo oye? ¡Retírese usted!

PONCIA No faltes° a tu madre.

ANGUSTIAS *(Cogiendo a* BERNARDA.) Déjala. ¡Por favor!

BERNARDA Ni lágrimas te quedan en esos ojos.

MARTIRIO No voy a llorar para darle gusto.

BERNARDA ¿Por qué has cogido el retrato?

MARTIRIO ¿Es que yo no puedo gastar una broma° a mi hermana? ¿Para qué
otra cosa lo iba a querer?

ADELA *(Saltando llena de celos.)*° No ha sido broma, que tú no has gustado
jamás de juegos. Ha sido otra cosa que te reventaba en el pecho° por querer
salir. Dilo ya claramente.

MARTIRIO ¡Calla y no me hagas hablar, que si hablo se van a juntar las paredes
unas con otras de vergüenza!

ADELA ¡La mala lengua no tiene fin para inventar!°

BERNARDA ¡Adela!

MAGDALENA Estáis locas.

AMELIA Y nos apedreáis° con malos pensamientos.

MARTIRIO Otras hacen cosas más malas.

ADELA Hasta que se pongan en cueros de una vez y se las lleve el río.°

BERNARDA ¡Perversa!

ANGUSTIAS Yo no tengo la culpa de que Pepe el Romano se haya fijado en mí.

ADELA ¡Por tus dineros!

ANGUSTIAS ¡Madre!

BERNARDA ¡Silencio!

MARTIRIO Por tus marjales° y tus arboledas.°

MAGDALENA ¡Eso es lo justo!

BERNARDA ¡Silencio digo! Yo veía la tormenta venir, pero no creía que estallara°
tan pronto. ¡Ay, qué predrisco° de odio habéis echado sobre mi corazón! Pero
todavía no soy anciana y tengo cinco cadenas para vosotras y esta casa levantada por mi padre para que ni las hierbas° se enteren° de mi desolación.[1]
¡Fuera de aquí! *(Salen.* BERNARDA *se sienta desolada.* PONCIA *está de pie arri-
mada° a los muros.* BERNARDA *reacciona, da un golpe en el suelo y dice:)* ¡Tendré
que sentarles la mano!° Bernarda: acuérdate que esta es tu obligación.

PONCIA ¿Puedo hablar?

BERNARDA Habla. Siento que hayas oído. Nunca está bien una extraña en el centro de la familia.

PONCIA Lo visto, visto está.

BERNARDA Angustias tiene que casarse en seguida.

---

[1]García-Posada notes that ". . . ni las piedras" would have been more normal. Once again, Lorca
has taken a popular expression and altered it to his own poetic needs.

171

PONCIA   Claro; hay que retirarla de aquí.

BERNARDA   No a ella. ¡A él!

PONCIA   Claro. A él hay que alejarlo de aquí. Piensas bien.

BERNARDA   No pienso. Hay cosas que no se pueden ni se deben pensar. Yo ordeno.

PONCIA   ¿Y tú crees que él querrá marcharse?

BERNARDA   *(Levantándose.)*   ¿Qué imagina tu cabeza?

PONCIA   Él, ¡claro!, se casará con Angustias.

BERNARDA   Habla, te conozco demasiado para saber que ya me tienes preparada la cuchilla.°   razor

PONCIA   Nunca pensé que se llamara asesinato° al aviso.°   murder / warning

BERNARDA   ¿Me tienes que prevenir algo?

PONCIA   Yo no acuso, Bernarda. Yo solo te digo: abre los ojos y verás.

BERNARDA   ¿Y verás qué?

PONCIA   Siempre has sido lista. Has visto lo malo de las gentes a cien leguas;° muchas veces creí que adivinabas° los pensamientos. Pero los hijos son los hijos. Ahora estás ciega.   from a hundred miles away | guess

BERNARDA   ¿Te refieres a Martirio?

PONCIA   Bueno, a Martirio . . . *(Con curiosidad.)* ¿Por qué habrá escondido el retrato?

BERNARDA *(Queriendo ocultar° a su hija.)*   Después de todo, ella dice que ha sido una broma. ¿Qué otra cosa puede ser?   cover up for

PONCIA   ¿Tú los crees así? *(Con sorna.°)*   sarcasm

BERNARDA   *(Enérgica.)*   No lo creo. ¡Es así!

PONCIA   Basta. Se trata de lo tuyo. Pero si fuera la vecina de enfrente, ¿qué sería?

BERNARDA   Ya empiezas a sacar la punta° del cuchillo.   point

PONCIA *(Siempre con crueldad.)*   No, Bernarda: aquí pasa una cosa muy grande. Yo no te quiero echar la culpa, pero tú no has dejado a tus hijas libres. Martirio es enamoradiza,° digas tú lo que quieras. ¿Por qué no la dejaste casar con Enrique Humanes? ¿Por qué el mismo día que iba a venir a la ventana le mandaste recado° que no viniera?   quick to fall in love / message

BERNARDA   ¡Y lo haría mil veces! ¡Mi sangre no se junta con la de los Humanes mientras yo viva! Su padre fue gañán.

PONCIA   ¡Y así te va a ti con esos humos!°   And this is what you get, putting on airs!

BERNARDA   Los tengo porque puedo tenerlos. Y tú no los tienes porque sabes muy bien cuál es tu origen.

PONCIA *(Con odio.)*   No me lo recuerdes. Estoy ya vieja. Siempre agradecí° tu protección.   felt grateful for

BERNARDA *(Crecida.)*°   ¡No lo parece!   pompous

PONCIA *(Con odio envuelto° en suavidad.)*   A Martirio se le olvidará esto.   wrapped

BERNARDA   Y si no lo olvida peor para ella.° No creo que esta sea la «cosa muy grande» que aquí pasa. Aquí no pasa nada. ¡Eso quisieras tú! Y si pasara algún día, estate segura que no traspasaría° las paredes.   too bad for her / get outside

PONCIA   Eso no lo sé yo. En el pueblo hay gentes que leen también de lejos los pensamientos escondidos.

BERNARDA   ¡Cómo gozarías de vernos a mí y a mis hijas camino del lupanar!°   whorehouse

PONCIA   ¡Nadie puede conocer su fin!

172

BERNARDA   ¡Yo sí sé mi fin! ¡Y el de mis hijas! El lupanar se queda para alguna mujer ya difunta.° — deceased

PONCIA   ¡Bernarda, respeta la memoria de mi madre!

BERNARDA   ¡No me persigas tú con tus malos pensamientos!

(Pausa.)

PONCIA   Mejor será que no me meta en nada.

BERNARDA   Eso es lo que debías hacer. Obrar y callar a todo. Es la obligación de los que viven a sueldo.° — on wages

PONCIA   Pero no se puede. ¿A ti no te parece que Pepe estaría mejor casado con Martirio o . . . , ¡sí!, o con Adela?

BERNARDA   No me parece.

PONCIA   Adela. ¡Esa es la verdadera novia del Romano!

BERNARDA   Las cosas no son nunca a gusto nuestro.

PONCIA   Pero les cuesta mucho trabajo desviarse° de la verdadera inclinación. A mí me parece mal que Pepe esté con Angustias, y a las gentes, y hasta al aire. ¡Quién sabe si saldrán con la suya!° — turn away from · if they'll get their way

BERNARDA   ¡Ya estamos otra vez! . . . Te deslizas° para llenarme de malos sueños. Y no quiero entenderte, porque si llegara al alcance de° todo lo que dices te tendría que arañar.° — you slip in · get to the bottom of (lit., within reach of) | claw

PONCIA   ¡No llegará la sangre al río!

BERNARDA   Afortunadamente mis hijas me respetan y jamás torcieron° mi voluntad.° — went against · will

PONCIA   ¡Eso sí! Pero en cuanto las dejes sueltas° se te subirán al tejado.° — let them out / climb to the rooftops | paving stones

BERNARDA   ¡Ya las bajaré tirándoles cantos!°

PONCIA   ¡Desde luego eres la más valiente!

BERNARDA   ¡Siempre gasté sabrosa pimienta!° — I've always held my own! (lit., used tasty pepper) | smitten

PONCIA   ¡Pero lo que son las cosas! A su edad. ¡Hay que ver el entusiasmo de Angustias con su novio! ¡Y él también parece muy picado!° Ayer me contó mi hijo mayor que a las cuatro y media de la madrugada, que pasó por la calle con la yunta, estaban hablando todavía.

BERNARDA   ¡A las cuatro y media!

ANGUSTIAS *(Saliendo.)*   ¡Mentira!

PONCIA   Eso me contaron.

BERNARDA *(A ANGUSTIAS.)*   ¡Habla!

ANGUSTIAS   Pepe lleva más de una semana marchándose° a la una. Que Dios me mate si miento. — leaving

MARTIRIO *(Saliendo.)*   Yo también lo sentí marcharse a las cuatro.

BERNARDA   Pero ¿lo viste con tus ojos?

MARTIRIO   No quise asomarme. ¿No habláis ahora por la ventana del callejón?

ANGUSTIAS   Yo hablo por la ventana de mi dormitorio.

(Aparece ADELA en la puerta.)

MARTIRIO   Entonces . . .

BERNARDA   ¿Qué es lo que pasa aquí?

PONCIA   ¡Cuida de enterarte! Pero, desde luego, Pepe estaba a las cuatro de la madrugada en una reja de tu casa.

BERNARDA   ¿Lo sabes seguro?

PONCIA   Seguro no se sabe nada en esta vida.

ADELA   Madre, no oiga usted a quien nos quiere perder a todas.

BERNARDA   ¡Yo sabré enterarme! Si las gentes del pueblo quieren levantar falsos testimonios, se encontrarán con mi pedernal.° No se hable de este asunto. Hay a veces una ola de fango° que levantan los demás para perdernos.

°they'll find me as hard as flint | slime

MARTIRIO   A mí no me gusta mentir.

PONCIA   Y algo habrá.°

°There's probably *something* in it.

BERNARDA   No habrá nada. Nací para tener los ojos abiertos. Ahora vigilaré sin cerrarlos ya hasta que me muera.[1]

ANGUSTIAS   Yo tengo derecho de enterarme.

BERNARDA   Tú no tienes derecho más que a obedecer. Nadie me traiga ni me lleve.° (*A* La Poncia.)   Y tú te metes en los asuntos de tu casa. ¡Aquí no se vuelve a dar un paso° que yo no sienta!

°No one can shove me around. | take another step | crowd

CRIADA (*Entrando.*)   En lo alto de la calle hay un gran gentío° y todos los vecinos están en sus puertas.

BERNARDA (*A* Poncia.)   ¡Corre a enterarte de lo que pasa! (*Las* Mujeres *corren para salir.*) ¿Dónde vais? Siempre os supe mujeres ventaneras° y rompedoras de su luto. ¡Vosotras, al patio!

°fond of the window

(*Salen y sale* Bernarda. *Se oyen rumores lejanos.*° *Entran* Martirio *y* Adela, *que se quedan esuchando y sin atreverse*° *a dar un paso más de la puerta de salida.*)

°distant hubbub
daring

MARTIRIO   Agradece a la casualidad° que no desaté° mi lengua.

°Thank chance / unleashed

ADELA   También hubiera hablado yo.

MARTIRIO   ¿Y qué ibas a decir? ¡Querer no es hacer!

ADELA   Hace la que puede y la que se adelanta.° Tú querías, pero no has podido.

°goes forward

MARTIRIO   No seguirás mucho tiempo.

ADELA   ¡Lo tendré todo!

MARTIRIO   Yo romperé tus abrazos.

ADELA (*Suplicante.*)   ¡Martirio, déjame!

MARTIRIO   ¡De ninguna!°

°No way! (*De ninguna manera*)

ADELA   ¡Él me quiere para su casa!

MARTIRIO   ¡He visto cómo te abrazaba!

ADELA   Yo no quería. He sido como arrastrada° por una maroma.°

°dragged / heavy rope

MARTIRIO   ¡Primero muerta!

(*Se asoman* Magdalena *y* Angustias. *Se siente crecer el tumulto.*)

PONCIA (*Entrando con* Bernarda.)   ¡Bernarda!

BERNARDA   ¿Qué ocurre?

PONCIA   La hija de la Librada, la soltera, tuvo un hijo no se sabe con quién.

ADELA   ¿Un hijo?

PONCIA   Y para ocultar su vergüenza lo mató y lo metió debajo de unas piedras, pero unos perros con más corazón que muchas criaturas lo sacaron, y como llevados° por la mano de Dios lo han puesto en el tranco° de su puerta. Ahora la quieren matar. La traen arrastrando por la calle abajo, y por las trochas° y los terrenos del olivar vienen los hombres corriendo, dando unas voces que estremecen los campos.°

°guided / threshold

°paths
make the fields tremble | rods made from olive branches / hoe handles

BERNARDA   Sí, que vengan todos con varas de olivo° y mangos de azadones,° que vengan todos para matarla.

---

[1]Lorca seems to allude to Argos, the mythic creature covered with eyes, who never fell asleep.

ADELA   No, no. Para matarla, no.

MARTIRIO   Sí, y vamos a salir también nosotras.

BERNARDA   Y que pague la que pisotea° su decencia.   tramples on

(Fuera se oye un grito de mujer y un gran rumor.)

ADELA   ¡Que la dejen escapar! ¡No salgáis vosotras!

MARTIRIO *(Mirando a* ADELA*.)*   ¡Que pague lo que debe!

BERNARDA *(Bajo el arco.)*   ¡Acabad con ella° antes que lleguen los guardias!   Finish her off
   ¡Carbón ardiendo° en el sitio de su pecado!   Burning coal

ADELA *(Cogiéndose el vientre.)*°   ¡No! ¡No!   clutching her belly

BERNARDA   ¡Matadla! ¡Matadla!

Telón

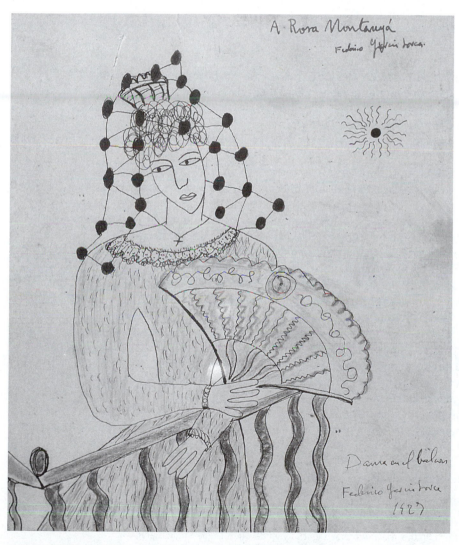

Federico García Lorca [España]. *Dama en el balcón*, 1927.

Acto tercero

Cuatro paredes blancas ligeramente azuladas del patio interior de la casa de Bernarda. Es de noche. El decorado ha de ser de una perfecta simplicidad. Las puertas iluminadas por la luz de los interiores dan un tenue fulgor° a la escena.   faint glow

En el centro, una mesa con un quinqué,° donde están comiendo BERNARDA *y sus*   oil lamp
hijas. PONCIA *las sirve.* PRUDENCIA *está sentada aparte.*

Al levantarse el telón hay un gran silencio, interrumpido por el ruido de platos
y cubiertos.°   knives and forks

PRUDENCIA   Ya me voy. Os he hecho una visita larga. *(Se levanta.)*

BERNARDA   Espérate, mujer. No nos vemos nunca.

PRUDENCIA   ¿Han dado el último toque° para el rosario?[1]   last peal of bells

PONCIA   Todavía no. *(*PRUDENCIA *se sienta.)*

BERNARDA   ¿Y tu marido cómo sigue?

PRUDENCIA   Igual.

BERNARDA   Tampoco lo vemos.

PRUDENCIA   Ya sabes sus costumbres. Desde que se peleó° con sus hermanos por   quarreled
la herencia no ha salido por la puerta de la calle. Pone una escalera° y salta   ladder
las tapias° del corral.   walls

BERNARDA   Es un verdadero hombre. ¿Y con tu hija?

PRUDENCIA   No la ha perdonado.

BERNARDA   Hace bien.

PRUDENCIA   No sé qué te diga. Yo sufro por esto.

BERNARDA   Una hija que desobedece deja de ser hija para convertirse en una
enemiga.

PRUDENCIA   Yo dejo que el agua corra. No me queda más consuelo° que refu-   My only consolation
giarme en la iglesia, pero como me estoy quedando sin vista tendré que dejar
de venir para que no jueguen con una los chiquillos. *(Se oye un gran golpe°*   thud
como dado en los muros.) ¿Qué es eso?

BERNARDA   El caballo garañón,° que está encerrado y da coces° contra el muro.   stallion / kicks
(A voces.) ¡Trabadlo° y que salga al corral! *(En voz baja.)* Debe tener calor.   Tie him up

PRUDENCIA   ¿Vais a echarle las potras° nuevas?   fillies

BERNARDA   Al amanecer.°   At dawn

PRUDENCIA   Has sabido acrecentar° tu ganado.°   increase / livestock

BERNARDA   A fuerza de dinero y sinsabores.°   worries

PONCIA *(Interviniendo.)*   Pero tiene la mejor manada° de estos contornos. Es   herd
una lástima que esté bajo de precio.

BERNARDA   ¿Quieres un poco de queso y miel?

PRUDENCIA   Estoy desganada.°   I have no appetite.

(Se oye otra vez el golpe.)

PONCIA   ¡Por Dios!

PRUDENCIA   Me ha retemblado° dentro del pecho.   shuddered

---

[1]The women gather in the church in the evening to pray the rosary (in devotion to the Virgin Mary).

BERNARDA *(Levantándose furiosa.)* ¿Hay que decir las cosas dos veces? ¡Echadlo que se revuelque en los montones de paja!° *(Pausa, y como hablando con los gañanes.)* Pues encerrad las potras en la cuadra, pero dejadlo libre, no sea que nos eche abajo° las paredes. *(Se dirige a la mesa y se sienta otra vez.)* ¡Ay, qué vida!

Let him out so he can roll in the piles of hay!

knock down

PRUDENCIA Bregando° como un hombre.

Struggling

BERNARDA Así es. (ADELA *se levanta de la mesa.*) ¿Dónde vas?

ADELA A beber agua.

BERNARDA *(En voz alta.)* Trae un jarro de agua fresca. *(A* ADELA.*)* Puedes sentarte. (ADELA *se sienta.*)

PRUDENCIA Y Angustias, ¿cuándo se casa?

BERNARDA Vienen a pedirla° dentro de tres días.

ask her hand, ask permission to marry her

PRUDENCIA ¡Estarás contenta!

ANGUSTIAS ¡Claro!

AMELIA *(A* MAGDALENA.*)* Ya has derramado° la sal.

spilled

MAGDALENA Peor suerte que tienes no vas a tener.

AMELIA Siempre trae mala sombra.°

bad luck

BERNARDA ¡Vamos!

PRUDENCIA *(A* ANGUSTIAS.*)* ¡Te ha regalado ya el anillo!

ANGUSTIAS Mírelo usted. *(Se lo alarga.)*°

holds it out

PRUDENCIA Es precioso. Tres perlas. En mi tiempo las perlas significaban lágrimas.

ANGUSTIAS Pero ya las cosas han cambiado.

ADELA Yo creo que no. Las cosas significan siempre lo mismo. Los anillos de pedida° deben ser de diamantes.

engagement

PRUDENCIA Es más propio.

BERNARDA Con perlas o sin ellas, las cosas son como uno se las propone.

MARTIRIO O como Dios dispone.[1]

PRUDENCIA Los muebles° me han dicho que son preciosos.

furniture

BERNARDA Dieciséis mil reales he gastado.

PONCIA *(Interviniendo.)* Lo mejor es el armario de luna.°

wardrobe with mirror

PRUDENCIA Nunca vi un mueble de estos.

BERNARDA Nosotras tuvimos arca.

PRUDENCIA Lo preciso° es que todo sea para bien.

What matters

ADELA Que nunca se sabe.

BERNARDA No hay motivo para que no lo sea.

(Se oyen lejanísimas unas campanas.)

PRUDENCIA El último toque. *(A* ANGUSTIAS.*)* Ya vendré a que me enseñes la ropa.

ANGUSTIAS Cuando usted quiera.

PRUDENCIA Buenas noches nos dé Dios.

BERNARDA Adiós, Prudencia.

LAS CINCO A LA VEZ Vaya usted con Dios.

(Pausa. Sale PRUDENCIA.*)*

---

[1]Allusion to the proverb: "El hombre propone y Dios dispone." (Man proposes and God disposes.)

BERNARDA   Ya hemos comido. *(Se levantan.)*

ADELA   Voy a llegarme hasta el portón para estirar° las piernas y tomar un poco   stretch
el fresco.

(MAGDALENA se sienta en una silla baja retrepada° contra la pared.)   leaning

AMELIA   Yo voy contigo.

MARTIRIO   Y yo.

ADELA *(Con odio contenido.)*   No me voy a perder.

AMELIA   La noche quiere compaña.° *(Salen.)*   *compaña* (in rural
speech)

(BERNARDA se sienta y ANGUSTIAS está arreglando la mesa.)

BERNARDA   Ya te he dicho que quiero que hables con tu hermana Martirio. Lo
que pasó del retrato fue una broma y lo debes olvidar.

ANGUSTIAS   Usted sabe que ella no me quiere.

BERNARDA   Cada uno sabe lo que piensa por dentro. Yo no me meto en los cora-   façade, appearances
zones, pero quiero buena fachada° y armonía familiar. ¿Lo entiendes?

ANGUSTIAS   Sí.

BERNARDA   Pues ya está.

MAGDALENA *(Casi dormida.)*   Además, ¡si te vas a ir antes de nada! *(Se duerme.)*

ANGUSTIAS   Tarde me parece.

BERNARDA   ¿A qué hora terminaste anoche de hablar?

ANGUSTIAS   A las doce y media.

BERNARDA   ¿Qué cuenta Pepe?

ANGUSTIAS   Yo lo encuentro distraído. Me habla siempre como pensando en
otra cosa. Si le pregunto qué le pasa, me contesta: «Los hombres tenemos
nuestras preocupaciones.»

BERNARDA   No le debes preguntar. Y cuando te cases, menos. Habla si él habla y   problems
míralo cuando te mire. Así no tendrás disgustos.°

ANGUSTIAS   Yo creo, madre, que él me oculta muchas cosas.

BERNARDA   No procures° descubrirlas, no le preguntes y, desde luego, que no te   Don't try
vea llorar jamás.

ANGUSTIAS   Debía estar contenta y no lo estoy.

BERNARDA   Eso es lo mismo.

ANGUSTIAS   Muchas veces miro a Pepe con mucha fijeza y se me borra° a través   he gets blurry
de los hierros, como si lo tapara una nube de polvo de las que levantan los
rebaños.°   flocks

BERNARDA   Eso son cosas de debilidad.°   weakness

ANGUSTIAS   ¡Ojalá!

BERNARDA   ¿Viene esta noche?

ANGUSTIAS   No. Fue con su madre a la capital.

BERNARDA   Así nos acostaremos antes. ¡Magdalena!

ANGUSTIAS   Está dormida.

(Entran ADELA, MARTIRIO y AMELIA.)

AMELIA   ¡Qué noche más oscura!

ADELA   No se ve a dos pasos de distancia.

MARTIRIO   Una buena noche para ladrones, para el que necesita escondrijo.°   someplace to hide

ADELA   El caballo garañón estaba en el centro del corral, ¡blanco! Doble de
grande, llenando todo lo oscuro.

AMELIA   Es verdad. Daba miedo. Parecía una aparición.

ADELA   Tiene el cielo unas estrellas como puños.°   fists
MARTIRIO   Ésta se puso a mirarlas de modo que se iba a tronchar° el cuello.   break
ADELA   ¿Es que no te gustan a ti?
MARTIRIO   A mí las cosas de tejas arriba° no me importan nada. Con lo que pasa   above the roof, beyond
        dentro de las habitaciones tengo bastante.   this world
ADELA   Así te va a ti.
BERNARDA   A ella le va en lo suyo como a ti en lo tuyo.
ANGUSTIAS   Buenas noches.
ADELA   ¿Ya te acuestas?
ANGUSTIAS   Sí. Esta noche no viene Pepe. *(Sale.)*
ADELA   Madre, ¿por qué cuando se corre una estrella o luce° un relámpago° se dice: flashes / lightning
        Santa Bárbara bendita,°   holy, blessed
        que en el cielo estás escrita
        con papel y agua bendita?¹
BERNARDA   Los antiguos sabían muchas cosas que hemos olvidado.
AMELIA   Yo cierro los ojos para no verlas.
ADELA   Yo, no. A mí me gusta ver correr lleno de lumbre° lo que está quieto y   fire, light
        quieto° años enteros.   still
MARTIRIO   Pero estas cosas nada tienen que ver con nosotros.
BERNARDA   Y es mejor no pensar en ellas.
ADELA   ¡Qué noche más hermosa! Me gustaría quedarme hasta muy tarde para
        disfrutar° el fresco del campo.   enjoy
BERNARDA   Pero hay que acostarse. ¡Magdalena!
AMELIA   Está en el primer sueño.
BERNARDA   ¡Magdalena!
MAGDALENA *(Disgustada.)*   ¡Déjame en paz!
BERNARDA   ¡A la cama!
MAGDALENA *(Levantándose malhumorada.)*   ¡No la dejáis a una tranquila! *(Se va
        refunfuñando.°)*   grumbling
AMELIA   Buenas noches. *(Se va.)*
BERNARDA   Andar vosotras también.
MARTIRIO   ¿Cómo es que esta noche no viene el novio de Angustias?
BERNARDA   Fue de viaje.
MARTIRIO *(Mirando a ADELA.)*   ¡Ah!
ADELA   Hasta mañana. *(Sale.)*
(MARTIRIO bebe agua y sale lentamente, mirando hacia la puerta del corral.)
PONCIA *(Saliendo.)*   ¿Estás todavía aquí?
BERNARDA   Disfrutando este silencio y sin lograr ver por parte alguna «la cosa
        tan grande» que aquí pasa, según tú.
PONCIA   Bernarda, dejemos esa conversación.
BERNARDA   En esta casa no hay ni un sí ni un no.° Mi vigilancia lo puede todo.   there's nothing going
PONCIA   No pasa nada por fuera. Eso es verdad. Tus hijas están y viven como   on (not a sound)
        metidas en alacenas. Pero ni tú ni nadie puede vigilar por el interior de
        los pechos.

---

¹Unlike the reapers' song, heard earlier, this is an authentic popular saying. St. Barbara is thought
to protect one from lightning.

BERNARDA   Mis hijas tienen la respiración tranquila.

PONCIA   Esto te importa a ti, que eres su madre. A mí, con servir tu casa tengo bastante.

BERNARDA   Ahora te has vuelto callada.

PONCIA   Me estoy en mi sitio, y en paz.

BERNARDA   Lo que pasa es que no tienes nada que decir. Si en esta casa hubiera hierbas ya te encargarías° de traer a pastar las ovejas del vecindario.° *you would take it upon yourself / bring all the sheep in the neighborhood to graze*

PONCIA   Yo tapo más de lo que te figuras.° *imagine*

BERNARDA   ¿Sigue tu hijo viendo a Pepe a las cuatro de la mañana? ¿Siguen diciendo todavía la mala letanía de esta casa?° *litany of our troubles*

PONCIA   No dicen nada.

BERNARDA   Porque no pueden. Porque no hay carne donde morder. A la vigilancia de mis ojos se debe esto.

PONCIA   Bernarda, yo no quiero hablar porque temo tus intenciones. Pero no estés segura.

BERNARDA   ¡Segurísima!

PONCIA   A lo mejor, de pronto, cae un rayo. A lo mejor, de pronto, un golpe de sangre te para el corazón.

BERNARDA   Aquí no pasa nada. Ya estoy alerta contra tus suposiciones.

PONCIA   Pues mejor para ti.

BERNARDA   ¡No faltaba más!° *Naturally! Of course!*

CRIADA   *(Entrando.)* Ya terminé de fregar los platos. ¿Manda usted algo, Bernarda?

BERNARDA   *(Levantándose.)* Nada. Yo voy a descansar.

PONCIA   ¿A qué hora quieres que te llame?

BERNARDA   A ninguna. Esta noche voy a dormir bien. *(Se va.)*

PONCIA   Cuando una no puede con el mar lo más fácil es volver las espaldas° para no verlo. *turn your back*

CRIADA   Es tan orgullosa° que ella misma se pone una venda° en los ojos. *arrogant / blindfold*

PONCIA   Yo no puedo hacer nada. Quise atajar° las cosas, pero ya me asustan° demasiado. ¿Tú ves este silencio? Pues hay una tormenta en cada cuarto. El día que estallen nos barrerán° a todos. Yo he dicho lo que tenía que decir. *head off / frighten / sweep away*

CRIADA   Bernarda cree que nadie puede con ella y no sabe la fuerza que tiene un hombre entre mujeres solas.

PONCIA   No es toda la culpa de Pepe el Romano. Es verdad que el año pasado anduvo detrás de Adela y estaba loca por él, pero ella debió estarse en su sitio° y no provocarlo. Un hombre es un hombre. *keep her place*

CRIADA   Hay quien cree que habló muchas noches con Adela.

PONCIA   Es verdad. *(En voz baja.)* Y otras cosas.

CRIADA   No sé lo que va a pasar aquí.

PONCIA   A mí me gustaría cruzar el mar y dejar esta casa de guerra.

CRIADA   Bernarda está aligerando° la boda y es posible que nada pase. *hurrying along*

PONCIA   Las cosas se han puesto ya demasiado maduras. Adela está decidida a lo que sea y las demás vigilan sin descanso.

CRIADA   ¿Y Martirio también?

PONCIA   Ésa es la peor. Es un pozo de veneno. Ve que el Romano no es para ella y hundiría° el mundo si estuviera en su mano. *pull down*

CRIADA   ¡Es que son malas!

PONCIA   Son mujeres sin hombre, nada más. En estas cuestiones se olvida hasta la sangre.° ¡Chisss! *(Escucha.)* `Even one's blood (family) is forgotten`

CRIADA   ¿Qué pasa?

PONCIA *(Se levanta.)*   Están ladrando los perros.

CRIADA   Debe haber pasado alguien por el portón.

(Sale ADELA en enaguas° blancas y corpiño.°) `petticoats / bodice`

PONCIA   ¿No te habías acostado?

ADELA   Voy a beber agua. *(Bebe en un vaso de la mesa.)*

PONCIA   Yo te suponía dormida.

ADELA   Me despertó la sed. Y vosotras, ¿no descansáis?

CRIADA   Ahora.

(Sale ADELA.)

PONCIA   Vámonos.

CRIADA   Ganado tenemos° el sueño. Bernarda no me deja descanso en todo el día. `We've earned`

PONCIA   Llévate la luz.

CRIADA   Los perros están como locos.

PONCIA   No nos van a dejar dormir. *(Salen.)*

(La escena queda casi a oscuras. Sale MARÍA JOSEFA con una oveja° en los brazos.) `lamb`

MARÍA JOSEFA   Ovejita, niño mío,
　　　　　　　vámonos a la orilla del mar.
　　　　　　　La hormiguita° estará en su puerta, `little ant`
　　　　　　　yo te daré la teta° y el pan. `will suckle you`

　　　　　　　Bernarda, cara de leoparda.
　　　　　　　Magdalena, cara de hiena.
　　　　　　　¡Ovejita!
　　　　　　　Meee, meeee.
　　　　　　　Vamos a los ramos del portal de Belén.° `manger at Bethlehem`
　　　　　　　Ni tú ni yo queremos dormir;
　　　　　　　la puerta sola se abrirá
　　　　　　　y en la playa nos meteremos
　　　　　　　en una choza de coral.

　　　　　　　Bernarda, cara de leoparda.
　　　　　　　Magdalena, cara de hiena.
　　　　　　　¡Ovejita!
　　　　　　　Meee, meeee.
　　　　　　　Vamos a los ramos del portal de Belén. *(Se va cantando.)*

(Entra ADELA. Mira a un lado y otro con sigilo° y desaparece por la puerta del co- `stealthily`
rral. Sale MARTIRIO por otra puerta y queda en angustioso acecho° en el centro `waiting anxiously`
de la escena. También va en enaguas. Se cubre con un pequeño mantón negro
de talle. Sale por enfrente de ella MARÍA JOSEFA.)

MARTIRIO   Abuela, ¿dónde va usted?

MARÍA JOSEFA   ¿Vas a abrirme la puerta? ¿Quién eres tú?

MARTIRIO   ¿Cómo está aquí?

MARÍA JOSEFA   Me escapé. ¿Tú quién eres?

MARTIRIO   Vaya a acostarse.

MARÍA JOSEFA   Tú eres Martirio, ya te veo. Martirio, cara de martirio. ¿Y cuándo vas a tener un niño? Yo he tenido éste.

MARTIRIO   ¿Dónde cogió esa oveja?

MARÍA JOSEFA   Ya sé que es una oveja. Pero ¿por qué una oveja no va a ser un niño? Mejor es tener una oveja que no tener nada. Bernarda, cara de leoparda. Magdalena, cara de hiena.

MARTIRIO   No dé voces.

MARÍA JOSEFA   Es verdad. Está todo muy oscuro. Como tengo el pelo blanco crees que no puedo tener crías, y sí, crías y crías y crías. Este niño tendrá el pelo blanco y tendrá otro niño y éste otro, y todos con el pelo de nieve, seremos como las olas, una y otra y otra. Luego nos sentaremos todos y todos tendremos el cabello blanco y seremos espuma.° ¿Por qué aquí no hay espuma? Aquí no hay más que mantos de luto.°   **foam**
mourning shawls

MARTIRIO   Calle, calle.

MARÍA JOSEFA   Cuando mi vecina tenía un niño yo le llevaba chocolate y luego ella me lo traía a mí y así siempre, siempre, siempre. Tú tendrás el pelo blanco, pero no vendrán las vecinas. Yo tengo que marcharme, pero tengo miedo que los perros me muerdan. ¿Me acompañarás tú a salir al campo? Yo no quiero campo. Yo quiero casas, pero casas abiertas y las vecinas acostadas en sus camas con sus niños chiquitos y los hombres fuera sentados en sus sillas. Pepe el Romano es un gigante. Todas lo queréis. Pero él os va a devorar porque vosotras sois granos de trigo. No, granos de trigo, no. ¡Ranas° sin   **frogs**
lengua!

MARTIRIO   (Enérgica.)   Vamos. Váyase a la cama. (La empuja.)

MARÍA JOSEFA   Sí, pero luego tú me abrirás, ¿verdad?

MARTIRIO   De seguro.

MARÍA JOSEFA   (Llorando.)   Ovejita, niño mío,
                            vámonos a la orilla del mar.
                            La hormiguita está en su puerta,
                            yo te daré la teta y el pan.

(Sale. MARTIRIO cierra la puerta por donde ha salido MARÍA JOSEFA y se dirige a la puerta del corral. Allí vacila,° pero avanza dos pasos más.)   **hesitates**

MARTIRIO   (En voz baja.)   Adela. (Pausa. Avanza hasta la misma puerta. En voz alta.) ¡Adela!

(Aparece ADELA. Viene un poco despeinada.°)   **with her hair a little ruffled**

ADELA   ¿Por qué me buscas?

MARTIRIO   ¡Deja a ese hombre!

ADELA   ¿Quién eres tú para decírmelo?

MARTIRIO   No es ese el sitio de una mujer honrada.

ADELA   ¡Con qué ganas te has quedado de° ocuparlo!   **How you would have loved to**

MARTIRIO   (En voz alta.)   Ha llegado el momento de que yo hable. Esto no puede seguir.

ADELA   Esto no es más que el comienzo. He tenido fuerza para adelantarme.° El brío° y el mérito que tú no tienes. He visto la muerte debajo de estos techos y he salido a buscar lo que era mío, lo que me pertenecía.°   **get ahead**
energy
belonged to me

MARTIRIO Ese hombre sin alma vino por otra. Tú te has atravesado.° butted in, came between

ADELA Vino por el dinero, pero sus ojos los puso siempre en mí.

MARTIRIO Yo no permitiré que lo arrebates.° Él se casará con Angustias. snatch him away

ADELA Sabes mejor que yo que no la quiere.

MARTIRIO Lo sé.

ADELA Sabes, porque lo has visto, que me quiere a mí.

MARTIRIO (Desesperada.) Sí.

ADELA (Acercándose.) Me quiere a mí. Me quiere a mí.

MARTIRIO Clávame un cuchillo° si es tu gusto, pero no me lo digas más. Stick a knife in me

ADELA Por eso procuras que no vaya con él. No te importa que abrace a la que no quiere; a mí, tampoco. Ya puede estar cien años con Angustias, pero que me abrace a mí se te hace terrible, porque tú lo quieres también, lo quieres.

MARTIRIO (Dramática.) ¡Sí! Déjame decirlo con la cabeza fuera de los embozos.° ¡Sí! Déjame que el pecho se me rompa como una granada de amargura.° ¡Lo quiero! openly (lit., with my head out from under the sheets) | pomegranate of bitterness | outburst

ADELA (En un arranque° y abrazándola.) Martirio, Martirio, yo no tengo la culpa.

MARTIRIO ¡No me abraces! No quieras ablandar° mis ojos. Mi sangre ya no es la tuya. Aunque quisiera verte como hermana, no te miro ya más que como mujer. (La rechaza.)° soften
pushes her away

ADELA Aquí no hay ningún remedio. La que tenga que ahogarse° que se ahogue. Pepe el Romano es mío. Él me lleva a los juncos° de la orilla. drown
reeds

MARTIRIO ¡No será!

ADELA Ya no aguanto el horror de estos techos después de haber probado el sabor° de su boca. Seré lo que él quiera que sea. Todo el pueblo contra mí, quemándome con sus dedos de lumbre, perseguida° por los que dicen que son decentes, y me pondré la corona de espinas° que tienen las que son queridas° de algún hombre casado. taste

persecuted
thorns
lovers

MARTIRIO ¡Calla!

ADELA Sí. Sí. (En voz baja.) Vamos a dormir, vamos a dejar que se case con Angustias, ya no me importa, pero yo me iré a una casita sola donde él me verá cuando quiera, cuando le venga en gana.° whenever he feels like it

MARTIRIO Eso no pasará mientras yo tenga una gota de sangre en el cuerpo.

ADELA No a ti, que eres débil; a un caballo encabritado° soy capaz de poner de rodillas° con la fuerza de mi dedo meñique.° bucking
bring to its knees / little finger

MARTIRIO No levantes esa voz que me irrita. Tengo el corazón lleno de una fuerza tan mala, que, sin quererlo yo, a mí misma me ahoga.

ADELA Nos enseñan a querer a las hermanas. Dios me ha debido dejar sola en medio de la oscuridad, porque te veo como si no te hubiera visto nunca.

(Se oye un silbido° y ADELA corre a la puerta, pero MARTIRIO se le pone delante.) whistle

MARTIRIO ¿Dónde vas?

ADELA ¡Quítate de la puerta!

MARTIRIO ¡Pasa si puedes!

ADELA ¡Aparta! (Lucha.)

MARTIRIO (A voces.) ¡Madre, madre!

(Aparece BERNARDA. Sale en enaguas, con un mantón negro.)

BERNARDA   Quietas, quietas. ¡Qué pobreza la mía, no poder tener un rayo° entre los dedos!¹

MARTIRIO (*Señalando a* ADELA.)   ¡Estaba con él! ¡Mira esas enaguas llenas de paja de trigo!

BERNARDA   ¡Esa es la cama de las mal nacidas! (*Se dirige furiosa hacia* ADELA.)

ADELA (*Haciéndole frente.*)°   ¡Aquí se acabaron las voces de presidio!° (ADELA *arrebata un bastón° a su madre y lo parte en dos.°*) Esto hago yo con la vara de la dominadora. No dé usted un paso más. En mí no manda nadie más que Pepe.

MAGDALENA (*Saliendo.*)   ¡Adela!

(*Salen* PONCIA *y* ANGUSTIAS.)

ADELA   Yo soy su mujer. (*A* ANGUSTIAS.) Entérate tú y ve al corral a decírselo. Él dominará toda esta casa. Ahí fuera está, respirando como si fuera un león.

ANGUSTIAS   ¡Dios mío!

BERNARDA   ¡La escopeta!° ¿Dónde está la escopeta? (*Sale corriendo.*)

(*Aparece* AMELIA *por el fondo, que mira aterrada° con la cabeza sobre la pared. Sale detrás* MARTIRIO.)

ADELA   ¡Nadie podrá conmigo! (*Va a salir.*)

ANGUSTIAS (*Sujetándola.*)°   De aquí no sales tú con tu cuerpo en triunfo. ¡Ladrona!° ¡Deshonra de nuestra casa!

MAGDALENA   ¡Déjala que se vaya donde no la veamos nunca más!

(*Suena un disparo.*)°

BERNARDA (*Entrando.*)   Atrévete a buscarlo ahora.°

MARTIRIO (*Entrando.*)   Se acabó Pepe el Romano.

ADELA   ¡Pepe! ¡Dios mío! ¡Pepe! (*Sale corriendo.*)

PONCIA   ¿Pero lo habéis matado?

MARTIRIO   No. Salió corriendo en la jaca.

BERNARDA   No fue culpa mía. Una mujer no sabe apuntar.°

MAGDALENA   ¿Por qué lo has dicho entonces?

MARTIRIO   ¡Por ella! Hubiera volcado° un río de sangre sobre su cabeza.

PONCIA   Maldita.

MAGDALENA   ¡Endemoniada!°

BERNARDA   Aunque es mejor así. (*Suena un golpe.*) ¡Adela, Adela!

PONCIA (*En la puerta.*)   ¡Abre!

BERNARDA   Abre. No creas que los muros defienden de la vergüenza.

CRIADA (*Entrando.*)   ¡Se han levantado los vecinos!

BERNARDA (*En voz baja como un rugido.*°)   ¡Abre, porque echaré abajo la puerta!° (*Pausa. Todo queda en silencio.*) ¡Adela! (*Se retira de la puerta.*) ¡Trae un martillo!° (PONCIA *da un empujón° y entra. Al entrar da un grito y sale.*) ¿Qué?

PONCIA (*Se lleva las manos al cuello.*)   ¡Nunca tengamos ese fin!

(*Las* HERMANAS *se echan hacia atrás. La* CRIADA *se santigua.* BERNARDA *da un grito y avanza.*)

PONCIA   ¡No entres!

---

¹Bernarda aspires to the omnipotence of Zeus.

184

Bernarda   No. ¡Yo no! Pepe, tú irás corriendo vivo por lo oscuro de las alamedas, pero otro día caerás. ¡Descolgarla!° ¡Mi hija ha muerto virgen! Llevadla a su cuarto y vestirla como una doncella.° ¡Nadie diga nada! Ella ha muerto virgen. Avisad que al amanecer den dos clamores° las campanas.

cut her down
maiden
funeral peals

Martirio   Dichosa ella mil veces que lo pudo tener.

Bernarda   Y no quiero llantos. La muerte hay que mirarla cara a cara. ¡Silencio! (*A otra* Hija.) ¡A callar he dicho! (*A otra* Hija.) ¡Las lágrimas cuando estés sola! Nos hundiremos todas en un mar de luto. Ella, la hija menor de Bernarda Alba, ha muerto virgen. ¿Me habéis oído? ¡Silencio, silencio he dicho! ¡Silencio!

Telón

Día viernes 19 de junio de 1936.

PREGUNTAS

Acto I

1. ¿Qué es el luto, y por qué están de luto los personajes?
2. ¿Qué siente Poncia hacia Bernarda? ¿Se expresa con sinceridad?
3. Discute el monólogo de la Criada: ¿Qué crítica social encierra? ¿Cuál es su actitud privada—y pública—hacia el difunto?
4. ¿Cuál es la actitud de Bernarda hacia los hombres? ¿Hacia los pobres? ¿Hacia sus hijas? ¿Hacia el resto del pueblo?
5. ¿Cómo se manifiestan, en el primer acto, las creencias de Bernarda sobre las clases sociales?
6. ¿Por qué incluye Lorca la historia de Paca la Roseta?
7. ¿Qué emociones despierta Pepe el Romano en las hermanas?
8. ¿Qué deseos íntimos expresa María Josefa?

Acto II

1. ¿Qué insinúa Poncia cuando comenta el comportamiento de Pepe durante la noche anterior? ¿Qué información se nos da, en este acto, acerca de las idas y venidas de Pepe?
2. Se contrastan las primeras declaraciones amorosas de Pepe y del difunto marido de Poncia. ¿Cómo difieren?
3. ¿Qué le reprocha—y qué le aconseja—Poncia a Adela? ¿Qué le contesta Adela?
4. ¿Cómo son los segadores, según Poncia, y qué importancia tienen en la obra?
5. Observa Amelia que "nacer mujer es el mayor castigo". ¿Por qué?
6. ¿Qué diferencias entre hombres y mujeres se ponen de manifiesto en este acto y en el anterior?
7. ¿Qué revela la desaparición del retrato de Pepe? ¿Qué consejos le da Poncia a Bernarda, y cómo le contesta Bernarda? ¿Cuál es "la cosa muy grande" que está pasando en la casa?

8. ¿Cómo reaccionó Bernarda al noviazgo de Martirio y Enrique Humanes? ¿Cómo deshizo el noviazgo, y por qué?

9. Explica la historia de la hija de la Librada, y comenta la reacción a este hecho de 1) el pueblo; 2) Bernarda; 3) Adela; y 4) las otras hermanas.

Acto III

1. ¿Qué importancia tiene la historia que cuenta Prudencia de su hija y de su marido?

2. Comenta Angustias que encuentra a Pepe distraído y preocupado. ¿Por qué?

3. Según Bernarda, ¿cómo debe tratar una mujer a su marido?

4. ¿Por qué se menciona tanto al caballo garañón? ¿Qué valor simbólico tiene?

5. Con la oveja que lleva en brazos, qué deseos expresa María Josefa? ¿Por qué habla del mar y de la espuma? ¿Qué simbolizan?

6. Comenta la rivalidad, a través de todo el acto, entre Martirio y Adela.

7. Según Adela, qué hará si no puede casarse con Pepe el Romano?

8. Martirio dice: "Se acabó Pepe el Romano". ¿Es verdad? ¿Por qué lo dice?

9. ¿Cómo muere Adela?

10. ¿Qué dice Bernarda al descubrir que su hija ha muerto?

TEMAS

1. El simbolismo de los nombres de los personajes. Las implicaciones bíblicas y cristológicas.

2. El simbolismo cromático: el significado de algunos colores (blanco, negro, azul, rojo, verde).

3. El conflicto entre las apariencias y la realidad en la obra. ¿Cómo se manifiesta la preocupación de Bernarda por la honra y por el qué dirán?

4. Lorca plantea el problema de la lucha de las clases sociales. Recoge y estudia las frases donde se alude a este asunto.

5. El tema central de la obra: ¿la lucha de la autoridad y el deseo de libertad? ¿la frustración sexual?

6. Contrasta los decorados de los tres actos. Se ha observado que hay un movimiento espacial desde lo exterior hacia lo interior. ¿Es verdad?

7. Estudia el lenguaje de la obra. ¿Prevalece un lenguaje coloquial? ¿Es verdad lo que dijo Lorca: que la obra no tenía "ni una gota de poesía"? ¿Puede llamarse "poético" el lenguaje? ¿Por qué? ¿Puedes encontrar alguna imagen o figura poética?

8. Comenta el contraste entre realidad e imaginación en la obra.

9. ¿Hay un mensaje político en esta obra? ¿O el mensaje es más bien de tipo existencial?

10. El significado de María Josefa.

11. Describe la personalidad de Poncia.

BIBLIOGRAFÍA

Ediciones anotadas con bibliografía

García-Posada, Miguel, ed. *La casa de Bernarda Alba*. Madrid: Castalia, 1983.

Josephs, Allen, y Juan Caballero, eds. *La casa de Bernarda Alba*. Madrid: Cátedra, 1981.

Ramsden, H., ed. *La casa de Bernarda Alba*. Manchester University Press, 1983.

Crítica

Domenech, Ricardo, ed. *"La casa de Bernarda Alba" y el teatro de García Lorca*. Madrid: Cátedra, 1985.

Feal, Carlos. *Lorca: Tragedia y mito*. Ottawa: Dovehouse Editions Canada, 1989.

García Lorca, Francisco. *Federico y su mundo*, ed. Mario Hernández. Madrid: Alianza, 1980. (Traducción al inglés de C. Maurer, *In the Green Morning: Memories of Federico*. New York: New Directions, 1986).

Morris, C.B. *García Lorca. La casa de Bernarda Alba*. London: Grant & Cutler Ltd. (Critical Guides to Spanish Texts), 1990.

TEMAS   (Convivencia y soledad)

1. ¿Qué tienen en común la protagonista de "El árbol" de María Luisa Bombal y la de "Y soñé que era un árbol" de Claribel Alegría?

2. Las relaciones padre/hijo en Gonzalo Rojas, Juan Rulfo y Sara Gallardo. ¿Qué tienen en común y cómo se diferencian?

3. Visiones de la maternidad en Mercedes Valdivieso, Judith Martínez Ortega y Ángela Figuera Aymerich.

4. La locura como escape de la soledad en *La casa de Bernarda Alba* (María Josefa) y en "Tendrá que volver" de Carmen Martín Gaite.

5. La exclusión de la realidad exterior en dos casas: "Casa tomada" y *La casa de Bernarda Alba*.

6. La espera y la esperanza en "Nocturno yanqui", "Romance del prisionero" y "Tendrá que volver".

7. La independencia de la mujer en "El árbol", *La casa de Bernarda Alba*, "La mujer que llega a las seis" y "Jornada de la soltera".

8. La importancia del azar en "La insignia" de Julio Ramón Ribeyro y en "Un hombre" de Nicanor Parra. El contraste entre el azar y la voluntad de los personajes.

III

Muerte

Death

In a lecture on artistic inspiration ("Juego y teoría del duende"), García Lorca once remarked: "En todos los países la muerte es un fin. Llega y se corren las cortinas. En España no. En España se levantan." Lorca writes that Spain is "un país abierto a la muerte," and that this is one reason for the greatness of its painting, dance, music, and literature.

The contemplation of death has borne fruit in literature throughout the Spanish-speaking world, and this chapter brings together a number of examples.

In *Vida y muerte*, authors from different historical periods ponder life and death not as contrary forces, but as two sides of the fabric of existence, or death as a stimulus for the enjoyment of life. Garcilaso de la Vega and Góngora (Spain) offer examples of a *motif* known as *carpe diem*: young people are urged to enjoy their youth and beauty before time does away with them. The Baroque poet Francisco de Quevedo (Spain), vehemently refuted by Jorge Guillén (Spain), insists that the ultimate wisdom is to "morir vivo": to recognize that most of our death has already "happened," though we took it, mistakenly, to be life. Nancy Morejón (Cuba) offers this consolation: death is the best possible misfortune, for it wipes out every other one. Octavio Paz (Mexico), in a fragment from *El laberinto de la soledad*, urges us to see life and death as "contrarios que se complementan . . . mitades de una esfera que nosotros . . . no podemos sino entrever."

Presentimientos brings together some forebodings: Quevedo's vision of the incessant warfare of time ("Salmo XVII") and Lorca's view of life as a journey interrupted before it is completed. "El almohadón de plumas" by Horacio Quiroga (Uruguay), portrays a long and mysterious *agonía* (death struggle), unexplained until the final paragraph.

Elegías contains three examples of a genre often, though not always, associated with death: the elegy. The last words of Melibea, from Fernando de Rojas's *La Celestina*, are an elegy for her dead lover, an apology for her own death, and an attempt to console her parents. In Lorca's "Llanto por Ignacio Sánchez Mejías," written for a bullfighter gored to death in the ring, the poet comes to terms not only with the death of his beloved friend, but with the finality and anonymity of all death. One of the texts Lorca was remembering, as he wrote this elegy, was Jorge Manrique's (Spain) "Coplas por la muerte de su padre," a fifteenth-century text, revered by later poets, that insists on the fleeting nature of mortal existence.

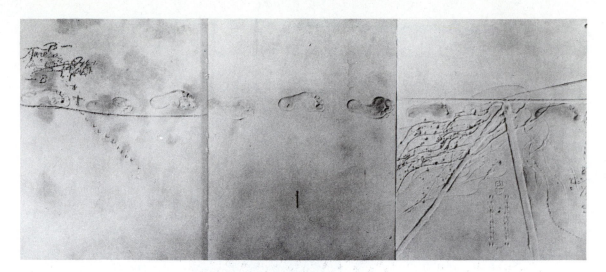

Antonio Tapiés [España]. *Triptych*, 1969–70.

1

VIDA Y MUERTE

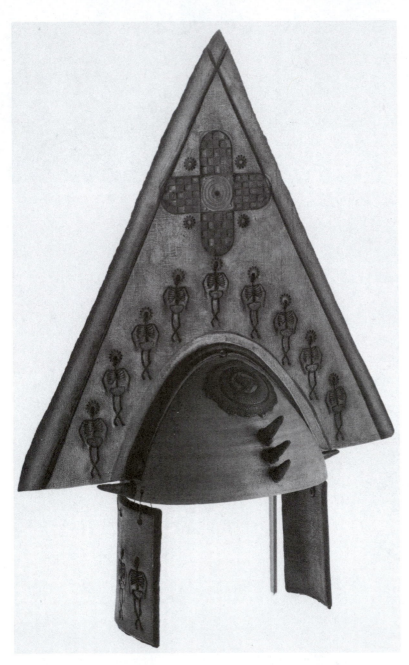

Liz Lerma [Estados Unidos]. *Muerto Helmet: for Celebrations of Life*, 1982.

Garcilaso de la Vega   1503–1536   ESPAÑA

Garcilaso de la Vega es uno de los poetas más importantes del Renacimiento europeo. De familia aristocrática, se crió en la corte y sirvió a Carlos V, rey de España y Emperador Romano, luchando contra las fuerzas protestantes y musulmanas en las guerras del norte de África y en Europa. Pasó cerca de cinco años en Italia y murió a la edad de 33 años en una batalla cerca de Niza, Francia. Junto con su gran amigo Joan Boscán, Garcilaso introdujo en España las formas principales que habían cultivado Petrarca y otros poetas italianos; una de ellas fue el soneto. Así abrió nuevas posibilidades formales para la poesía española. Sus tres églogas, que imitan las del poeta romano Virgilio, contribuyeron al desarrollo en España de la literatura pastoril (p. 345). Como Góngora más tarde, Garcilaso creó un lenguaje poético elegante y preciso, enriqueciendo no sólo la poesía de su tiempo sino también la lengua española.

CUANDO LEAS . . .

El soneto de Garcilaso de la Vega y la imitación de don Luis de Góngora desarrollan un motivo frecuente en la poesía del Renacimiento y del Barroco, el llamado *carpe diem* (literalmente, "seize the day"): disfrutar del presente. Los dos poetas se dirigen a la amada, aconsejándole que disfrute de su belleza antes de que el tiempo convierta esa belleza en vejez y muerte.

Garcilaso de la Vega

Soneto XXIII

En tanto que° de rosa y azucena	So long as, while
se muestre la color en vuestro gesto,°	face
y que vuestro mirar ardiente,° honesto,°	burning / chaste
enciende al corazón y lo refrena;[1]	
5 y en tanto que el cabello, que en la vena	
del oro se escogió, con vuelo presto,	
por el hermoso cuello blanco, enhiesto,°	long, upright
el viento mueve, esparce° y desordena:	scatters

---

[1]Another version of this line reads, "con clara luz la tempestad serena."

193

coged de vuestra alegre primavera
10 el dulce fruto, antes que el tiempo airado°   angry
cubra de nieve la hermosa cumbre.°   mountain peak (head)

Marchitará° la rosa el viento helado,   will shrivel
todo lo mudará° la edad ligera   change
por no hacer mudanza en su costumbre.

PREGUNTAS

1. ¿Cómo es la mujer a quien se dirige el hablante, según las dos primeras estrofas?
2. ¿Cómo imagina el poeta el cabello de ella?
3. ¿Qué consejo se le da a ella en la tercera estrofa? ¿Qué es su "alegre primavera"? ¿Cómo podría ella coger el "dulce fruto" de esa "primavera"?
4. Explica la metáfora de la nieve y de "la hermosa cumbre".
5. ¿Qué paradoja tiene la última estrofa?
6. Contrasta las dos versiones del verso 4. ¿Expresan la misma idea? ¿Cuál te gusta más?

TEMA

Analiza la estructura de este soneto, dividiéndolo en tres partes (las dos primeras estrofas tienen una estructura parecida). En tu análisis, debes fijarte en la sintaxis del poema, sobre todo en el tiempo (*tense*) y el modo (*mood*) de los verbos.

Luis de Góngora   1561–1627   ESPAÑA

Luis de Góngora es uno de los poetas españoles que más han influido en la poesía de su tiempo y en la poesía posterior. Nace en Córdoba de una familia noble, estudia en la Universidad de Salamanca y cuando tiene 24 años se ordena diácono (*deacon*). Las autoridades eclesiásticas critican su comportamiento: alegan que Góngora asiste poco al coro, habla durante la misa, murmura de vidas ajenas, es aficionado de los toros y de los naipes, tiene amigos sospechosos y escribe poesías indignas de un clérigo. En 1617 traslada su residencia a Madrid, donde, durante el resto de su vida, intentará conseguir un puesto importante en la corte del rey.

A Góngora se le debe nada menos que una revolución poética. Como Garcilaso antes que él, quiso dar a la poesía española la elevación y perfección de la poesía clásica. Cuando sus poemas largos—las *Soledades* y la *Fábula de Polifemo*—empiezan a circular entre los amantes de la poesía, se arma una controversia que no ha cesado hasta nuestros días. Varios son los elementos que llaman la atención—y a veces exasperan—a los lectores:

- El uso de un léxico culto, con palabras que proceden del latín y del griego (por ejemplo, *joven* en vez de *mozo*).
- Formas sintácticas de una complicación insólita. Hay un buen ejemplo en el soneto que sigue. Notarás que en la tercera estrofa (el primer terceto), Góngora recoge todas las imágenes ("cuello, cabello, labio y frente") que ha utilizado antes. Esta técnica se llama diseminación/recolección: primero el poeta "siembra" (*plants*) sus imágenes, y luego las recoge.
- El ingenio (*wit*) y la metáfora cobran gran importancia.
- Una atención inigualable a la musicalidad de sus versos. Por ejemplo, el uso de la aliteración y la alternación de las vocales en el soneto que sigue.
- La erudición poética y la constante alusión a la mitología clásica.

Criticada durante gran parte de los siglos XVIII y XIX, la poesía de Góngora fue "redescubierta", defendida e imitada de una manera u otra por los poetas de la Generación del 27, sobre todo García Lorca y Rafael Alberti. La Generación del 27 se llama así porque en diciembre de 1927 un grupo de poetas se reunió en Sevilla para celebrar el tercer centenario de la muerte de Góngora.

Luis de Góngora

Soneto CLXVI

Mientras por competir con tu cabello
oro bruñido° al sol relumbra° en vano;
mientras con menosprecio° en medio el llano°
mira tu blanca frente el lilio° bello;

5   mientras a cada labio, por cogello,°
siguen más ojos que al clavel° temprano,
y mientras triunfa con desdén lozano°
del luciente° cristal tu gentil cuello:

goza° cuello, cabello, labio y frente,
10 antes que lo que fue en tu edad dorada
oro, lilio, clavel, cristal luciente,

no sólo en plata o vïola trocada°
se vuelva, mas tú y ello juntamente
en tierra, en humo, en polvo, en sombra, en nada.

burnished / shines
scorn / plain
lily

cogerlo
carnation
elegant
bright

enjoy (imperative)

transformed

195

Wilfredo Lam [Cuba]. *Woman with Flowers*, 1942.

PREGUNTAS

1. ¿Por qué dice el poeta que el oro relumbra "en vano" frente al cabello de la mujer?
2. ¿Qué tienen en común el "lilio bello" y la "blanca frente"?

3. Fíjate en la aliteración del verso 3. ¿Qué consonante se repite?
4. Justifica la metáfora *labio = clavel*. ¿Y por qué compara el cuello con el cristal?
5. ¿Cuál es más dramática, la última estrofa de Garcilaso o la de Góngora? ¿Por qué?

TEMAS

1. Compara el soneto de Garcilaso con el de Góngora. Toma en cuenta su estructura sintáctica (p. 194) y su léxico.
2. ¿Nos ofrecen estos dos poetas una misma visión de la belleza femenina? Describe con tus propias palabras el tipo físico de mujer que estos poetas alaban. Ese tipo fue común en el Renacimiento. ¿Existe todavía en nuestros días?
3. El propósito de estos dos poemas es persuadir a la mujer que goce de su juventud. ¿Quién es más persuasivo: Garcilaso o Góngora?

Francisco de Quevedo   1580–1645   ESPAÑA

Francisco de Quevedo es, junto con Lope de Vega y Luis de Góngora, uno de los tres poetas más importantes del Barroco. Nacido en Madrid de una familia aristocrática, adquiere en Alcalá de Henares (la antigua universidad de Madrid) una formación humanística: estudios de filosofía, lenguas clásicas, hebreo, etc. En la corte, forma amistad con el duque de Osuna y toma parte en importantes misiones políticas en España y en el reino de Nápoles, Italia. Fue encarcelado durante cuatro años por motivos políticos.

Quevedo se destaca en la poesía satírica (es un agudo crítico de la decadencia de la sociedad española); la poesía amorosa; y la moral, en donde contempla la brevedad de la vida e insiste en la necesidad de que el hombre viva según las leyes de la naturaleza y reconozca su mortalidad. A diferencia de Lope de Vega, apenas escribe poesía religiosa. Y a diferencia de Góngora, Quevedo es autor de varias obras literarias en prosa: una novela picaresca (el *Buscón*); una serie de visiones satíricas (*Los sueños*, 1627); y obras doctrinales sobre la política, la religión cristiana y la filosofía estoica.

CUANDO LEAS . . .

En los sonetos de Garcilaso y de Góngora, los poetas aconsejan a la mujer que disfrute de su juventud, su salud y su belleza *antes de que* empiece a morir. Pero para Quevedo la muerte forma una parte inseparable de la vida. No tiene sentido temer a la muerte como a algo en el futuro, porque *ya estamos muriendo*. Es decir, aunque no nos demos cuenta, la muerte forma parte de nuestro presente. Los dos poemas de Jorge Guillén, escritos siglos después, rechazan enérgicamente el punto de vista de Quevedo. Para Guillén la muerte no es un largo proceso que coincide con la vida, sino que ocurre "una sola vez".

En este soneto, Quevedo se dirige a un amigo, don Juan. Igual que en los sonetos de Garcilaso y de Góngora, el primer terceto contiene un imperativo. Pero ese imperativo no es *carpe diem* sino todo lo contrario. Don Juan no debe gozar de la vida, o coger "el dulce fruto" de su juventud, sino "recibir la sepoltura".

Francisco de Quevedo

Soneto

Señor don Juan, pues con la fiebre° apenas	fever
se calienta° la sangre desmayada,°	warms itself / faint
y por la mucha edad, desabrigada,°	uncovered, exposed to
tiembla,° no pulsa, entre la arteria y venas;	the cold | trembles
5 pues que de nieve están las cumbres° llenas,	peaks
la boca, de los años saqueada,°	sacked, plundered
la vista, enferma, en noche sepultada;°	buried
y las potencias,° de ejercicio ajenas,	faculties
salid a recibir la sepoltura,	
10 acariciad° la tumba y monumento:	caress
que morir vivo es última cordura.°	the ultimate sanity, wisdom
La mayor parte de la muerte siento	
que se pasa en contentos y locura,	
y a la menor se guarda el sentimiento.°	regret, feeling

PREGUNTAS

1. ¿Qué edad más o menos piensas que tiene el destinatario del soneto (don Juan)?
2. ¿Por qué está "desabrigada" la sangre?
3. ¿A qué "cumbres" se refiere el poeta en el verso 4?
4. Al utilizar el participio "saqueada" (verso 6), el poeta está personificando al Tiempo. ¿Cómo quiere que lo imaginemos?
5. ¿Qué consejos ofrece el poeta en la tercera estrofa?
6. "Morir vivo", ¿por qué es "cordura"?

7. Explica la última estrofa. ¿Podríamos reemplazar la palabra "muerte" en el verso 12 con la palabra "vida"?

Temas

1. Discute la relación de este soneto con el de Garcilaso (p. 193). Compara la descripción del cuerpo. Fíjate, por ejemplo, en las metáforas "nieve" y "cumbre". ¿Se podría decir que Quevedo está invirtiendo (*turning upside down*) el motivo del *carpe diem*?
2. ¿Qué ventajas o desventajas tiene el ver la vida a lo Quevedo, es decir, como parte de una unidad (muerte/vida)? ¿Conoces alguna cultura o grupo, o alguna persona, que piense como Quevedo?
3. ¿Podemos relacionar ciertas costumbres de nuestra sociedad—por ejemplo la compra de terreno, por adelantado, en el cementerio—con este soneto de Quevedo? ¿Qué diría Quevedo de los arreglos que se le hacen al cadáver para que no parezca que está muerto? ¿Qué diría del maquillaje?

Jorge Guillén   1893–1984   ESPAÑA

La vida de Jorge Guillén tiene tanto en común con la de su íntimo amigo Pedro Salinas (p. 9) que les gustaba hablar de sus "vidas paralelas". Los dos estudiaron y enseñaron en la Sorbona (París) y trabajaron como profesores en las mismas universidades españolas. Por motivos políticos los dos se marcharon a Estados Unidos, donde enseñaron en el departamento de español de Wellesley College, en Massachusetts.

A pesar de tener vidas tan parecidas, la obra de Guillén tiene un carácter muy distinto al de la obra de Salinas. El título de su primer libro, *Cántico* (primera edición, 1928), resume una de sus actitudes poéticas más características: celebración y agradecimiento por la perfección de la naturaleza y del cosmos; afirmación del ser. En libros sucesivos Guillén contempla los problemas sociales y existenciales (*Clamor*); la tradición literaria (*Homenaje*); y los misterios de la vejez (*Final*). Su obra poética se reune bajo el título *Aire Nuestro*. Es autor también de agudos ensayos críticos.

Jorge Guillén

Resumen°

Me moriré, lo sé, Quevedo insoportable,°
    No me tiendas° eléctrico tu cable.

Amé, gocé,° sufrí, compuse.° Más no pido.
    En suma: que me quiten lo vivido.°

Summary

unbearable
hand me

I enjoyed / I wrote
let them try to take away what I have lived

Jorge Guillén

Una sola vez

Muerte: para ti no vivo.

¿Mientras, aguardando ya,
Habré de ahogarme° en congojas°
Diminutas° soplo a soplo?°

5 Espera.
     ¡Sólo una vez,
De una vez!°
    Espera tú.

¿Ves cómo el hombre persigue,°
10 Por el aire de verano,
Más verano de otro ardor?

Vivo: busco ese tesoro.°

suffocate, drown / anxiety | tiny / breath by breath

Once and for all

pursues

treasure

PREGUNTAS ("Resumen" y "Una sola vez")

1. ¿Por qué llama Guillén a Quevedo "insoportable" en el primer verso de "Resumen"?
2. Comenta el segundo verso de ese poema.
3. El último verso de "Resumen" recrea un dicho español: "Que me quiten lo bailado". Se dice esto cuando ya no se puede hacer algo, pero nadie podrá quitarle a uno el placer de haberlo hecho antes. ¿Por qué es apropiado aquí este proverbio?

4. En "Una sola vez" Guillén rechaza la idea de "ahogar[se] . . . soplo a soplo". ¿Qué prefiere?
5. Explica la diferencia entre "Una sola vez" y "de una vez". ¿Qué idea de Quevedo está rechazando el poeta?
6. ¿Qué "persigue" el hombre? ¿Por qué habla el poeta del "verano"?
7. Comenta el verso final. Si el hablante ya "vive", ¿por qué tiene que "buscar" el tesoro de la vida?

TEMAS

1. ¿Cuál prefieres, la actitud de Guillén hacia la muerte o la de Quevedo? ¿Morimos poco a poco, todos los días, o "una sola vez"?
2. ¿Crees que en nuestra sociedad conviven estas dos ideas? ¿Puedes dar ejemplos de ambas?

Nancy Morejón   1944–   CUBA

La poeta afrocubana Nancy Morejón publicó su primer libro en 1962, poco después del triunfo de la revolución cubana. Autora de poemas que exploran la diversidad racial de Cuba y de las Américas, tardaría años en definir su relación como poeta con la revolución, y en reconciliar los intereses de la revolución con las preocupaciones sociales de los negros. En *Ricardo trajo su flauta* (1967), esas preocupaciones se reflejan en poemas acerca de sus antepasados y de su familia. En libros posteriores, Morejón protesta por la violencia de la que han sido víctimas los negros de su país y de los Estados Unidos. Escribe el crítico William Luis: "Morejón ha ofrecido a los afrocubanos una voz que expresa su historia, su opresión, su dolor, y su aislamiento, pero también su contribución a la historia y a la cultura cubanas. Quizás su mayor contribución ha sido el intento de mantener vivas la historia y la voz de los negros de la Cuba contemporánea."[1]

CUANDO LEAS . . .

Nancy Morejón recuerda en este poema el comentario de Tata—¿una criada?—ante la muerte de un conocido.

[1] "Race, Poetry, and Revolution in the Works of Nancy Morejón," *Hispanic Journal*, in press.

Nancy Morejón

Tata ante la muerte de don Pablo

para Rosa Amelia González

> Mohína° y serena,   Sullen
> sin la trenza engañosa,°   deceiving braid
> en un silencio embalsamado,°   embalmed
> miras el paso de la muerte
> 5 llegar.
>
> Tu boca firme dice
> con la pausa del ave°   bird
> en la llanura:°   plain
> *La muerte es la mejor de las desgracias°* tragedies
> 10 *porque borra todas las demás.*

PREGUNTAS

1. ¿Cómo se describe a Tata?
2. Comenta el epíteto "silencio *embalsamado*". ¿Qué expresa?
3. ¿Cuál es el comentario de Tata sobre la muerte? ¿Estás de acuerdo?

Octavio Paz   1914–   **MÉXICO**

Dentro de la literatura latinoamericana el poeta y ensayista mexicano Octavio Paz ha ejercido una influencia comparable a la del chileno Pablo Neruda o a la del argentino Jorge Luis Borges. Como la de ellos, su vida ha tenido una dimensión cosmopolita poco común: viaje a España durante la guerra civil; estancias, como estudiante y como profesor, en Estados Unidos; viajes a Europa y al Oriente motivados por su puesto como embajador de México; y amplio conocimiento de la literatura europea y norteamericana. Es autor de numerosos libros de poesía, por ejemplo, *Libertad bajo palabra, Obra poética, 1935–57*; de ensayos sobre las bellas artes, historia literaria y temas antropológicos; de traducciones; y de una biografía de Sor Juana Inés de la Cruz. En 1990 recibió el Premio Nobel de Literatura.

Según Paz una de las tragedias de la vida moderna es que el hombre ha perdido contacto con la unidad primordial en que se juntaban armoniosamente el hombre y la mujer, la vida y la muerte, lo sagrado y lo profano. Para los americanos, según Paz, la búsqueda de lo "unitario" implica un esfuerzo para reconocer el pasado indígena que ocultan las formas de la civilización moderna.

Octavio Paz.

En este fragmento de *El laberinto de la soledad*—libro de ensayos sobre el carácter de lo mexicano y búsqueda de una "filosofía mexicana"—afirma Paz que si nos cerramos a la muerte, nos cerramos también a la vida, pues son "contrarios que se complementan". El ensayo se titula "Todos Santos, Día de Muertos". Se refiere al día de fiesta católico celebrado el primer día de noviembre, en honor a todos los santos de la iglesia. Al igual que el Día de los Difuntos (2 de noviembre), es ocasión de diversas ceremonias y festejos populares en el mundo hispánico, entre ellos la visita a los cementerios.

Octavio Paz

De *El laberinto de la soledad*

La muerte es un espejo que refleja las vanas gesticulaciones de la vida. Toda esa abigarrada° confusión de actos, omisiones, arrepentimientos° y tentativas°— obras y sobras—° que es cada vida, encuentra en la muerte, ya que no sentido o explicación, fin. Frente a ella nuestra vida se dibuja e inmoviliza. Antes de desmoronarse° y hundirse° en la nada, se esculpe° y vuelve forma inmutable: ya no cambiaremos sino para desaparecer. Nuestra muerte ilumina nuestra vida. Si nuestra muerte carece de° sentido, tampoco lo tuvo nuestra vida. Por eso cuando alguien muere de muerte violenta, solemos decir: "se la buscó". Y es cierto, cada quien tiene la muerte que se busca, la muerte que se hace. Muerte de cristiano o muerte de perro son maneras de morir que reflejan maneras de vivir. Si la muerte nos traiciona° y morimos de mala manera, todos se lamentan: hay que morir como se vive. La muerte es intransferible, como la vida. Si no morimos como vivimos es porque realmente no fue nuestra la vida que vivimos: no nos pertenecía° como no nos pertenece la mala muerte que nos mata. Dime cómo mueres y te diré quién eres.

Para los antiguos mexicanos la oposición entre muerte y vida no era tan absoluta como para nosotros. La vida se prolongaba en la muerte. Y a la inversa. La muerte no era el fin natural de la vida, sino fase de un ciclo infinito. Vida, muerte y resurrección eran estadios° de un proceso cósmico, que se repetía insaciable. La vida no tenía función más alta que desembocar en° la muerte, su contrario y complemento; y la muerte, a su vez, no era un fin en sí; el hombre alimentaba° con su muerte la voracidad de la vida, siempre insatisfecha. El sacrificio poseía un doble objeto: por una parte, el hombre accedía al° proceso creador (pagando a los dioses, simultáneamente, la deuda contraída por la especie);° por la otra, alimentaba la vida cósmica y la social, que se nutría de° la primera.

Posiblemente el rasgo° más característico de esta concepción es el sentido impersonal del sacrificio. Del mismo modo que su vida no les pertenecía, su

motley / regrets / attempts | excess

crumble away / sink / acquires form
lacks

betrays

belonged

stages, phases
empty out into

fed
participated in

debt owed by the species / nourished itself on | trait

muerte carecía de todo propósito personal. Los muertos—incluso los guerreros caídos en el combate y las mujeres muertas en el parto,° compañeros de Huitzilopochtli, el dios solar°—desaparecían al cabo de algún tiempo, ya para volver al país indiferenciado de las sombras, ya para fundirse al° aire, a la tierra, al fuego, a la substancia animadora del universo. Nuestros antepasados° indígenas no creían que su muerte les pertenecía, como jamás pensaron que su vida fuese realmente "su vida", en el sentido cristiano de la palabra. Todo se conjugaba° para determinar, desde el nacimiento, la vida y la muerte de cada hombre: la clase social, el año, el lugar, el día, la hora. El azteca era tan poco responsable de sus actos como de su muerte. [. . .]

Religión y destino regían° su vida, como moral y libertad presiden la nuestra. Mientras nosotros vivimos bajo el signo de la libertad y todo—aun la fatalidad griega y la gracia de los teólogos—es elección° y lucha, para los aztecas el problema se reducía a investigar la no siempre clara voluntad° de los dioses. De ahí la importancia de las prácticas adivinatorias.° Los únicos libres eran los dioses. Ellos podían escoger—y, por lo tanto, en un sentido profundo, pecar—.° La religión azteca está llena de grandes dioses pecadores—Quetzalcóatl, como ejemplo máximo—, dioses que desfallecen° y pueden abandonar a sus creyentes,° del mismo modo que los cristianos reniegan° a veces de su Dios. La conquista de México sería inexplicable sin la traición° de los dioses, que reniegan de su pueblo.

El advenimiento° del catolicismo modifica radicalmente esta situación. El sacrificio y la idea de salvación, que antes eran colectivos, se vuelven personales. La libertad se humaniza, encarna° en los hombres. Para los antiguos aztecas lo esencial era asegurar° la continuidad de la creación; el sacrificio no entrañaba° la salvación ultraterrena, sino la salud cósmica; el mundo, y no el individuo, vivía gracias a la sangre y la muerte de los hombres. Para los cristianos, el individuo es lo que cuenta. El mundo—la historia, la sociedad—está condenado de antemano.° La muerte de Cristo salva a cada hombre en particular. Cada uno de nosotros es el Hombre y en cada uno están depositadas las esperanzas y posibilidades de la especie. La redención es obra personal.

Ambas actitudes, por más opuestas que nos parezcan, poseen una nota común: la vida, colectiva o individual, está abierta a la perspectiva de una muerte que es, a su modo, una nueva vida. La vida sólo se jusitifica y trasciende cuando se realiza° en la muerte. Y ésta también es trascendencia, más allá, puesto que consiste en una nueva vida. Para los cristianos la muerte es un tránsito,° un salto° mortal entre dos vidas, la temporal y la ultraterrena; para los aztecas, la manera más honda° de participar en la continua regeneración de las fuerzas° creadoras, siempre en peligro de extinguirse si no se les provee° de sangre, alimento sagrado. En ambos sistemas vida y muerte carecen de autonomía; son las dos caras de una misma realidad. Toda su significación proviene de° otros valores, que las rigen.° Son referencias a realidades invisibles.

La muerte moderna no posee ninguna significación que la trascienda o refiera a otros valores. En casi todos los casos es, simplemente, el fin inevitable de un proceso natural. En un mundo de hechos, la muerte es un hecho más. Pero como es un hecho desagradable, un hecho que pone en tela de juicio° todas

Glosas marginales:
- childbirth
- sun god
- blend with
- ancestors
- came together
- ruled
- choice
- will
- fortune-telling, divining
- sin
- fade away
- faithful, believers / renounce / betrayal
- arrival
- is made flesh
- ensure / involve
- beforehand
- becomes real
- passage / leap
- deep / forces
- provides
- comes from
- govern
- calls into question

nuestras concepciones y el sentido mismo de nuestra vida, la filosofía del progreso (¿el progreso hacia dónde y desde dónde?, se pregunta Scheller) pretende escamotearnos° su presencia. En el mundo moderno todo funciona como si la muerte no existiera. Nadie cuenta con ella. Todo la suprime: las prédicas° de los políticos, los anuncios de los comerciantes, la moral pública, las costumbres, la alegría a bajo precio y la salud al alcance de° todos que nos ofrecen hospitales, farmacias y campos deportivos. Pero la muerte, ya no como tránsito, sino como gran boca vacía que nada sacia,° habita todo lo que emprendemos.° El siglo° de la salud, la higiene, los anticonceptivos,° las drogas milagrosas y los alimentos sintéticos, es también el siglo de los campos de concentración, del Estado policíaco, de la exterminación atómica y del "murder story". Nadie piensa en la muerte, en su muerte propia, como quería Rilke, porque nadie vive una vida personal. La matanza° colectiva no es sino el fruto de la colectivización de la vida.

hide from us
preaching

within reach of

satisfies / undertake /
century | birth control

slaughter

Lynd Ward [Estados Unidos]. *Wild Pilgrimage*, 1932.

También para el mexicano moderno la muerte carece de significación. Ha dejado de ser tránsito, acceso a otra vida más vida que la nuestra. Pero la intrascendencia de la muerte no nos lleva a eliminarla de nuestra vida diaria. Para el habitante de Nueva York, París o Londres, la muerte es la palabra que jamás se pronuncia porque quema° los labios. El mexicano, en cambio, la frecuenta,° la burla, la acaricia,° duerme con ella, la festeja,° es uno de sus juguetes° favoritos y su amor más permanente. Cierto, en su actitud hay quizá tanto miedo como en la de los otros; mas al menos no se esconde° ni la esconde; la contempla cara a cara con impaciencia, desdén o ironía: "si me han de° matar mañana, que me maten de una vez."

La indiferencia del mexicano ante la muerte se nutre de su indiferencia ante la vida. El mexicano no solamente postula la intrascendencia del morir, sino la del vivir. Nuestras canciones, refranes, fiestas y reflexiones populares manifiestan de una forma inequívoca° que la muerte no nos asusta porque "la vida nos ha curado de espantos".° Morir es natural y hasta deseable; cuanto más pronto, mejor. Nuestra indiferencia ante la muerte es la otra cara de nuestra indiferencia ante la vida. Matamos porque la vida, la nuestra y la ajena, carece de valor. Y es natural que así ocurra: vida y muerte son inseparables y cada vez que la primera pierde significación, la segunda se vuelve intrascendente. La muerte mexicana es el espejo de la vida de los mexicanos. Ante ambas el mexicano se cierra, las ignora.

El desprecio° a la muerte no está reñido° con el culto que le profesemos.° Ella está presente en nuestras fiestas, en nuestros juegos, en nuestros amores y en nuestros pensamientos. Morir y matar son ideas que pocas veces nos abandonan. La muerte nos seduce. La fascinación que ejerce sobre nosotros quizá brote de° nuestro hermetismo y de la furia con que lo rompemos. La presión de nuestra vitalidad, constreñida a expresarse° en formas que la traicionan, explica el carácter mortal, agresivo o suicida, de nuestras explosiones. Cuando estallamos,° además, tocamos el punto más alto de la tensión, rozamos el vértice vibrante° de la vida. Y allí, en la altura de ese frenesí,° sentimos el vértigo: la muerte nos atrae.

Por otra parte, la muerte nos venga° de la vida, la desnuda° de todas sus vanidades y pretensiones y la convierte en lo que es: unos huesos mondos° y una mueca espantable.° En un mundo cerrado y sin salida, en donde todo es muerte, lo único valioso es la muerte. Pero afirmamos algo negativo. Calaveras° de azúcar o de papel de china,° esqueletos coloridos de fuegos de artificio,° nuestras representaciones populares son siempre burla° de la vida, afirmación de la nadería° e insignificancia de la humana existencia. Adornamos nuestras casas con cráneos,° comemos el día de los Difuntos° panes que fingen huesos y nos divierten canciones y chascarrillos° en los que ríe la muerte pelona,° pero toda esa fanfarrona° familiaridad no nos dispensa° de la pregunta que todos nos hacemos: ¿qué es la muerte? No hemos inventado una nueva respuesta. Y cada vez que nos la preguntamos, nos encogemos de hombros:° ¿qué me importa la muerte, si no me importa la vida? [. . .]

Nada más opuesto a esta actitud que la de europeos y norteamericanos. Leyes, costumbres, moral pública y privada, tienden a° preservar la vida humana. Esta protección no impide que aparezcan cada vez con más frecuencia

burns

dwells on / caresses /
regales / toys

he does not hide himself
"if they must . . ."

unmistakable
frights

scorn / does not
contradict / the devotion
we show her
springs from

forced to express itself
burst
we brush against the
vibrant apex | frenzy
avenges us / it strips (life)
bare bones
frightening expression
Skeletons
crêpe paper / fireworks
mockery / nothingness
skulls
All Souls Day
jokes / bald / swaggering
excuses

shrug

tend to

ingeniosos y refinados asesinos, eficaces productores del crimen perfecto y en serie. La reiterada irrupción de criminales profesionales, que maduran y calculan sus asesinatos con una precisión inaccesible a cualquier mexicano; el placer con que relatan° sus experiencias, sus goces° y sus procedimientos; la fascinación con que el público y los periódicos recogen sus confesiones; y, finalmente, la reconocida ineficacia de los sistemas de represión con que se pretende evitar nuevos crímenes, muestra que el respeto a la vida humana que tanto enorgullece a la civilización occidental es una noción incompleta e hipócrita. *tell about / pleasures*

El culto a la vida, si de verdad es profundo y total, es también culto a la muerte. Ambas son inseparables. Una civilización que niega° a la muerte, acaba por negar a la vida. [. . .] *denies*

En los primeros versos de la Octava Elegía de Duino, Rilke expresa que la criatura—el ser en su inocencia animal—contempla lo Abierto, al contrario de nosotros, que jamás vemos hacia adelante, hacia lo absoluto. El miedo nos hace volver el rostro, darle la espalda a la muerte. Y al negarnos° a contemplarla, nos cerramos fatalmente a la vida, que es una totalidad que la lleva en sí. Lo Abierto es el mundo en donde los contrarios se reconcilian y la luz y la sombra se funden. Esta concepción tiende a devolver a la muerte su sentido original, que nuestra época le ha arrebatado:° muerte y vida son contrarios que se complementan. Ambas son mitades de una esfera° que nosotros, sujetos a tiempo y espacio, no podemos sino entrever.° En el mundo prenatal, muerte y vida se confunden; en el nuestro, se oponen; en el más allá, vuelven a reunirse; pero ya no en la ceguera° animal, anterior al pecado y a la conciencia, sino como inocencia reconquistada. El hombre puede trascender la oposición temporal que las escinde°—y que no reside en ellas, sino en su conciencia—y percibirlas° como una unidad superior. Este conocimiento no se opera sino a través de un desprendimiento;° la criatura debe renunciar a su vida temporal y a la nostalgia del limbo, del mundo animal. Debe abrirse a la muerte si quiere abrirse a la vida; entonces "será como los ángeles". *refusing* / *taken away* / *sphere* / *glimpse* / *blindness* / *split* / *perceiving them* / *letting go*

PREGUNTAS

1. ¿Por qué dice Paz que "nuestra muerte ilumina nuestra vida"?
2. Según Paz, ¿qué pensaban de la muerte los aztecas? ¿Cómo difería su actitud hacia la muerte de la actitud de los mexicanos modernos?
3. ¿Por qué era "impersonal" la muerte para los aztecas? ¿Por qué no creían que su muerte les "pertenecía"?
4. ¿Qué cambios trajo el catolicismo? ¿En qué se parece la visión cristiana y católica a la visión indígena? ¿En qué difieren?
5. Según Paz, ¿qué es la muerte para la sociedad moderna?
6. ¿Por qué ha perdido la muerte su significado personal?
7. ¿Qué actitud hacia la muerte tiene el mexicano moderno? ¿Y los europeos y norteamericanos?
8. Según el autor, ¿cuál debe ser la relación entre vida y muerte?

Temas

1. ¿Es cierto que "cada quien tiene la muerte que se busca, la muerte que se hace"? Comenta la expresión "dime cómo mueres y te diré quién eres".

2. ¿Te parece intelectualmente válido buscar en el pasado indígena de un país elementos que ayuden a explicar una cultura moderna? ¿Se podría investigar de esta misma forma la cultura norteamericana? ¿Cuáles son las ventajas y desventajas de este modo de estudiar la cultura?

2

PRESENTIMIENTOS

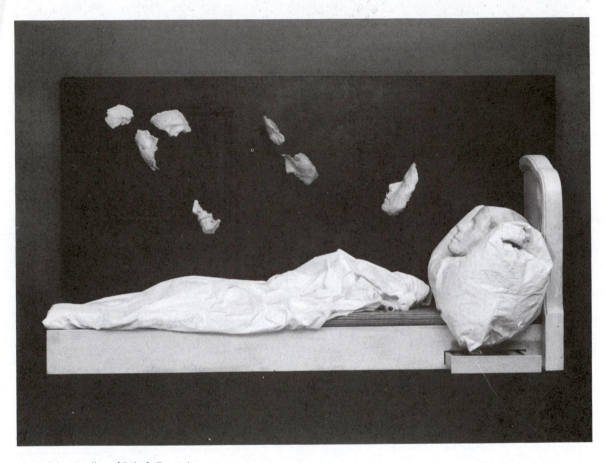

María Brito-Avellana [Cuba]. *Travesías.*

Francisco de Quevedo   *Ver página 197*   **ESPAÑA**

CUANDO LEAS . . .

Cuando era joven, Quevedo escribió esta visión en que todo, desde lo más grande y público (muros, arroyos) hasta lo más pequeño y personal (báculo, espada) le sirve como recuerdo de la muerte. El título subraya la intención moral del soneto.

Francisco de Quevedo

Salmo° XVII   Psalm

    Miré los muros de la patria mía,
si un tiempo fuertes, ya desmoronados,°   crumbling
de la carrera de la edad° cansados,   race of time, the age
por quien¹ caduca° ya su valentía.°   decays / valor, bravery

5   Salíme al campo, vi que el sol bebía
los arroyos° del hielo desatados°   streams / melting (lit.,
y del monte quejosos los ganados,   untied)
que con sombras hurtó° su luz al día.²   stole

    Entré en mi casa; vi que, amancillada,°   blemished
10 de anciana habitación° era despojos;°   dwelling / ruins
mi báculo,° más corvo y menos fuerte;   shepherd's crook

    vencida de la edad sentí mi espada.°   sword
Y no hallé° cosa en que poner los ojos   found
que no fuese recuerdo° de la muerte.   reminder

PREGUNTAS

1. Fíjate en los movimientos del hablante del poema y en cómo trata Quevedo el espacio. ¿En qué sitios está el hablante?
2. ¿Qué edad parece tener el hablante?
3. ¿Cómo se hace sentir el paso del tiempo en este soneto? ¿En qué estación o estaciones toma lugar la acción? ¿A qué horas del día? Fíjate en la mención de hielo y de las sombras.
4. Enumera todas las metáforas e imágenes bélicas. Si se trata de una batalla metafórica, ¿quién es el enemigo?
5. ¿Hay algún ejemplo de la personificación en este soneto?
6. ¿Por qué está "vencida de la edad" la espada del hablante?

---

¹*Quien* refers to *edad*.
²The meaning is: "y vi los ganados, que se quejaban del monte, porque el monte, con sus sombras, hurtó la luz del sol." The livestock were complaining of the lack of sunlight and warmth.

TEMAS

1. Intenta traducir este soneto al inglés. Puedes hacer una versión en prosa. ¿Cómo traducirías al inglés la palabra "edad"? ¿Tiene el mismo significado en el verso 3 y en el verso 12?
2. Escribe el crítico J. Richard Andrews: "Quevedo organized his poem on an episodic structure which consists of a narrative-descriptive presentation of three events. The narrative aspect is mainly first-person, almost exclusively having to do with reporting the movements and apperceptive action of the fictional narrator during the three episodes." Comenta la relación entre estos tres episodios: la visión de los muros, la salida al campo y la entrada en la casa.

Federico García Lorca   *Ver página 149*   ESPAÑA

CUANDO LEAS . . .

Como los poetas anónimos de los romances tradicionales (p. 133), García Lorca prefiere *contar*, sin explicar demasiado. En este poema, escrito en los versos octosílabos típicos del romance, no sabemos quién es el jinete, ni por qué se dirige a Córdoba. Sólo sabemos que no llegará.

Federico García Lorca

Canción de jinete°   rider

    Córdoba.
Lejana° y sola.   distant

    Jaca° negra, luna grande,   small horse
y aceitunas en mi alforja.°   saddlebag
5 Aunque sepa° los caminos   Even though I know
yo nunca llegaré a Córdoba.

    Por el llano,° por el viento,   plain
jaca negra, luna roja.
La muerte me está mirando
10 desde las torres de Córdoba.

212

¡Ay qué camino tan largo!
¡Ay mi jaca valerosa!°   brave
¡Ay que la muerte me espera,
antes de llegar a Córdoba!

15   Córdoba.
Lejana y sola.

Lorca deja que el texto hable misteriosamente

CUANDO LEAS . . .

Intenta fijarte en el uso de la repetición y de la variación en este poema. Aquí tenemos
un buen ejemplo del paralelismo que Lorca admiraba en la poesía de tipo tradicional.

There time for everything.

Federico García Lorca

Despedida°   Farewell

Si muero,
dejad el balcón abierto.

El niño come naranjas.   *vida* *life*
(Desde mi balcón lo veo.)

5   El segador° siega el trigo.°   *Grimreaper* *death*   reaper / wheat
(Desde mi balcón lo siento.)

¡Si muero,
dejad el balcón abierto!

PREGUNTAS   ("Canción de jinete" y "Despedida")

1. En "Canción de jinete", la luna es primero "grande" y luego "roja". ¿Cómo
   se justifica este cambio de epíteto?
2. Comenta el paralelismo y la simetría en este poema.
3. ¿Qué simboliza el "camino"?
4. ¿Se resigna el jinete a su muerte?
5. Comenta la repetición y el paralelismo en "Despedida". Fíjate en la variación
   en la puntuación de los versos 1–2 y los versos 7–8.

6. ¿Qué diferencia hay entre "Desde mi balcón *lo veo*" y "Desde mi balcón *lo siento*"?
7. Comer naranjas y segar el trigo: ¿qué simbolizan estas actividades?

Rosalía de Castro   *Ver página 24*   ESPAÑA

CUANDO LEAS . . .

Muchas veces la vida del hombre se compara con el paso de las estaciones del año. En este poema, la muerte no respeta ese orden.

Rosalía de Castro

Sintiéndose acabar con el estío . . .

Sintiéndose acabar con el estío°   summer
    la desahuciada° enferma,   hopeless
—¡Moriré en el otoño!
—pensó, entre melancólica y contenta—,
5 y sentiré rodar° sobre mi tumba   tossing
    las hojas también muertas.

Mas . . . ni aun la muerte complacerla° quiso,   please
    cruel también con ella;
perdonóle la vida en el invierno,
10 y cuando todo renacía en la tierra
la mató lentamente, entre los himnos
alegres de la hermosa primavera.

PREGUNTAS

1. ¿Qué quería la enferma? ¿Por qué?
2. ¿Le concedió la muerte lo que quería?
3. Comenta la metáfora "los himnos / alegres de la hermosa primavera".
4. Comenta el verso 8 ("cruel también con ella"). ¿Por qué "también"?

Nadie más capacitado para ver el lado oscuro de la vida que el uruguayo Horacio Quiroga, autor de inolvidables cuentos de horror en la tradición de Edgar Allan Poe. Quiroga fue uno de los primeros en cultivar un género que adquirió gran importancia en la literatura latinoamericana (Cortázar, García Márquez, Borges, etc.): el relato fantástico. Su vida fue ensombrecida por la muerte. Su padre murió en un accidente de caza, su padrastro se suicidó, y por accidente Quiroga mató a un amigo íntimo con su pistola. Su primera esposa también se suicidó. Quiroga mismo enfermó de cáncer y se suicidó envenenándose con cianuro. El título de una de sus colecciones (*Cuentos de amor, de locura y de muerte*, 1917) anuncia algunos de sus temas favoritos. *Cuentos de la selva* (1918), en el que se manifiesta su ternura hacia los animales, revela su admiración por el escritor inglés Rudyard Kipling.

CUANDO LEAS . . .

Notarás que ya la primera frase del cuento te introduce en un ambiente raro. Más adelante, la descripción de Jordán y de la casa sirven como prólogo al estado de salud de Alicia. Los pasos de Jordán en la habitación contigua a la de Alicia acompañan paralelamente al desarrollo de la enfermedad de Alicia. Pero nada te prepara para el final del cuento . . .

Horacio Quiroga

El almohadón de plumas

Su luna de miel° fue un largo escalofrío.° Rubia, angelical y tímida, el carácter duro de su marido heló° sus soñadas niñerías de novia. Ella lo quería mucho, sin embargo,° a veces con un ligero estremecimiento° cuando volviendo de noche juntos por la calle, echaba una furtiva mirada° a la alta estatura de Jordán, mudo° desde hacía una hora. Él, por su parte, la amaba profundamente, sin darlo a conocer.°

Durante tres meses—se habían casado en abril—vivieron una dicha° especial.

Sin duda hubiera ella deseado menos severidad en ese rígido cielo de amor, más expansiva e incauta° ternura; pero el impasible semblante° de su marido la contenía siempre.

La casa en que vivían influía no poco en sus estremecimientos. La blancura del patio silencioso—frisos,° columnas y estatuas de

honeymoon / shudder

froze

however

faint trembling
caught a furtive glance / silent

without revealing it

bliss

unguarded
face

friezes

mármol—producía una otoñal impresión de palacio encantado.° enchanted
Dentro, el brillo° glacial de estuco,° sin el más leve rasguño° en las brightness / stucco / without the
altas paredes, afirmaba aquella sensación de desapacible° frío. Al slightest scratch | unpleasant
cruzar de una pieza° a otra, los pasos° hallaban eco° en toda la casa, room / footsteps / echoed
como si un largo abandono hubiera sensibilizado su resonancia.° had made it more resonant

En ese extraño nido° de amor, Alicia pasó todo el otoño. No nest
obstante° había concluido por echar un velo° sobre sus antiguos Nevertheless / veil
sueños, y aún vivía dormida en la casa hostil, sin querer pensar en
nada hasta que llegaba su marido.

No es raro que adelgazara.° Tuvo un ligero ataque de influenza lost weight
que se arrastró° insidiosamente días y días; Alicia no se reponía° dragged on / got better
nunca. Al fin una tarde pudo salir al jardín apoyada° en el brazo de su leaning
marido. Miraba indiferente a uno y otro lado. De pronto Jordán, con
honda ternura,° le pasó muy lento la mano por la cabeza, y Alicia deep tenderness
rompió en seguida en sollozos,° enchándole los brazos al cuello.° broke into sobs / throwing her arms
Lloró largamente todo su espanto callado,° redoblando el llanto a la around his neck | silent fear
menor tentativa de caricia.° Luego los sollozos fueron retardándose,° attempt at a caress / growing slower
y aun quedó largo rato escondida en su cuello, sin moverse ni pro-
nunciar una palabra.

Fue ése el último día en que Alicia estuvo levantada. Al día si-
guiente amaneció° desvanecida.° El médico de Jordán la examinó con she woke up / feeling faint
suma atención, ordenándole cama y descanso absolutos.

—No sé —le dijo a Jordán en la puerta de calle con la voz todavía
baja—. Tiene una gran debilidad° que no me explico. Y sin vómitos, weakness
nada . . . Si mañana se despierta como hoy, llámeme en seguida.

Al otra día Alicia seguía peor. Hubo consulta. Constatóse° una was discovered
anemia de marcha agudísima,° completamente inexplicable. Alicia rapidly worsening
no tuvo más desmayos,° pero se iba visiblemente a la muerte. Todo el fainting spells
día el dormitorio estaba con las luces prendidas y en pleno silencio.
Pasábanse horas sin que se oyera el menor ruido. Alicia dormitaba.° dozed
Jordán vivía en la sala, también con toda la luz encendida. Paseábase
sin cesar de un extremo a otro, con incansable obstinación. La alfom-
bra ahogaba sus pasos.° A ratos° entraba en el dormitorio y proseguía muffled his steps / from time to time
su mudo vaivén° a lo largo de la cama,° deteniéndose° un instante en continued his silent pacing / the length
cada extremo a mirar a su mujer. of the bed / pausing

Pronto Alicia comenzó a tener alucinaciones, confusas y
flotantes al principio, y que descendieron luego a ras del suelo.° La to floor level
joven, con los ojos desmesuradamente abiertos, no hacía sino mirar
la alfombra a uno y otro lado del respaldo de la cama.° Una noche headboard
quedó de repente mirando fijamente.° Al rato abrió la boca para gri- staring
tar y sus narices y labios se perlaron de sudor.° were covered with beads of sweat

—¡Jordán! ¡Jordán! —clamó,° rígida de espanto, sin dejar de she shouted
mirar la alfombra.

Jordán corrió al dormitorio, y al verlo aparecer Alicia lanzó un
alarido° de horror. shriek

—¡Soy yo, Alicia, soy yo!

Alicia lo miró con extravío,° miró la alfombra, volvió a mirarlo, y después de largo rato de estupefacta confrontación, se serenó. Sonrió y tomó entre las suyas la mano de su marido, acariciándola por media hora, temblando.

Entre sus alucinaciones más porfiadas,° hubo un antropoide apoyando en la alfombra sobre los dedos, que tenía fijos en ella sus ojos.

Los médicos volvieron inútilmente. Había allí delante de ellos una vida que se acababa, desangrándose° día a día, hora a hora, sin saber absolutamente cómo. En la última consulta Alicia yacía° en estupor, mientras ellos pulsaban, pasándose de uno a otro la muñeca inerte.° La observaron largo rato en silencio, y siguieron al comedor.

—Pst . . . —se encogió de hombros° desalentado° su médico—. Es un caso serio . . . Poco hay que hacer.

—¡Sólo eso me faltaba! —resopló° Jordán. Y tamborileó° bruscamente sobre la mesa.

Alicia fue extinguiéndose en subdelirio de anemia, agravado de tarde, pero remitía° siempre en las primeras horas. Durante el día no avanzaba su enfermedad, pero cada mañana amanecía lívida,° en síncope° casi. Parecía que únicamente de noche se le fuera la vida en nuevas oleadas° de sangre. Tenía siempre al despertar la sensación de estar desplomada° en la cama con un millón de kilos encima. Desde el tercer día este hundimiento° no la abandonó más. Apenas podía mover la cabeza. No quiso que le tocaran la cama, ni aun que le arreglaran el almohadón. Sus terrores crepusculares° avanzaban ahora en forma de monstruos que se arrastraban° hasta la cama y trepaban° dificultosamente por la colcha.°

Perdió luego el conocimiento. Los dos días finales deliró sin cesar a media voz.° Las luces continuaban fúnebremente encendidas en el dormitorio y la sala. En el silencio agónico de la casa, no se oía más que el delirio monótono que salía de la cama y el sordo retumbo° de los eternos pasos de Jordán.

Alicia murió, por fin. La sirvienta, cuando entró después a deshacer la cama, sola ya, miró un rato extrañada el almohadón.

—¡Señor! —llamó a Jordán en voz baja—. En el almohadón hay manchas° que parecen de sangre.

Jordán se acercó rápidamente y se dobló° sobre aquél. Efectivamente, sobre la funda,° a ambos lados del hueco° que había dejado la cabeza de Alicia, se veían manchitas oscuras.

—Parecen picaduras° —murmuró la sirvienta después de un rato de inmóvil observación.

—Levántelo a la luz —le dijo Jordán.

La sirvienta lo levantó pero en seguida lo dejó caer y se quedó mirando a aquél, lívida y temblando. Sin saber por qué, Jordán sintió que los cabellos se le erizaban.°

—¿Qué hay? —murmuró con voz ronca.°

wildly

persistent

bleeding to death
lay

limp wrist
shrugged / discouraged

blurted out / drummed his fingers

showed remission
ashen, pallid
unconscious
waves
collapsed
lassitude, depression

at sunset
crawling
climbing over / quilt

in a low voice

dull echo

stains

bent
pillowcase / hollow

insect bites

stood on end
hoarse

—Pesa mucho° —articuló la sirvienta, sin dejar de temblar. — It's very heavy

Jordán lo levantó; pesaba extraordinariamente. Salieron con él, y sobre la mesa del comedor Jordán cortó funda y envoltura° de un tajo.° Las plumas superiores volaron, y la sirvienta dio un grito de horror con toda la boca abierta, llevándose las manos crispadas° a los labios. Sobre el fondo, entre las plumas, moviendo lentamente las patas velludas,° había un animal monstruoso, una bola viviente y viscosa. Estaba tan hinchado° que apenas se le pronunciaba la boca.° — cover / in one cut / tensed / hairy paws / swollen / one could hardly distinguish / its mouth

Noche a noche, desde que Alicia había caído en cama, había aplicado sigilosamente° su boca —su trompa,° mejor dicho— a las sienes° de aquélla, chupándole° la sangre. La picadura era casi imperceptible. La remoción° diaria del almohadón sin duda había impedido al principio su desarrollo; pero desde que la joven no pudo moverse, la succión fue vertiginosa.° En cinco días, en cinco noches, había vaciado° a Alicia. — secretly / long snout / temples / sucking / moving / dizzily rapid / emptied

Estos parásitos de las aves,° diminutos en el medio habitual, llegan a adquirir en ciertas condiciones proporciones enormes. La sangre humana parece serles particularmente favorable, y no es raro hallarlos en los almohadones de pluma. — birds

PREGUNTAS

1. Basándote en las primeras dos frases, ¿cómo describirías a Jordán y a Alicia?
2. ¿Cuáles son los sentimientos de ambos? ¿Cómo los demuestran?
3. ¿Cómo es la casa y qué influencia tiene en Alicia?
4. ¿Qué le empezó a ocurrir a Alicia en el otoño?
5. ¿Cómo explicarías la frase "lloró largamente todo su espanto callado"? ¿A qué espanto se refiere el narrador?
6. ¿Qué tipo de enfermedad padece Alicia? ¿Qué dicen los médicos?
7. ¿Qué hace Jordán durante el día? ¿Cómo reacciona al diagnóstico de los médicos?
8. ¿Qué tipo de alucinaciones tiene Alicia?
9. ¿Cómo se desarrolla la enfermedad? ¿Qué ocurre por la noche?
10. ¿Qué descrube la sirvienta después de la muerte de Alicia?
11. ¿Puedes explicar ahora de lo que murió Alicia?
12. Las dos últimas frases son espeluznantes (*chilling, terrifying*): parecen estar sacadas de un diccionario científico. ¿Vas a poder dormir tranquilamente esta noche?

TEMAS

1. ¿Cuál es la simbología (si la hay) de esa "bola viviente y viscosa" que poco a poco había vaciado a Alicia? ¿El animal representa a Jordán? ¿La casa? ¿El matrimonio? ¿Puedes pensar en otros posibles significados? Ilustra tu discusión con ejemplos apropiados.
2. En algunas parejas, después de cierto tiempo juntos, se produce una casi anulación de la personalidad de uno a causa del otro. Suponiendo que ésta fuera la simbología del cuento, ¿qué sugerencias habrías dado a Alicia y a Jordán para evitar que esto ocurriera? ¿Cuales serían tus sugerencias para una pareja de hoy día?
3. ¿Por qué crees que Julio Cortázar admiraba a Quiroga? ¿Qué rasgos del relato fantástico de Quiroga pasan a cuentos como "Casa tomada" (p. 94)?

ELEGÍAS

Eduardo Chillida [España]. *Estela a Picasso*, 1975.

CUANDO LEAS . . .

En este fragmento de *La Celestina*, Melibea—inconsolable después de la muerte de su amado Calisto—ha subido a la torre de su casa. Antes de suicidarse, se dirige largamente a su padre, rogándole que no la interrumpa. Hace una elegía a Calisto y su propia elegía. Explica la historia de sus amores con Calisto, las circunstancias de la muerte de éste, y se despide de sus padres y del mundo. (Ver también págs. 60 a 73.)

Fernando de Rojas

La Celestina (La muerte de Melibea)

PLEBERIO   Hija mía, Melibea, ¿qué haces sola? ¿Qué es tu voluntad decirme? ¿Quieres que suba allá?

MELIBEA   Padre mío, no pugnes° ni trabajes por venir adonde yo estoy, que estorbarás° la presente habla que te quiero hacer. Lastimado serás brevemente con la muerte de tu única hija. Mi fin es llegado, llegado es mi descanso y tu pasión, llegado es mi alivio° y tu pena, llegada es mi acompañada hora y tu tiempo de soledad. No habrás, honrado padre, menester° instrumentos para aplacar° mi dolor, sino campanas para sepultar mi cuerpo. Si me escuchas sin lágrimas, oirás la causa desesperada de mi forzada y alegre partida.° No la interrumpas con lloro ni palabras; si no, quedarás más quejoso° en no saber por qué me mato, que doloroso por verme muerta. Ninguna cosa me preguntes ni respondas, más de lo que de mi grado° decirte quisiere. Porque, cuando el corazón está embargado de pasión,° están cerrados los oídos al consejo° y en tal tiempo las fructuosas° palabras, en lugar de amansar, acrecientan la saña.° Oye, padre viejo, mis últimas palabras y, si como yo espero, las recibes, no culparás mi yerro.° Bien ves y oyes este triste y doloroso sentimiento que toda la cuidad hace. Bien oyes este clamor° de campanas, este alarido° de gentes, este aullido° de canes,° este [grande] estrépito de armas.° De todo esto fui yo [la] causa. Yo cubrí de luto y jergas° en este día casi la mayor parte de la ciudadana caballería,° yo dejé [hoy] muchos sirvientes descubiertos° de señor, yo quité muchas raciones y limosnas° a pobres y

Glosas:
- pugnes° — struggle
- estorbarás° — you will interrupt
- alivio° — relief
- menester° — You will not need
- aplacar° — assuage
- partida.° — departure
- quejoso° — You will complain more
- grado° — willingly
- embargado de pasión,° — When the heart is full of suffering
- consejo° — advice / fructuosas° — fruitful, wholesome
- saña.° — increase our anger, rather than allay it
- yerro.° — you will not condemn my error
- clamor° — ringing
- alarido° — shrieking / aullido° — howling / canes,° — dogs
- armas.° — clattering of arms
- jergas° — mourning and sackcloth
- caballería,° — upper classes, knights
- descubiertos° — destitute / limosnas° — alms

221

envergonzantes,° yo fui ocasión que los muertos tuviesen compañía del más acabado° hombre que en gracias nació, yo quité a los vivos el dechado° de gentileza,° de invenciones galanas, de atavíos° y bordaduras,° de habla, de andar, de cortesía, de virtud; yo fui causa que la tierra goce sin tiempo° el más noble cuerpo y más fresca juventud, que al mundo era en nuestra edad criada. Y porque estarás espantado° con el son de mis no acostumbrados delitos,° te quiero más aclarar el hecho. Muchos días son pasados, padre mío, que penaba por mi amor un caballero, que se llamaba Calisto, el cual tú bien conociste. Conociste asimismo° sus padres y claro linaje; sus virtudes y bondad a todos eran manifiestas.° Era tanta su pena de amor y tan poco el lugar° para hablarme, que descubrió su pasión a una astuta° y sagaz° mujer, que llamaban Celestina. La cual, de su parte venida a mí, sacó mi secreto amor de mi pecho. Descubrí[a] a ella lo que a mi querida madre encubría. Tuvo manera como ganó mi querer, ordenó cómo su deseo y el mío hobiesen efecto.° Si él mucho me amaba, no vivía engañado.° Concertó° el triste concierto de la dulce y desdichada° ejecución de su voluntad.° Vencida de su amor, dile entrada en tu casa. Quebrantó con escalas las paredes° de tu huerto, quebrantó mi propósito.° Perdí mi virginidad. Del cual deleitoso yerro de amor gozamos casi un mes. Y como esta pasada noche viniese, según era acostumbrado, a la vuelta de su venida, como de la fortuna mudable° estuviese dispuesto° y ordenado, según su desordenada costumbre, como las paredes eran altas, la noche escura, la escala delgada, los sirvientes que traía no diestros° en aquel género° de servicio y él bajaba presuroso° a ver un ruido que con sus criados sonaba en la calle, con el gran ímpetu° que llevaba, no vido bien los pasos,° puso el pie en vacío° y cayó. De la triste caída sus más escondidos sesos quedaron repartidos por las piedras y paredes.° Cortaron las hadas sus hilos,° cortáronle sin confesión su vida, cortaron mi esperanza, cortaron mi gloria, cortaron mi compañía. Pues, ¿qué crueldad sería, padre mío, muriendo él despeñado,° que viviese yo penada? Su muerte convida a la mía,° convídame y fuerza que sea presto, sin dilación;° muéstrame que ha de ser despeñada por seguille en todo.° No digan por mí: "a muertos y a idos" . . .[1] Y así contentarle he en la muerte, pues no tuve tiempo en la vida. ¡Oh mi amor y señor Calisto! Espérame, ya voy; detente, si me esperas; no me incuses° la tardanza° que hago, dando esta última cuenta° a mi viejo padre, pues le debo mucho más. ¡Oh padre mío muy amado! Ruégote,° si amor en esta pasada y penosa vida

envergonzantes,°	beggars
acabado°	perfect
dechado° / gentileza,°	model / good breeding
atavíos° / bordaduras,°	adornment / embroidery
sin tiempo°	prematurely
espantado°	frightened, shocked
delitos,°	sins
asimismo°	also
manifiestas.° / lugar°	evident / opportunity
astuta° / sagaz°	crafty / shrewd
ordenó cómo su deseo y el mío hobiesen efecto.°	she ordered that our desire be accomplished
no vivía engañado.°	He was not deceived
Concertó°	He arranged
desdichada° / voluntad.°	woeful / will
Quebrantó con escalas las paredes°	He scaled (lit., breached) with ladders the walls
quebrantó mi propósito.°	he broke my resolve
mudable° / dispuesto°	ever-changing / arranged
diestros° / género°	unskilled / sort
presuroso°	hurriedly
ímpetu° / pasos,°	hurry / steps
en vacío°	he took an extra step
repartidos por las piedras y paredes.°	He bashed his brains out on the stones and walls
Cortaron las hadas sus hilos,°	The fates cut the thread of his life
despeñado,°	in a fall
Su muerte convida a la mía,°	His death invites my own
dilación;°	delay
por seguille en todo.°	in order to imitate him in everything
incuses° / tardanza°	reproach / delay
cuenta°	account
Ruégote,°	I beg you

---

[1] The complete proverb is "A muertos y a idos, pocos amigos," "Those dead and gone have few friends."

me has tenido, que sean juntas nuestras sepulturas; juntas nos hagan nuestras obsequias.° Algunas consolatorias palabras te diría antes de mi agradable fin, colegidas° y sacadas de aquellos antiguos libros que [tú], por° más aclarar° mi ingenio,° me mandabas leer; sino que ya la dañada memoria con la gran turbación° me las ha perdido y aun porque veo tus lágrimas mal sufridas descender por tu arrugada° faz.° Salúdame a mi cara y amada madre; sepa de ti largamente la triste razón porque muero. ¡Gran placer llevo de no la ver presente! Toma, padre viejo, los dones° de tu vejez, que en largos días largas se sufren tristezas. Recibe las arras° de tu senectud antigua, recibe allá tu amada hija. Gran dolor llevo de mí, mayor de ti, muy mayor de mi vieja madre. Dios quede contigo y con ella. A él ofrezco mi alma. Pon tú en cobro° este cuerpo que allá baja.

funerals
chosen, extracted from
para / enlighten / mind

confusion
wrinkled / face

gifts
pledge

cover (bury)

La muerte de Melibea del libro de Calisto y Melibea de la vieja *Celestina*, 1502.

PREGUNTAS

1. ¿Qué quiere decir Melibea con "llegada es mi acompañada hora y tu tiempo de soledad"?
2. ¿Cómo espera Melibea que su padre reciba lo que le va a contar?
3. ¿De qué cosas se siente responsable Melibea?
4. ¿Qué le cuenta Melibea a su padre de Calisto y su relación amorosa con él?
5. ¿Cómo murió Calisto?
6. ¿Qué le ruega Melibea a su padre?

TEMAS

1. Compara la forma en que mueren Calisto y Melibea. ¿En qué difiere? ¿La muerte de Melibea es consistente con su forma de amar? ¿Y la de Calisto? ¿Cuál te parece más noble?

2. ¿Conoces a algún amante literario que muera a causa de una caída accidental? ¿Cuáles serían las intenciones del autor al hacer morir a Calisto de una forma tan ajena al código de la literatura amorosa? Compara la muerte de Calisto con la de otros personajes literarios.

Federico García Lorca   *Ver página 149*   ESPAÑA

CUANDO LEAS . . .

El torero Ignacio Sánchez Mejías (1891–1934), entrañable amigo de García Lorca, murió en una corrida en agosto de 1934. Años antes, Sánchez Mejías se había retirado de los toros. Hombre cultísimo, amigo de todos los poetas más importantes de los años 20 y 30, Sánchez Mejías había empezado a escribir, y a estrenar, obras para el teatro. Su decisión de volver a la plaza, cuando ya tenía 43 años, había sorprendido y preocupado a Lorca y a otros amigos ("Ignacio acaba de anunciarme su muerte", dijo el poeta).

Poco después de su muerte, Lorca comenzó a escribir este "llanto", o elegía, en que se mezclan elementos épicos (el intento de presentar a Ignacio como un héroe) y elementos rituales. El poema ha sido comparado, con razón, a una composición musical en cuatro movimientos: el poeta pasa de la narración imaginativa de los hechos de la cogida y muerte (sección 1), a la protesta (sección 2), a la meditación ante el cadáver (sección 3) y finalmente, a una especie de amarga resignación y consuelo: podrá el poeta cantar a Ignacio y guardar "para luego" su memoria.

Cuando leas, debes imaginar al poeta como a un sacerdote que preside sobre un ritual funerario que él mismo ha inventado. En los ritos religiosos, por ejemplo en la letanía católica, hay un elemento constante de repetición y de paralelismo. Debes ir pensando en la función de este recurso en el "Llanto". Piensa también en la función de la elegía: no sólo recuerda y elogia al muerto sino que, muchas veces, ofrece al lector algún tipo de consuelo y le ayuda a enfrentarse con el sentido último de la muerte.

Federico García Lorca

Llanto por Ignacio Sánchez Mejías

A mi querida amiga Encarnación López Júlvez

1. La cogida y la muerte

A las cinco de la tarde.[1]
Eran las cinco en punto de la tarde.
Un niño trajo la blanca sábana
a las cinco de la tarde.
5   Una espuerta de cal[2] ya prevenida°   basket of lime all ready
a las cinco de la tarde.
Lo demás era muerte y sólo muerte
a las cinco de la tarde.

El viento se llevó los algodones°   swabs of cotton
10   *a las cinco de la tarde.*
Y el óxido sembro° cristal y níquel[3]   sowed
a las cinco de la tarde.
Ya luchan la paloma y el leopardo
a las cinco de la tarde.
15   Y un muslo[4] con un asta desolada°   desolate horn
a las cinco de la tarde.
Comenzaron los sones de bordón°   bass strings (on guitar)
a las cinco de la tarde.
Las campanas de arsénico y el humo
20   *a las cinco de la tarde.*
En las esquinas grupos de silencio
a las cinco de la tarde.
¡Y el toro solo corazón arriba![5]
a las cinco de la tarde.
25   Cuando el sudor° de nieve fue llegando   sweat
a las cinco de la tarde,
cuando la plaza se cubrió de yodo°   iodine
a las cinco de la tarde,
la muerte puso huevos en la herida°   wound
30   *a las cinco de la tarde.*

---

[1]Bullfights traditionally begin at five o'clock.
[2]Lime was used to disinfect graves and funeral niches, and was also used in the infirmaries of bullrings.
[3]Nickel refers vaguely to surgical instruments.
[4]Sánchez Mejías was deeply gored in the right thigh and the horn left a wound in the shape of a lily (see line 43).
[5]Presumably the bull is rejoicing in his triumph. Lorca's expression *corazón arriba* recalls the Latin phrase *sursum corda* ("Lift up your hearts"), from the Catholic Mass.

A las cinco de la tarde.
A las cinco en punto de la tarde.

Un ataúd con ruedas° es la cama   coffin with wheels
a las cinco de la tarde.
35   Huesos y flautas suenan en su oído
a las cinco de la tarde.
El toro ya mugía° por su frente   was bellowing
a las cinco de la tarde.
El cuarto se irisaba° de agonía°   was iridescent / with
40   *a las cinco de la tarde.*   the death struggle
A lo lejos ya viene la gangrena
a las cinco de la tarde.
Trompa de lirio° por las verdes ingles°   trumpet of a lily / groin
a las cinco de la tarde.
45   Las heridas quemaban como soles
a las cinco de la tarde,
y el gentío° rompía las ventanas[1]   throng, crowd
a las cinco de la tarde.
A las cinco de la tarde.
50   ¡Ay qué terribles cinco de la tarde!
¡Eran las cinco en todos los relojes!
¡Eran las cinco en sombra de la tarde!

2. La sangre derramada

¡Que no quiero verla!

Dile a la luna que venga,
55   que no quiero ver la sangre
de Ignacio sobre la arena.

¡Que no quiero verla!

La luna de par en par,°   standing wide open
caballo de nubes quietas,°   calm
60   y la plaza gris del sueño
con sauces° en las barreras.°   willow trees / palings
                                      (fence around the ring)

¡Que no quiero verla!
Que mi recuerdo se quema.
¡Avisad a° los jazmines   Send word to
65   con su blancura pequeña!

---

[1]A reference, perhaps, to people staring through the barred window of the infirmary, trying to catch a glimpse of Ignacio.

¡Que no quiero verla!

La vaca del viejo mundo[1]
pasaba su triste lengua
sobre un hocico° de sangres   snout
70 derramadas° en la arena,   spilled
y los toros de Guisando,[2]
casi muerte y casi piedra,
mugieron° como dos siglos   mooed
hartos de pisar la tierra.°   tired of treading the
75 No.   earth
¡Que no quiero verla!

Por las gradas° sube Ignacio   steps (of bullring)
con toda su muerte a cuestas.°   on his back
Buscaba el amanecer,°   dawn
80 y el amanecer no era.
Busca su perfil seguro,
y el sueño lo desorienta.°   confuses
Buscaba su hermoso cuerpo
y encontró su sangre abierta.
85 ¡No me digáis que la vea!
No quiero sentir el chorro°   gush
cada vez con menos fuerza;
ese chorro que ilumina
los tendidos° y se vuelca°   bleachers / spills
90 sobre la pana° y el cuero°   corduroy / cowhide
de muchedumbre° sedienta.°   crowd / thirsty
¿Quién me grita que me asome?°   come out and look
¡No me digáis que la vea!

No se cerraron sus ojos
95 cuando vio los cuernos cerca,[3]
pero las madres terribles[4]
levantaron la cabeza.
Y a través de las ganaderías°   bullranches
hubo un aire de voces secretas,

[1]An allusion to the moon (worshipped by the "viejo mundo"), associated in primitive religions with the bull and the cow.
[2]Carved granite figures of bulls, from the second century B.C. in what is now the province of Avila.
[3]This was factually true: there are photographs of Ignacio's face at the moment he was gored.
[4]The "terrible mothers" (or "terrifying mothers") are probably the Fates, whose influence is exerted at birth.

100 que gritaban a toros celestes
mayorales° de pálida niebla.[1] — ranchers

No hubo príncipe en Sevilla
que comparársele pueda,
ni espada° como su espada — sword
105 ni corazón tan de veras.
Como un río de leones
su maravillosa fuerza,
y como un torso de mármol
su dibujada° prudencia. — well-sketched
110 Aire de Roma andaluza[2]
le doraba° la cabeza — gilded
donde su risa era un nardo° — spikenard (white,
de sal° y de inteligencia. — fragrant flower) | wit,
¡Qué gran torero en la plaza! — grace
115 ¡Qué buen serrano° en la sierra! — mountaineer
¡Qué blando° con las espigas!° — gentle / ears of grain
¡Qué duro° con las espuelas!° — harsh / spurs
¡Qué tierno° con el rocío!° — tender / dew
¡Qué deslumbrante° en la feria! — dazzling
120 ¡Qué tremendo con las últimas
banderillas[3] de tiniebla!° — darkness

Pero ya duerme sin fin.
Ya los musgos° y la hierba — mosses
abren con dedos seguros° — steady, sure
125 la flor de su calavera.° — skeleton
Y su sangre ya viene cantando:
cantando por marismas[4] y praderas,° — pastures
resbalando° por cuernos ateridos,° — sliding over / frozen horns
vacilando° sin alma por la niebla,° — wavering / mist
130 tropezando° con miles de pezuñas,° — colliding / hooves
como una larga, oscura, triste lengua,

---

[1]A reference to the zodiacal constellation "Taurus." The mist (*niebla*) would be white starshine, and the mention of ranchers (*mayorales*) seems to allude to the constellation Bootes, called "Boyero" (ox-driver) in Spanish.
[2]The emperor Trajan was born at Italica, near modern Seville. Lorca was intensely aware of Andalusia's complex heritage: pre-Roman, classical, Jewish, Arabic, etc.
[3]The *banderillas* are long darts which the *banderillo* forces into the bull's shoulder during a bull-fight. Sánchez Mejías had been known for his skill with the *banderillas*.
[4]The bullranches in the *marismas* (salt marshes) near the mouth of the Guadalquivir, in the Andalusian province of Huelva, produce some of the finest fighting bulls in Spain.

para formar un charco° de agonía   pool
junto al Guadalquivir de las estrellas.[1]

¡Oh blanco muro de España!
135   ¡Oh negro toro de pena!
¡Oh sangre dura de Ignacio!
¡Oh ruiseñor° de sus venas!   nightingale

No.
¡Que no quiero verla!
140   Que no hay cáliz° que la contenga,   chalice
que no hay golondrinas° que se la beban,[2]   swallows
no hay escarcha° de luz que la enfríe,   frost
no hay canto ni diluvio° de azucenas,   deluge, outpouring
no hay cristal que la cubra de plata.[3]
145   No.
¡¡Yo no quiero verla!!

Federico García Lorca [España]. *Llanto por Ignacio Sánchez Mejías.*

---

[1]The Milky Way, where Ignacio comes to rest, is compared to the Guadalquivir, an important river that runs through the south of Spain.
[2]According to a legend (which Lorca is rewriting here), the swallows removed Christ's crown of thorns.
[3]A reference to the point during Mass when the consecrated Host (body of Christ) is displayed for veneration.

3. Cuerpo presente°

La piedra[1] es una frente donde los sueños gimen°
sin tener agua curva ni cipreses helados.
La piedra es una espalda para llevar al tiempo
150 con árboles de lágrimas y cintas° y planetas.

Yo he visto lluvias grises correr hacia las olas
levantando sus tiernos brazos acribillados,°
para no ser cazadas° por la piedra tendida°
que desata° sus miembros sin empapar° la sangre.

155 Porque la piedra coge simientes° y nublados,°
esqueletos de alondras° y lobos° de penumbra;°
pero no da sonidos, ni cristales, ni fuego,
sino plazas° y plazas y otras plazas sin muros.

Ya está sobre la piedra Ignacio el bien nacido.[2]
160 Ya se acabó. ¡Qué pasa! ¡Contemplad su figura!
La muerte lo ha cubierto de pálidos azufres°
y le ha puesto cabeza de oscuro minotauro.

Ya se acabó. La lluvia penetra por su boca.
El aire como loco deja su pecho hundido,°
165 y el Amor, empapado con lágrimas de nieve,
se calienta en la cumbre de las ganaderías.

¿Qué dicen? Un silencio con hedores° reposa.
Estamos con un cuerpo presente que se esfuma,°
con una forma clara que tuvo ruiseñores
170 y la vemos llenarse de agujeros sin fondo.°

¿Quién arruga° el sudario?° ¡No es verdad lo que dice!
Aquí no canta nadie, ni llora en el rincón,
ni pica las espuelas, ni espanta° la serpiente:
aquí no quiero más que los ojos redondos
175 para ver ese cuerpo sin posible descanso.

Yo quiero ver aquí los hombres de voz dura.
Los que doman° caballos y dominan los ríos:
los hombres que les suena el esqueleto y cantan
con una boca llena de sol y pedernales.°

---

	laying out of the body,
	lying in state | moan
	ribbons
	riddled, full of holes
	hunted / sprawling
	undoes, unties / soak up
	seeds / clouds
	larks / wolves / shadow
	bullrings
	pale sulphurs
	sunken
	stench
	fades away
	bottomless holes
	wrinkles / shroud
	scares away
	tame
	flints

[1] *La piedra.* Lorca told a friend that he was thinking in this section not only of the slabs found in morgues but also of "the long, rough slab of stone that serves as an operating table in the infirmaries of the oldest bullrings".
[2] The heroic epithet "Ignacio *el bien nacido*" is reminiscent of those used in heroic poetry like the Spanish medieval epic *Poema de Mío Cid*.

180 Aquí quiero yo verlos. Delante de la piedra.
Delante de este cuerpo con las riendas quebradas.°   with broken reins
Yo quiero que me enseñen dónde está la salida
para este capitán atado por la muerte.

Yo quiero que me enseñen un llanto como un río
185 que tenga dulces nieblas y profundas° orillas,   steep
para llevar el cuerpo de Ignacio y que se pierda
sin escuchar el doble resuello° de los toros.   double snorting

Que se pierda en la plaza redonda de la luna
que finge cuando niña doliente res[1] inmóvil;°   a bull still with pain
190 que se pierda en la noche sin canto de los peces
y en la maleza° blanca del humo congelado.°   scrub, weeds / frozen

No quiero que le tapen° la cara con pañuelos   cover
para que se acostumbre con la muerte que lleva.
Vete, Ignacio: No sientas el caliente bramido.°   bellowing
195 Duerme, vuela, reposa: ¡También se muere el mar!

4. Alma ausente[2]

No te conoce el toro ni la higuera,°   fig tree
ni caballos ni hormigas° de tu casa.   ants
No te conoce el niño ni la tarde
porque te has muerto para siempre.

200 No te conoce el lomo° de la piedra,   spine
ni el raso° negro[3] donde te destrozas.°   satin / come apart
No te conoce tu recuerdo mudo°   silent, speechless
porque te has muerto para siempre.

El Otoño vendrá con caracolas,[4]
205 uva de niebla y montes agrupados,°   clustered
pero nadie querrá mirar tus ojos
porque te has muerto para siempre.

Porque te has muerto para siempre,
como todos los muertos de la Tierra,

---

[1]Literally, "the moon, which imitates, when she is a girl, a motionless, suffering bull" (an image, in the manner of Góngora, of the bright, slender "horns" of the moon).
[2]The title of this section plays antithetically on the title of the preceding one: *Cuerpo presente* vs. *Alma ausente*.
[3]The satin lining of the coffin.
[4]*Caracolas* are probably the conch shells played by shepherds.

210 como todos los muertos que se olvidan
en un montón de perros apagados.°   snuffed-out

No te conoce nadie. No. Pero yo te canto.
Yo canto para luego tu perfil y tu gracia.
La madurez insigne° de tu conocimiento.   glorious ripeness
215 Tu apetencia de muerte y el gusto de su boca.°   taste of her (death's)
La tristeza que tuvo tu valiente alegría.   mouth

Tardará mucho tiempo en nacer, si es que nace,
un andaluz tan claro, tan rico de aventura.
Yo canto su elegancia con palabras que gimen°   weep
220 y recuerdo una brisa triste por los olivos.

PREGUNTAS

1.

1. ¿Qué efecto produce la repetición y variación de la frase "a las cinco de la tarde"? ¿Cómo ayuda a intensificar el texto?
2. ¿Puedes explicar la presencia de los objetos mencionados en la primera parte: por ejemplo, la blanca sábana (verso 3), los algodones y el yodo (versos 9 y 27)?
3. ¿Qué pueden simbolizar la paloma y el leopardo (verso 13)?
4. ¿Qué referencias hay en la parte 1 a la cornada de Ignacio? ¿Qué referencias a la gangrena y a la podredumbre?
5. ¿A qué campanas se refiere en el verso 19? ¿Qué connotaciones tienen las palabras "arsénico" y "humo"?
6. Comenta los versos que describen las sensaciones y las alucinaciones del propio Ignacio mientras agoniza.

2.

1. ¿Por qué llama el narrador a la luna y a los jazmines? ¿Qué es lo que pueden hacer?
2. ¿Por qué metaforiza a la luna como "caballo de nubes quietas" (verso 59)? ¿Qué tiene que ver la luna con un caballo?
3. ¿Qué es la "plaza gris del sueño" que se ve entre las nubes? ¿Qué valor simbólico tienen los "sauces" (60–61)?
4. ¿Cómo reaccionan a la muerte de Ignacio la "vaca del viejo mundo" (verso 67) y los toros de Guisando (verso 71)?
5. Comenta los versos 77–78 como imagen cristológica.
6. ¿En qué momento ocurre la búsqueda que se describe en los versos 79–84?
7. ¿A qué "chorro" se refiere en los versos 86 y siguientes?

8. Según el elogio de los versos 102–121, ¿cómo era Ignacio? Explica los versos: "como un torso de mármol / su dibujada prudencia".

9. ¿Cómo personifica el poeta a los musgos y a la hierba (versos 123 y siguientes)?

10. Describe el camino que sigue la sangre después de dejar el cuerpo de Ignacio (versos 126–133).

11. Comenta la expresión "¡Oh blanco muro de España!" (verso 134). ¿A qué tipo de muro se refiere? ¿Por qué "blanco"?

12. Los versos 140–146 ponderan el valor de la sangre de Ignacio mediante imágenes religiosas. ¿Puedes iluminarlas?

3.

1. Analiza cómo compara el poeta la piedra con las cosas vivas en las tres primeras estrofas.

2. ¿Qué hace la piedra con la lluvia? Piensa, al responder, en el paso de las nubes por una sierra.

3. ¿En qué piedra está Ignacio?

4. ¿Cómo describe el poeta la desintegración de Ignacio? ¿Qué detalles menciona?

5. ¿Qué significan los "ruiseñores" del verso 169?

6. En los versos 174–195, el narrador quiere que los demás reaccionen (o no reaccionen) de cierta forma ante el cadáver de Ignacio. ¿Qué es lo que quiere?

Federico García Lorca y amigos.

7. ¿A quién quiere ver en el velorio (o cuerpo presente)? ¿Por qué?

8. ¿Por qué llama a Ignacio "capitán" (verso 183)?

9. ¿Qué tipo de llanto quiere para Ignacio?

10. ¿Por qué no quiere que le tapen la cara con pañuelos (verso 192)?

11. ¿Por qué afirma que "también muere el mar" (verso 195)? ¿Pretende consolar a Ignacio con esta idea? ¿Consolarse a sí mismo?

4.

1. ¿Por qué insiste el poeta en que nadie—ni nada—conoce a Ignacio? ¿Qué tipo de cosas y de personas lo desconocen?

2. ¿Qué visión de la muerte revela la frase "te has muerto para siempre", repetida varias veces? ¿Y la frase "un montón de perros apagados" (verso 211)?

3. ¿En qué estación del año se sitúa el narrador (verso 204)?

4. El poeta se fija en fenómenos cósmicos (las constelaciones) y en detalles pequeños, casi realistas, como el "doble resuello de los toros" (verso 187), que respiran por dos orificios. ¿A qué se refiere en la expresión "uva de niebla" (verso 205)?

5. ¿Qué implica la frase "tu apetencia de muerte y el gusto de su boca" (verso 215)?

6. ¿Por qué recuerda el poeta "una brisa triste por los olivos" (verso final)?

TEMAS

1. Estudia las formas de la repetición en el poema (por ejemplo, el paralelismo), y explica su función. ¿Puedes relacionar el paralelismo con el de la Biblia? ¿De la liturgia religiosa? ¿De la poesía tradicional?

2. Compara la visión de Lorca de la muerte con la de Quevedo. Si juzgamos por el "Llanto", ¿cree Lorca en la inmortalidad, o cree que la muerte es el final de todo?

3. Enumera todas las imágenes cristológicas y bíblicas del poema. ¿Por qué compara el poeta a Ignacio con Jesucristo?

4. ¿Puedes contrastar el tono de las cuatro secciones? ¿Tienen razón los críticos al comparar el "Llanto" con una composición musical? ¿O podemos decir, simplemente, que la poesía tiene ciertos elementos en común con la música?

Jorge Manrique   1440?–1479   ESPAÑA

De Jorge Manrique, miembro de una de las familias aristocráticas más poderosas de la Castilla del siglo XV, se conservan unos 50 poemas de temática amorosa, religiosa, moral y satírica. Ganó la fama como guerrero y perdió la vida heroicamente en una batalla cerca del Castillo de Garci Muñoz (Cuenca). Los poetas españoles modernos han recordado esta elegía con reverencia. Escribe Antonio Machado, por ejemplo, recordando ciertos versos de las "Coplas":

> *Nuestras vidas son los ríos,*
> *que van a dar a la mar,*
> *que es el morir. ¡Gran cantar!*
> *Entre los poetas míos*
> *tiene Manrique un altar.*

CUANDO LEAS . . .

El poema más largo y más célebre de Manrique es éste, las coplas (o estrofas) a la muerte de su padre, don Rodrigo Manrique. Don Rodrigo, como el poeta, fue un importante guerrero y político. Fíjate en el contraste que Manrique establece entre la vida de este mundo y la vida eterna. Uno de las figuras retóricas que emplea para quitar importancia a la vida del mundo es la que se denomina, en palabras latinas *"Ubi sunt?"* (¿Dónde están?). Para demostrar la vanidad del mundo, el poeta enumera una serie de objetos, de personas y de hechos gloriosos. También pregunta, "¿Qué se hicieron?" (¿Qué ha sido de ellos?) y "¿Dó iremos a buscallas?" (¿Dónde iremos a buscar estas cosas?).

Jorge Manrique

Coplas por la muerte de su padre

Recuerde° el alma dormida,	*despierte*
avive el seso° y despierte,	let the mind be enlivened
contemplando	
cómo se pasa la vida;	
5 cómo se viene la muerte	
tan callando;	
cuán presto° se va el placer;	*rápido*
cómo, despés de acordado,	
da dolor;	
10 cómo, a nuestro parecer,°	it seems to us
cualquier tiempo pasado	
fue mejor.	

Pues si vemos lo presente,
cómo en un punto° se es ido
      y acabado,   *in a second*
15
si juzgamos sabiamente,
daremos lo no venido
      por pasado.
    No se engañe nadie,° no,   *Let no one deceive*
20
pensando que ha de durar   *himself*
      lo que espera
más que duró lo que vio,
pues que todo ha de pasar
      por tal manera.

25
    Nuestras vidas son los ríos
que van a dar en la mar,
      que es el morir;
allí van los señoríos
derechos° a se acabar   *headlong*
30
      y consumir;
    allí los ríos caudales,°   *large (of rivers)*
allí los otros medianos°   *middle-sized*
      y más chicos,
allegados,° son iguales   *llegados*
35
los que viven por sus manos
      y los ricos.

    Dejo las invocaciones
de los famosos poetas
      y oradores;°   *rhetoricians*
40
no curo de° sus ficciones,   *I care nothing for*
que traen yerbas secretas°   *poison*
      sus sabores.
    Aquel sólo me encomiendo,°   *I entrust myself only*
Aquél sólo invoco yo   *to Him*
45
      de verdad,
que en este mundo viviendo,
el mundo no conoció
      su deidad.

    Este mundo es el camino
50
para el otro, que es morada°   *dwelling*
      sin pesar;°   *sorrow*
mas cumple tener buen tino°   *one must have the skill to*
para andar esta jornada°   *journey*
      sin errar.

<pre>
55   Partimos° cuando nacemos,   depart
        andamos mientras vivimos
                y llegamos
        al tiempo que fenecemos;°   die
        así que cuando morimos,
60   descansamos.

        Este mundo bueno fue°   sería
        si bien usásemos de él
                como debemos,
        porque, según nuestra fe,
65   es para ganar aquél
                que atendemos.°   await

        Aun aquel hijo de Dios
        para subirnos al cielo
                descendió
70   a nacer acá entre nos,
        y a vivir en este suelo
                do° murió.   donde

        Si fuese en nuestro poder
        hacer la cara hermosa
75   corporal,°   to make the bodily
        como podemos hacer   face beautiful
        el alma tan gloriosa
                angelical,
        ¡qué diligencia tan viva
80   tuviéramos toda hora,°   tendríamos siempre
                y tan presta,
        en componer la cativa,¹
        dejándonos la señora
                descompuesta.°   without adornment

85   Ved de cuán poco valor
        son la cosas tras que andamos
                y corremos,
        que, en este mundo traidor,°   treacherous
        aun primero° que muramos   even before
90   las perdemos.
</pre>

---

¹The "cara corporal" is imagined as servant or captive (*cativa*), and the "alma angelical" as master (*señora*).

De ellas deshace la edad,
de ellas casos desastrados°   unfortunate
    que acaecen,°   happen
de ellas, por su calidad,
95 en los más altos estados
    desfallecen.°   perish

    Decidme: La hermosura,
la gentil frescura y tez°   skin
    de la cara,
100 la color y la blancura,
cuando viene la vejez,°   old age
    ¿cuál se para?°   how do they end up?
  Las mañas° y ligereza°   agility / speed
y la fuerza° corporal   strength
105   de juventud,
todo se torna graveza°   sorrow
cuando llega el arrabal°   vecinity
    de senectud.°   old age

    Pues la sangre de los godos,[1]
110 y el linaje e la nobleza
    tan crecida,
¡por cuántas vías y modos
se pierde su gran alteza
    en esta vida!
115 Unos, por poco valer,°   out of cowardice
por cuán bajos y abatidos°   abject
    que los tienen;
otros que, por no tener,
con oficios no debidos°   unfitting occupations
120   se mantienen.

    Los estados y riqueza
que nos dejan a deshora°   suddenly
    ¿quién lo duda?,
no les pidamos firmeza,
125 pues que son de una señora
    que se muda,°   who changes
que bienes son de Fortuna
que revuelven° con su rueda   revolve

---

[1]The Goths were regarded as a symbol of racial purity, since they lived in Spain before the invasion of the Moors in 711.

	presurosa,°	rapid
130	la cual no puede ser una°	cannot remain the same
	ni estar estable ni queda	
	en una cosa.	

Pero digo que acompañen° — But suppose they do
y lleguen hasta la fuessa° — grave
135   con su dueño;° — master
por eso no nos engañen,° — deceive
pues se va la vida apriesa° — *de prisa*
  como sueño.
Y los deleites° de acá — pleasures
140 son, en que nos deleitamos,
  temporales,
y los tormentos° de allá, — tortures
que por ellos esperamos
  eternales.

145   Los placeres y dulzores
de esta vida trabajada
  que tenemos,
no son sino corredores,° — scouts (soldiers)
y la muerte, la celada° — trap
150   en que caemos.
  No mirando a nuestro daño,
corremos a rienda suelta° — at full speed
  sin parar;
desque° vemos el engaño — *desde que*
155 y queremos dar la vuelta
  no hay lugar.

Esos reyes poderosos
que vemos por escrituras
  ya pasadas
160 con casos tristes, llorosos,
fueron sus buenas venturas
  trastornadas;° — changed
así que no hay cosa fuerte,
que a papas° y emperadores — popes
165   y perlados,° — prelates (clergy)
así los trata la muerte
como a los pobres pastores
  de ganados.

Dejemos a los troyanos,° — Trojans
170 que sus males no los vimos,

ni sus glorias;
dejemos a los romanos,
aunque oimos e leimos
    sus historias;
175   no curemos de saber
lo de aquel siglo pasado
    qué fue de ello;
vengamos a lo de ayer,
que también es olvidado
180   como aquello.

    Qué se hizo el rey don Juan?[1]
Los Infantes de Aragón[2]
    ¿qué se hicieron?°   what became of them?
¿Qué fue de tanto galán?
185   ¿qué de tanta invención
    que trajeron?
    ¿Fueron sino devaneos,°   delirium
qué fueron sino verduras°   green
    de las eras,°   threshing floors
190   las justas° y los torneos,°   jousts / tournaments
paramentos,° bordaduras°   adornment for horses /
    y cimeras?°   tapestries | tuft on top
          of helmet

    ¿Qué se hicieron las damas,
sus tocados° y vestidos,   veils
    sus olores?
195   ¿Qué se hicieron las llamas
de los fuegos encendidos
    de amadores?
¿Qué se hizo aquel trovar,°   singing
200   las músicas acordadas
    que tañían?°   they played
¿Qué se hizo aquel danzar,
aquellas ropas chapadas°   covered with gold and
    que traían?°   silver | *llevaban*

205   Pues el otro, su heredero°   heir
don Enrique,[3] ¡qué poderes
    alcanzaba!
¡Cuán blando, cuán halguero°   favorable

[1]Don Juan II, king of Castile, 1406–1454.
[2]Sons of Fernando I, king of Aragón.
[3]Enrique IV, king of Castile, 1454–1474.

el mundo con sus placeres
210   se le daba!
          Mas° verás cuán enemigo,   pero
cuán contrario, cuán cruel
          se le mostró;
habiéndole sido amigo,
215 ¡cuán poco duró con él
          lo que le dio!

          Las dádivas desmedidas,°   huge gifts
los edificios reales
          llenos de oro,
220 las vajillas° tan fabridas,°   tableware / well-made
los enriques y reales°   coins
          del tesoro,
los jaeces,° los caballos   harnesses
de sus gentes y atavíos°   adornments
225   tan sobrados°   excellent
¿dónde iremos a buscallos?°   *buscarlas*
¿Qué fueron sino rocíos°   dew
          de los prados?°   meadows

          Pues su hermano el inocente[1]
230 que en su vida sucesor
          se llamó
¡qué corte tan excelente
tuvo, y cuánto gran señor
          le siguió.
235 Mas, como fuese mortal,
metióle la Muerte luego
          en su fragua.°   forge
¡Oh juicio divinal!
Cuando más ardía el fuego,
240   echaste agua.

          Pues aquel gran Condestable,[2]
maestre que conocimos
          tan privado,°   favorite of the king
no cumple que° de él se hable,   it does not befit
245 mas sólo cómo lo vimos
          degollado.°   decapitated

---

[1]Don Alfonso, proclaimed king of Castile by the Manrique clan and poisoned when he was 14 years old.
[2]Don Alvaro de Luna, minister to Juan II, executed in 1453.

Sus infinitos tesoros,
sus villas y sus lugares,
        su mandar,
250 ¿qué le fueron sino lloros?,
¿qué fueron sino pesares
        al dejar?

Y los otros dos hermanos,
maestres tan prosperados
        como reyes,
255
que a los grandes y medianos
trajeron tan sojuzgados°   in such great submission
        a sus leyes.
Aquella prosperidad
260 que en tan alto fue subida
        y ensalzada,
¿qué fue sino claridad
que cuando más encendida
        fue amatada?°   snuffed out

265 Tantos duques excelentes,
tantos marqueses y condes
        y varones°   noblemen
como vimos tan potentes,
di, Muerte, ¿dó los escondes,
270   y transpones?
Y las sus claras hazañas°   deeds
que hicieron en las guerras
        y en los paces,
cuando tú, cruda,° te enseñas,   cruel
275 con tu fuerza las atierras°   bring down to earth
        y deshaces.

Las huestes° innumerables,   hosts (armies)
los pendones,° estandartes°   banners / standards
        y banderas,
280 los castillos impugnables,
los muros y baluartes°   ramparts
        y barreras,°   barriers
la cava honda,° chapada   deep trench
o cualquier otro reparo,°   defense
285   ¿qué aprovecha?°   what good does it do
Cuando tú vienes airada,°   angry
todo lo pasas de claro°   pierce completely
        con tu flecha.

242

	Aquel de buenos abrigo,°	protector
290	amado, por virtuoso,	
	de la gente,	
	el maestre don Rodrigo	
	Manrique, tanto famoso	
	y tan valiente;	
295	sus hechos° grandes y claros	deeds
	no cumple que los alabe,	
	pues los vieron;	
	ni los quiero hacer caros,°	praise them
	pues que° el mundo todo sabe	*puesto que*
300	cuáles fueron.	

	Amigo de sus amigos,	
	¡qué señor para criados	
	y parientes!	
	¡Qué enemigo de enemigos!	
305	¡Qué maestro de esforzados°	*fuertes*
	y valientes!	
	¡Qué seso para discretos!	
	¡Qué gracia° para donosos!°	ingeniousness / witty
	¡Qué razón!	
310	¡Qué benigno a los sujetos!	
	¡A los bravos y dañosos,	
	qué león!	

	En ventura, Octaviano;[1]	
	Julio César en vencer	
315	y batallar;	
	en la virtud, Africano;	
	Aníbal en el saber	
	y trabajar;	
	en la bondad un Trajano;	
320	Tito en liberalidad	
	con alegría;	
	en su brazo, Aureliano;	
	Marco Atilio en verdad	
	que prometía.	

	Antonio Pío en clemencia,	
325	Marco Aurelio en igualdad	
	del semblante;°	face

---

[1]Don Rodrigo is compared to a series of Roman emperors.

Adriano en la elocuencia;
Teodosïo en humanidad
    y buen talante.°   *good will*
330
    Aurelio Alexandre fue
en disciplina y rigor
    de la guerra;
un Constantino en la fe,
Camilio en el gran amor
335
    de su tierra.

    No dejó grandes tesoros,
ni alcanzó muchas riquezas
    ni vajillas;
mas hizo guerra a los moros
340
ganando sus fortalezas
    y sus villas;
y en las lides° que venció,   *battles*
cuántos moros y cavallos
345
    se perdieron;
y en este oficio ganó
las rentas° y los vasallos   *income, riches*
    que le dieron.

    Pues por su honra y estado,
350
en otros tiempos pasados
    ¿cómo se hubo?
Quedando desamparado,°   *helpless*
con hermanos y criados
    se sostuvo.°   *supported himself*
355
    Después que hechos famosos
hizo en esta misma guerra
    que hacía,
hizo tratos° tan honrosos   *treaties*
que le dieron aun más tierra
360
    que tenía.

    Estas sus viejas historias
que con su brazo pintó
    en juventud,
con otras nuevas victorias
365
agora las renovó
    en senectud.
    Por su gran habilidad,
por méritos y ancianía
    bien gastada,°   *well-spent years*
370
alcanzó la dignidad

de la gran Caballería
de la Espada.[1]

Y sus villas y sus tierras,
ocupadas de tiranos
375   las halló;
mas por cercos° y por guerras   sieges
y por fuerza de sus manos
      las cobró.°   took them
Pues nuestro rey natural,
380   si de las obras que obró
      fue servido
dígalo el de Portugal,
y, en Castilla, quien siguió
      su partido.°   party

385   Después de puesta la vida°   After he risked his life
tantas veces por su ley
      al tablero;
después de tan bien servida
la corona de su rey
390   verdadero;
      después de tanta hazaña°   after his innumerable
a que no puede bastar   good deeds
      cuenta cierta,
en su villa d'Ocaña
395   vino la Muerte a llamar
      a su puerta,

diciendo: "Buen caballero,
dejado el mundo engañoso°   deceitful
      y su halago;°   charm
400   vuestro[2] corazón de acero
muestre su esfuerzo famoso
      en este trago;°   in these dire straits
y pues de vida y salud
hicistes tan poca cuenta°   you paid so little
405   por la fama;   attention
esfuércese la virtud
para sufrir esta afrenta
      que vos llama."

---

[1] Don Rodrigo was a member of the Order of Santiago, whose insignia is a sword.
[2] Death addresses don Rodrigo in the "vos" form, which requires the second-person plural.

"No se vos haga tan amarga
410 la batalla temerosa
        que esperáis,
pues otra vida más larga
de la fama gloriosa
        acá dejáis.
415   Aunque esta vida de honor
tampoco es la eternal
        ni verdadera;
mas, con todo, es muy mejor
que la otra temporal,
420   perecedera."

"El vivir que es perdurable
no se gana con estados
        mundanales,
ni con vida delectable°   pleasurable
425 donde moran° los pecados   *viven*
        infernales;
    mas los buenos religiosos
gánanlo con oraciones°   prayers
        y con lloros;
430 los caballeros famosos,
con trabajos y aflicciones
        contra moros."

    "Y pues vos, claro varón,
tanta sangre derramastes°   spilled
435   de paganos,°   heathen
esperad el galardón°   reward
que en este mundo ganastes
        por las manos;
y con esta confianza
y con la fe tan entera
440   que tenéis,
partid° con buena esperanza,   depart
que estotra° vida tercera   *esta otra*
        ganaréis."

[Responde el Maestre:]
445   "No tengamos tiempo ya
en esta vida mezquina°   miserable
        por tal modo,
que mi voluntad está

conforme con la divina
450   para todo;
y consiento en mi morir
con voluntad placentera,
        clara y pura,
que° querer hombre vivir   *porque*
455 cuando Dios quiere que muera,
        es locura."

[Del Maestre a Jesús:]
"Tú que, por nuestra maldad,
tomaste forma servil
460   y bajo nombre;
tú, que a tu divinidad
juntaste cosa tan vil
        como es el hombre;
tú, que tan grandes tormentos
465 sufriste sin resistencia
        en tu persona,
no por mis merecimientos,°   worth
mas por tu sola clemencia
        me perdona."°   *perdóname*

470   Así, con tal entender,
todos sentidos humanos
        conservados,
cercado de su mujer
y de sus hijos y hermanos
475   y criados,
dio el alma a quien se la dio
(el cual la ponga en el cielo
        en su gloria),
que aunque la vida perdió,
480 dejónos harto consuelo°   consolation
        su memoria.

PREGUNTAS

1. En el verso 3, el poeta sugiere que esta elegía va a ser un poema contemplativo. ¿Qué es lo que se contempla en los versos 1–24?
2. En los versos 13–24, el poeta utiliza varios argumentos para persuadir al lector que el tiempo pasa rápidamente. ¿Cuáles son esos argumentos?

3. Comenta la metáfora de la vida como río que desemboca en el mar (versos 25–36) y la metáfora del mundo como "camino" (versos 49–60). ¿Qué tienen en común el río y la vida, el mundo y el camino?

4. ¿A quién invoca el poeta en los versos 37–48? ¿Por qué deja "las invocaciones / de los famosos poetas / y oradores"?

5. Explica la ironía de los versos 74–84, donde se contrasta nuestra actitud hacia el alma y hacia el cuerpo.

6. A partir del verso 85, el poeta enumera algunas de las cosas "tras que andamos / y corremos": las cosas que ocupan nuestra atención en este mundo. ¿Cuáles son? ¿Puedes nombrar algunos fenómenos de nuestro mundo contemporáneo que sean equivalentes a estas cosas del Siglo XV?

7. Explica en tus propias palabras los versos 145–155. ¿Por qué son "celadas" mortales las cosas de este mundo?

8. Según el poeta, ¿cuál ha sido el destino de las figuras más ilustres de la historia (versos 169–186)?

9. Comenta los versos 227–228. ¿Por qué es apropiada la metáfora "rocíos / de los prados"?

10. ¿Qué conclusión saca el poeta de su visión de los reyes y potentados recientes (versos 205 y siguientes)?

11. ¿Qué técnica utiliza el poeta para demostrar las virtudes de su padre (versos 313–336)?

12. ¿Se hizo rico don Rodrigo? ¿Dónde estaba su verdadera riqueza?

13. Describe el diálogo entre la Muerte y don Rodrigo. ¿Cuál fue la actitud de éste hacia la muerte? ¿La aceptó con resignación? ¿Con calma?

14. ¿Qué consuelo dejó don Rodrigo?

Temas

1. Divide el poema en secciones de acuerdo con su temática.

2. En el libro de Eclesiastes de la Biblia leemos la frase "Vanidad de vanidades, todo es vanidad". ¿Cómo demuestran las "Coplas" la vanidad del mundo?

3. Según las "Coplas", ¿qué actitud debemos tomar hacia la muerte? Contrasta esta actitud con las que se expresa en "Llanto por Ignacio Sánchez Mejías" de García Lorca.

4. Estudia la personificación de la Muerte en las "Coplas".

Temas   (Muerte)

1. Compara la manera en que se entrelazan vida y muerte en la visión de Garcilaso, Quevedo, Guillén y Paz.

2. Compara las visiones de la muerte de dos autores, por ejemplo, Quevedo y García Lorca.
3. ¿Puede aplicarse a la muerte de Calisto y Melibea el proverbio de Octavio Paz, "Dime cómo mueres y te diré quién eres"?
4. Compara la expresión del sentimiento de horror en Quiroga y en "Llanto por Ignacio Sánchez Mejías".
5. ¿Qué es una elegía? Discute los elementos elegíacos en el "Llanto" de García Lorca.
6. Estudia las similitudes y diferencias de las "Coplas" de Manrique y el "Llanto" de García Lorca en cuanto a su temática, a sus metáforas y a su estructura. ¿En qué se nota la influencia de las "Coplas" en el "Llanto"?
7. Basándote en tus lecturas y en tus conocimientos de la cultura hispánica, ¿puedes contrastar la actitud hacia la muerte de los españoles y latinoamericanos con la de los estadounidenses?

IV

COSAS y PAISAJE

Objects and Landscape

In 1925, the Spanish essayist and philosopher José Ortega y Gasset published *La deshumanización del arte*, an attempt to "filiar el arte nuevo mediante algunos de sus rasgos diferenciales." One of those "rasgos" or characteristics is the tendency of modern art to treat objects as though they were unrelated to human life: as though they could lose their utilitarian and symbolic value and exist as pure forms. Ortega was thinking of the way objects are treated by Picasso, Juan Gris, and other modern painters.

In modern Hispanic literature, with a few notable exceptions, the object seems *not* to have lost its connection with human life, whether as utensil, symbol, or "objective correlative" of the author's feelings. Over the course of the century there has been a burgeoning of literary texts about objects, and this chapter brings together a number of examples.

Paisajes, which considers the landscape as an object, begins with an evocation of the gentle landscape of Galicia, in northwestern Spain, by the contemporary Spanish poet Mario Hernández. It continues with Juan Rulfo's evocation of the most desolate of Mexican villages. There, as in Machado's "A José María Palacio," the landscape is being remembered in its absence.

Objetos brings together several texts about the objects of daily existence. "Las cosas" by Jorge Luis Borges (Argentina), personifies them as "tacit slaves" who will outlive us, while "Los pequeños objetos" by Ángel Crespo (Spain) sees them more benignly: the little things that have fallen to the floor—a match, a toenail, ash from a cigarette—remind us of the people around us, of small pleasures and "pequeños disgustos." "Los objetos" by Silvina Ocampo (Argentina) dwells on what it is to *lose* our favorite objects, and the "infierno" we would experience if they returned to us. Another sort of tribulation is captured by Pablo Neruda (Chile) in "Walking Around," where the most diverse objects imaginable, from spectacles to "horrible intestines," seem to make the speaker inutterably weary. A sampling of *greguerías* by Ramón Gómez de la Serna (Spain) suggests that there is no object in the universe that cannot be transformed, by human wit, into another one.

Flora y fauna includes two texts that find poetry in ordinary things: Machado's "Las moscas" and Pablo Neruda's "Oda al tomate." Ventura García Calderón's (Peru) "Coca" deals with a plant characteristic of the New World. It is preceded by some remarks about the coca plant by José de Acosta (Spain), the author of a sixteenth-century natural history of America. Machado's "A un olmo seco" treats an old elm tree—felled in a storm but putting out new growth—as an emblem of his own hope.

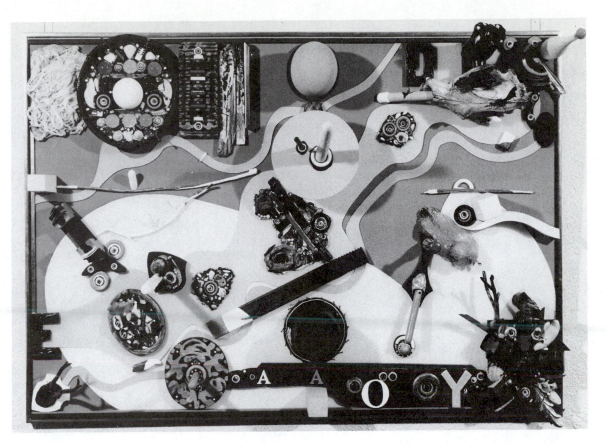

Alfonso Ossorio [Estados Unidos]. *Sea Present*, 1969.

1 PAISAJES

Josep Grau-Garriga [España]. *Turons*, 1979.

Mario Hernández   1945–   ESPAÑA

Mario Hernández, autor de varios libros de poesía y de finos ensayos sobre la literatura española de los siglos XVIII y XX es, además, una de las máximas autoridades sobre los poetas de la Generación del 27.

La *tannka* es una estrofa japonesa cuyos cinco versos contienen 5, 7, 5, 7 y 7 sílabas. ¿Cuál te parece su encanto?

Mario Hernández

DE *Tannkas del mar y de los bosques (1989)*

III

Playas . . . El nombre
se hace amarillo, evoca
barcas, silencio
y pisadas° primeras   footsteps
5   en la orilla del alba.

XXIII

Rubia la arena,
se recama° de estrellas,   embroiders itself
viento y silencio.
Volveré con la alta
5   pleamar° de los sueños.   high tide

PREGUNTAS

1. Nota que el poeta no está describiendo la playa de forma directa, sino lo que evoca el nombre "playas". ¿Por qué es "se hace amarillo" el nombre?
2. Explica la metáfora: "se recama de estrellas". ¿De qué estrellas se trata?
3. ¿Por qué se asocian la pleamar y los sueños?

Juan Rulfo *Ver página 109* **MÉXICO**

CUANDO LEAS . . .

No olvides que el personaje que habla en el cuento parece dirigirse a un hombre que va de paso a Luvina. No es hasta el tercer párrafo, cuando el hombre que habla dice "Ya mirará usted ese viento . . .", que nos damos cuenta de esto. Aunque nunca oímos al otro hombre, las respuestas del que habla parecen indicar que el otro le hace preguntas (por ejemplo, "Sí, llueve poco . . . " o "Me parece que usted me preguntó . . . "). Sigue con cuidado al narrador a ver si puedes identificar al otro hombre. Disfruta del lirismo de la descripción del paisaje y los habitantes de Luvina. Considera que la prosa de Rulfo tiene cualidades poéticas.

Juan Rulfo

Luvina

    —De los cerros° altos del sur, el de Luvina es el más alto y el más pedregoso.° Está plagado de esa piedra gris con la que hacen la cal,° pero en Luvina no hacen cal con ella ni le sacan ningún provecho. Allí la llaman piedra cruda, y la loma° que sube hacia Luvina la nombran cuesta° de la Piedra Cruda. El aire y el sol se han encargado de desmenuzarla,° de modo que la tierra de por allí es blanca y brillante como si estuviera rociada siempre por el rocío° del amanecer; aunque esto es un puro decir, porque en Luvina los días son tan fríos como las noches y el rocío se cuaja° en el cielo antes que llegue a caer sobre la tierra.

    " . . . Y la tierra es empinada.° Se desgaja° por todos lados en barrancas hondas,° de un fondo que se pierde de tan lejano. Dicen los de Luvina que de aquellas barrancas suben los sueños; pero yo lo único que vi subir fue el viento, en tremolina,° como si allá abajo lo tuvieran encañonado en tubos de carrizo.° Un viento que no deja crecer ni a las dulcamaras:° esas plantitas tristes que apenas si pueden vivir un poco untadas° a la tierra, agarradas° con todas sus manos al despeñadero° de los montes. Sólo a veces, allí donde hay un poco de sombra, escondido entre las piedras, florece el chicalote° con sus amapolas° blancas. Pero el chicalote pronto se marchita.° Entonces uno lo oye rasguñando° el aire con sus ramas espinosas,° haciendo un ruido como el de un cuchillo sobre una piedra de afilar.

    "Ya mirará usted ese viento que sopla sobre Luvina. Es pardo.° Dicen que porque arrastra° arena de volcán; pero lo cierto es que es un aire negro. Ya lo verá usted. Se planta en Luvina prendiéndose° de las cosas como si las mordiera. Y sobran días en que se lleva el techo de las casas como si se llevara un sombrero de

Glosas (columna derecha):
hills / rocky
lime
hill
hill
crumble
always sprinkled with
dew
forms
steep / breaks
deep ravines
whistling of the wind / forced through reed pipes | nightshade | clinging / grasping | crags | poppy plant / poppies | withers / scratching / thorny
brown
carry
taking hold of

petate,° dejando los paredones lisos, descobijados.° Luego rasca° como si tuviera uñas: uno lo oye a mañana y tarde, hora tras hora, sin descanso, raspando° las paredes, arrancando tecatas° de tierra, escarbando con su pala picuda por debajo de las puertas, hasta sentirlo bullir° dentro de uno como si se pusiera a remover los goznes° de nuestros mismos huesos. Ya lo verá usted."

El hombre aquel que hablaba se quedó callado un rato, mirando hacia afuera.

Hasta ellos llegaban el sonido del río pasando sus crecidas aguas por las ramas de los camichines;° el rumor del aire moviendo suavemente las hojas de los almendros, y los gritos de los niños jugando en el pequeño espacio iluminado por la luz que salía de la tienda.

Los comejenes° entraban y rebotaban contra la lámpara de petróleo, cayendo al suelo con las alas chamuscadas.°

Y afuera seguía avanzando la noche.

—¡Oye, Camilo, mándanos otras dos cervezas más! —volvió a decir el hombre. Después añadió:

—Otra cosa, señor. Nunca verá usted un cielo azul en Luvina. Allí todo el horizonte está desteñido; nublado siempre por una mancha caliginosa° que no se borra nunca. Todo el lomerío° pelón, sin un árbol, sin una cosa verda para descansar los ojos; todo envuelto en el calín° ceniciento. Usted verá eso: aquellos cerros apagados como si estuvieran muertos y a Luvina en el más alto, coronándolo con su blanco caserío como si fuera una corona de muerto . . .

Los gritos de los niños se acercaron hasta meterse dentro de la tienda. Eso hizo que el hombre se levantara, fuera hacia la puerta y les dijera: "¡Váyanse más lejos! ¡No interrumpan! Sigan jugando, pero sin armar alboroto."°

Luego, dirigiéndose otra vez a la mesa, se sentó y dijo:

—Pues sí, como le estaba diciendo. Allá llueve poco. A mediados de año llegan unas cuantas tormentas que azotan° la tierra y la desgarran, dejando nada más el pedregal flotando encima del tepetate.° Es bueno ver entonces cómo se arrastran las nubes, cómo andan de un cerro a otro dando tumbos como si fueran vejigas° infladas; rebotando y pegando de truenos igual que si se quebraran en el filo de las barrancas.° Pero después de diez o doce días se van y no regresan sino al año siguiente, y a veces se da el caso de que no regresen en varios años.

". . . Sí, llueve poco. Tan poco o casi nada, tanto que la tierra, además de estar reseca y achicada como cuero° viejo, se ha llenado de rajaduras° y de esa cosa que allí llaman 'pasojos de agua', que no son sino terrones° endurecidos como piedras filosas, que se clavan en los pies de uno al caminar, como si allí hasta a la tierra le hubieran crecido espinas.° Como si así fuera."

Bebió la cerveza hasta dejar sólo burbujas de espuma en la botella y siguió diciendo:

—Por cualquier lado que se le mire, Luvina es un lugar muy triste. Usted que va para allá se dará cuenta. Yo diría que es el lugar donde anida la tristeza. Donde no se conoce la sonrisa, como si a toda la gente le hubieran entablado la cara. Y usted, si quiere puede ver esa tristeza a la hora que quiera. El aire que allí sopla° la revuelve, pero no se la lleva nunca. Está allí como si allí hubiera nacido. Y

straw / uncovered /
scratches | scraping
strips
boil
hinges

fig trees

flying ants
scorched

dark
group of hills
haze

raising a ruckus

lash
stubble

bladders
at the edge of the
ravines

cowhide / cracks
clumps of soil

thorns

blows

hasta se puede probar y sentir, porque está siempre encima de uno, apretada contra de uno, y porque es oprimente como una gran cataplasma sobre la viva carne del corazón.

"... Dicen los de allí que cuando llena la luna, ven de bulto la figura del viento° recorriendo las calles de Luvina, llevando a rastras° una cobija° negra; pero yo siempre lo que llegué a ver, cuando había luna en Luvina, fue la imagen del desconsuelo ... siempre.

"... Pero tómese su cerveza. Veo que no le ha dado ni siquiera una probadita.° Tómesela. O tal vez no le guste así tibia como está. Y es que aquí no hay de otra. Yo sé que así sabe mal; que agarra un sabor como a meados° de burro. Aquí uno se acostumbra. A fe que allá ni siquiera esto se consigue. Cuando vaya a Luvina la extrañará. Allí no podrá probar sino un mezcal° que ellos hacen con una yerba° llamada hojasé, y que a los primeros tragos estará usted dando de volteretas como si lo chacamotearan.° Mejor tómese su cerveza. Yo sé lo que le digo."

Allá afuera seguía oyéndose el batallar del río. El rumor° del aire. Los niños jugando. Parecía ser aún temprano, en la noche.

El hombre se había ido a asomar una vez más a la puerta y había vuelto.

Ahora venía diciendo:

—Resulta fácil ver las cosas desde aquí, meramente traídas por el recuerdo, donde no tienen parecido ninguno. Pero a mí no me cuesta ningún trabajo seguir hablándole de lo que sé, tratándose de Luvina. Allá viví. Allá dejé la vida ... Fui a ese lugar con mis ilusiones cabales y volví viejo y acabado. Y ahora usted va para allá ... Está bien. Me parece recordar el principio. Me pongo en su lugar y pienso ... Mire usted, cuando yo llegué por primera vez a Luvina ... ¿Pero me permite antes que me tome su cerveza? Veo que usted no le hace caso. Y a mí me sirve de mucho. Me alivia. Siento como si me enjuagaran° la cabeza con aceite alcanforado ...° Bueno, le contaba que cuando llegué por primera vez a Luvina, el arriero° que nos llevó no quiso dejar ni siquiera que descansaran las bestias. En cuanto nos puso en el suelo, se dio media vuelta:

"—Yo me vuelvo —nos dijo.

"—Espera, ¿no vas a dejar sestear° tus animales? Están muy aporreados.°

"—Aquí se fregarían° más —nos dijo—. Mejor me vuelvo.

"Y se fue, dejándose caer por la cuesta de la Piedra Cruda, espoleando° sus caballos como si se alejara de algún lugar endemoniado.

"Nosotros, mi mujer y mis tres hijos, nos quedamos allí, parados en mitad de la plaza, con todos nuestros ajuares° en los brazos. En medio de aquel lugar donde sólo se oía el viento ...

"Una plaza sola, sin una sola yerba para detener el aire. Allí nos quedamos.

"Entonces yo le pregunté a mi mujer:

"—¿En qué país estamos, Agripina?

"Y ella se alzó de hombros.°

"—Bueno, si no te importa, ve a buscar dónde comer y dónde pasar la noche. Aquí te aguardamos —le dije.

"Ella agarró° al más pequeño de sus hijos y se fue. Pero no regresó.

"Al atardecer, cuando el sol alumbraba sólo las puntas de los cerros, fuimos a buscarla. Anduvimos por los callejones° de Luvina, hasta que la encontramos

they see the figure of the wind take shape / dragging / blanket

I see you haven't even tasted it. | piss

liquor
herb

as if they had hit something | murmur

rinsed
camphorated oil
mule driver

rest / worn out
They would be worse off here | spurring

belongings

shrugged

took

alleys

metida en la iglesia: sentada mero en medio° de aquella iglesia solitaria, con el right in the middle
niño dormido entre sus piernas.

”—¿Qué haces aquí, Agripina?

”—Entré a rezar —nos dijo.

”—¿Para qué? —le pregunté yo.

”Y ella se alzó de hombros.

”Allí no había a quién rezarle. Era un jacalón° vacío, sin puertas, nada más empty hut
con unos socavones° abiertos y un techo resquebrajado° por donde se colaba el galleries / full of cracks
aire como por un cedazo.° sieve

”—¿Dónde está la fonda?° inn

”—No hay ninguna fonda.

”—¿Y el mesón?

”—No hay ningún mesón.

”—¿Viste a alguien? ¿Vive alguien aquí? —le pregunté.

”—Sí, allí enfrente . . . Unas mujeres . . . Las sigo viendo. Mira, allí tras las
rendijas° de esa puerta veo brillar los ojos que nos miran . . . Han estado asomán- cracks
dose para acá . . . Míralas. Veo las bolas brillantes de sus ojos . . . Pero no tienen
qué darnos de comer. Me dijeron sin sacar la cabeza que en este pueblo no había
de comer . . . Entonces entré aquí a rezar, a pedirle a Dios por nosotros.

”—¿Por qué no regresaste allí? Te estuvimos esperando.

”—Entré aquí a rezar. No he terminado todavía.

”—¿Qué país es éste, Agripina?

”Y ella volvió a alzarse de hombros.

”Aquella noche nos acomodamos para dormir en un rincón de la iglesia,
detrás del altar desmantelado.° Hasta allí llegaba el viento, aunque un poco broken down
menos fuerte. Lo estuvimos oyendo pasar por encima de nosotros, con sus largos
aullidos;° lo estuvimos oyendo entrar y salir por los huecos socavones de las howls
puertas; golpeando con sus manos de aire las cruces del viacrucis:° unas cruces stations of the cross
grandes y duras hechas con palo de mezquite que colgaban de las paredes a todo
lo largo de la iglesia, amarradas° con alambres que rechinaban° a cada sacudida lashed together / creaking
del viento como si fuera un rechinar de dientes.

”Los niños lloraban porque no los dejaba dormir el miedo. Y mi mujer,
tratando de retenerlos a todos entre sus brazos. Abrazando su manojo de hijos. Y
yo allí, sin saber qué hacer.

”Poco antes del amanecer se calmó el viento. Después regresó. Pero hubo un
momento en esa madrugada en que todo se quedó tranquilo, como si el cielo se
hubiera juntado con la tierra, aplastando° los ruidos con su peso . . . Se oía la crushing
respiración de los niños ya descansada. Oía el resuello° de mi mujer ahí a mi lado: breathing

”—¿Qué es? —me dijo.

”—¿Qué es qué? —le pregunté.

”—Eso, el ruido ese.

”—Es el silencio. Duérmete. Descansa, aunque sea un poquito, que ya va
a amanecer.

”Pero al rato oí yo también. Era como un aletear de murciélagos° en la bats
oscuridad, muy cerca de nosotros. De murciélagos de grandes alas que rozaban° brushed
el suelo. Me levanté y se oyó el aletear más fuerte, como si la parvada° de swarm

murciélagos se hubiera espantado° y volara hacia los agujeros de las puertas. frightened
Entonces caminé de puntitas° hacia allá, sintiendo delante de mí aquel mur- tip-toed
mullo sordo. Me detuve en la puerta y las vi. Vi a todas las mujeres de Luvina con
su cántaro° al hombro, con el rebozo° colgado de su cabeza y sus figuras negras pitcher / shawl
sobre el negro fondo de la noche.

”—¿Qué quieren? —les pregunté—. ¿Qué buscan a estas horas?

”Una de ellas respondió:

”—Vamos por agua.

”Las vi paradas frente a mí, mirándome. Luego, como si fueran sombras,
echaron a caminar calle abajo con sus negros cántaros.

”No, no se me olvidará jamás esa primera noche que pasé en Luvina.

” . . . ¿No cree usted que esto se merece otro trago?° Aunque sea nomás para drink
que se me quite el mal sabor del recuerdo.”

—Me parece que usted me preguntó cuántos años estuve en Luvina,
¿verdad . . . ? La verdad es que no lo sé. Perdí la noción del tiempo desde que las
fiebres me lo enrevesaron;° pero debió haber sido una eternidad . . . Y es que allá confused
el tiempo es muy largo. Nadie lleva la cuenta de las horas° ni a nadie le preocupa keeps track of the hours
cómo van amontonándose° los años. Los días comienzan y se acaban. Luego piling up
viene la noche. Solamente el día y la noche hasta el día de la muerte, que para
ellos es una esperanza.

”Usted ha de pensar que le estoy dando vueltas a una misma idea. Y así es, sí
señor . . . Estar sentado en el umbral° de la puerta, mirando la salida y la puesta threshold
del sol, subiendo y bajando la cabeza, hasta que acaban aflojándose los resortes° till the springs give out
y entonces todo se queda quieto, sin tiempo, como si se viviera siempre en la
eternidad. Esto hacen allí los viejos.

”Porque en Luvina sólo viven los puros viejos y los que todavía no han
nacido, como quien dice . . . Y mujeres sin fuerzas, casi trabadas° de tan flacas. hobbled
Los niños que han nacido allí se han ido . . . Apenas les clarea el alba y ya son
hombres. Como quien dice, pegan el brinco° del pecho de la madre al azadón° y they leap / hoe (i.e.
desaparecen de Luvina. Así es allí la cosa. farming)

”Sólo quedan los puros viejos y las mujeres solas, o con un marido que anda
donde sólo Dios sabe dónde . . . Vienen de vez en cuando como las tormentas de
que le hablaba; se oye un murmullo en todo el pueblo cuando regresan y uno
como gruñido° cuando se van . . . Dejan el costal del bastimento° para los viejos grunt / sack of
y plantan otro hijo en el vientre° de sus mujeres, y ya nadie vuelve a saber de ellos provisions | womb
sino al año siguiente, y a veces nunca . . . Es la costumbre. Allí le dicen la ley, pero
es lo mismo. Los hijos se pasan la vida trabajando para los padres como ellos trabajaron para los suyos y como quién sabe cuántos atrás de ellos cumplieron con
su ley . . .

”Mientras tanto, los viejos aguardan° por ellos y por el día de la muerte, sen- wait
tados en sus puertas, con los brazos caídos, movidos sólo por esa gracia que es la
gratitud del hijo . . . Solos, en aquella soledad de Luvina.

”Un día traté de convencerlos de que se fueran a otro lugar, donde la tierra
fuera buena. '¡Vámonos de aquí! —les dije—. No faltará modo de acomodarnos° settle
en alguna parte. El gobierno nos ayudará.'

"Ellos me oyeron, sin parpadear,° mirándome desde el fondo de sus ojos, de los que sólo se asomaba una lucecita allá muy adentro.

"—¿Dices que el gobierno nos ayudará, profesor? ¿Tú no conoces al gobierno?

"Les dije que sí.

"—También nosotros lo conocemos. Da esa casualidad.° De lo que no sabemos nada es de la madre del gobierno.

"Yo les dije que era la Patria. Ellos movieron la cabeza diciendo que no. Y se rieron. Fue la única vez que he visto reír a la gente de Luvina. Pelaron sus dientes molenques° y me dijeron que no, que el gobierno no tenía madre.

"Y tienen razón, ¿sabe usted? El señor ese sólo se acuerda de ellos cuando alguno de sus muchachos ha hecho alguna fechoría° acá abajo. Entonces manda por él hasta Luvina y se lo matan. De ahí en más no saben si existe.

"—Tú nos quieres decir que dejemos Luvina porque, según tú, ya estuvo bueno° de aguantar hambres sin necesidad —me dijeron—. Pero si nosotros nos vamos, ¿quién se llevará a nuestros muertos? Ellos viven aquí y no podemos dejarlos solos.

"Y allá siguen. Usted los verá ahora que vaya. Mascando bagazos° de mezquite seco y tragándose su propia saliva para engañar el hambre. Los mirará pasar como sombras, repegados° al muro de las casas, casi arrastrados por el viento.

"—¿No oyen ese viento? —les acabé por decir—. Él acabará con ustedes.

"—Dura lo que debe de durar. Es el mandato° de Dios —me contestaron—. Malo cuando deja de hacer aire. Cuando eso sucede, el sol se arrima mucho a Luvina y nos chupa° la sangre y la poca agua que tenemos en el pellejo.° El aire hace que el sol se esté allá arriba. Así es mejor.

"Ya no les volví a decir nada. Me salí de Luvina y no he vuelto ni pienso regresar.

" . . . Pero mire las maromas que da el mundo.° Usted va para allá ahora, dentro de pocas horas. Tal vez ya se cumplieron quince años que me dijeron a mí lo mismo: 'Usted va a ir a San Juan Luvina.' En esa época tenía yo mis fuerzas. Estaba cargado de ideas . . . Usted sabe que a todos nosotros nos infunden ideas. Y uno va con esa plasta° encima para plasmarla° en todas partes. Pero en Luvina no cuajó° eso. Hice el experimento y se deshizo . . .

"San Juan Luvina. Me sonaba a nombre de cielo aquel nombre. Pero aquello es el purgatorio. Un lugar moribundo° donde se han muerto hasta los perros y ya no hay ni quien le ladre al silencio; pues en cuanto uno se acostumbra al vendaval que allí sopla, no se oye sino el silencio que hay en todas las soledades. Y eso acaba con uno. Míreme a mí. Conmigo acabó. Usted que va para allá comprenderá pronto lo que le digo . . .

"¿Qué opina usted si le pedimos a este señor que nos matice unos mezcalitos?° Con la cerveza se levanta uno a cada rato y eso interrumpe mucho la plática. ¡Oye, Camilo, mándanos ahora unos mezcales!

"Pues sí, como le estaba yo diciendo . . . "

Pero no dijo nada. Se quedó mirando un punto fijo sobre la mesa donde los comejenes ya sin sus alas rondaban° como gusanitos desnudos.

Afuera seguía oyéndose cómo avanzaba la noche. El chapoteo° del río contra   lapping
los troncos de los camichines. El griterío ya muy lejano de los niños. Por el
pequeño cielo de la puerta se asomaban las estrellas.

El hombre que miraba a los comejenes se recostó sobre la mesa y se quedó dormido.

PREGUNTAS

1. ¿Dónde queda situado el pueblo de Luvina? ¿Qué temperatura hace?
2. ¿Cómo está caracterizado el viento en este cuento?
3. ¿Cómo es el cielo? ¿Por qué la tierra es tan estéril?
4. ¿Sabemos algo del hombre que escucha? ¿A través de quién lo sabemos?
5. ¿Qué otras cosas ocurren alrededor del hombre que habla? ¿Dónde está?
   ¿Qué se oye?
6. ¿Por qué conoce Luvina tan bien el hombre que habla?
7. ¿Qué hizo el arriero que llevó al hombre y a su familia a Luvina? ¿Por qué?
8. ¿Qué le ocurrió al hombre y a su mujer el primer día que llegaron a Luvina? ¿Y
   la madrugada siguiente?
9. ¿Cómo pasa el tiempo en Luvina? ¿Por qué ha perdido la noción del tiempo el
   hombre que habla?
10. ¿Cómo son los habitantes? ¿Qué edades tienen? ¿Qué hacen unas
    generaciones por otras?
11. ¿Cómo reaccionan los habitantes cuando el hombre les propone que dejen el
    pueblo? ¿Qué le contestan?
12. ¿Qué efecto produce en el lector cuando al final del cuento el hombre se
    queda dormido?

TEMAS

1. La casi ausencia del hombre que escucha es obviamente intencionada. El que
   escucha no tiene voz ni movimiento; ni siquiera bebe la cerveza. Tan sólo en
   una ocasión el narrador parece admitir que son dos los que conversan: "hasta
   ellos llegaba el sonido . . . ". Si no fuera por este "ellos", podríamos pensar
   que el hombre habla consigo mismo. ¿Qué piensas tú? ¿Por qué esta ausencia
   de interlocutor?
2. ¿Cuáles son los elementos poéticos y líricos de este cuento? ¿El ritmo? ¿Las
   metáforas e imágenes?

CUANDO LEAS . . .

Machado escribió este poema—epístola en verso—meses después de la muerte de su esposa Leonor (p. 16). El paisaje que recuerda, desde lejos, es el de Soria (al noreste de Madrid), donde había vivido con Leonor. Allí, en el cerro llamado "alto Espino", la había enterrado.

Antonio Machado

A José María Palacio

	Palacio, buen amigo,	
	¿está la primavera	
	vistiendo ya las ramas de los chopos°	poplars
	del río y los caminos? En la estepa°	steppes
5	del alto Duero, Primavera tarda,	
	¡pero es tan bella y dulce cuando llega! . . .	
	¿Tienen los viejos olmos°	elm trees
	algunas hojas nuevas?	
	Aún las acacias estarán desnudas	
10	y nevados los montes de las sierras.	
	¡Oh, mole° del Moncayo° blanca y rosa,	mass / mountain in
	allá, en el cielo de Aragón, tan bella!	Aragón
	¿Hay zarzas° florecidas	brambles
	entre las grises peñas,	
15	y blancas margaritas°	daisies
	entre la fina hierba?	
	Por esos campanarios°	belltowers
	ya habrán ido llegando las cigüeñas.°	storks
	Habrá trigales° verdes,	wheatfields
20	y mulas pardas en las sementeras,°	sown fields
	y labriegos° que siembran los tardíos°	farmhands / late wheat
	con las lluvias de abril. Ya las abejas	
	libarán del tomillo y el romero.°	gathering nectar from
	¿Hay ciruelos° en flor? ¿Quedan violetas?	rosemary and thyme | plum trees | decoys |
25	Furtivos cazadores, los reclamos°	
	de la perdiz° bajo las capas luengas,	partridge
	no faltarán. Palacio, buen amigo,	
	¿tienen ya ruiseñores° las riberas?	nightingales

263

Con los primeros lirios
30   y las primeras rosas de las huertas,
en una tarde azul, sube al Espino,°   Hawthorn Hill
al alto Espino donde está su tierra . . .

Baeza, 29 de abril 1913

PREGUNTAS

1. Analiza la manera en que se mezclan en el poema las interrogaciones, las exclamaciones, los mandatos y los enunciados especulativos en tiempo futuro (por ejemplo, "las acacias *estarán* desnudas . . . "). ¿Qué logra Machado con esta mezcla?
2. Comenta los epítetos del poema, a la luz del comentario de Vicente Huidobro (p. 302): "El adjetivo, cuando no da vida, mata".
3. ¿Qué es lo que le pide el poeta a Palacio en los versos 29–32? ¿Por qué se lo pide?

TEMAS

1. Este poema es una epístola en verso. ¿Qué cualidades de *carta* tiene? Piensa en el tipo de lenguaje utilizado por Machado, y en la estructura de este texto.
2. ¿De qué forma prepara, o no prepara, el poeta al lector para los cuatro versos finales del poema?

2 OBJETOS

Juan Gris [España]. *Still Life*, 1917.

Jorge Luis Borges   1899–1986   ARGENTINA

La vida de Jorge Luis Borges fue dedicada exclusivamente a la lectura y al cultivo de las letras, sobre todo la poesía, el cuento corto y el ensayo. Una de las cosas que ayudaron a configurar la vida y la obra de Borges fue su ceguera que, poco a poco, como un lento crepúsculo, lo iba hundiendo en la oscuridad. El hecho de ser ciego confirmó en Borges su tendencia a cultivar las formas literarias más breves y a volver repetidas veces sobre textos que ya había leído.

No sólo fue una vida totalmente literaria la de Borges, sino que uno de los temas principales de sus escritos es la literatura. En poemas y cuentos contrasta el azar que parece predominar en la vida diaria con los esquemas filosóficos, literarios y religiosos que inventa el hombre para dar sentido a su existencia.

CUANDO LEAS . . .

Nota que este soneto comienza con una especie de lista o enumeración: un inventario de los objetos que rodean al hablante. Esta técnica, llamada "enumeración caótica", nos hace sentir la infinita variedad del universo.

Jorge Luis Borges

Las cosas

El bastón,° las monedas, el llavero,	cane
La dócil cerradura,° las tardías	lock
Notas que no leerán los pocos días	
Que me quedan, los naipes° y el tablero,°	playing cards / game board
5 Un libro y en sus páginas la ajada°	withered
Violeta, monumento de una tarde	
Sin duda inolvidable y ya olvidada,	
El rojo espejo occidental en que arde°	burns
Una ilusoria aurora. ¡Cuántas cosas,	
10 Limas,° umbrales,° atlas, copas,° clavos,°	files / thresholds / wine glasses / nails
Nos sirven como tácitos esclavos,°	slaves
Ciegas y extrañamento sigilosas!°	stealthy
Durarán más allá de nuestro olvido;	
No sabrán nunca que nos hemos ido.	

PREGUNTAS

1. ¿Es joven el hablante? ¿Viejo? ¿Cómo sabemos?
2. Borges se destaca por la perfecta adecuación de sus epítetos. ¿Por qué describe la cerradura como "dócil"? ¿La aurora como "ilusoria"?
3. Comenta la ironía de los versos 6–7.
4. ¿Cómo personifica a los objetos?

Jorge Luis Borges.

TEMA

La estructura sintáctica de este soneto, ¿se parece en algo a la del soneto de Lope de Vega (p. 5) sobre el amor o al poema de Ángel Crespo (p. 268)?

Ángel Crespo   1926–   ESPAÑA

Uno de los temas predilectos del poeta español Ángel Crespo son los objetos de la vida diaria. Autor de numerosos libros de poesía, es también crítico literario, con importantes estudios sobre el escritor español Juan Ramón Jiménez y sobre la literatura portuguesa y brasileña.

Ángel Crespo

Los pequeños objetos

Los pequeños detalles de la casa:
el hilo° en el tapete° abandonado,   thread / tablecloth
la cerilla° en el suelo,   match
la ceniza,°   ash
5   que pone en la baldosa° su frágil contextura,°   tile / texture
la uñita° del pequeño recortada   little toenail, fingernail
al lado del zapato,
ponen gusto en los ojos que, sin dar importancia,
coleccionan imágenes de objetos que no sirven.

10   Se ama más a la madre por el hilo,
se acuerda uno del padre
por la cerilla y la ceniza,
y del niño por la uña y el zapato.

Los pequeños objetos que se barren,
15   que ya nadie recoge,
sumamente importantes, nos recuerdan
los pequeños disgustos de la vida
y los pobres placeres, tan pequeños.

PREGUNTAS

1. Describe la estructura de la primera estrofa del poema.
2. ¿Qué tipo de objetos le interesan al hablante del poema?
3. ¿En qué le hacen pensar? ¿Por qué son importantes?
4. ¿Puedes caracterizar el lenguaje de este poema?

CUANDO LEAS . . .

Intenta visualizar los objetos que la narradora nos enumera. Piensa dónde has visto algunos de estos objetos. Relaciónalos con los objetos de tu niñez.

La narradora nos dice que Camila "sólo apreciaba a las personas" y animales y que "por valiosos que fueran, los objetos le parecían reemplazables". Observa, cuando leas, si esta descripción de la protagonista por la narradora es consistente con lo que Camila hace.

Silvina Ocampo

Los objetos

Alguien regaló a Camila Ersky, el día en que cumplió veinte años, una pulsera° de oro con una rosa de rubí. Era una reliquia de familia. La pulsera le gustaba y sólo la usaba en ciertas ocasiones, cuando iba a alguna reunión o al teatro, o a una función de gala.° Sin embargo, cuando la perdió, no compartió con el resto de la familia el duelo° de su pérdida. Por valiosos que fueran, los objetos le parecían reemplazables.° Sólo apreciaba a las personas, a los canarios que adornaban su casa y a los perros. A lo largo de su vida, creo que lloró por la desaparición de una cadena° de plata, con una medalla de la Virgen de Luján, engarzada en oro,° que uno de sus novios le había regalado. La idea de ir perdiendo las cosas, esas cosas que fatalmente perdemos, no la apenaba como al resto de su familia o a sus amigas, que eran todas tan vanidosas.° Sin lágrimas había visto su casa natal despojarse,° una vez por un incendio, otra vez por un empobrecimiento, ardiente como un incendio, de sus más preciados adornos (cuadros, mesas, consolas, biombos,° jarrones, estatuas de bronce, abanicos,° niños de mármol, bailarines de porcelana, perfumeros en forma de rábanos,° vitrinas° enteras con miniaturas, llenas de rulos y de barbas), horribles a veces pero valiosos. Sospecho que su conformidad no era un signo de indiferencia y que presentía con cierto malestar que los objetos la despojarían un día de algo muy precioso de su juventud. Le agradaban tal vez más a ella que a las demás personas que lloraban al perderlos. A veces los veía. Llegaban a visitarla como personas, en procesiones, especialmente de noche, cuando estaba por dormirse, cuando viajaba en tren o en automóvil, o simplemente cuando hacía el recorrido° diario para ir a su trabajo. Muchas veces la molestaban como insectos: quería espantarlos,° pensar en otras cosas. Muchas veces por falta de imaginación se los describía a sus hijos, en los cuentos que les contaba para entretenerlos, mientras comían. No les agradaba ni brillo, ni belleza, ni misterio: no hacía falta.

bracelet

gala performance
sadness
replaceable

chain
set in gold

vain
stripped bare

screens / fans
radishes
showcases

trip
frighten them away

Una tarde de invierno volvía de cumplir unas diligencias° en las calles de la
ciudad y al cruzar una plaza se detuvo a descansar en un banco.° ¡Para qué imaginar Buenos Aires! Hay otras ciudades con plazas. Una luz crepuscular° bañaba
las ramas, los caminos, las casas que la rodeaban; esa luz que aumenta a veces la
sagacidad° de la dicha.° Durante un largo rato miró el cielo, acariciando° sus
guantes de cabritilla° manchados; luego, atraída por algo que brillaba en el suelo,
bajó los ojos y vio, después de unos instantes, la pulsera que había perdido hacía
más de quince años. Con la emoción que produciría a los santos el primer milagro,° recogió° el objeto. Cayó la noche antes que resolviera colocar como antaño°
en la muñeca° de su brazo izquierdo la pulsera.

Cuando llegó a su casa, después de haber mirado su brazo, para asegurarse
de que la pulsera no se había desvanecido,° dio la noticia a sus hijos, que no
interrumpieron sus juegos, y a su marido, que la miró con recelo,° sin interrumpir la lectura del diario. Durante muchos días, a pesar de la indiferencia de los
hijos y de la desconfianza del marido, la despertaba la alegría de haber encontrado la pulsera. Las únicas personas que se hubieran asombrado debidamente
habían muerto.

Comenzó a recordar con más precisión los objetos que habían poblado su
vida; los recordó con nostalgia, con ansiedad desconocida. Como en un inventario, siguiendo un orden cronológico invertido, aparecieron en su memoria la
paloma de cristal de roca, con el pico y el ala rotos; la bombonera° en forma de
piano; la estatua de bronce, que sostenía° una antorcha° con bombitas° de luz; el
reloj de bronce; el almohadón de mármol, a rayas° celestes, con borlas;° el
anteojo de larga vista, con empuñadura° de nácar; la taza con inscripciones y los
monos de marfil, con canastitas llenas de monitos.

Del modo más natural para ella y más increíble para nosotros, fue recu-
perando paulatinamente° los objetos que durante tanto tiempo habían morado°
en su memoria.

Simultáneamente advirtió que la felicidad que había sentido al principio se
transformaba en malestar, en un temor, en una preocupación.

Apenas miraba las cosas, de miedo de descubrir un objeto perdido.

Desde la estatua de bronce con la antorcha que iluminaba la entrada de la
casa, hasta el dije° con el corazón atravesado con una flecha, mientras Camila se
inquietaba, tratando de pensar en otras cosas, en los mercados, en las tiendas, en
los hoteles, en cualquier parte, los objetos aparecieron. La muñeca cíngara° y el
calidoscopio fueron los últimos. ¿Dónde encontró estos juguetes, que
pertenecían a su infancia? Me da vergüenza decirlo, porque ustedes, lectores,
pensarán que sólo busco el asombro y que no digo la verdad. Pensarán que los
juguetes eran otros parecidos a aquéllos y no los mismos, que forzosamente no
existirá una sola muñeca cíngara en el mundo ni un solo calidoscopio. El capri-
cho quiso que el brazo de la muñeca estuviera tatuado con una mariposa en tinta
china y que el calidoscopio tuviera, grabado sobre el tubo de cobre, el nombre de
Camila Ersky.

Si no fuera tan patética, esta historia resultaría tediosa. Si no les parece
patética, lectores, por lo menos es breve, y contarla me servirá de ejercicio. En los
camarines° de los teatros que Camila solía frecuentar, encontró los juguetes que
pertenecían,° por una serie de coincidencias, a la hija de una bailarina que insistió

270

Glosses (right margin):
errands
bench
the light of sunset

wisdom / good fortune /
caressing | kid gloves

miracle / she picked up /
as in years past | wrist

vanished
suspicion

chocolate dish
held up / torch / bulbs
stripes / tassels
handle

gradually / dwelled

locket

gypsy

dressing rooms
belonged to her

en canjeárselos° por un oso mecánico y un circo de material plástico. Volvió a su casa con los viejos juguetes envueltos° en un papel de diario. Varias veces quiso depositar el paquete, durante el trayecto, en el descanso de una escalera o en el umbral° de alguna puerta.

No había nadie en su casa. Abrió la ventana de par en par,° aspiró el aire de la tarde. Entonces vio los objetos alineados contra la pared de su cuarto, como había soñado que los veía. Se arrodilló° para acariciarlos. Ignoró el día y la noche. Vio que los objetos tenían caras, esas horribles caras que se les forman cuando los hemos mirado durante mucho tiempo.

A través de una suma de felicidades Camila Ersky había entrado, por fin, en el infierno.

exchange them
wrapped

threshold
wide open

kneeled down

PREGUNTAS

1. ¿Cómo reaccionó Camila cuando perdió la pulsera de oro? ¿Por qué reaccionó así?
2. Cómo veía Camila, a veces, los objetos de su niñez? ¿En qué momentos los imaginaba?
3. ¿Cómo encontró la pulsera? ¿Después de cuánto tiempo?
4. ¿Qué ocurre después de encontrar la pulsera con el resto de los objetos de su infancia?
5. ¿Qué quiere decir, para ti, la última frase del cuento?

TEMA

La narradora nos dice casi al final, "si no fuera tan patética, esta historia resultaría tediosa", y dos párrafos después, de una forma abrupta, decide acabar el cuento y hacer, de lo que al principio parecía un cuento largo, un cuento breve. ¿Se cansó la narradora de narrar su propio cuento? ¿Qué otro final le habrías dado tú?

Pablo Neruda   *Ver página 46*   CHILE

CUANDO LEAS . . .

"Walking Around" forma parte de uno de los libros más herméticos y más pesimistas de Pablo Neruda, *Residencia en la tierra*. Cuando leas, fíjate cómo los objetos acompañan y obstaculizan al hablante, creando un caos que a veces causa irritación y a veces horror.

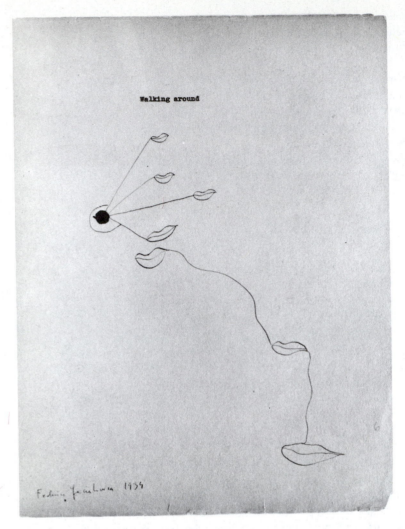

Federico García Lorca [España]. *Walking Around.*

Pablo Neruda

Walking Around

Sucede que° me canso de ser hombre.　　　　　　　　　　　It happens that
Sucede que entro en las sastrerías y en los cines
marchito,° impenetrable, como un cisne de fieltro°　　　　withered / felt
navegando en un agua de origen y ceniza.

5　El olor de las peluquerías me hace llorar a gritos.
Sólo quiero un descanso de piedras o de lana,

272

sólo quiero no ver establecimientos ni jardines,
ni mercaderías,° ni anteojos, ni ascensores.

Sucede que me canso de mis pies y mis uñas
10 y mi pelo y mi sombra.
Sucede que me canso de ser hombre.

Sin embargo° sería delicioso
asustar° a un notario con un lirio° cortado
o dar muerte a una monja° con un golpe de oreja.°
15 Sería bello
ir por las calles con un cuchillo verde
y dando gritos hasta morir de frío.

No quiero seguir siendo raíz° en las tinieblas,°
vacilante, extendido, tiritando° de sueño,
20 hacia abajo, en las tripas mojadas de la tierra,
absorbiendo y pensando, comiendo cada día.

No quiero para mí tantas desgracias.°
No quiero continuar de raíz y de tumba,
de subterráneo solo, de bodega° con muertos
25 ateridos,° muriéndome de pena.

Por eso el día lunes arde como el petróleo
cuando me ve llegar con mi cara de cárcel,
y aúlla° en su transcurso° como una rueda herida,
y da pasos de sangre caliente hacia la noche.

30 Y me empuja° a ciertos rincones, a ciertas casas húmedas,
a hospitales donde los huesos salen por la ventana,
a ciertas zapaterías con olor a vinagre,
a calles espantosas° como grietas.°

Hay pájaros de color de azufre° y horribles intestinos
35 colgando de las puertas de las casas que odio,
hay dentaduras° olvidadas en una cafetera,
hay espejos
que debieran haber llorado de vergüenza y espanto,
hay paraguas en todas partes, y venenos, y ombligos.°

40 Yo paseo con calma, con ojos, con zapatos,
con furia, con olvido,
paso, cruzo oficinas y tiendas de ortopedia,
y patios donde hay ropas colgadas de un alambre:
calzoncillos, toallas y camisas que lloran
45 lentas lágrimas sucias.

merchandise

However
frighten / lily
nun / striking her with
an ear

root / shadows
shuddering

misfortune

wine cellar
rigid, frozen

howls / course

shoves

frightening / cracks

sulphur

false teeth

navels

1. ¿Qué sugiere el título?
2. ¿Cómo se siente el hablante en la primera estrofa? ¿Qué connotaciones tiene la frase "agua de origen y ceniza"? ¿A qué tipo de "descanso" aspira el hablante?
3. ¿Tienen algo en común los objetos que quiere evitar en los versos 7–8?
4. ¿Por qué serían bellos y deliciosos los actos que se enumeran en los versos 12–17?
5. ¿Cómo pueden relacionarse las imágenes de los versos 18–25 (raíz, tripas, bodega, tumba, etc.)?
6. ¿Qué cambio sintáctico ocurre en los versos 34–39?

TEMAS

1. ¿Cuales son los sentimientos, aparte del cansancio y el hastío, que experimenta el hablante del poema? ¿Qué cosas lo curarían de su cansancio de ser hombre?
2. ¿Hay humor en este poema, o es totalmente grave? Si hay humor, ¿en qué consiste?
3. Federico García Lorca ilustró este poema con un dibujo (p. 272). Comenta el dibujo. ¿Tiene alguna relación con el poema?

Ramón Gómez de la Serna   1888–1963   ESPAÑA

El ingenio (*wit*) se ha asociado desde hace siglos con España, y uno de los españoles más ingeniosos de todos los tiempos fue el madrileño Ramón Gómez de la Serna: humorista, novelista, ensayista, biógrafo, defensor de la vanguardia y animador de la vida literaria de Madrid. Su originalidad sale tanto en sus escritos como en sus conferencias—las leyó en diversos sitios y posturas: montado en un elefante, suspendido de un trapecio, pintado de blanco y negro o leyendo hojas de diversos colores. Su interés en los objetos fue más que literario: formó una inmensa colección de ellos. Sus obras se han traducido a muchísimos idiomas.

Ramón Gómez de la Serna y su muñeca.

A Gómez de la Serna se le recuerda sobre todo como inventor de cierto tipo de aforismo que él denominó *greguería*. Definió su invento con esta fórmula:

Humorismo + metáfora = greguería.

El nombre *greguería* lo sacó del diccionario casi al azar. Su primer significado es "algarabía", "griterío confuso". Para Ramón la greguería era "lo que gritan los seres confusamente desde su inconciencia, lo que gritan las cosas". Tal fue su agilidad intelectual que compuso greguerías sobre la greguería misma:

La greguería es como esas flores de agua que vienen del Japón y que siendo, como son, unos ardites, echadas en el agua se esponjan, se engrandecen, y se convierten en flores.[1]

Algunas de sus mejores greguerías tratan de los objetos. He aquí una muestra.

Ramón Gómez de la Serna

Greguerías

El beso es una nada entre paréntesis.

*

En la mano tenemos a la mano el recuerdo de los saurios° primitivos.   dinosaurs

*

---

[1]Ramón Gómez de la Serna, *Total de greguerías* (Madrid: Aguilar, 1955), pp. xxiii, xlix.

Si en los tiempos de Goya hubiese habido micrófonos, el gran maestro del humor habría dibujado esa aguafuerte.°   etching

*

La lámpara flexible es como la serpiente que tienta° al escritor.   tempts

*

La loca por las pulseras° llega a parecer un guerrero de la Edad Media.   bracelets

*

A la jirafa se le imprimieron en la piel las hojas del primer otoño de la creación.

*

El 4 tiene la nariz griega.

*

El timbre° es el verdadero ombligo° de las paredes.   doorbell / belly button

*

La *i* es el dedo meñique° del alfabeto.   little finger

*

Los altos pinos son los largos plumeros° de techos que sirven para limpiar el cielo.   featherdusters

*

La *B* es el ama de cría° del alfabeto.   wetnurse

*

El desierto se peina con peine de viento; la playa, con peine de agua.

*

El "Pensador" de Rodin es un ajedrecista al que le han quitado la mesa.

*

En los pianos de cola es donde duerme acostada el arpa.

*

La coliflor es un cerebro vegetal que nos comemos.

*

La pistola es el grifo° de la muerte.   faucet

*

El ventilador, además de afectar el aire, borra las ideas.

*

Un pomelo es un limón para turistas.

*

En la luna no hay viento: sólo tormentas de pasiones antiguas.

PREGUNTAS

1. ¿Estas greguerías responden a la fórmula enunciada por Gómez de la Serna (ver *Cuando leas* . . .)?
2. En tu opinión, ¿las ilustraciones de Gómez de la Serna mejoran las greguerías? ¿O están mejor sin dibujos?
3. ¿Por qué interesarían las greguerías a los poetas de la época?
4. En tu opinión, ¿qué valor literario tiene la greguería? ¿En qué consiste su humorismo?

3 FLORA Y FAUNA

Cundo Bermúdez [Cuba]. *Mujeres con pescados*, 1954.

Antonio Machado   *Ver página 6*   ESPAÑA

CUANDO LEAS . . .

Se publicó "Las moscas" en el primer libro de Machado, *Soledades*, donde aparece en una sección titulada "Humorismos, fantasías, apuntes". Como hace más tarde Neruda en sus odas, Machado intenta captar la poesía de lo que, por ser tan familiar, no ha tenido "digno cantor". Descubre que no hay nada más poético que las moscas; como se han posado en *todo*, evocan "todas las cosas".

Antonio Machado

Las moscas

Vosotras, las familiares,
inevitables golosas,°   fond of sweets
vosotras, moscas vulgares,
me evocáis todas las cosas.

5   ¡Oh, viejas moscas voraces°   hungry
como abejas en abril,
viejas moscas pertinaces°   stubborn
sobre mi calva° infantil!   bald spot
    ¡Moscas del primer hastío°   boredom
10 en el salón familiar,
las claras tardes de estío°   summer
en que yo empecé a soñar!
    Y en la aborrecida° escuela,   hateful
raudas° moscas divertidas,   rapid
15 perseguidas
por amor de lo que vuela,
—que todo es volar—sonoras,
rebotando° en los cristales   bouncing
en los días otoñales . . .
20 Moscas de todas las horas,
    de infancia y adolescencia,
de mi juventud dorada;
de esta segunda inocencia,
que da en no creer en nada,
25   de siempre . . . Moscas vulgares,
que de puro familiares
no tendréis digno cantor:
yo sé que os habéis posado°   alighted, settled
    sobre el juguete° encantado,   toy
30 sobre el librote cerrado,
sobre la carta de amor,
sobre los párpados° yertos°   eyelids / rigid
de los muertos.
    Inevitables golosas,
35 que ni labráis° como abejas,   make honey
ni brilláis° cual mariposas;   shine
pequeñitas, revoltosas,
vosotras, amigas viejas
me evocáis todas las cosas.

PREGUNTAS

1. ¿Cuáles son las cosas que nos evocan las moscas?
2. ¿Por qué las llama el poeta "inevitables golosas" (verso 2) y "pertinaces" (verso 7)?
3. ¿Cuál es la "segunda inocencia" que se menciona en el verso 23?
4. ¿Dónde se han posado las moscas?
5. ¿Por qué son dignas de ser cantadas?

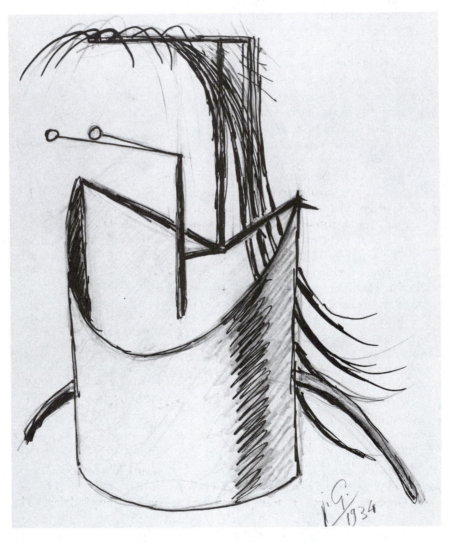

Julio González [España]. *Cabeza de insecto*, 1934.

¿Puedes imaginar algún insecto o animal tan feo que no merezca ser tratado en un poema? ¿Qué es lo que determina que un tema se considere "poético"?

José de Acosta   1539–1600   **ESPAÑA**

Desde el siglo XVI los críticos de la conquista española de las Américas la atribuyen menos al fervor religioso que a la codicia: a la sed de riqueza. Sin embargo, en palabras de un historiador de esa época, hubo también una "codicia hermosa", una insaciable sed de nuevos conocimientos geográficos y de un saber más directo y profundo del mundo natural. Los europeos del Renacimiento basaban sus conocimientos de la naturaleza en las obras del mundo clásico: en los escritos de Aristóteles, por ejemplo, o en la historia natural de Plinio. Del contacto con nuevas tierras, plantas y animales, surgieron bellísimas páginas, ilustradas, muchas de ellas, sobre las maravillas del Nuevo Mundo. Uno de los escritores que mejor describen esas maravillas es el Padre José de Acosta, autor de una *Historia natural y moral de las Indias* (1590). Los primeros dos libros de esta obra se dedican a la historia natural y los otros tres a la historia y a las costumbres (la moral) de los indios. Como pequeña muestra, he aquí una página sobre la coca, que te preparará para leer el cuento que sigue.

José de Acosta

De *Historia natural y moral de las Indias*

La coca

. . . [P]arece cosa de fábula . . . Los Indios la precian° sobremanera,° y en tiempo de los Reyes Incas era lícito° a los plebeyos, usar la Coca sin licencia del Inca, o su Gobernador. El uso es, traerla en la boca, y mascarla chupándola;° no la tragan.° Dicen que les da gran esfuerzo, y es singular regalo° para ellos. Muchos hombres graves lo tienen por superstición, y cosa de mucha imaginación. Yo por decir verdad, no me persuado, que sea pura imaginación: antes entiendo, que en

value / very much
legal
chew and suck on it
swallow / pleasure

efecto obra fuerzas y aliento° en los Indios, porque se ven efectos, que no se pueden atribuir a imaginación, como es con un puñado° de coca caminar doblando jornadas° sin comer a las veces otra cosa, y otras semejantes° obras . . .

it gives you strength and courage | handful
travel twice as far in a day / similar

Ventura García Calderón   1886–1959   PERÚ

Ventura García Calderón es una de las figuras máximas de las letras peruanas por su fina imaginación y sobre todo por la eficacia de su prosa. Consagró su vida a las letras y a la política peruana. Representó a su país como diplomático en Francia y vivió también destierros políticos. Conocía a fondo la cultura francesa y escribió varios libros en francés. Fue pionero de la historia literaria del Perú, con libros, ensayos y antologías hasta hoy imprescindibles. Fue un precursor del relato fantástico en Hispanoamérica. En su época fue mundialmente conocido por sus relatos andinos, donde la prepotencia del descendiente de los europeos en América suele ser burlada violentamente por el atavismo mágico de los indios. Ha sido injustamente olvidado por la crítica literaria, porque su literatura andina chocó con una nueva sensibilidad que juzgaba la representación literaria del indio americano según criterios marxistas o antropológicos.

CUANDO LEAS . . .

Jacinto Vargas va por los Andes con un indio que le sirve de guía. El indio, asustado por la posición y el color del sol, no quiere seguir. El amo no lo escucha y el indio decide volver a galope hacia atrás. Si al principio del cuento tienes dificultad en saber a quién se refiere el narrador, puedes referirte a las notas al margen. Y ¡cuidado! No confudas la planta de la coca con la droga que llamamos cocaína.

Ventura García Calderón

Coca

Apenas hubieron llegado a la *puna,*° el guía indígena quiso volver atrás con un temor inexplicable. Fue en vano que Jacinto Vargas le ofreciera la más reluciente° de sus libras de oro peruano. El indio designó° el sol declinante sobre una montaña andina: en la nieve de la cumbre tenía color y chorreras° de sangre. Como no le bastara al amo tan seguro indicio de muerte próxima, cogió en la alforja° algunas hojas de coca y las masticó un momento hasta que su sabor amarguísimo le hubo indicado el peligro de seguir adelante. Sin mayores comentarios

plain

the shiniest / pointed to
streaks

(the Indian) took from the saddlebag

284

volvió grupas,° espoleando° con el talón desnudo su mula, que trotaba sin ruido por esa blanda grama de la *puna*.

Cuando Jacinto Vargas lo alcanzó a galope tuvo que levantar el látigo° para que volviera el indio sumiso, gimoteando° y mostrando la luna, pues entraba ya la noche. Se detuvieron a dormir en una arruinada cabaña de la cima.°

Todo el paisaje desamparado° y monótono de las laderas° de los Andes se divisaba° desde allí; su vegetación amarillenta y rala° hasta las cumbres, que afianzaban su trinchera de sombras° contra los últimos fuegos de la tarde. Un frío súbito bajó de la nieve cuando el día se hubo apagado.

Envuelto en su *poncho* como en una frazada,° Jacinto Vargas se tendió° en el suelo a dormir, después de haber atrancado la puerta de la choza° con las riendas de su cabalgadura. El indio se acurrucó° contra el lomo° de su mula para que la tibieza animal le preservara del frío nocturno. Ocho horas de jornada° por las montañas andinas son el mejor remedio conocido para curar insomnios, sin contar con esa *chicha*° excelente que ayuda a bien dormir.

Pero a las dos de la mañana el frío le hizo tiritar° y pensó, desperezándose,° que había cogido una *terciana*.° Llamó al guía en vano. Despertar a un indio encogido como una momia es obra tan difícil, que se disponía a buscar en la sombra el frasco de quinina, cuando le pareció notar que de su mano chorreaban gotas tibias: la lluvia seguramente, el súbito chubasco.° ¡Caramba! Su poncho estaba lleno de sangre. Saltó a la puerta para cortar las riendas con su cuchillo y la halló entreabierta. Una amplia luna remontaba° como las cometas° de los niños serranos, suavemente hinchada° de viento. Entonces, mirando la choza y la extensión infinita, Jacinto Vargas, perfectamente despierto, se estremeció° con un largo calofrío.° El indio truhán se había fugado con las mulas; le abrió al partir con el cuchillo de monte una vena del brazo, y a la *chicha* vertida° añadió seguramente un poco de *chamico*° para que el sueño fuera invencible.

El terror súbito le anudó la garganta.° Estaba solo en el fin del mundo, en la más tremenda soledad humana, la de esta serie de colinas que van llevando su vegetación de ruina por los antiguos andenes° de los Incas hasta el blanco monumento de las nieves eternas. Jacinto Vargas se sintió perdido sin remisión.° Pocas gentes transitan por allí y puede decirse que no hay camino, puesto que se cruza la puna por cualquier lado sin que el paso de las cabalgaduras deje rastro.

Entonces una idea súbita le hizo subir los colores al rostro. La alforja que el guía dejó al huir estaba llena de hojas de coca; puesto que los indios pueden vivir algunos días sólo *chacchando*,° ¿por qué no iba a imitarlos? Más de una vez los viera° preparar la mixtura de hojas con un poco de cal° y masticarla horas enteras, sin probar otro alimento, a pesar de las rudas jornadas.°

El sabor amarguísimo le hizo escupir° dos o tres veces la masa triturada° por los dientes. Ensayó° de nuevo. El aguardiente° con que se enjuagaba° la boca le pareció menos fuerte que de costumbre y se tendió un instante con la cabeza en la montura.° Afortunadamente el indio había dejado los aperos de montar,° desdeñoso de estas complicaciones civilizadas, pues él cabalgaba *en pelo*.°

Hasta las montañas el camino relucía como la plata nueva. Las tunas° mismas, tan negruzcas, recibían un reflejo argentino° en sus brazos velludos° de candelabro. Masticando afanosamente,° Jacinto Vargas comenzó a sentir una

---

Glosses:
- volvió grupas — (the Indian) turned his mule around / espoleando — spurring
- látigo — whip
- gimoteando — whimpering
- cima — summit
- desamparado — forsaken / laderas — slopes
- divisaba — could be seen / rala — sparse
- afianzaban su trinchera de sombras — strengthened their deep shadows
- frazada — blanket / se tendió — stretched out
- choza — lashed the cabin door
- se acurrucó — curled up / lomo — back
- jornada — travel
- chicha — maize liquor
- tiritar — made (Jacinto) shiver / desperezándose — stretching | terciana — fever
- chubasco — a sudden downpour
- remontaba — climbed / cometas — kites
- hinchada — swollen
- se estremeció — shuddered
- calofrío — shudder
- vertida — spilled
- chamico — bewitchment
- le anudó la garganta — put a lump in his throat
- andenes — footpaths
- perdido sin remisión — hopelessly lost
- chacchando — chewing (coca)
- viera — he had seen them / cal — lime
- jornadas — hard workdays
- escupir — spit / triturada — ground up
- Ensayó — He tried / aguardiente — firewater (strong liquor) / se enjuagaba — rinsed |
- montura — saddle / aperos de montar — harness
- en pelo — bareback
- tunas — prickly pears
- argentino — silvery / velludos — hairy
- afanosamente — anxiously

extraña dulzura en los nervios, y el silencio que le aterrorizaba° poco antes pare- — terrified
cióle calmante. Con alegre lucidez empezó a pensar que las mulas del correo no
pasarían lejos. Iba a esperar, por supuesto, dos o tres días; pero, en fin, la coca
podría alimentarlo, y la herida del brazo, cicatrizada con un coágulo negro,° le — covered with a black
dolía apenas. — scab

Sin sorpresa alguna, comprendió de pronto que estaba en la vecindad de una
aldea de indios, pues sonaron las *quenas*° en la obscura oquedad° de las mon- — flutes / dark hollow
tañas. De las más lejanas sombras llegaba su latir° tan armoniosamente difun- — pulse, beating
dido y nocturno que parecía el quejido° mismo de la luna. Jacinto Vargas se — wailing
arrastró hasta la puerta para escuchar mejor. Vió claramente el rebaño° de llamas — flock, herd
a cincuenta pasos, cuando más. Eran doscientas, eran trescientas, no se podían
contar, todas blancas como el astro. Hubiera podido llamar al pastor, que seguramente no estaba lejos tañendo° su flauta de caña; ¡pero sentía tal pereza de — playing
hablar! Era mejor seguir aspirando° en silencio la frescura que baja de las nieves. — breathing in
Hasta esa cumbre ascendían las llamas, ondulando, meneando° apenas la barra — causing it to sway
de mineral atada en el lomo. Venían de las minas de la sierra probablemente. ¡Qué
de ellas, caramba! Hasta el horizonte no se veían sino llamas en pie que miraban
la luna y su lomo confundíase con la línea indecisa de los Andes. Iban a beberse
toda la nieve. ¡Qué delicia! Nunca las vió danzar. Sí, danzaban al compás de° las — to the rhythm of
quenas, apoyando alternativamente en la blanda grama° una y otra pata — grass
delantera, según el ritmo del *yaraví.*° Jacinto Vargas sonreía de gozo arrastrán- — Indian song
dose poco a poco sobre la hierba húmeda. Se acercaría así, sin ruido alguno,
hasta las llamas blancas para acariciarles el vellón esponjado° en la noche. ¡Una — fluffy fleece
necesidad de paz entrañable° le suavizaba las venas y en el sudor de la frente era — intimate
tan suave el viento helado! Sí, iba a quedarse dos noches más aquí, dos noches
enteras antes de que cualquier caminante viniera a turbar su deliquio.° Miró con — disturb his ecstasy
recelo las primeras luces del alba, que ostentaban° los colores de su propio pon- — showed
cho en el prisma de la alta nieve. Al sentir que un ave obscura le rozaba° el rostro, — grazed
levantó una mano titubeante° para acariciarle° el plumón de la cabeza murmu- — wavering / caress
rando una palabra tierna. Pero el ave desperezó las alas inmensas reflejando la
aurora cercana en el plumaje. Con la mano izquierda, ya muy torpe, Jacinto Vargas arrancó° el coágulo del brazo para que respirara mejor la herida. ¡Qué bien- — pulled off
estar aquél! Era como si tuviera dos bocas entreabiertas.° ¡Iba a dormir tan bien, — half-opened
con el sabor de la coca en los labios, mientras resbalaba° dulcemente la sangre — slipped away
tibia! Ya escuchaba con precisión un ruido de cascabeles: la reata° de mulas del — packtrain
correo en la montaña. Pero él no quiso mostrarse. Inclinó la frente sobre la montura y sonrió al morir.

El cóndor, que aguardaba, se le trepó a° la cabeza y picoteó° largo rato los — climbed onto / pecked
ojos abiertos.

PREGUNTAS

1. ¿Por qué no quiere el indio seguir adelante? ¿Cómo reacciona Jacinto Vargas?
2. ¿Cómo se describe el paisaje de los Andes?

286

3. ¿Cómo y dónde duermen el indio y Jacinto?
4. ¿Por qué se despierta Jacinto? ¿Qué descubre?
5. ¿Qué se le ocurrió a Jacinto Vargas para salir de la situación en que se encontraba?
6. ¿Qué efecto produce la coca en Jacinto? ¿Cómo percibe ahora el paisaje, los sonidos y su propio cuerpo?
7. ¿Qué contraste se establece entre la muerte de Jacinto y la llegada del cóndor?

TEMAS

1. Basándote en el texto de José de Acosta, en este cuento de Ventura García Calderón y en otras informaciones que tú recojas, ¿podrías explicar cuánto hay de fantasía y cuánto de real en estos textos acerca del uso de la coca?
2. ¿Qué diferencias existen en estos textos entre la vida del hombre blanco y la del indio? ¿Qué motiva al indio a actuar de la forma que actúa en "Coca"?
3. Este cuento es un claro ejemplo del abuso—con consecuencias funestas—de algo que puede ser beneficioso cuando se usa de manera apropiada. Así como los indios sabían cuándo y cómo usar la hoja de la coca, Jacinto Vargas lo ignoraba. Partiendo de este cuento, ¿puedes comentar el abuso de las drogas en nuestra sociedad?

Pablo Neruda   *Ver página 46*   **CHILE**

CUANDO LEAS . . .

La poesía de Neruda se caracteriza por su variedad estilística y temática. A comienzos de los años 50, después de haber cultivado varias modalidades de poesía, decide enfocarse en las cosas más comunes que tiene a su alrededor. En lenguaje que llama "transparente", accesible a un público no culto, celebra, en cuatro libros de *Odas*, objetos y fenómenos comunes, a los que pocos poetas habían prestado atención. En orden alfabético canta desde la abeja o las aguas del puerto al vals o el verano. Rechazando conscientemente la introspección de *Residencia en la tierra* y de otros libros anteriores, se vuelve, en tono afirmativo, hacia el mundo exterior, desplegando todos sus poderes metafóricos.

Pablo Neruda

Oda al tomate

La calle
se llenó de tomates,
mediodía,
verano,
5   la luz
se parte
en dos
mitades
de tomate,
10   corre
por las calles
el jugo.
En diciembre
se desata°   comes undone
15   el tomate,
invade
las cocinas,
entra por los almuerzos,
se sienta
20   reposado
en los aparadores,°   counters
entre los vasos,
las mantequilleras,
los saleros° azules.   salt shakers
25   Tiene
luz propia,
majestad benigna.
Debemos, por desgracia,
asesinarlo:
30   se hunde°   is plunged
el cuchillo
en su pulpa viviente,
es una roja
víscera,
35   un sol
fresco,
profundo,
inagotable,°   inexhaustible
llena las ensaladas
40   de Chile,
se casa alegremente

	con la clara cebolla,	
	y para celebrarlo	
	se deja	
45	caer	
	aceite,	
	hijo	
	esencial del olivo,	
	sobre sus hemisferios entreabiertos,°	half-open
50	agrega°	adds
	la pimienta	
	su fragancia,	
	la sal su magnetismo:	
	son las bodas	
55	del día,	
	el perejil	
	levanta	
	banderines,	
	las papas	
60	hierven° vigorosamente,	boil
	el asado	
	golpea°	knocks
	con su aroma	
	en la puerta,	
65	es hora!	
	vamos!	
	y sobre	
	la mesa, en la cintura	
	del verano,	
70	el tomate,	
	astro de tierra,	
	estrella	
	repetida	
	y fecunda,°	fertile
75	nos muestra	
	sus circunvoluciones,°	convolutions
	sus canales,	
	la insigne° plenitud	illustrious
	y la abundancia	
80	sin hueso,	
	sin coraza,°	armor
	sin escamas° ni espinas,°	scales / bones (of fish)
	nos entrega	
	el regalo	
85	de su color fogoso°	fiery
	y la totalidad de su frescura.	

1. ¿En qué mes y en qué estación nos sitúa esta oda?
2. ¿Cómo "invaden" los tomates la vida chilena?
3. Explica y comenta algunas de las metáforas que utiliza Neruda: el tomate como "víscera", "sol fresco", "astro de la tierra" o "estrella repetida".
4. ¿Qué función expresiva tiene la brevedad de los versos?
5. ¿Por qué alaba al tomate en los versos 79–86?

TEMA

¿Qué es una oda? ¿En qué sentido puede llamarse "oda" este poema?

Antonio Machado   *Ver página 6*   ESPAÑA

CUANDO LEAS . . .

En el mismo año en que escribe Machado este poema su esposa, Leonor Izquierdo, cae gravemente enferma y muere. No hay ninguna mención de ella en el poema, pero algunos críticos han estudiado el poema a la luz de este dato biográfico. Según esta interpretación, el último verso expresa la esperanza de que se curara Leonor, a quien Machado había llevado al campo en la primavera de 1912.

Antonio Machado

A un olmo° seco   elm tree

    Al olmo viejo, hendido° por el rayo   split
y en su mitad podrido,
con las lluvias de abril y el sol de mayo,
algunas hojas verdes le han salido.

licks / yellowing moss

5   ¡El olmo centenario en la colina
que lame° el Duero! Un musgo amarillento°   *licks / yellowing moss*
le mancha la corteza° blanquecina   *bark*
al tronco carcomido° y polvoriento.   *worm-eaten*
   No será, cual los álamos° cantores   *poplars*
10 que guardan el camino y la ribera,
habitado de pardos ruiseñores.°   *nightingales*
   Ejército de hormigas en hilera°   *ants in a line*
va trepando° por él, y en sus entrañas°   *climbing / guts*
urden° sus telas grises las arañas.   *weave*
15   Antes que te derribe,° olmo del Duero,   *cuts down*
con su hacha el leñador,° y el carpintero   *woodcutter*
te convierta en melena de campana,°   *yoke of a bell*
lanza de carro o yugo° de carreta;   *yoke*
antes que rojo en el hogar, mañana,
20 ardas de alguna mísera caseta,°   *hut*
al borde de un camino;
antes que te descuaje° un torbellino°   *rip out by the roots /*
y tronche° el soplo de las sierras blancas;   *whirlwind | to bring*
antes que el río hasta la mar te empuje   *down*
25 por valles y barrancas,°   *gullies*
olmo, quiero anotar en mi cartera
la gracia de tu rama verdecida.
Mi corazón espera
también, hacia la luz y hacia la vida,
30 otro milagro de la primavera.

Soria, 1912

PREGUNTAS

1. ¿En qué mes se situa el hablante? ¿Dónde está el árbol?
2. ¿En qué condición está el olmo? ¿Cómo está el tronco? ¿La corteza?
3. ¿Por qué llama a los álamos "cantores"?
4. Si nos fijamos en la sintaxis, ¿dónde empieza la segunda parte del poema?
5. ¿Cómo imagina el poeta el futuro del árbol? ¿Cuáles son las posibilidades que expone?
6. Analiza la sintaxis de los versos 15–27? ¿Cuál es el efecto de posponer la oración principal (". . . quiero anotar en mi cartera . . .")?

Guillermo Monroy [México]. *Árbol*, 1949.

TEMA

¿El significado de este poema sería el mismo si no supiéramos nada de la enfermedad de Leonor (ver *Cuando leas* . . .)? ¿Reduce el significado del poema el tener
esta información?

TEMAS   (Cosas y paisaje)

1. Compara la manera en que se expresa la desolación del paisaje en "Luvina" de
Juan Rulfo y "Coca" de Ventura García Calderón.

2. Discute el ciclo de la vida en los poemas de Antonio Machado ("A José María Palacio" y "A un olmo seco"). Discute las estaciones del año y la vida y muerte de las personas. Toma en cuenta "Sintiéndose acabar con el estío . . . " de Rosalía de Castro (p. 214).

3. Los objetos de la vida diaria: ¿cuál es su valor psicológico en Borges, Crespo, Ocampo y Neruda?

4. Analiza el humor en las greguerías de Gómez de la Serna y en "Las moscas" de Machado.

V

EXPRESIÓN LITERARIA

Literary Expression

"The man is only half himself; the other half is his expression," wrote Ralph Waldo Emerson, and some would argue that expression is only half itself without a certain self-awareness, a consciousness of the act of writing.

This chapter draws on a long tradition of meta-literary fiction and poetry in the Spanish-speaking world, extending back to the Golden Age and beyond.

Manifiestos (the word is used here loosely, in the sense of any prescriptive statement about literature) begins with one of the cornerstones of modern poetics, Gustavo Adolfo Bécquer's (Spain) vague but suggestive distinction between two sorts of poetry, one "natural, breve, seca" and the other "magnífica y sonora". Juan Ramón Jiménez (Spain) follows with "El poema," suggesting that poetry should have the perfection and serenity of a rose, the dewy freshness of a plant pulled from the earth, and the fragrance and coolness of a spring. Like Jiménez, Vicente Huidobro (Chile) defines his vision of poetry in relation to nature, but urges the poet to renounce realism, and, like a "pequeño Dios," invent a *new* nature. Announcing that "los poetas bajaron del Olimpo," Nicanor Parra (Chile) rejects Huidobro's and others' view of the poet as "demiurgo," and calls for a poetry written in everyday language, anchored in daily reality.

Las palabras y las cosas explores one of the most fascinating of all literary and philosophical problems: the relation of signs to their referents. Bécquer complains of the inadequacy of human language to express poetic emotion, but Cristina Peri Rossi (Uruguay) marvels over the opposite: the precision of the Castilian tongue. In "H & C," a poem inspired by the letters on water faucets, José Emilio Pacheco (Mexico) reminds us that, no matter how simple, signs are bound by culture, and that "todo acto es traducción." In "Sistema de Babel," Pacheco's fellow Mexican Salvador Elizondo devises a new linguistic code: a system somewhere between poetry and chaos.

Escritura y lectura offers texts both about writing and about reading. Alejandra Pizarnik (Argentina) finds the writing of poetry to be impossible unless it *confesses* itself to be impossible. No such misgivings are implied by Lope de Vega's famous sonnet about writing a sonnet: it is a virtuoso performance. Salvador Elizondo's "El grafógrafo" shares the self-consciousness of Lope's text, but here writing becomes a self-sustaining reality. In "Continuidad de los parques" by Julio Cortázar (Argentina), two characters in a novel plot the murder of their reader and, as often happens in Cortázar's work, the world of fiction merges imperceptibly into the "real" one. "La busca de Averroes" by Jorge Luis Borges (Argentina) is a tale of parallels involving both writing and reading: Averroes is reading—and rewriting—Aristotle, and Borges's narrator is reading and recreating Averroes.

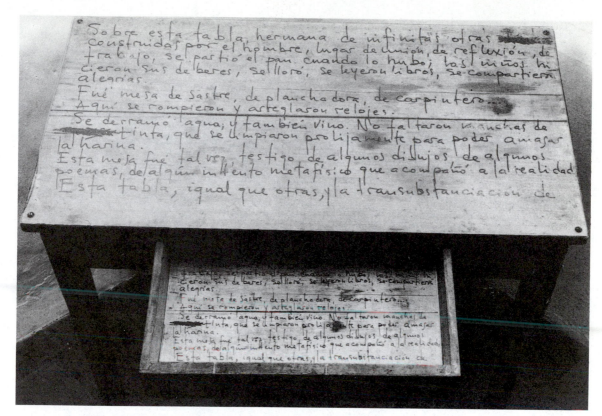

Víctor Grippo [Argentina]. *Board*, 1978.

MANIFIESTOS

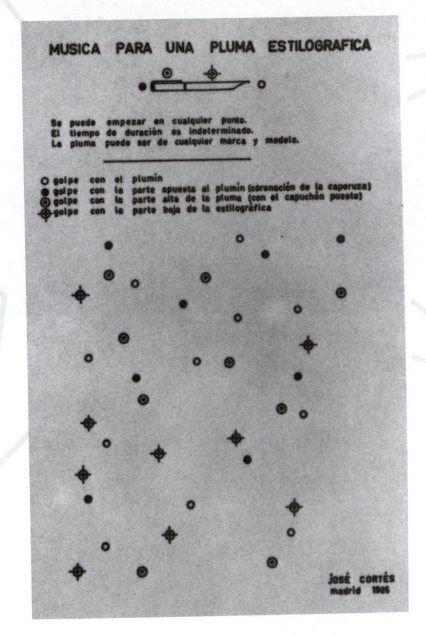

José Cortés [España]. *Música para una pluma estilográfica*, 1965.

Gustavo Adolfo Bécquer *Ver página 39* ESPAÑA

CUANDO LEAS . . .

En 1861 el poeta Gustavo Adolfo Bécquer escribe una reseña del libro de poemas *La Soledad*, de su amigo Augusto Ferrán. El texto que vas a leer forma parte de esa reseña.

En sus poemas, Ferrán se había propuesto imitar la poesía folklórica de tipo "tradicional" (p. 346). Fíjate, por ejemplo en el estilo breve, sencillo, casi coloquial, de este poema de Ferrán:

> Yo no sé lo que yo tengo,
> ni sé lo que me hace falta,
> que siempre espero una cosa
> que no sé cómo se llama.[1]

La reseña de Bécquer es uno de los documentos más importantes de la poesía española del siglo XIX. En ella, Bécquer contrasta dos tipos de poesía, la "poesía natural" y la poesía "magnífica y sonora". Sabemos que en el siglo XIX "poesía natural" era sinónimo de la poesía—como la de Ferrán—que imitaba el estilo tradicional. En algunos de sus poemas, Bécquer mismo parece cultivar ese estilo. No sabemos exactamente a quién se refiere Bécquer al hablar de la poesía "magnífica y sonora". A pesar de su vaguedad, o quizás a causa de ella, la reseña de Bécquer es muy sugerente. Cada lector la entenderá a su modo.

Gustavo Adolfo Bécquer

Reseña de *La Soledad* de Augusto Ferrán (selección)

Hay una poesía magnífica y sonora; una poesía hija de la meditación y el arte, que se engalana° con todas las pompas de la lengua, que se mueve con una cadenciosa majestad, habla a la imaginación, completa sus cuadros y la conduce a su antojo° por un sendero° desconocido, seduciéndola con su armonía y su hermosura.

adorns itself

however it pleases / path

Hay otra natural, breve, seca, que brota° del alma como una chispa° eléctrica, que hiere el sentimiento con una palabra y huye, y desnuda de artificio, desembarazada° dentro de una forma libre, despierta, con una que las toca, las mil ideas que duermen en el océano sin fondo de la fantasía.

springs / spark

unencumbered

La primera tiene un valor dado: es la poesía de todo el mundo.

---

[1] Augusto Ferrán, *Obras completas*, ed. José Pedro Díaz (Madrid: Espasa-Calpe, 1969), p. 44.

La segunda carece de° medida absoluta: adquiere las proporciones de la imaginación que impresiona: puede llamarse la poesía de los poetas. °lacks

La primera es una melodía que nace, se desarrolla, acaba y se desvanece.° °fades away

La segunda es un acorde° que se arranca de un arpa, y se quedan las cuerdas vibrando con un zumbido° armonioso. °chord °hum

Cuando se concluye aquélla, se dobla la hoja con una suave sonrisa de satisfacción.

Cuando se acaba ésta, se inclina la frente cargada de pensamientos sin nombre.

La una es el fruto divino de la unión del arte y de la fantasía.

La otra es la centella inflamada que brota al choque del sentimiento y la pasión.

PREGUNTAS

1. Describe, en otras palabras, los dos tipos de poesía. Cuando Bécquer habla de la "poesía magnífica y sonora" o de la "breve, seca", ¿en qué poetas piensas?
2. ¿Cómo describirías la poesía de Bécquer (págs. 7, 40–41, 310)? ¿Podemos decir que es una poesía "desnuda de artificio", con "una forma libre"? ¿No es "hija de la meditación y el arte"? ¿Da la impresión de no serlo?
3. Según Bécquer, ¿cuál es el papel del lector en la interpretación de estos dos tipos de poesía?

Juan Ramón Jiménez   1881–1958   ESPAÑA

No sería una exageración llamar a Juan Ramón Jiménez el padre de la poesía española del siglo XX. Sobre poetas más jóvenes, como Guillén, García Lorca, Aleixandre y Salinas, ejerció un difícil pero indudable magisterio. Fundó revistas literarias y series editoriales y publicó en ellas las obras de los jóvenes más prometedores. Como Luis de Góngora, siglos antes, Juan Ramón simbolizaba la pureza y la perfección poéticas. Creador incansable, crítico agudo y a veces hiriente, defendía la poesía pura: la que revela la riqueza del mundo interior, frente a lo que él llamaba la mera "literatura". Juan Ramón vivió en el pueblo andaluz de Moguer (Huelva) hasta 1912, año en que se trasladó a Madrid y conoció a su futura esposa, Zenobia Camprubí Aymar, quien había sido educada en Norteamérica. De un viaje con ella a Nueva York surgió el libro de poemas *Diario de un poeta recién casado* (1917). Al empezar la guerra civil española, el gobierno de la República nombró a Juan Ramón agregado cultural en Washington. Después de la guerra pasó varios años en el exilio en los Estados Unidos y en Puerto Rico, donde murió, dos años después de recibir el Premio Nobel de Literatura en 1956.

Juan Ramón Jiménez

El poema

1

¡No le toques ya más,
que así es la rosa!

2

Arranco de raíz la mata,°
llena aún del rocío° de la aurora.°
¡Oh, qué riego° de tierra
olorosa y mojada,°
5 qué lluvia —¡qué ceguera!— de luceros°
en mi frente,° en mis ojos!

I pull the plant out by
the roots | dew / dawn
drizzle
wet
stars
brow

y 3

¡Canción mía,
canta, antes de cantar;
da a quien te mire antes de leerte,
tu emoción y tu gracia;
5 emánate de ti,° fresca y fragante!

flow from yourself

Preguntas

1. En el primer poema, el poeta da consejos sobre la escritura. ¿Por qué aconseja no tocar más el poema?
2. El el segundo poema, ¿con qué cosa compara el poema? ¿Qué cualidades busca en el poema?
3. El poeta pide que el poema desprenda su "emoción" y su "gracia" antes de ser leído. ¿Qué quiere decir con esto?
4. Analiza el último verso del tercer poema: ¿cómo puede "emanarse" un poema de sí mismo?

Vicente Huidobro 1893–1948   Chile

Al declarar ambiciosamente en 1916 que "el poeta es un pequeño Dios", el poeta chileno Vicente Huidobro inicia en el mundo hispánico la corriente estética denominada *creacionismo*. "Arte poética" es uno de sus manifiestos.

Al igual que los pintores cubistas de comienzos de siglo (Picasso, Gris, Miró, etc.), Huidobro medita sobre la relación entre el arte y la naturaleza y entre la fantasía y la realidad. Reaccionando contra el realismo del siglo XIX, insistió que el poeta no debe imitar a la naturaleza, sino crear un mundo autónomo e independiente. Para un creacionista, la hierba no tiene por qué ser verde, y el agua puede tener el hermoso color ámbar de una cucaracha. Es decir: se rechaza la verosimilitud como principio estético.

CUANDO LEAS . . .

Poco antes de publicar su "Arte poética", Huidobro había escrito estas palabras, que iluminan el poema que estamos estudiando:

Hemos aceptado, sin mayor reflexión, el hecho de que no puede haber otras realidades que las que nos rodean, y no hemos pensado que nosotros también podemos crear realidades en un mundo nuestro, en un mundo que espera su fauna y su flora propias. Flora y fauna que sólo el poeta puede crear, por ese don especial que le dio la misma madre Naturaleza a él y únicamente a él . . . *Non serviam* [No serviré]. No he de ser tu esclavo, madre Natura; Seré tu amo . . . Yo tendré mis árboles que no serán como los tuyos, tendré mis montañas, tendré mis ríos y mis mares, tendré mi cielo y mis estrellas . . . mis cielos y mis árboles son los míos y no los tuyos y . . . no tienen por qué parecerse.[1]

Vicente Huidobro

Arte poética

Que el verso sea como una llave
Que abra mil puertas.
Una hoja cae; algo pasa volando;
Cuanto miren los ojos creado sea,
5   Y el alma del oyente quede temblando.

Inventa mundos nuevos y cuida tu palabra;
El adjetivo, cuando no da vida, mata.

---

[1]Vicente Huidobro, *Obras completas*, ed. Hugo Montes (Santiago: Andrés Bello, 1976), Vol. I, p. 715.

Estamos en el ciclo de los nervios.
El músculo cuelga,
10 Como recuerdo, en los museos;
Mas° no por eso tenemos menos fuerza:
El vigor verdadero
Reside en la cabeza.

      Pero

     Por qué cantáis la rosa, ¡oh Poetas!
15 Hacedla florecer en el poema;

Sólo para nosotros
Viven todas las cosas bajo el Sol.

     El poeta es un pequeño Dios.

PREGUNTAS

1. ¿A qué tipo de puertas se está refiriendo el poeta en el verso 2?
2. ¿No es una contradicción la frase "Cuanto miren los ojos creado sea"? ¿Qué significa "creado" en este contexto?
3. ¿Qué es lo que hace temblar al alma del oyente? ¿Por qué dice "oyente" y no "lector"?
4. En los versos 8–9, el poeta compara lo nervioso y lo muscular. En el terreno de la poesía, ¿qué pueden simbolizar?
5. "El vigor verdadero / Reside en la cabeza". ¿Puedes explicar estos dos versos?
6. ¿Puedes relacionar el último verso con los versos 14–17? ¿Qué relación debe mantener el poeta con el mundo?

TEMA

Escribe Huidobro: "El adjetivo, cuando no da vida, mata". En la época de Huidobro se debatía la relativa importancia, en la poesía, de los verbos, los sustantivos y los adjetivos. ¿Qué clase de "vida" crea el adjetivo? Coge cualquier breve texto de este libro, y analiza la función poética de los adjetivos. ¿Puedes encontrar ejemplos de adjetivos que no den vida? ¿Adjetivos que maten?

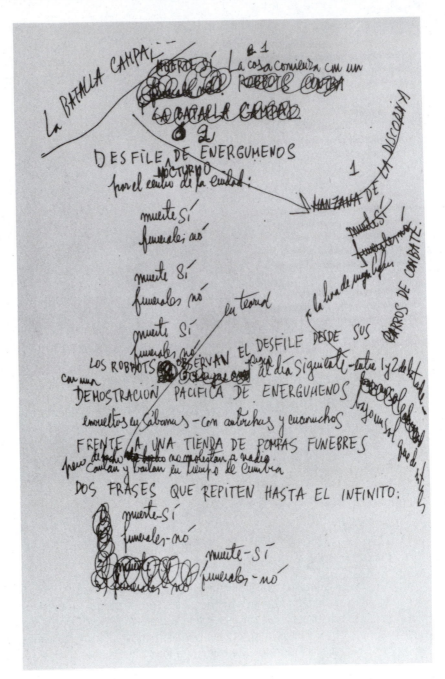

Página del manuscrito de *Obra gruesa* por Nicanor Parra.

El "Manifiesto" del chileno Nicanor Parra vio la luz, impreso como cartel, en 1963. En lenguaje coloquial y cotidiano, "lenguaje de todos los días", Parra pide una poesía "de la tierra firme" que sea "un artículo de primera necesidad". Rechaza la poesía libresca, intelectual, musical, romántica, mitológica, burguesa, pseudosurrealista, decadentista, etc. Cuando leas, debes preguntarte: ¿qué tipo de poesía propone en su lugar?

Nicanor Parra

Manifiesto

Señoras y señores
Esta es nuestra última palabra.
—Nuestra primera y última palabra—
Los poetas bajaron del Olimpo.

5   Para nuestros mayores°   elders
La poesía fue objeto de lujo°   luxury
Pero para nosotros
Es un artículo de primera necesidad:°   utmost necessity
No podemos vivir sin poesía.

10   A diferencia de nuestros mayores
—Y esto lo digo con todo respeto—
Nosotros sostenemos°   maintain
Que el poeta no es un alquimista
El poeta es un hombre como todos
15   Un albañil° que construye su muro:°   mason / wall
Un constructor de puertas y ventanas.

Nosotros conversamos
En el lenguaje de todos los días
No creemos en signos cabalísticos.°   symbols of the Cabbala

20   Además una cosa:
El poeta está ahí
Para que el árbol no crezca torcido.°   grow crooked
Este es nuestro mensaje.
Nosotros denunciamos al poeta demiurgo°   demiurge
25   Al poeta Barata°   Cheap
Al poeta Ratón de Biblioteca.°   Bookworm

Todos estos señores
—Y esto lo digo con mucho respeto—
Deben ser procesados° y juzgados   put on trial
30   Por construir castillos en el aire
Por malgastar el espacio y el tiempo
Redactando° sonetos a la luna   composing
Por agrupar palabras al azar°   at random
A la última moda° de París.   fashion
35   Para nosotros no:
El pensamiento no nace en la boca
Nace en el corazón del corazón.

Nosotros repudiamos
La poesía de gafas obscuras°   sunglasses
40   La poesía de capa y espada°   cloak and dagger
La poesía de sombrero alón.°   wide-brimmed hat
Propiciamos° en cambio   We welcome
La poesía a ojo desnudo°   (made with) the naked
La poesía a pecho descubierto°   eye | frank, honest
45   La poesía a cabeza desnuda.

No creemos en ninfas ni tritones.
La poesía tiene que ser esto:
Una muchacha rodeada° de espigas°   surrounded / ears of
O no ser absolutamente nada.   wheat

50   Ahora bien, en el plano° político   level
Ellos, nuestros abuelos inmediatos,
¡Nuestros buenos abuelos inmediatos!
Se refractaron y se dispersaron°   scattered
Al pasar por el prisma de cristal.
55   Unos pocos se hicieron comunistas.
Yo no sé si lo fueron realmente.
Supongamos que fueron comunistas,
Lo que sé es una cosa:
Que no fueron poetas populares,
60   Fueron unos reverendos poetas burgueses.

Hay que decir las cosas como son:
Sólo uno que otro°   one or two of them
Supo llegar al corazón del pueblo
Cada vez que pudieron
65   Se declararon de palabra y de hecho°   deed
Contra la poesía dirigida
Contra la poesía del presente
Contra la poesía proletaria.

Aceptemos que fueron comunistas
70 Pero la poesía fue un desastre
Surrealismo de segunda mano
Decadentismo de tercera mano,
Tablas° viejas devueltas° por el mar.   planks / returned
Poesía adjetiva
75 Poesía nasal y gutural
Poesía arbitraria
Poesía copiada de los libros
Poesía basada
En la revolución de la palabra
80 En circunstancias de que debe fundarse°   be grounded on
En la revolución de las ideas.
Poesía de círculo vicioso
Para media docena de elegidos:°   the chosen
"Libertad absoluta de expresión."

85 Hoy nos hacemos cruces° preguntando   We are amazed
Para qué escribirían esas cosas
¿Para asustar° al pequeño burgués?   frighten
¡Tiempo perdido miserablemente!
El pequeño burgués no reacciona
90 Sino cuando se trata del estómago.

¡Qué lo van a° asustar con poesías!   How could they
                                                         ever . . . !

La situación es ésta:
Mientras ellos estaban
Por una poesía del crepúsculo°   sunset
95 Por una poesía de la noche
Nosotros propugnamos°   advocated
La poesía del amanecer.°   dawn
Este es nuestro mensaje,
Los resplandores° de la poesía   brilliance
100 Deben llegar a todos por igual
La poesía alcanza para todos.°   There's enough . . . for
                                                         everyone.

Nada más, compañeros
Nosotros condenamos
—Y esto sí que lo digo con respeto—
105 La poesía de pequeño dios
La poesía de vaca sagrada°   holy cow
La poesía de toro furioso.

Contra la poesía de las nubes
Nosotros oponemos

<pre>
110   La poesía de la tierra firme
      —Cabeza fría, corazón caliente
      Somos terrafirmistas decididos—°   determined
      Contra la poesía de café
      La poesía de la naturaleza
115   Contra la poesía de salón
      La poesía de la plaza pública
      La poesía de protesta social.

      Los poetas bajaron del Olimpo.
</pre>

PREGUNTAS

1. ¿Qué cambio generacional nota el poeta en los versos 5–9? ¿Es posible que esto haya ocurrido?
2. El poeta escribe (versos 17–18): "Nosotros conversamos / En el lenguaje de todos los días". ¿Cómo es el lenguaje de este manifiesto?
3. ¿Qué sentido figurativo tienen los versos 21–22? ¿Cómo puede evitar el poeta "que el árbol crezca torcido"?
4. ¿Con qué tipo de poeta está contrastando al "poeta Ratón de Biblioteca"?
5. Comenta la frase "El pensamiento no nace en la boca / Nace en el corazón del corazón".
6. Identifica las variedades de poesía enumeradas en los versos 39–45. Da ejemplos, si puedes.
7. ¿Qué opina el poeta sobre la poesía política? ¿Qué piensa del proyecto de asustar al pequeño burgués" (versos 65–90)?
8. Define y contrasta estos tipos de poesía y de poetas:
   poesía de las nubes / poesía de la tierra firme
   poesía de café / poesía de la naturaleza
   poesía de salón / poesía de la plaza pública
   poeta alquimista / poeta albañil

TEMAS

1. ¿Cuál es la función de un manifiesto? ¿Cuáles son las características estilísticas más apropiadas para un manifiesto?
2. Basándote en tus lecturas de la poesía de lengua española e inglesa, intenta identificar algunos de los estilos poéticos atacados en este "Manifiesto".
3. ¿Qué sentido tendrán la poesía del pasado y la tradición literaria para el autor de "Manifiesto"?
4. ¿Qué elementos estructurales y temáticos dan unidad a este largo poema?

LAS PALABRAS Y LAS COSAS

2

Julio González [España]. *Dancer with a Palette*, 1933.

CUANDO LEAS . . .

Debes saber que la poética de Bécquer se basa en la idea de la poesía como un "algo" indefinible e imposible de captar. Es cierto *sentimiento* parecido al sueño y al ensueño, que existe de modo independiente, fuera del texto escrito. Sólo el poeta puede *sentir* ese "algo", pero ni siquiera el poeta podrá expresar su sentimiento de manera adecuada. Para Bécquer, el lenguaje sirve para la conversación y comunicación, pero no para describir nuestras emociones íntimas ni los movimientos del espíritu. La poesía de Bécquer insiste, pues, en las limitaciones del lenguaje. Quizás en esto radica gran parte de su modernidad.

Gustavo Adolfo Bécquer

De las *Rimas*

I

Yo sé un himno gigante y extraño
que anuncia en la noche del alma una aurora,
y estas páginas[1] son de ese himno,
cadencias que el aire dilata° en las sombras.   spreads, enlarges

5   Yo quisiera escribirlo, del hombre
domando el rebelde, mezquino° idioma,[2]   stingy, mean
con palabras que fuesen a un tiempo
suspiros° y risas, colores y notas.   sighs

      Pero en vano es luchar; que no hay cifra°   sign
10   capaz de encerrarlo,° y apenas, ¡oh hermosa!,   capture it (the hymn)
si, teniendo en mis manos las tuyas,
pudiera al oído cantártelo a solas.[3]

---

[1] Allusion to the *Rimas*.
[2] Hyperbaton: a more usual word order would be, "domando el idioma rebelde y mezquino del hombre".
[3] In other words: "Aun si tuviera en mis manos las tuyas, y aun si estuviéramos solos, y aun si pudiera decírtelo al oído (whisper the hymn into your ear) sería casi imposible cantártelo".

1. ¿Qué es el "himno gigante y extraño"? ¿Cuáles son las connotaciones de la palabra "himno"?
2. En los versos 3–4, ¿cómo caracteriza Bécquer las páginas de sus *Rimas*? ¿Tienen precisión? ¿Claridad? ¿Vaguedad?
3. Explica la función expresiva del hipérbaton de los versos 5–6.
4. ¿Por qué llama "rebelde" y "mezquino" al lenguaje?
5. En el verso 8, el poeta parece rechazar las palabras como medio de expresión. ¿Qué signos le gustaría sustituir por ellas?
6. ¿Tiene importancia la presencia de la mujer en el verso 10?
7. El hablante da a entender que expresaría mejor el himno si pudiera estar "a solas" con la mujer y cantárselo al oído. ¿Por qué?

TEMA

El poema plantea la cuestión del poder expresivo de la poesía, la música ("notas"), la pintura ("colores"), y el lenguaje natural de "suspiros y risas". ¿Puede decirse que alguno de estos fenómenos sea más eficaz que otro para expresar los sentimientos?

Cristina Peri Rossi   1941–   URUGUAY

Cristina Peri Rossi nació en Uruguay, pero ha vivido desde los años 70 en Barcelona. Uno de sus temas predilectos es el lenguaje y su relación con la realidad. Además de cuentos y novelas, ha escrito varios libros de poesía. Comparando estos géneros ha dicho: "La economía del cuento, su concentración, son similares muchas veces a la poesía, de ahí que algunos cuentistas sean por su concepción, poetas . . . Creo que un buen cuento es siempre una alegoría, una visión particular del mundo . . . ".[1]

---

[1]Walter Rela, *Diccionario de escritores uruguayos* (Montevideo: Ediciones de la Plaza, 1986), 267.

Cristina Peri Rossi. (© Layle Silbert)

Recordarás después de haber pasado por el segundo año de español, que no es lo mismo decir "Lo rompí" que decir "Se me rompió". Y es mejor que *se te olvide* algo, que no *olvidarlo*. Lo mismo pasa con los tiempos verbales, pues como observa Cristina Peri Rossi, "No hay sintaxis inocente". La narradora de este cuento reflexiona sobre cómo la sintaxis ha permitido a otra persona "castigarla" a ella por un leve delito: ella no estaba cuando la otra persona la buscaba. Al expresar estos pequeños matices (*nuances*) el lenguaje parece moldearse bien a la realidad, al contrario de lo que se implica en otros textos del capítulo. "Me sentía bien con el lenguaje" observa la narradora; en el interior de las palabras se siente "segura".

Cristina Peri Rossi

Las avenidas de la lengua

— Can use this story and have kids tell you which tense are being used.

Nunca decía simplemente «subí» o «bajé», sino *subí arriba y bajé abajo*. Esta particularidad de su lenguaje me pareció muy reveladora. No hay sintaxis inocente. Con seguridad, quería reforzar° la idea del verbo, porque *subir* le parecía muy inquietante:° el espacio infinito se abre, lleno de misterio y de peligros desconocidos. En cuanto a bajar (bajar sólo, sin otra palabra que acompañe) resulta igualmente estremecedor:° nunca se sabe cuándo el descenso se detendrá,° ni a los abismos° que seremos conducidos. De este terror surge° la necesidad de decir *bajé abajo*: ponemos un fin a la acción de bajar, la detenemos en alguna parte. ¿Se imaginan ustedes lo que sería descender continuamente, sin límites? Tan estremecedor° como subir indefinidamente. De todos modos, me pareció descubrir cierta diferencia entre *arriba* y *abajo*. *Subir arriba* refuerza la dirección del verbo, ya que, en estricto sentido, sólo se puede subir hacia ese lado; ahora bien,° quizás, existe un lugar imaginario al cual denominamos «*arriba*» y es hacia allí que hemos ascendido. Una simple hoja arrastrada° por el viento no es capaz° de subir *arriba*; no es lo mismo que si nosotros subimos. Nosotros casi siempre subimos mucho: subimos a lo alto de los edificios, subimos a los rascacielos,° a los aviones, a las montañas y hasta hemos subido a la luna.

Un día, la misma persona me dijo: «He subido arriba y no te encontré». Esta frase me hizo reflexionar bastante. En efecto,° yo tenía un pequeño taller° en la parte superior del edificio; era una habitación opaca,° pintada de gris por algún inquilino° anterior; estaba llena de muebles viejos y solía deprimirme, de modo que permanecía poco tiempo en ella. Mi desconcierto° inicial se debió a que él había empleado un tiempo compuesto.° ¿Por qué no dijo, simplemente: «Subí arriba y no te encontré»? Comprendí que quería castigarme,° con ello. En realidad, al decir: «He subido arriba y no te encontré», prolongaba hasta el presente la acción de subir y no hallarme; yo seguía sin estar en mi taller, él continuaba subiendo y se encontraba con° la habitación vacía;° mi falta° (no estar) era una falta constante. Si hubiera dicho: «Subí arriba y no te encontré», la

reforzar°	reinforce, strengthen
inquietante°	troubling
estremecedor°	scary
se detendrá°	will stop
abismos°	chasms
surge°	arises
estremecedor°	terrifying
ahora bien°	even so
arrastrada°	carried
capaz°	capable
rascacielos°	skyscrapers
En efecto°	in fact
taller°	studio
opaca°	dark
inquilino°	tenant
desconcierto°	confusion
un tiempo compuesto°	a compound tense
castigarme°	punish me
se encontraba con°	he found
vacía°	empty
falta°	error

acción habría transcurrido° en el pasado, yo podría sentirme libre de mi culpa; ahora, en cambio, el acto flotaba, se prolongaba; era como si todavía él estuviera subiendo y yo no hubiera llegado, no hubiera llegado nunca. Yo lo veía subir una y otra vez; en alguna de esas ocasiones, el ascensor° no llegaba hasta abajo; cuando estaba en la segunda planta,° él volvía a subir; otras veces, en cambio, subía y bajaba incesantemente, pero lo hiciera como lo hiciera,° jamás yo me encontraba allí. El ascensor crujía,° la puerta chirriaba,° él oprimía el timbre° de mi estudio, nadie contestaba, entonces retrocedía,° bajaba, antes de llegar al rellano° volvía a subir, otra vez llegaba hasta mi estudio, y yo no estaba. Me pareció que no iba a poder dejar de pensar en esto, que la situación se iba a prolongar indefinidamente, si él no modificaba la frase que había pronunciado. Me pareció que en mi mente—mientras tomábamos café en la esquina del taller y las bolas del *flipper*° repicaban,° reflejándose en el espejo con una inscripción de cerveza—iba a seguir subiendo y bajando, aunque ahora el pocillo humeara° ante nosotros, encendiéramos cigarrillos y el vaho empañara los vidrios.° (Es invierno y afuera hace frío.) Y si bien° yo no había llegado aún al taller y él continuaba subiendo, podía reprocharme ahora, en el café, mi ausencia de la habitación. Pensé—para aliviar° mi angustia—°que todavía peor hubiera sido que él dijera, por ejemplo: «He subido arriba y no te he encontrado», porque eso querría decir que yo no estaba tampoco en el café de mármoles° grises y espejos dorados,° con palmeras artificiales y delicadas tazas de porcelana. Con esa frase, me habría hecho desaparecer de aquel lugar; toda mi persona no hubiera alcanzado° para llenar esa ausencia. Yo no sabía si él había evitado esta frase para ahorrarme° algún dolor, una sensación de irrealidad penosa, pero, de todos modos, se lo agradecí interiormente.

«No estaba en el taller; subí y bajé casi en seguida —le dije, con mucha precisión—, porque no tenía deseos de trabajar. Di una vuelta por las calles. Pero tampoco tenía ganas de caminar: estaba como somnolienta.° La clase de lejanía que nos protege de la angustia.» Mi frase ponía orden: los actos realizados, estaban acabados; yo había subido una vez, bajado otra, caminado sin rumbo por las calles y luego había entrado al café, buscando una mesa libre, me había sentado y encendido un cigarrillo. Entonces, él llegó.

—Me preocupé un poco al no hallarte —dijo, aceptando la tregua° del lenguaje—. Me quedé en el rellano, fumando. Después salí a la calle; pensé que estabas caminando.

Caminaba. Me sentía bien con el lenguaje. Caminaba; iba y venía sin rumbo fijo° por las avenidas que se encendían lentamente y, si bien supuse que todo andar conduce a alguna parte, el mío sólo me conducía al interior de las palabras, donde me siento segura.

	happened
	elevator
	floor
	no matter how he did so
	creaked / squealed / pressed the doorbell / backed up / landing of the stairs
	pinball / were ringing
	cup of coffee was steaming / steam clouded the windows / even though
	lessen / anguish
	marble
	gilded
	would not have been enough / spare me from
	sleepy
	truce
	with no destination, aimlessly

PREGUNTAS

1. ¿Puedes explicar el título?
2. Según la narradora, ¿por qué son "inquietantes" las ideas de *subir* y de *bajar*? La "otra persona" del cuento, ¿cómo modificaba estos verbos?

3. ¿Dónde tenía su taller la narradora, y cómo era el taller?
4. Al subir al taller, la otra persona no empléo el pretérito: "Subí arriba y no te encontré". ¿Qué otro tiempo empleó? Según la narradora, ¿cuál fue su motivo al hablar así?
5. ¿Qué imaginaciones despierta en la narradora la forma de expresarse de la otra persona?
6. Se consuela la narradora pensando que la otra persona podría haberse expresado de forma todavía peor. ¿Cómo?
7. ¿Cómo describe la narradora su paseo? ¿Por qué "pone orden"—según ella— el uso del pretérito y del imperfecto?
8. ¿Por qué se siente a gusto—al final del cuento—con el lenguaje?

TEMAS

1. Este cuento ilustra, de forma graciosa, cómo el lenguaje nos protege contra el terror de lo desconocido y de lo ilimitado. ¿Puedes desarrollar este tema?
2. Piensa en otros ejemplos de los matices diferentes de los tiempos verbales, por ejemplo, las diferencias entre el imperfecto (*escribía*) y el pretérito (*escribí*). Quizás te ayudaría consultar, sobre estos matices, el *Esbozo de una nueva gramática de la lengua española* de la Real Academia u otro libro de gramática.

José Emilio Pacheco   1939–   MÉXICO

José Emilio Pacheco es uno de los poetas más cultos y prolíficos del México moderno. Ha enseñado en diversas universidades de Inglaterra, Estados Unidos y México. Es también autor de varias obras narrativas, entre ellas una novela, *Morirás lejos* (1967), basada en la persecución de los judíos de parte de los nazis alemanes. Su obra poética desprende una sensación de ruina, una convicción, digna de Francisco de Quevedo, de la impotencia del hombre ante el tiempo:

No quedará el trabajo ni la pena
de creer y de amar. El tiempo abierto,
semejante a los mares y al desierto,

ha de borrar de la confusa arena
todo lo que me salva o encadena.
Mas si alguien vive yo estaré despierto.[1]

---

[1] José Emilio Pacheco, *Alta traición*, ed. José María Guelbenzu (Madrid: Alianza Editorial, 1985), p. 11.

En este poema afirma Pacheco que "todo acto es traducción". Una de las situaciones en que tenemos que "traducir" es cuando nos encontramos con los artefactos de otra cultura.

José Emilio Pacheco

H & C

En las casas antiguas de esta ciudad
     las llaves° del agua   faucets
tienen un orden diferente.
Los fontaneros° que instalaron los grifos°   plumbers / faucets
5   hechos en Norteamérica
dieron a *C* de *cold* el valor° de *caliente*.   meaning
La *H* de *hot* les sugirió agua helada.

     ¿Qué conclusiones extraer de todo esto?
          —Nada es lo que parece.
10   —Entre objeto y palabra
cae la sombra
(ya entrevista° por Eliot).   glimpsed

     Para no hablar de lo más obvio:
Cómo el imperio° nos exporta un mundo   empire
15   que aún no sabemos manejar° ni entender.   deal with
Un progreso bicéfalo° (creador   two-headed
y destructor al mismo tiempo
     —y como el mismo tiempo)
al que no es fácil renunciar.°   renounce, give up

20   Nadie que ya disfrute° el privilegio (aquí   enjoys
tener agua caliente es privilegio)
se pondrá a cavar pozos,° a extraer°   digs wells / extract
aguas contaminadas de un arroyo.°   brook, ditch

     Y de otro modo cómo
25   todo acto es traducción:
          Sin este código
se escaldará° quien busque   will be scalded
     bajo *C* el agua fría.
Los años pasarán sin que se entibie°   gets warm
30   la que mana° de *H*.   flows

1. ¿Qué significan *H* y *C* en algunos grifos mexicanos?
2. ¿Qué conclusiones saca el hablante del poema acerca de la comprensión equivocada de las letras *H* y *C*?
3. Comenta la frase "Entre objeto y palabra / cae la sombra".
4. ¿Por qué dice que el progreso crea y destruye al mismo tiempo?

TEMA

"Todo acto es traducción" (verso 25). ¿Por qué? ¿Puedes dar otros ejemplos?

Salvador Elizondo   1932–   MÉXICO

Salvador Elizondo ha publicado poemas, cuentos, novelas, ensayos críticos, traducciones de poetas ingleses y una autobiografía. Su obra más conocida, *Farabeuf o la crónica de un instante* (1963) es un collage de escenas sádicas y eróticas. En sus novelas se debilita la identidad y la individuación de los personajes y se destruye la coherencia del espacio y el tiempo. Se rompen los lazos entre el texto y la realidad y el texto parece referirse sólo a sí mismo y a otros textos literarios.

CUANDO LEAS . . .

En el siglo XVI, el poeta y teólogo español fray Luis de León medita, en *De los nombres de Cristo*, sobre la relación entre las palabras y las cosas. Adán, "inspirado por Dios, puso a cada cosa su nombre". Nos enseña la Biblia—dice fray Luis—que Adán asignó cada nombre "por alguna razón particular y secreta" de cada cosa. Gracias a la inspiración divina, el nombre se conforma maravillosamente con la cosa que designa: el nombre contiene la esencia de la cosa. Esta teoría, antiquísima, se opone a otra, también muy antigua, que insiste que los nombres no son "esenciales", sino convencionales: convenciones establecidas por los hombres para posibilitar la comunicación. El cuento de Elizondo ha de relacionarse con esta controversia. En él se pregunta: ¿qué ocurre cuando cortamos "el ombligo serpentino que une a la palabra con la cosa"?

Salvador Elizondo

Sistema de Babel

Ya va a hacer un año que decreté° la instauración° de un nuevo sistema del habla en mi casa. Todos somos considerablemente más felices desde entonces. No hay que pensar que lo hice porque el lenguaje que habíamos empleado hasta entonces no me pareciera eficaz° y suficiente para comunicarnos. Prueba de ello es que lo estoy empleando aquí para comunicar, aunque sea en una medida remota e imprecisa,° la naturaleza de esta nueva lengua. Además, su materia es esencialmente la misma de que estaba hecho el otro, ahora desechado° y proscrito.° Pero fueron justamente esa eficacia y esa suficiencia del antiguo lenguaje las que me lo hicieron, al final, exacto, preciso y, sobre todo, extremadamente tedioso. ¡Qué estupidez trágica, me dije, qué aberración tan tenaz° de la especie° es la de que las palabras correspondan siempre a la cosa y que el gato se llame gato y no, por ejemplo, perro!

Pero basta con no llamar a las cosas por su nombre para que adquieran un nuevo, insospechado sentido que las amplifica o las recubre° con el velo de misterio de las antiguas invocaciones sagradas. Se vuelven otras, como dicen. Llamadle flor a la mariposa y caracol° a la flor; interpretad toda la poesía o las cosas del mundo y encontraréis otro tanto de poesía y otro tanto de mundo en los términos de ese trastrocamiento° o de esa exégesis;° cortad el ombligo° serpentino que une a la palabra con la cosa y encontraréis que comienza a crecer autónomamente, como un niño; florece luego y madura cuando adquiere un nuevo significado común y transmisible. Condenada, muere y traspone el umbral° hacia nuevos avatares° lógicos o reales. Digo reales porque las metamorfosis de las palabras afectan a las cosas que ellas designan. Para dar un ejemplo sencillo: un perro que ronronea° es más interesante que cualquier gato; a no ser que se trate de un gato que ladre,° claro. Pensemos, si no, un solo momento, en esos tigres que revolotean° en su jaulita° colgada del° muro, junto al geranio.

Todos aquí ayudamos a difundir° la nueva lengua. Concienzudamente° nos afanamos° en decir una cosa por otra. A veces la tarea° es ardua. Los niños tardan bastante° en desaprender° el significado de las palabras. Diríase que nacen sabiéndolo todo. Otras veces, especialmente cuando hablo con mi mujer de cosas abstractas, llegan a pasar varias horas antes de que podamos redondear° una frase sin sentido perfecta.

Glosses: decreed / inauguration · efficient · if only in an imprecise, remote manner | rejected | prohibited · stubborn / the species · covers · snail · exchange / interpretation / umbilical cord · crosses the threshold · incarnations · purrs · barks · flutter about / cage / hanging on | spread / Conscientiously | struggle / task | take a long time / unlearn · round off

PREGUNTAS

1. ¿En qué consistía "el nuevo sistema del habla"?
2. ¿Por qué lo inventó el narrador? ¿Qué tenía en contra del lenguaje antiguo?
3. Según el narrador, ¿cuales son los efectos de "no llamar a las cosas por su nombre"?
4. ¿Por qué esta operación da una cierta autonomía a las cosas?

5. ¿Cómo son los nuevos nombres que asigna a las cosas que le rodean? ¿Tiene alguna justificación llamarle flor a la mariposa? ¿Caracol a la flor? ¿Tigre al canario?

Salvador Elizondo. (© Layle Silbert)

¿De qué modo se parece este "sistema de Babel" al acto de escribir poesía (u otras formas de la literatura)? ¿Se puede relacionar el "trastrocamiento" de que habla con la metáfora (figura que presenta como idénticos dos términos distintos, por ejemplo, mariposa = flor)?

ESCRITURA Y LECTURA

3

Manuel Álvarez Bravo [México]. *Parábola Óptica*, 1940(?).

Alejandra Pizarnik   1936–1972   ARGENTINA

Alejandra Pizarnik publicó su primer libro de versos cuando apenas contaba veinte años. La niñez, la muerte y la escritura son tres de sus temas predilectos: "en mis poemas la muerte era mi amante y mi amante era la muerte".[1] Se suicidó a los 36 años. Sus obras completas fueron publicadas en 1990.

CUANDO LEAS . . .

Como Gustavo Adolfo Bécquer, Alejandra Pizarnik insiste en que las palabras no sirven para expresar los sentimientos ni para captar la realidad. En el "palacio del lenguaje" no vive nadie. Las palabras son "sombras" que no nos entregan nada. Sólo crean una "ausencia": nos hacen pensar en las cosas ausentes que nombran. Escribe Pizarnik irónicamente:

> si digo agua ¿beberé?
> si digo pan ¿comeré?

El poema más perfecto será el que nos haga más conscientes de esta ausencia.

Alejandra Pizarnik

En esta noche en este mundo

A Martha Isabel Moia

en esta noche en este mundo
las palabras del sueño de la infancia de la muerte
nunca es eso lo que uno quiere decir
la lengua natal castra
5   la lengua es un órgano de conocimiento
del fracaso de todo poema
castrado por su propia lengua
que es el órgano de la re-creación
del re-conocimiento
10   pero no el de la resurrección
de algo a modo de negación

---

[1]Lida Aronne-Amestoy, "La palabra en Pizarnik o el miedo de Narciso," *INTI Revista de Literatura Hispánica*, nos. 18–19 (Otoño 1983–Primavera 1984), 229.

de mi horizonte de maldoror con su perro[1]
y nada es promesa
entre lo decible
15 que equivale a mentir
(todo lo que se puede decir es mentira)
el resto es silencio
sólo que el silencio no existe

no
20 las palabras
no hacen el amor
hacen la ausencia
si digo agua ¿beberé?
si digo pan ¿comeré?

25 en esta noche en este mundo
extraordinario silencio el de esta noche
lo que pasa con el alma es que no se ve
lo que pasa con la mente es que no se ve
lo que pasa con el espíritu es que no se ve
30 ¿de dónde viene esta conspiración de invisibilidades?
ninguna palabra es visible

sombras
recintos viscosos° donde se oculta   viscous, sticky
la piedra de la locura
35 corredores° negros   corridors, hallways
los he recorrido todos
¡oh quédate un poco más entre nosotros!

mi persona está herida
mi primera persona del singular

40 escribo como quien con un cuchillo alzado° en la oscuridad   raised
escribo como estoy diciendo
la sinceridad absoluta continuaría siendo
lo imposible
¡oh quédate un poco más entre nosotros!

45 los deterioros de las palabras
deshabitando el palacio del lenguaje
el conocimiento entre las piernas

---

[1]Maldoror es el protagonista de la novela *Les chants de Maldoror* del poeta francés Isidore-Lucien Ducasse, Conde de Lautréamont (1846–1870).

¿qué hiciste del don° del sexo?   gift
oh mis muertos
50 me los comí me atranganté°   choked on them
no puedo más de no poder más

palabras embozadas°   muffled, veiled
todo se desliza°   slips away
hacia la negra licuefacción

55 y el perro de maldoror
en esta noche en este mundo
donde todo es posible
salvo°   except for
el poema

60 hablo
sabiendo que no se trata de eso
siempre no se trata de eso
oh ayúdame a escribir el poema más prescindible° el que no sirva ni para   that can most easily be
       ser inservible°   disposed of / useless
ayúdame a escribir palabras
65 en esta noche en este mundo.

PREGUNTAS

1. Este texto tiene el mismo tema que el poema de Bécquer en la p. 310. ¿Cuál es?
2. En el verso 3, la poeta expresa un problema muy común entre los escritores. ¿Qué problema es?
3. ¿Por qué "castra" al escritor la "lengua natal"? ¿Es que nuestro lenguaje limita nuestro modo de ver las cosas? ¿De qué manera lo hace?
4. ¿Por qué "todo lo que se puede decir es mentira"?
5. Explica el sentido de los versos 20–24. ¿A qué tipo de "ausencia" se refiere? ¿Por qué creamos una "ausencia" cuando decimos una palabra?
6. En el verso 30 se describe el lenguaje como una "conspiración de invisibilidades". Explica esta metáfora. ¿Cuáles son las cosas invisibles? ¿Por qué hay una "conspiración"?
7. En el verso 34 se menciona la "locura". ¿Por qué corre peligro de la locura la persona que crea que las palabras sólo evocan "ausencias"?
8. ¿A quién se dirige la hablante en el apóstrofe de los versos 37 y 44? ¿Al lenguaje? ¿A la poesía?
9. ¿Es posible la poesía, según la hablante del poema? ¿Qué tipo de poesía puede, y quiere, escribir? ¿Lo ha conseguido en este texto? Fíjate en los versos 57–67.

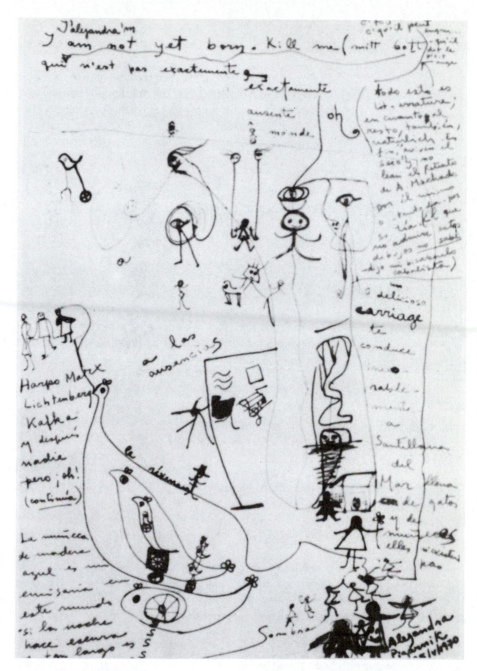

Página del diario de Alejandra Pizarnik.

1. Compara este texto con el poema de Bécquer en la p. 310 y con el soneto de Lope abajo. ¿Quién demuestra más confianza en el lenguaje? ¿Cómo ha cambiado la actitud del escritor hacia el lenguaje desde el siglo XVII (Lope) hasta nuestros días (Pizarnik)?
2. ¿Has sentido alguna vez lo inadecuado del lenguaje para expresar la realidad?

Félix Lope de Vega Carpio   *Ver página 5*   ESPAÑA

CUANDO LEAS . . .

El poema "metapoético" es el poema cuyo tema es la poesía. Uno de los textos metapoéticos más conocidos de la literatura española es este soneto de Lope de Vega, en el que habla de lo difícil—y fácil—de escribir un soneto.

Félix Lope de Vega Carpio

Soneto

Un soneto me manda hacer Violante,
que en mi vida me he visto en tanto aprieto;°   difficulty
catorce versos dicen que es soneto;
burla burlando° van los tres delante.   jokingly

5   Yo pensé que no hallara° consonante,   *hallaría*
y estoy a la mitad de otro cuarteto;
mas si me veo en el primer terceto,
no hay cosa en los cuartetos que me espante.°   frighten

Por el primer terceto voy entrando,
10   y parece que entré con pie derecho,[1]
pues fin con este verso le[2] voy dando.

---

[1] A pun: *entrar con pie derecho* means to begin well. But *pie* is also a metrical unit in a line of poetry.
[2] le = al terceto

Ya estoy en el segundo, y aun sospecho
que voy los trece versos acabando;
contad si son catorce, y está hecho.

PREGUNTAS

1. ¿Es irónico el verso 2?
2. ¿Cómo crea el poeta la ilusión de que escribe rápidamente?
3. Describe el esquema de rimas de este soneto. Compáralo con otros sonetos de este libro.

Salvador Elizondo   *Ver página 317*   **MÉXICO**

CUANDO LEAS . . .

En todo acto de expresión el que se expresa se observa. En este texto, la conciencia de la escritura se lleva a tal extremo que la única realidad es el acto de escribir.

Salvador Elizondo

El grafógrafo

a Octavio Paz

Escribo. Escribo que escribo. Mentalmente me veo escribir que escribo y también puedo verme ver que escribo. Me recuerdo escribiendo ya y también viéndome que escribía. Y me veo recordando que me veo escribir y me recuerdo viéndome recordar que escribía y escribo viéndome escribir que recuerdo haberme visto escribir que me veía escribir que recordaba haberme visto escribir que escribía y que escribía que escribo que escribía. También puedo imaginarme escribiendo que ya había escrito que me imaginaría escribiendo que había escrito que me imaginaba escribiendo que me veo escribir que escribo.

327

1. Comenta el título. ¿Qué significa la palabra "grafógrafo"?
2. ¿Siempre entraña (*involves*) el acto de escribir este tipo de autoconciencia? ¿Qué ganamos al observarnos a nosotros mismos en el acto de escribir? ¿Qué perdemos?

Julio Cortázar   *Ver página 93*   **ARGENTINA**

Buy: Los Cinco Maestros

CUANDO LEAS . . .

Es muy importante que sigas con atención las descripciones del narrador, especialmente las relacionadas con la casa del lector (el estudio, los muebles, la vista desde los ventanales, etc.).

Julio Cortázar

Continuidad de los parques

Había empezado a leer la novela unos días antes. La abandonó por negocios urgentes, volvió a abrirla cuando regresaba en tren a la finca;° se dejaba interesar lentamente por la trama,° por el dibujo de los personajes. Esa tarde, después de escribir una carta a su apoderado° y discutir con el mayordomo° una cuestión de aparcerías,° volvió al libro en la tranquilidad del estudio que miraba hacia el parque de los robles.° Arrellanado° en su sillón° favorito, de espaldas a la puerta que lo hubiera molestado como una irritante posibilidad de intrusiones, dejó que su mano izquierda acariciara° una y otra vez el terciopelo° verde y se puso a leer los últimos capítulos. Su memoria retenía sin esfuerzo los nombres y las imágenes de los protagonistas; la ilusión novelesca lo ganó casi en seguida. Gozaba del placer casi perverso de irse desgajando línea a línea de lo que lo rodeaba,° y sentir a la vez que su cabeza descansaba cómodamente en el terciopelo del alto respaldo,° que los cigarrillos seguían al alcance de la mano, que más allá de los ventanales danzaba el aire del atardecer° bajo los robles. Palabra a palabra, absorbido por la sórdida disyuntiva° de los

country house, estate / He was slowly becoming interested in the plot |
agent (with power of attorney) / steward / partnership
oak trees / lounging back / armchair

caress
velvet

tearing himself, line by line, from his surroundings
back of chair
afternoon
dialogue

héroes, dejándose ir hacia las imágenes que se concertaban° y adquirían color y movimiento, fue testigo° del último encuentro en la cabaña del monte. Primero entraba la mujer, recelosa;° ahora llegaba el amante, lastimada la cara° por el chicotazo° de una rama. Admirablemente restañaba ella° la sangre con sus besos, pero él rechazaba las caricias, no había venido para repetir las ceremonias de una pasión secreta, protegida por un mundo de hojas secas y senderos furtivos.° El puñal° se entibiaba° contra su pecho, y debajo latía° la libertad agazapada.° Un diálogo anhelante° corría por las páginas como un arroyo° de serpientes, y se sentía que todo estaba decidido desde siempre. Hasta esas caricias que enredaban° el cuerpo del amante como queriendo retenerlo y disuadirlo, dibujaban abominablemente la figura de otro cuerpo que era necesario destruir. Nada había sido olvidado: coartadas,° azares,° posibles errores. A partir de esa hora cada instante tenía su empleo minuciosamente atribuido. El doble repaso despiadado° se interrumpía apenas para que una mano acariciara una mejilla. Empezaba a anochecer.

Sin mirarse ya, atados rígidamente a la tarea que los esperaba, se separaron en la puerta de la cabaña. Ella debía seguir por la senda° que iba al norte. Desde la senda opuesta él se volvió un instante para verla correr con el pelo suelto. Corrió a su vez, parapetándose° en los árboles y los setos,° hasta distinguir en la bruma° malva° del crepúsculo la alameda° que llevaba° a la casa. Los perros no debían ladrar,° y no ladraron. El mayordomo no estaría a esa hora, y no estaba. Subió los tres peldaños° del porche y entró. Desde la sangre galopando en sus oídos le llegaban las palabras de la mujer: primero una sala azul, después una galería, una escalera alfombrada. En lo alto, dos puertas. Nadie en la primera habitación, nadie en la segunda. La puerta del salón, y entonces el puñal en la mano, la luz de los ventanales, el alto respaldo de un sillón de terciopelo verde, la cabeza del hombre en el sillón leyendo una novela.

Glosses: concertaban° fit together / testigo° witness / recelosa° cautiously / lastimada la cara° his face wounded / chicotazo° lash / restañaba ella° she stanched / senderos furtivos° secret paths / puñal° dagger / se entibiaba° grew warm / latía° pulsed / agazapada° crouching / anhelante° full of yearning / arroyo° stream / enredaban° enmeshed / coartadas° alibis / azares° chance / despiadado° remorseless / senda° path / parapetándose° taking cover / setos° hedges / bruma° mist / malva° mauve / alameda° poplar grove / llevaba° led / ladrar° bark / peldaños° stairs

PREGUNTAS

1. ¿Qué preparativos hace el protagonista antes de volver a la lectura?
2. ¿En qué sitio está leyendo? ¿Qué es lo que ve desde su sillón?
3. ¿Qué sensaciones experimenta el protagonista mientras lee?
4. En el "último encuentro en la cabaña del monte", ¿qué ocurre entre el hombre y la mujer que allí se reúnen?
5. ¿Cómo se describe el diálogo de la novela que el hombre lee?
6. ¿Cuál era el "otro cuerpo" que era necesario destruir?
7. ¿Qué ocurre, probablemente, al final del cuento?

Julio Cortázar.

TEMAS

1. El cuento nos presenta una especie de triángulo amoroso. ¿Quiénes son los tres elementos del triángulo? ¿Puedes explicar qué implica el desenlace del cuento?
2. Comenta la simetría del cuento.

Jorge Luis Borges   *Ver página 265*   **ARGENTINA**

CUANDO LEAS . . .

No olvides que en la España medieval convivieron tres culturas: la cristiana, la judía y la islámica. El filósofo y médico árabe Averroes (1126–1198) vivió en Córdoba en la época del califato, y allí formaba parte de un grupo de pensadores cuya misión era interpretar la filosofía griega antigua, sobre todo la de Aristóteles, de acuerdo con los supuestos de la tradición islámica. Al imaginarlo en el proceso de redactar sus *Comentarios a Aristóteles*, Borges nos da una irónica lección no sólo sobre la lectura y la interpretación sino sobre la imaginación narrativa.

Jorge Luis Borges

La busca de Averroes

S'imaginant que la tragédie n'est autre chose que l'art de louer . . .[1]

Ernest Renan: *Averroés*, 48 (1861)

Abulgualid Muhámmad Ibn-Ahmad ibn-Muhámmad ibn-Rushd (un siglo tardaría° ese largo nombre en llegar a Averroes, pasando por Benraist y por Avenryz, y aun por Aben-Rassad y Filius Rosadis) redactaba° el undécimo° capítulo de la obra *Tahafut-ul-Tahafut* (Destrucción de la Destrucción), en el que se mantiene, contra el asceta persa Ghazali, autor del *Tahafut-ul-falasifa* (Destrucción de filósofos), que la divinidad sólo conoce las leyes generales del universo, lo concerniente a las especies, no al individuo. Escribía con lenta seguridad, de derecha a izquierda; el ejercicio de formar silogismos° y de eslabonar° vastos párrafos no le impedía sentir, como un bienestar, la fresca y honda° casa que lo rodeaba.° En el fondo° de la siesta se enroquecían° amorosas palomas; de algún patio invisible se elevaba el rumor° de una fuente;° algo en la carne de Averroes, cuyos antepasados° procedían° de los desiertos árabes, agradecía° la constancia del agua. Abajo estaban los jardines, la huerta;° abajo, el atareado° Guadalquivir y después la querida ciudad de Córdoba, no menos clara° que Bagdad o que el Cairo, como un complejo y delicado instrumento, y alrededor (esto Averroes lo sentía también) se dilataba° hacia el confín° la tierra de España, en la que hay pocas cosas, pero donde cada una parece estar de un modo sustantivo y eterno.

La pluma corría sobre la hoja, los argumentos se enlazaban,° irrefutables, pero una leve° preocupación empañó° la felicidad de Averroes. No la causaba el Tahafut, trabajo fortuito, sino un problema de índole° filológica vinculado° a la obra monumental que lo justificaría ante las gentes: el comentario de Aristóteles. Este griego, manantial° de toda filosofía, había sido otorgado° a los hombres para enseñarles todo lo que se puede saber; interpretar sus libros como los

would take a century

was writing / eleventh

logical arguments / linking together
deep / surrounded / depth
were cooing
murmur / fountain
ancestors / came / was thankful for
orchard
busy
illustrious

spread out / horizon

came together
slight / clouded

nature / linked

source / given, bestowed on

---

[1]"Imagining that tragedy is nothing but the art of praise." The epigraph is from the French religious historian Ernest Renan (1823–1882). See Averroes's mistaken definition of tragedy as "panegyric," later.

ulemas interpretan el Alcorán° era el arduo° propósito de Averroes. Pocas cosas más bellas y más patéticas registrará la historia que esa consagración de un médico árabe a los pensamientos de un hombre de quien lo separaban catorce siglos; a las dificultades intrínsecas debemos añadir que Averroes, ignorante del siríaco y del griego, trabajaba sobre la traducción de una traducción. La víspera,° dos palabras dudosas lo habían detenido en el principio de la Poética. Esas palabras eran *tragedia y comedia*. Las había encontrado años atrás, en el libro tercero de la Retórica;[1] nadie, en el ámbito° del Islam, barruntaba° lo que querían decir. Vanamente había fatigado° las páginas de Alejandro de Afrodisia, vanamente había compulsado° las versiones del nestoriano Hunáin ibn-Ishaq y de Abu-Bashar Mata. Esas dos palabras arcanas pululaban° en el texto de la Poética; imposible eludirlas.°

Averroes dejó la pluma. Se dijo (sin demasiada fe) que suele estar muy cerca lo que buscamos, guardó el manuscrito del Tahafut y se dirigió al anaquel° donde se alineaban, copiados por calígrafos persas, los muchos volúmenes del *Mohkam* del ciego Abensida.[2] Era irrisorio° imaginar que no los habían consultado, pero lo tentó el ocioso° placer de volver sus páginas. De esa estudiosa distracción lo distrajo una suerte° de melodía. Miró por el balcón enrejado;° abajo, en el estrecho° patio de tierra, jugaban unos chicos semidesnudos.° Uno, de pie en los hombros de otro, hacía notoriamente de almuédano;° bien cerrados los ojos, salmodiaba° *No hay otro dios que el Dios*. El que lo sostenía,° inmóvil, hacía de alminar;° otro, abyecto en el polvo° y arrodillado,° de congregación de los fieles. El juego duró poco: todos querían ser el almuédano, nadie la congregación o la torre. Averroes los oyó disputar en dialecto *grosero*, vale decir en el incipiente español de la plebe° musulmana de la Península. Abrió el *quitah ul ain* de Jalil[3] y pensó con orgullo° que en toda Córdoba (acaso° en todo Al-Andalus) no había otra copia de la obra más perfecta que ésta que el emir Yacub Almansur le había remitido° de Tánger. El nombre de ese puerto° le recordó que el viajero° Abulcásim Al-Asharí, que había regresado de Marruecos, cenaría con él esa noche en casa del alcoranista Farach. Abulcásim decía haber alcanzado° los reinos° del imperio de Sin (de la China); sus detractores, con esa lógica peculiar que da el odio, juraban° que nunca había pisado° la China y que en los templos de ese país había blasfemado de

Glosses (right margin): Koran / difficult — The night before — world — suspected / gone over — compared — were abundant — avoid them — bookcase — laughable — idle — sort / with a *reja* (grating) — narrow / half-naked — man who calls the faithful to prayer / chanted | held him up / minaret — dust / kneeling — lower classes — pride — perhaps — sent — port / traveller — reached / kingdoms — swore — set foot in

---

[1] Borges mentions two important works by Aristotle, the *Rhetoric* and the *Poetics*; the latter contains his theory of tragedy (comedy, in fact, is not mentioned).

[2] The *Mokham* was a great Arabic dictionary compiled in the 10th century by the Andalusian Ibn Sidah.

[3] The *Ain*, so called from the letter which begins the Arabic alphabet, is the dictionary compiled in the eighth century by al Khalil.

Alá. Inevitablemente, la reunión duraría° unas horas; Averroes, presuroso,° retomó° la escritura del *Tahafut*. Trabajó hasta el crepúsculo° de la noche.

 El diálogo en la casa de Farach, pasó de las incomparables virtudes del gobernador a las de su hermano el emir; después, en el jardín, hablaron de rosas. Abulcásim, que no las había mirado, juró que no había rosas como las rosas que decoran los cármenes° andaluces. Farach no se dejó sobornar;° observó que el docto Ibn Qutaiba[1] describe una excelente variedad de la rosa perpetua, que se da en los jardines del Indostán y cuyos pétalos, de un rojo encarnado,° presentan caracteres que dicen: *No hay otro dios que el Dios, Muhámmad es el Apóstol de Dios*. Agregó° que Abulcásim, seguramente, conocería esas rosas. Abulcásim lo miró con alarma. Si respondía que sí, todos lo juzgarían, con razón, el más disponible° y casual de los impostores; si respondía que no, lo juzgarían un infiel. Optó por musitar° que con el Señor están las llaves de las cosas ocultas° y que no hay en la tierra una cosa verde o una cosa marchita° que no esté registrada en Su Libro. Esas palabras pertenecen a una de las primeras azoras;° las acogió un murmullo reverencial. Envanecido° por esa victoria dialéctica, Abulcásim iba a pronunciar que el Señor es perfecto en sus obras e inescrutable. Entonces Averroes declaró, prefigurando las remotas razones de un todavía problemático Hume:[2]

 —Me cuesta menos° admitir un error en el docto Ibn Qutaiba, o en los copistas, que admitir que la tierra da rosas con la profesión de la fe.

 —Así es. Grandes y verdaderas palabras —dijo Abulcásim.

 —Algún viajero —recordó el poeta Abdalmálik— habla de un árbol cuyo fruto son verdes pájaros. Menos me duele creer en él que en rosas con letras.

 —El color de los pájaros —dijo Averroes— parece facilitar el portento.° Además, los frutos y los pájaros pertenecen° al mundo natural, pero la escritura es un arte. Pasar de hojas a pájaros es más fácil que de rosas a letras.

 Otro huésped° negó° con indignación que la escritura fuese un arte, ya que el original del Qurán —*la madre del Libro*— es anterior a la Creación y se guarda en el cielo. Otro habló de Cháhiz de Basra, que dijo que el Qurán es una sustancia que puede tomar la forma de un hombre o la de un animal, opinión que parece convenir° con la de quienes le atribuyen dos caras. Farach expuso° largamente la doctrina ortodoxa. El Qurán (dijo) es uno de los atributos de Dios, como

would last
hurriedly / resumed
twilight

houses with walled gardens
did not let himself be bribed (by flattery)
incarnadine (color)

He added

the readiest
muse
hidden
withered
chapters of Koran
Filled with pride

To me it is less difficult

wonder, marvel / belong

guest / denied

agree
expounded

---

[1] Ninth century Arabian writer, who authored works on Arabic style, statecraft, war, poetry, and other miscellaneous subjects.
[2] The English philosopher David Hume, who is "todavía problemático" because he was not born until 1711.

Su piedad; se copia en un libro, se pronuncia con la lengua, se recuerda en el corazón, y el idioma y los signos y la escritura son obra de los hombres, pero el Qurán es irrevocable y eterno. Averroes, que había comentado la República, pudo haber dicho que la madre del Libro es algo así como su modelo platónico, pero notó que la teología era un tema del todo inaccesible a Abulcásim.

Otros, que también lo advirtieron,° instaron° a Abulcásim a referir alguna maravilla. Entonces como ahora, el mundo era atroz; los audaces° podían recorrerlo,° pero también los miserables, los que se allanaban° a todo. La memoria de Abulcásim era un espejo° de íntimas cobardías.° ¿Qué podía referir? Además, le exigían° maravillas y la maravilla es acaso incomunicable: la luna de Bengala no es igual a la luna del Yemen, pero se deja describir con las mismas voces. Abulcásim vaciló;° luego, habló:

—Quien recorre los climas y las ciudades —proclamó con unción— ve muchas cosas que son dignas de crédito.° Ésta, digamos, que sólo he referido° una vez, al rey de los turcos. Ocurrió en Sin Kalán (Cantón), donde el río del Agua de la Vida se derrama en° el mar.

Farach preguntó si la ciudad quedaba a muchas leguas° de la muralla° que Iskandar Zul Qarnain (Alejandro Bicorne de Macedonia) levantó para detener° a Gog y a Magog.

—Desiertos la separan —dijo Abulcásim, con involuntaria soberbia—.° Cuarenta días tardaría una cáfila (caravana) en divisar° sus torres y dicen que otros tantos en alcanzarlas. En Sin Kalán no sé de ningún hombre que la haya visto o que haya visto a quien la vio.

El temor° de lo crasamente infinito, del mero espacio, de la mera materia, tocó por un instante a Averroes. Miró el simétrico jardín; se supo envejecido, inútil, irreal. Decía Abulcásim:

—Una tarde, los mercaderes° musulmanes de Sin Kalán me condujeron a una casa de madera pintada, en la que vivían muchas personas. No se puede contar cómo era esa casa, que más bien era un solo cuarto, con filas° de alacenas° o de balcones, unas encima de otras. En esas cavidades había gente que comía y bebía; y asimismo° en el suelo,° y asimismo en una terraza. Las personas de esa terraza tocaban el tambor y el laúd,° salvo unas quince o veinte (con máscaras° de color carmesí)° que rezaban,° cantaban y dialogaban. Padecían° prisiones, y nadie veía la cárcel;° cabalgaban,° pero no se percibía el caballo; combatían, pero las espadas° eran de caña;° morían y después estaban de pie.

—Los actos de los locos —dijo Farach— exceden las previsiones del hombre cuerdo.

—No estaban locos —tuvo que explicar Abulcásim—. Estaban figurando, me dijo un mercader, una historia.

Nadie comprendió, nadie pareció querer comprender. Abulcásim, confuso, pasó de la escuchada narración a las desairadas° razones. Dijo, ayudándose con las manos:

Marginal glosses: noticed / urged · daring / travel through it · bowed down / mirror · acts of cowardice / demanded · hesitated · worthy of belief · told · empties into · was many leagues from · wall · stop · pride / spot · fear · merchants · rows / closets · also · floor · lute · masks / crimson / prayed · They were suffering imprisonment / jail / they were riding | swords / reed · awkward

—Imaginemos que alguien muestra una historia en vez de referirla. Sea esa historia la de los durmientes de Éfeso. Los vemos retirarse a la caverna, los vemos orar° y dormir, los vemos dormir con los ojos abiertos, los vemos crecer mientras duermen, los vemos despertar a la vuelta de trescientos nueve años, los vemos entregar al vendedor° una antigua moneda,° los vemos despertar en el paraíso, los vemos despertar con el perro. Algo así nos mostraron aquella tarde las personas de la terraza.

—Hablaban esas personas? —interrogó Farach.

—Por supuesto que hablaban —dijo Abulcásim, convertido en apologista de una función que apenas recordaba y que lo había fastidiado° bastante—. ¡Hablaban y cantaban y peroraban!°

—En tal caso —dijo Farach— no se requerían *veinte* personas. Un solo hablista puede referir cualquier cosa, por compleja que sea.

Todos aprobaron ese dictamen.° Se encarecieron° las virtudes del árabe; que es el idioma que usa Dios para dirigir a los ángeles; luego, de la poesía de los árabes. Abdalmálik, después de ponderarla debidamente, motejó° de anticuados a los poetas que en Damasco o en Córdoba se aferraban° a imágenes pastoriles y a un vocabulario beduino. Dijo que era absurdo que un hombre ante cuyos ojos se dilataba el Guadalquivir celebrara el agua de un pozo.° Urgió la conveniencia de renovar las antiguas metáforas; dijo que cuando Zuhair[1] comparó al destino con un camello ciego, esa figura pudo suspender° a la gente, pero que cinco siglos de admiración la habían gastado.° Todos aprobaron ese dictamen, que ya habían escuchado muchas veces, de muchas bocas. Averroes callaba. Al fin habló, menos para los otros que para él mismo.

—Con menos elocuencia —dijo Averroes— pero con argumentos congéneres,° he defendido alguna vez la proposición que mantiene Abdalmálik. En Alejandría se ha dicho que sólo es incapaz de una culpa° quien ya la cometió y ya la se arrepintió;° para estar libre de un error, agreguemos,° conviene haberlo profesado. Zuhair, en su mohalaca, dice que en el decurso° de ochenta años de dolor y de gloria, ha visto muchas veces al destino atropellar° de golpe a los hombres, como un camello ciego; Abdalmálik entiende que esa figura ya no puede maravillar. A ese reparo° cabría° contestar muchas cosas. La primera, que si el fin del poema fuera el asombro,° su tiempo no se mediría por° siglos, sino por días y por horas y tal vez por minutos. La segunda, que un famoso poeta es menos inventor que descubridor. Para alabar a Ibn-Sháraf de Berja, se ha repetido que sólo él pudo imaginar que las estrellas en el alba° caen lentamente, como las

Margin glosses:
pray
seller / coin
annoyed / made speeches
opinion / praised
labelled
clung
well
amaze
worn out
related
sin / repented
let us add
course
trample
objection / it would be possible
wonder
would not be measured in
dawn

---

[1] One of the greatest of pre-Islamic writers (6th C.); represented in the *Moallakat*, the great anthology of Arabic verse.

hojas caen de los árboles; ello, si fuera cierto, evidenciaría que la imagen es baladí.° La imagen que un solo hombre puede formar es la que no toca a ninguno. Infinitas cosas hay en la tierra; cualquiera puede equipararse° a cualquiera. Equiparar estrellas con hojas no es menos arbitrario que equipararlas con peces o con pájaros. En cambio, nadie no sintió alguna vez que el destino es fuerte y es torpe, que es inocente y es también inhumano. Para esa convicción, que puede ser pasajera° o continua, pero que nadie elude, fue escrito el verso de Zuhair. No se dirá mejor lo que allí se dijo. Además (y esto es acaso lo esencial de mis reflexiones), el tiempo, que despoja° los alcázares,° enriquece los versos. El de Zuhair, cuando éste lo compuso en Arabia, sirvió para confrontar dos imágenes, la del viejo camello y la del destino: repetido ahora, sirve para memoria de Zuhair y para confundir nuestros pesares° con los de aquel árabe muerto. Dos términos tenía la figura y hoy tiene cuatro. El tiempo agranda el ámbito de los versos y sé de algunos que a la par de la música, son todo para todos los hombres. Así, atormentado° hace años en Marrakesh por memorias de Córdoba, me complacía° en repetir el apóstrofe que Abdurrahmán dirigió en los jardines de Ruzafa a una palma africana:

     Tú también eres, ¡oh palma!
     En este suelo extranjera . . .

Singular beneficio de la poesía; palabras redactadas por un rey que anhelaba° el Oriente me sirvieron a mí, desterrado° en África, para mi nostalgia de España.

Averroes, después, habló de los primeros poetas, de aquellos que en el Tiempo de la Ignorancia, antes del Islam, ya dijeron todas las cosas, en el infinito lenguaje de los desiertos. Alarmado, no sin razón, por las fruslerías° de Ibn-Sháraf, dijo que en los antiguos y en el Qurán estaba cifrada° toda poesía y condenó por analfabeta° y por vana la ambición de innovar. Los demás lo escucharon con placer, porque vindicaba lo antiguo.

Los muecines° llamaban a la oración de la primera luz cuando Averroes volvió a entrar en la biblioteca. (En el harén, las esclavas de pelo negro habían torturado a una esclava de pelo rojo, pero él no lo sabría sino a la tarde.) Algo le había revelado el sentido de las dos palabras oscuras. Con firme y cuidadosa caligrafía agregó estas líneas al manuscrito: *Aristú* (Aristóteles) *denomina tragedia a los panegíricos y comedias a las sátiras y anatemas. Admirables tragedias y comedias abundan en las páginas del Corán y en las mohalacas° del santuario.*

Sintió sueño, sintió un poco de frío. Desceñido el turbante,° se miró en un espejo de metal. No sé lo que vieron sus ojos, porque ningún historiador ha descrito las formas de su cara. Sé que desapareció bruscamente, como si lo fulminara un fuego sin luz,° y que con él desaparecieron la casa y el invisible surtidor° y los libros y los manuscritos y las palomas y las muchas esclavas de pelo negro y la

336

trémula° esclava de pelo rojo y Farach y Abulcásim y los rosales° y tal vez el Guadalquivir.

En la historia anterior quise narrar el proceso de una derrota.° Pensé, primero, en aquel arzobispo de Canterbury que se propuso demostrar que hay un Dios; luego, en los alquimistas que buscaron la piedra filosofal; luego, en los vanos trisectores del ángulo y rectificadores del círculo. Reflexioné, después, que más poético es el caso de un hombre que se propone un fin que no está vedado a los otros, pero sí a él. Recordé a Averroes, que encerrado en el ámbito del Islam, nunca pudo saber el significado de las voces° *tragedia y comedia*. Referí el caso; a medida que adelantaba, sentí lo que hubo de sentir aquel dios mencionado por Burton que se propuso crear un toro y creó un búfalo. Sentí que la obra se burlaba de mí. Sentí que Averroes, queriendo imaginar lo que es un drama sin haber sospechado lo que es un teatro, no era más absurdo que yo, queriendo imaginar a Averroes, sin otro material que unos adarmes° de Renan, de Lane y de Asín Palacios.[1] Sentí, en la última página, que mi narración era un símbolo del hombre que yo fui, mientras la escribía y que, para redactar esa narración, yo tuve que ser aquel hombre y que, para ser aquel hombre, yo tuve que redactar esa narración, y así hasta lo infinito. (En el instante en que yo dejo de creer en él, "Averroes" desaparece.)

trembling / rose gardens

defeat

words

traces

PREGUNTAS

1. ¿Quién fue Averroes, y qué obra está componiendo a lo largo de este cuento? ¿Traduce de la obra original?
2. Describe el ambiente que rodea a Averroes. ¿Qué dice de España?
3. ¿Qué problema de tipo filológico tiene Averroes? ¿Cómo intenta solucionarlo?
4. ¿Cuál es la importancia del juego de los niños, visto por Averroes desde su ventana?
5. ¿Sobre qué temas conversan los amigos en la casa de Farach? ¿Cree Averroes que exista la rosa maravillosa descrita por su amigo?
6. ¿Qué maravilla refiere Abulcásim? ¿Qué tipo de edificio describe a sus amigos? ¿Qué clase de espectáculo?
7. ¿Por qué rechaza Farach esa clase de espectáculo?

---

[1] Edward William Lane (1801–1876) and the Spaniard Miguel Asín Palacios (1871–1944) were two famous Arabists. One of Borges's favorite books was Lane's English translation of *The Thousand and One Nights*.

8. Comenta el debate sobre la poesía y sobre la necesidad de renovar las antiguas metáforas. ¿Qué metáfora origina la disputa? ¿Por qué piensa Averroes que el poeta es "menos inventor que descubridor"? ¿Qué piensa de las metáforas antiguas?
9. ¿Por qué dice Averroes que el tiempo "enriquece los versos"? ¿Estás de acuerdo?
10. ¿Cómo define Averroes la tragedia y la comedia?

TEMAS

1. Comenta la ironía de este cuento.
2. ¿Por qué añade Borges la sección final, donde reflexiona sobre la narración del cuento? ¿Qué paralelos hay entre esta parte del cuento y la sección anterior?
3. "La busca de Averroes" como reflexión sobre la lectura y la interpretación (o como reflexión sobre la escritura).

TEMAS   (Expresión literaria)

1. La relación entre escritura (o lenguaje) y naturaleza en Juan Ramón Jiménez, Vicente Huidobro y "Sistema de Babel" de Elizondo. ¿Cómo debe relacionarse el escritor con la naturaleza?
2. ¿El lenguaje es adecuado para describir el mundo y para describir los sentimientos? Discute esta cuestión a la luz de Bécquer, Elizondo y Cristina Peri Rossi.
3. Mundo ficticio y mundo "real": ¿cómo se mezclan en Jorge Luis Borges y Julio Cortázar?
4. ¿Cómo debe ser la poesía, según Nicanor Parra, Gustavo Adolfo Bécquer y Alejandra Pizarnik?

Cronología de escritores
representados en *Temas*

Jorge Manrique	(1440?–1479)	España
Fernando de Rojas	(1465–1541)	España
Garcilaso de la Vega	(1503–1536)	España
Santa Teresa de Jesús	(1515–1582)	España
José de Acosta	(1539–1600)	España
San Juan de la Cruz	(1542–1591)	España
Miguel de Cervantes Saavedra	(1547–1616)	España
Luis de Góngora	(1561–1627)	España
Félix Lope de Vega Carpio	(1562–1635)	España
Francisco de Quevedo	(1580–1645)	España
Gustavo Adolfo Bécquer	(1836–1870)	España
Rosalía de Castro	(1837–1885)	España
Emilia Pardo Bazán	(1852–1921)	España
Antonio Machado	(1875–1939)	España
Horacio Quiroga	(1878–1937)	Uruguay
Juan Ramón Jiménez	(1881–1958)	España
Ventura García Calderón	(1886–1959)	Perú
Ramón Gómez de la Serna	(1888–1963)	España
Pedro Salinas	(1891–1951)	España
Vicente Huidobro	(1893–1948)	Chile
Jorge Guillén	(1893–1984)	España
Federico García Lorca	(1898–1936)	España
Vicente Aleixandre	(1898–1984)	España
Jorge Luis Borges	(1899–1986)	Argentina
Luis Cernuda	(1902–1963)	España
Ángela Figuera Aymerich	(1902–1984)	España
Silvina Ocampo	(1903–)	Argentina
Pablo Neruda	(1904–1973)	Chile
Judith Martínez Ortega	(1908–)	México
María Luisa Bombal	(1910–1980)	Chile
Julio Cortázar	(1914–1984)	Argentina

Nicanor Parra	(1914–)	Chile
Octavio Paz	(1914–)	México
Gonzalo Rojas	(1917–)	Chile
Juan Rulfo	(1918–1986)	México
Idea Vilariño	(1920–)	Uruguay
Claribel Alegría	(1924–)	Nicaragua
Rosario Castellanos	(1925–1974)	México
Carmen Martín Gaite	(1925–)	España
Mercedes Valdivieso	(1925–)	Chile
Ángel Crespo	(1926–)	España
Gabriel García Márquez	(1928–)	Colombia
Sara Gallardo	(1929–1988)	Argentina
Julio Ramón Ribeyro	(1929–)	Perú
Salvador Elizondo	(1932–)	México
Elena Poniatowska	(1933–)	México
Alejandra Pizarnik	(1936–1972)	Argentina
José Emilio Pacheco	(1939–)	México
Cristina Peri Rossi	(1941–)	Uruguay
Nancy Morejón	(1944–)	Cuba
María Mercedes Carranza	(1945–)	Colombia
Mario Hernández	(1945–)	España

Glosario de términos literarios

Dos obras te ayudarán a usar mejor el lenguaje de la crítica y de la historia literarias. De ambas citamos en el glosario:

Fernando Lázaro Carreter, *Diccionario de términos filológicos* (Madrid: Gredos, 3ª edición, 1968).

Patrice Pavis, *Diccionario del teatro. Dramaturgia, estética, semiología,* tr. Fernando de Toro (Barcelona: Paidos, 1984).

Ten en cuenta siempre que estos términos no tienen un significado fijo y definitivo, y que la crítica literaria los re-examina de manera constante.

Acotación (stage directions): En una obra dramática, "todo texto . . . no pronunciado por los actores y destinado a clarificar la comprensión o el modo de presentación de la obra" (Pavis, 11). En *La casa de Bernarda Alba,* la primera acotación dice: "*Habitación blanquísima del interior de la casa* . . . " (p. 152).

Aforismo (aphorism): Una declaración concisa de un principio o una opinión.

Aliteración (alliteration): Repetición de un sonido o de una serie de sonidos parecidos. Por ejemplo, la repetición de la *m* en este verso de Góngora: "*Mientras con menosprecio en medio el llano* . . . " (p. 195).

Anáfora (anaphor): Repetición de una o varias palabras al comienzo de una frase. Por ejemplo, la repetición de la palabra "hoy . . . " en la rima de Bécquer (p. 7).

Antítesis (antithesis): Contraposición de dos ideas de significación contraria, por ejemplo, "cobarde y animoso"; "beber *veneno* por *licor süave*"; "creer que un *cielo* en un *infierno* cabe" (p. 6); "*muerte* do el *vivir* se alcanza" (p. 51).

Apóstrofe (apostrophe): Figura en que el hablante deja de dirigirse a la persona con la que estaba hablando, y se dirige a otra persona. Se utiliza como sinónimo de "exclamación" dirigida a una persona o a un objeto cualquiera, por ejemplo la frase "¡Que no quiero verla!" en el "Llanto por Ignacio Sánchez Mejías" (p. 226).

Barroco (Baroque; the Baroque): Período de la historia cultural que sigue al Renacimiento. Imposible de delimitar con precisión, el Barroco abarca aproximadamente, en la literatura española, desde la poesía de Góngora (finales del siglo XVI y comienzos del siglo XVII) hasta la muerte de Calderón de la Barca (1680).

Canon (canon): El conjunto de textos literarios que se consideran dignos de lectura y de atención crítica. Forman parte del canon las obras de Rulfo, las de García Márquez, etc.

Coro (chorus): En un texto dramático, personaje o grupo homogéneo que representa una colectividad y que comenta la acción o añade elementos líricos. En *La casa de Bernarda Alba* (p. 152), Poncia tiene una función análoga a la del coro.

Creacionismo: Movimiento de vanguardia fundado por el poeta chileno Vicente Huidobro (p. 301). El creacionismo insiste en la capacidad del poeta de "crear" un mundo que no se asemeje al mundo real. "Arte poética" (p. 302) es un texto creacionista.

Cuarteto (quatrain): Estrofa de cuatro versos. Un soneto suele tener dos cuartetos y dos tercetos.

Desenlace (denouement, resolution): Momento de un texto literario (por ejemplo, un cuento o un drama), en que se resuelve la tensión acumulada a lo largo de la acción. Por ejemplo, en "No oyes ladrar los perros" (p. 110) el desenlace es la muerte del hijo en el momento en que llegan al pueblo.

Edad Media (Middle Ages): Período histórico que precede al Renacimiento: para algunos, el período anterior a la segunda mitad del siglo XV.

Égloga (eclogue): Composición poética cuyos personajes son pastores o gente del campo.

Elegía (elegy): Composición literaria cuyo tema es la pérdida o la ausencia de algo: por ejemplo, la ausencia de alguien causada por la muerte (El "Llanto por Ignacio Sánchez Mejías" (p. 225), es una elegía funeraria) o la pérdida del amor (elegía amorosa), por ejemplo: "Ya no" de Idea Vilariño (p. 45).

Enumeración caótica (chaotic enumeration): Término definido por el filólogo Leo Spitzer para designar la frase que contiene una serie, aparentemente azarosa, de sustantivos. Por ejemplo, "Las cosas" de Borges empieza con la enumeración: "El bastón, las monedas, el llavero, la . . . cerradura . . . " (p. 266).

Enunciado (enunciation): Segmento de un discurso dirigido de un locutor al que lo escucha. A veces es sinónimo de "frase".

Épica (epic): Texto literario—con frecuencia, un poema—que narra la vida y las hazañas de un héroe individual o colectivo, por ejemplo *La Ilíada* de Homero o el *Poema de Mío Cid*. En *Canto general* de Pablo Neruda, el "héroe" es el pueblo latinoamericano.

Epístola (epistle): Carta. La poesía que imita la forma de una carta se llama poesía epistolar; por ejemplo, "A José María Palacio" de Machado (p. 263). "El recado" de Elena Poniatowska (p. 12) es una narración epistolar.

Epíteto (epithet): "Adjetivo calificativo (descriptive adjective) que, como adjunto del nombre, le añade una cualidad o la subraya, sin modificar su extensión ni su comprensión" (Lázaro Carreter, 165). Por ejemplo, la "*blanca* nieve" o los "*altos* montes", donde los adjetivos se limitan a dar énfasis a cualidades esenciales (blancura, altura) de la nieve o de los montes. Se utiliza *epíteto* a veces como simple sinónimo de "adjetivo": por ejemplo, "tu cabello *estéril*" (p. 23).

Estrofa (stanza): Unidad métrica compuesta de cierto número de versos. En "Para vivir no quiero . . . " de Pedro Salinas (p. 9), hay tres estrofas; la primera tiene cuatro versos.

Estructura (structure): Organización de un texto. Se manifiesta en varios planos: por ejemplo, el plano conceptual (la organización de las ideas) o el plano sintáctico. La estructura de la primera estrofa de "Los pequeños objetos" (p. 268) consiste en una serie de sustantivos (versos 1–7) seguida de una frase verbal.

Filología (philology): "Ciencia que estudia el lenguaje, la literatura y todos los fenómenos de cultura de un pueblo o de un grupo de pueblos por medio de textos escritos" (Lázaro Carreter).

Generación (generation): Grupo de escritores que nacen en una misma época y cuya obra es influida por experiencias vitales parecidas. La Generación del 27, que incluye a García Lorca, Rafael Alberti, Luis Cernuda, Vicente Aleixandre y otros, nace a comienzos del siglo XX y es marcada por la experiencia de la Segunda República, la guerra civil española, etc. La Generación del 98, a fines del siglo XIX, incluye a Antonio Machado, Miguel de Unamuno, etc., y es afectada por la derrota militar de España en la guerra contra Estados Unidos en 1898.

Glosa (gloss): Nota, explicación, comentario. Texto poético en el que se repite un verso, o más, al final de cada estrofa. En el poema "Vivo sin vivir en mí . . . " de Santa Teresa de Jesús (p. 50), cada estrofa glosa (o comenta) la frase "que muero porque no muero".

Greguería: Género literario inventado por Ramón Gómez de la Serna que consiste en un dicho breve en el que se combina, de forma ingeniosa, la metáfora y el humorismo (p. 276–8).

Hablante (speaker): El que "habla" en un texto literario. El hablante de "El amor iracundo" (p. 23) es el "yo" que está implícito en la frase "Te amé". El hablante de "Calle Cangallo" (p. 116) es un hombre que sale de la cárcel.

Hipérbaton (hyperbaton): Alteración del orden normal de las palabras en la oración, por ejemplo, "Del rincón en el ángulo oscuro", en vez de "En el ángulo oscuro del rincón". Téngase en cuenta, sin embargo, que es difícil y a veces imposible decir cuál es el orden "normal" de las palabras.

Imagen (image): Palabra o expresión utilizada para sugerir un parecido. Término vago en la crítica literaria; con frecuencia se emplea como sinónimo de metáfora y de símbolo. El conjunto de las imágenes de un autor (de sus símbolos, metáforas, símiles, etc.) se llama imaginería. En "Rubio" (p. 122), "cielo" es una imagen de los ojos azules del niño.

Interlocutor (interlocutor): En el diálogo, cada uno de los que hablan. En "La mujer que llegaba a las seis" (p. 99), los interlocutores son José y la mujer a quien él llama "reina".

Ironía (irony): Figura que consiste en decir algo de manera que se dé a entender lo contrario.

Lenguaje (language): Al caracterizar el lenguaje de un texto literario, nos fijamos principalmente en el léxico y en las formas sintácticas propias del autor.

Léxico (lexis, vocabulary): Repertorio de palabras utilizada por un autor. Al discutir el léxico, podemos preguntarnos si se aproxima a lo coloquial o a lo culto; si tiende a utilizar neologismos o términos comunes; si emplea formas dialectales; etc.

Manifiesto (manifesto): Texto en que un artista, o grupo de artistas, declara los principios y las ideas directrices de su arte. (Ver, por ejemplo, "Manifiesto" de Nicanor Parra, p. 305).

Medieval (Medieval): Perteneciente a la Edad Media.

Metáfora (metaphor): Tipo de figura poética que compara dos ideas u objetos, sugiriendo que son idénticos. En el soneto de Garcilaso (p. 193), por ejemplo, "nieve" = pelo blanco, y "rosa" = juventud. En el poema de Quevedo (p. 198), "cumbre" es metáfora de "cabeza".

Metaliterario (metaliterary): Término que designa la literatura cuyo tema es la literatura misma, por ejemplo, "Continuidad de los parques" de Cortázar (p. 328) o "Sistema de Babel" de Elizondo (p. 318). El prefijo "meta-" (literalmente, "más allá de") tiene el mismo significado en adjetivos como *metapoesía*, *metateatro*, etc.

Misticismo (mysticism): La literatura mística es la que describe cómo, a través de una experiencia interior, el hombre logra unirse con Dios o con el mundo espiritual. San Juan de la Cruz y Santa Teresa de Jesús son poetas místicos.

Monólogo (monologue): Soliloquio. A diferencia del diálogo: discurso en que un personaje se dirige a sí mismo, en primera persona, sin el propósito de obtener una respuesta. "Nocturno yanqui" (p. 136) es un monólogo interior, en que se representa la conciencia del hablante.

Motivo (motif): Idea que, sin llegar a ser el tema o la idea "central", se repite con frecuencia en un texto literario. Por ejemplo, la lejanía es un motivo en el poema "Puedo escribir los versos más tristes esta noche" (p. 47) y la piedra es un motivo del "Llanto por Ignacio Sánchez Mejías" (p. 225).

Narración (narration): El acto de contar una historia, o la historia misma: el relato.

Narrador (narrator): La persona imaginaria que cuenta (o narra) una historia. No debe confundirse con el autor, que es una persona "real", histórica. Por ejemplo, el narrador de "Calle Cangallo" (p. 116)—el personaje que cuenta la historia—es un hombre, pero sabemos que la autora es una mujer.

Naturalismo (Naturalism): Doctrina literaria, desarrollada hacia 1880–1890 por Émile Zola en Francia y por Emilia Pardo Bazán en España. Influido por el determinismo de Charles Darwin, el naturalismo exige que el autor reproduzca el mundo exterior—incluso sus aspectos más desagradables—con una exactitud fotográfica, y que muestre (como escribió Zola a propósito del teatro naturalista): "la doble influencia de los personajes en los hechos y de los hechos en los personajes".

Neologismo (neologism): Palabra inventada.

Novela picaresca (picaresque novel): Relato satírico, narrado generalmente en primera persona, sobre las aventuras de un "pícaro" *(rogue)*. El género picaresco se inicia en España con una novela anónima, *La vida de Lazarillo de Tormes, y de sus fortunas y adversidades* (1554) y es cultivado posteriormente por Quevedo, Cervantes y otros.

Oda (ode): Poema lírico, de tono elevado, que alaba o pondera un objeto o una idea abstracta (por ejemplo, la "Oda al tomate" de Pablo Neruda, p. 288).

Paralelismo (parallelism): "Disposición del discurso de tal modo que se repitan en dos o más versos (o miembros) sucesivos, o en dos estrofas seguidas, un mismo pensamiento, o dos pensamientos antitéticos. La forma más elemental es aquella en que se reproducen las mismas palabras con una leve variación" (Lázaro Carreter, 312). Por ejemplo, en "Despedida" (p. 213), son paralelísticos los versos "El niño come naranjas" y "El segador siega el trigo".

Pastoril (pastoral): Relacionado temáticamente con el mundo de los pastores, o con la vida del campo. Las églogas de Garcilaso son *poesía pastoril*, y *La Galatea* de Cervantes una *novela pastoril*.

Personaje (character): Individuo(s) cuyas acciones constituyen la trama en un texto literario. En el drama, hay personajes *visibles* (que aparecen en el escenario) e *invisibles* (por ejemplo, Pepe el Romano en *La casa de Bernarda Alba*), que no son vistos nunca por el público.

Personificación (personification): Figura que da características humanas a objetos inanimados o a ideas abstractas. Por ejemplo, en "Las cosas" (p. 266), Borges personifica a los objetos como "tácitos esclavos"; en "El árbol," (p. 80) el gomero ríe y gesticula, convirtiéndose en otro personaje.

Poemario (poetry anthology): Colección de poemas.

Polivalencia (polyvalence): Capacidad del texto para expresar una multiplicidad de sentido. Un símbolo polivalente sería la casa en "Casa tomada" (p. 94), o el animal de "El almohadón de plumas" (p. 215).

Protagonista (protagonist): Personaje principal de un texto literario. Por ejemplo, el protagonista de las escenas finales de *La Celestina* (p. 221) es Melibea.

Renacimiento (Renaissance): Período de la historia cultural que sigue a la Edad Media. El término es imposible de delimitar con fechas precisas. Para algunos críticos el Renacimiento se extiende en la literatura española desde *La Celestina* (1499) hasta el los últimos años del siglo XVI, cuando comienza el Barroco (p. 341).

Rima asonante (assonant rhyme): Rima basada en la "igualdad de los sonidos vocálicos, a partir de la última vocal acentuada, en dos o más versos" (Lázaro Carreter). Por ejemplo, en "Llanto por Ignacio Sánchez Mejías" (p. 225), la sección 2 tiene rima sonante en e/a: tierra, quietas, barreras, etc.

Rima consonante (consonant rhyme): "Rima conseguida por la igualdad de todos los sonidos (tanto las vocales como las consonantes) a partir de la última vocal acentuada" (Lázaro Carreter). Por ejemplo, en "Vivo sin vivir en mí" de Santa Teresa (p. 50), riman las palabras letrero, muero, acero, etc.

Sátira (satire): Tipo de literatura que critica y a veces pone en ridículo la conducta moral de la gente. En "Manifiesto" (p. 305), Nicanor Parra satiriza a los poetas antiguos y a sus lectores.

Siglo de Oro (Golden Age): Período de la cultura española que abarca el Renacimiento y el Barroco: es decir, los siglos XVI y XVII. El término alude a la riqueza de la literatura, la pintura, y otras formas culturales durante dicho período. Sinónimo de Edad de Oro.

Símbolo (symbol): Signo que representa otra cosa o varias cosas. Por ejemplo, la balanza simboliza la justicia. A diferencia de la metáfora, el símbolo (tal como se usa el término en este libro) no posee un solo significado, sino que muchas veces es polivalente: se presta a muchos significados posibles (por ejemplo, el símbolo de la insignia en el cuento de Ribeyro (p. 144). La *simbología* de un texto es el conjunto de sus símbolos.

Sintaxis (syntax): Estudio de las relaciones que las palabras tienen entre sí dentro de la frase.

Soneto (sonnet): Poema que suele tener catorce versos, divididos en dos cuartetos (estrofas de cuatro versos) y dos tercetos (estrofas de tres versos).

Tema (theme): Idea central de un texto literario. Por ejemplo, el tema de "Las cosas" de Borges (p. 266), es la larga duración de los objetos. El tema de "Luvina" (p. 256) podría ser la soledad.

Terceto (tercet): Estrofa de tres versos. Un soneto suele tener dos cuartetos y dos tercetos.

Tradicional (traditional): Adjetivo que describe la literatura anónima transmitida oralmente por el pueblo. Las jarchas (p. 2) y los romances (p. 133) son dos formas de la poesía tradicional. Sinónimos frecuentes y poco exactos son "folklórico" y "popular".

Tragedia (tragedy): Término que ha sido definido de formas muy diferentes desde que Aristóteles lo discutió en su *Poética*. En el siglo XX el término se aplica a una obra dramática en la que se crea la ilusión de que el destino (*fate*) lleva a los personajes a un desenlace funesto, por ejemplo, la muerte del protagonista. En el curso de la tragedia se producen, según Aristóteles, compasión y temor, pero ocurre una "catársis" (*catharsis*) que purga estas emociones. *La casa de Bernarda Alba* (p. 152) es una tragedia.

Trama (plot): Serie de sucesos que forman la acción.

Ubi sunt (literally, where they are): Figura retórica que aparece en las elegías y que consiste en preguntar "¿dónde están?" las personas, los objetos, etc., que tenían fama. Se utiliza esta figura para recordar al lector lo rápidamente que pasa el tiempo y la vanidad de los bienes del mundo. Por ejemplo, pregunta Jorge Manrique, "¿Qué se hizo el rey don Juan?/Los infantes de Aragón . . . " (p. 240).

Verso (verse; line of poetry): En un poema, serie de palabras unidas por la medida o el ritmo. Suele ocupar una línea, y constituye una unidad menor que la estrofa. La "Rima XXXVIII" de Bécquer (p. 40) contiene cuatro versos.

Índice

Credits

- Carmen Martín Gaite quotation (p. 126) from *Cuentos completos*, p. 8. Madrid: Alianza Editorial, 1981. © Carmen Martín Gaite. Reproduced by permission of Carmen Martín Gaite.
- Carmen Martín Gaite, "Tendrá que volver." From *Cuentos completos*, 3rd ed., pp. 264–273. Madrid: Alianza Editorial, 1981. © Carmen Martín Gaite. Reproduced by permission of Carmen Martín Gaite.
- Luis Cernuda, "Nocturno Yanqui." From *Antología poética*, pp. 139–143. Madrid: Alianza Editorial, · 1975. Reproduced by permission of Ángel Yanguas Cernuda.
- Nicanor Parra, "Un hombre." From *Obra gruesa*, 2nd ed. Santiago: Editorial Universitaria, 1969. © Editorial Universitaria. Reproduced by permission of Editorial Universitaria.
- Julio Ramón Ribeyro, "La insignia." From *Silvio en el Rosedal*, pp. 45–49. Barcelona: Tusquets, 1989. © Julio Ramón Ribeyro. Reproduced by permission of Tusquets Editores and Mercedes Casanovas.
- Federico García Lorca, *La casa de Bernarda Alba*. From the Aguilar edition, but emended in accordance with the Mario Hernández edition Madrid: Alianza Editorial, 1981. © heirs of Federico García Lorca. Reproduced by permission of William P. Kosmas, Esq.
- Jorge Guillén, "Una sola vez" and "Resumen." From *Guillén on Guillén*, pp. 162, 194. Princeton, New Jersey: Princeton University Press, 1979. Copyright © Jorge Guillén, 1977. Reproduced by permission of Teresa Guillén de Gilman.
- Nancy Morejón, "Tata ante la muerte de don Pablo." From *Where the Island Sleeps Like a Wing*, p. 14. San Francisco: Black Scholar Press. © 1975 original Spanish text copyright Nancy Morejón and CENDA, Cuban National Center for Author's Rights, Havana. Reproduced by permission of Black Scholar Press.
- Octavio Paz, "Todos santos, día de muertos." From *El laberinto de la soledad*, pp. 56–64. México: Ediciones Cuadernos Americanos, 1947. Copyright © 1947 by Cuadernos Americanos. Reproduced by permission of Octavio Paz.
- Federico García Lorca, "Canción de jinete." From *Collected Poems* p. 446. New York: Farrar, Straus and Giroux, 1991. Copyright © 1991 heirs of Federico García Lorca. Reproduced by permission of William P. Kosmas, Esq.
- Federico García Lorca, "Despedida." From *Collected Poems*, p. 488. New York: Farrar, Straus and Giroux, 1991. Copyright © 1991 heirs of Federico García Lorca. Reproduced by permission of William P. Kosmas, Esq.
- Fernando de Rojas, "La muerte de Melibea." From *La Celestina tragicomedia de Calisto y Melibea*. Madrid: Alianza Editorial, 1983. Reproduced by permission of Dorothy Sherman.
- Federico García Lorca, "Llanto por Ignacio Sánchez Mejías." From *Collected Poems*, pp. 694–708. New York: Farrar, Straus and Giroux, 1991. Copyright © 1991 heirs of Federico García Lorca. Reproduced by permission of William P. Kosmas, Esq.
- Mario Hernández, from *Tannkas del mar y de los bosques (1989)*. Madrid: privately published, 1989. Reproduced by permission of Mario Hernández.
- Juan Rulfo, "Luvina." From *Obras*, pp. 89–97. México: Fondo de Cultura Económica, 1987. Copyright © 1987 Juan Rulfo/Fondo de Cultura Económica. Reproduced by permission of Fondo de Cultura Económica, S.A. de C.V.
- Antonio Machado, "A José María Palacio." From *Poesia y prosa*, Vol. II, pp. 549–550. Madrid: Espasa-Calpe, 1988. © heirs of Antonio Machado Ruiz. Reproduced by permission of José Rollan Riesco.
- Jorge Luis Borges, "Las cosas." From *Obra poética, 1923–1977*, p. 335. Madrid: Alianza Editorial/Emecé Editores, 1981. Copyright © Emecé Editores, S.A., Buenos Aires 1977. Reproduced by permission of Emecé Editores.
- Ángel Crespo, "Los pequeños objetos." From *En medio del camino (Poesia 1949–1970)*, p. 20. Barcelona: Seix Barral S.A., 1971. Copyright © 1971, 1965 by Editorial Seix Barral, S.A. Reproduced by permission of Ute Korner.
- Silvina Ocampo, "Los objetos." From *La furia y otros cuentos*, pp. 105–108. Madrid: Alianza Editorial, 1982. Copyright © Silvina Ocampo. Reproduced by permission of Silvina Ocampo.
- Pablo Neruda, "Walking Around." From *Residencia en la tierra* © Pablo Neruda and Fundación Pablo Neruda, 1933. Reproduced by permission of Agencia Literaria Carmen Balcells.
- Ramón Gómez de la Serna, "Greguerias sobre las cosas" from *Total de greguerias*. Madrid: Aguilar, 1955. Reproduced by permission of Santillana, S.A.
- Antonio Machado, "Las moscas" from *Poesia y prosa*, Vol. II, ed. Oreste Macri, p. 462. Madrid: Espasa-Calpe, 1988. © heirs of Antonio Machado Ruiz. Reproduced by permission of José Rollan Riesco.

Illustration Credits

• Juan Camilo Uribe. *Declaration of Love to Venezuela*, 1976, collage, 80 2 80 cm, Museo de Arte Moderno de Bogotá. • Joan Miró. *The Beautiful Bird Revealing the Unknown to a Pair of Lovers.* 1941. Gouache and oil wash on paper, 18 2 159 (45.7 2 38.1 cm). Acquired through the Lillie P. Bliss Bequest. The Museum of Modern Art. • Pedro Salinas en un fotomontaje, México, © heirs of Pedro Salinas. • Antonio P. Tapiés. *Sí*, 1974. (© 1993 ARS, New York/ADAGP, Paris.) • Mario Carreño. *Amantes sin tiempo*, 1978. Collection of Mr. and Mrs. Manuel Agosín, Santiago, Chile. (Photo courtesy Center for Latino Arts and Culture, Rutgers University.) • Vicente Aleixandre, et al. (Courtesy Fundación Federico García Lorca.) • Ralph Maradiga. *Dolor*, 1976. Silkscreen. Collection Rene Yañez. • María Mercedes Carranza. (© *El espectador*.) • Gracia García Rodero. *Portrait of a Girl*. (Courtesy Petr Tausk and Butterworth-Heinemann, Ltd.) • Carlos Mérida. *Variations on the Theme of Love (Variation 2, Ecstasy of a Virgin)*, 1939, gouache and pencil on paper, 47 2 57.2 cm. (Quintana Fine Art. Photo courtesy Mary-Anne Martin Fine Art.) • Frontispiece. *L 'La Puta'*, Sevilla, '1502' [1518]. Jacobo Cromberger. Portada. • Melibea. Lucrecia. Sofia. Tristā. Calisto. *L 'La Puta,'* (Sevilla, '1502' [1518]). Jacobo Cromberger. Auto XIV. • Fall of Calisto. *L* Sevilla: Jacobo Cromberger, "1502" [1518–20]. Auto XIX. • Carmen Lomas Garza. *Lotería, Tabla Llena*, 1974. Etching, 14 2 189. © 1974 Carmen Lomas Garza Photo: Wolfgang Dietze. Collection of the artist. Collection Mexican Museum. NEA Purchase Plan and the Fred Gellert Foundation. • Felipe Castañeda. *Diálogo*, bronze, 19 2 19½9. B. Lewin Galleries, Palm Springs, CA. • Our illustration for "El árbol" (De *La vuelta al mundo en 80 dias*, por Julio Cortázar. Illustrations selected by Julio Cortázar for this "collage book.") Courtesy Agencia Literaria Carmen Balcells, S.A. Illustration, Paul Delvaux. • Our illustration for "Casa tomada" (De *La vuelta al mundo en 80 dias*, por Julio Cortázar. Illustrations selected by Julio Cortázar for this "collage book.") Courtesy Agencia Literaria Carmen Balcells, S.A. Photograph, Douglas Kneedker. • Juan González. *Cantos para mi padre*, 1980. Watercolor on conte paper on acrylic gesso board. 22 2 42½ inches (55.8 2 107.9 cm). Collection of artist. Photo courtesy Center for Latino Arts and Culture, Rutgers University.) • Juan Rulfo. (AP/Wide World Photos) • Candido Portinari. *Morro*. 1933. Oil on canvas, 44⅞ 2 57½9 (114 2 145.7 cm). Collection The Museum of Modern Art, New York. Abby Aldrich Rockefeller Fund. • Rufino Tamayo. *Man before the Infinite*, 1950. Oil on canvas, 95 2 135 cm. Musées Royaux des Beaux-Arts. • Francisco Toledo. *Negocio bien establecido*, 1969, watercolor, 26 2 19 inches. Mary-Anne Martin Fine Art. • Nicanor Parra y su hijo, 1968. (© Hans Ehrmann) • Federico García Lorca. *Dama en el balcón,* 1927. Courtesy Fundación Federico García Lorca. (© 1993 ARS, New York/VISUAL, Barcelona.) • Antonio Tapiés. *Triptych*, 1969–70. Mixed media, 57 2 44½. (© 1993 ARS, New York/ADAGP, Paris.) • Liz Lerma. *Muerto Helmet: for Celebrations of Life*, 1982. Ceramic, ceramic pigments and copper wire. 23 2 15 2 10 inches. Collection of the artist. • Wifredo Lam. *Woman with Flowers*, 1942. Gouache, 41¼ 2 33¾ inches. Photograph courtesy Pierre Matisse Foundation. (© 1994 ARS, New York/SPADEM, Paris.) • Octavio Paz. (UPI/Bettman) • Lynd Ward wood-engraving from *Wild Pilgrimage*, New York: Harrison Smith and Robert Haas, 1932. Print Collection Miriam and Ira Wallach Division of Art, Prints and Photographs. The New York Public Library. Astor, Lenox and Tilden Foundations. • María Brito. *Travesías*. Collection of the artist. (Photograph courtesy Center for Latino Arts and Culture, Rutgers University.) • Eduardo Chillida. *Estela a Picasso*, 1975. Steel, 7½ 2 3½ 2 3 in. (.19 cm 2 .9 2 .8 m) Photograph courtesy Galerie Beyeler, Basel. • La muerte de Melibea. *L 'La Puta'* (Sevilla, '1502' [1518]). Jacobo Cromberger. Auto XXI. • Federico García Lorca. *Llanto por Ignacio Sánchez Mejías.* Courtesy Fundación Federico García Lorca. (© 1993 ARS, New York/VISUAL, Barcelona.) • Federico García Lorca et al. (Courtesy Fundación Federico García Lorca.) • Alfonso Ossorio. *Sea Present.* 1969. Gift of the artist, Collection Whitney Museum of American Art, New York. • Josep Grau-Garriga. *Turons.* 1979. Courtesy Museo Rufino Tamayo, Mexico. • Juan Gris. *Still Life.* 1917. Oil on panel. The John R. Van Derlip Fund. The Minneapolis Institute of Fine Arts. • "Borges y Beppo." Julie Mendez Ezaurra. Courtesy heirs of Julie Mendez Ezaurra. • Federico García Lorca. "Walking Around." Courtesy Fundación Federico García Lorca. (© 1993 ARS, New York/VISUAL, Barcelona.) • "Ramon y su muñeca." © Foto Alfonso. •

(Greguerías) From Ramón Gómez de la Serna. *Total de greguerías*. Madrid. Aguilar, © 1955. • Cundo Bermúdez. *Mujeres con pescados*, 1954. Collection of Museo Nacional, La Habana, Cuba. Photograph courtesy Center for Latino Arts and Culture, Rutgers University. • Julio González. *Cabeza de insecto*. 1934. Collection Museu Nacional d'Art de Catalunya, Barcelona, Spain (Gabinet de Dibuixos i Gravats). (© 1993 ARS, New York/VISUAL, Barcelona.) • Guillermo Monroy. *Árbol*, 1949. Lithograph, 51 2 38.4 cm. Reproduced courtesy of the Trustees of the Boston Public Library. • Víctor Grippo. *Board*, 1978. • José Cortés. *Música para una pluma estilográfica*, 1965. Postal concert. • Nicanor Parra. Manuscript page from *Obra gruesa*, © 1969. • Julio González. *Dancer with a Palette*. 1933. Iron 33½ (85) high. Collection Musée national d'art moderne, Centre national d'art et de culture Georges Pompidou, Paris. © ARS, New York/ADAGP, Paris. • Manuel Álvarez Bravo. *Parábola Óptica*. 1940(?). Silver gelatin print, 25.5 2 20 cm. The Board of Trustees of the Victoria and Albert Museum, London. • Alejandra Pizarnik drawing, from *Alejandra Pizarnik, A Profile* (Frank Graziano, ed., [Durango, 1987], p. 105.) • "Julio Cortázar en Paris." From *Cortázar iconografía*. Fondo de Cultura Económica, S.A. de C.V., © 1985. Courtesy Agencia Literaria Carmen Balcells, S.A.

OPENERS
• I. Illustration by El Hortelano, 1981.
• II. Lynd Ward. Wood engraving from *Wild Pilgrimage*, New York: Harrison Smith and Robert Haas, 1932. Print Collection, Miriam and Ira D. Wallach Division of Art, Prints and Photographs. The New York Public Library. Astor, Lenox and Tilden Foundations.
•III. Omar D'Leon. *Serie de obsessiones: Figuras en la nieve*, 1985. Ink on paper. 14 x 22 inches. Collection of the artist.
•IV. Fountain of the Harpies at Aranjuez, from *Delices De L'Espangne*. (Reproduced in Mosser and Thyssot, *Architecture of Western Gardens*, MIT Press, 1991.)
• V. Illustration by John Glashan, 1982.